ROGER DOMMERGUE

MIR TUT DIE ERDE WEH

"Dieses Buch entspricht einem Temperament am Rande, einer außergewöhnlichen Natur".
Raymond Las Vergnas, *Dekan der Sorbonne*

ROGER-GUY POLACCO DE MENASCE
(1924-2013)

Roger Dommergue war ein französisch-luxemburgischer Philosophieprofessor, der für seine kontroversen Ansichten zum Holocaust bekannt war. Dommergue unterstützte revisionistische Theorien zum Holocaust, stellte die Zahl der jüdischen Opfer in Frage und behauptete, die Gaskammern der Nazis seien ein Mythos. In Vorträgen und Interviews bestritt er das Ausmaß der Verbrechen, die das NS-Regime während des Zweiten Weltkriegs begangen hatte.

MIR TUT DIE ERDE WEH

J'ai mal de la terre

1965

Übersetzt und veröffentlicht von
OMNIA VERITAS LTD

OMNIA VERITAS®

www.omnia-veritas.com

© Omnia Veritas Limited – 2025

Alle Rechte vorbehalten. Kein Teil dieser Veröffentlichung darf ohne vorherige Genehmigung des Herausgebers in irgendeiner Form vervielfältigt werden. Das Gesetz zum Schutz des geistigen Eigentums verbietet Kopien oder Vervielfältigungen zur gemeinsamen Nutzung. Jede vollständige oder teilweise Wiedergabe oder Vervielfältigung ohne die Zustimmung des Herausgebers, des Autors oder ihrer Rechtsnachfolger ist rechtswidrig und stellt einen Verstoß dar, der nach den Artikeln des Gesetzbuchs für geistiges Eigentum geahndet wird.

VORWORT **15**
KAPITEL I **21**
  DIAPHANE TRAURIGKEIT 21
KAPITEL II **27**
  GELIEBTE OMA 27
KAPITEL III **40**
KAPITEL IV **50**
KAPITEL V **62**
KAPITEL VI **74**
KAPITEL VII **88**
KAPITEL VIII **97**
KAPITEL IX **113**
KAPITEL X **118**
KAPITEL XI **135**
KAPITEL XII **144**
KAPITEL XIII **161**
KAPITEL XIV **183**
  CHIRURGIE DER SEELE 185
  OFFENER BRIEF AN ALBERT COHEN 201
KAPITEL XV **206**
  WEIHNACHTEN 209
KAPITEL XVI **216**
KAPITEL XVII **231**
KAPITEL XVIII **245**
KAPITEL XIX **259**
  ANGELIKA 259
KAPITEL XX **280**
  MONIQUE ODER DER GNADENSTOß DES KARMAS 280
KAPITEL XXI **320**
  DER ZUSAMMENBRUCH 320
KAPITEL XXII **347**
  DAS TESTAMENT 347
KAPITEL XXIII **371**
KAPITEL XXIV **380**
  DORNEN 380
AN MEINE KLEINE BEATRICE **393**
  ANDERE TITEL 395

"Sie sind durch jede Decke gegangen".
"Es ist ein sehr merkwürdiges und kräftiges Werk. Der Stil des erzählenden Teils ist von einer völlig neuen Schnelligkeit und Effizienz. Es ist eine unerwartete Art und Weise, die sich sehr vom amerikanischen Stakkato unterscheidet. Es handelt sich hier um eine technische Errungenschaft, die Beachtung finden sollte. Der Hintergrund ist bitter und schmerzhaft und erreicht seine Fülle in dem nicht erzählenden Teil. Das Ganze scheint von einer einzigartigen Kraft zu sein, die - oh wie sehr - aus dem Rahmen fällt.
Ich wünsche diesem Buch den Durchbruchserfolg, den es verdient.
Dieses Buch entspricht einem Temperament am Rande einer außergewöhnlichen Natur".

Raymond Las Vergnas, *Dekan der Sorbonne*

Seien Sie sicher, dass Sie Ihre Seele nicht umsonst erhalten haben.
Dr. Raymond Soupault *Vorwort zu* L'Homme, cet inconnu *von* Dr. Alexis Carrel.

Man könnte Ihr Werk verstehen, aber ON wird es daran hindern, ans Licht zu kommen, denn die Wahrheit muss unter dem Scheffel bleiben. Die einzigen, die sie aus einem teuflischen Blickwinkel kennen werden, sind die Juden selbst.

Gisèle Polacco de Ménasce

Ich fand dieses Buch aufgrund seines Feuers, seiner Leidenschaft, seiner Aufrichtigkeit und seiner Originalität bewundernswert. Wie die Kritiker betonten, ist dieses Buch singulär, d. h. einzigartig, es gehört zu keiner Schriftstellerfamilie.
Das ist eine außergewöhnliche Seltenheit.

Michèle Saint-Lô

"Der Dandy, wenn er sich nicht umbringt oder verrückt wird, macht Karriere und posiert für die Nachwelt."

Albert Camus, *Der Mensch in der Revolte.*

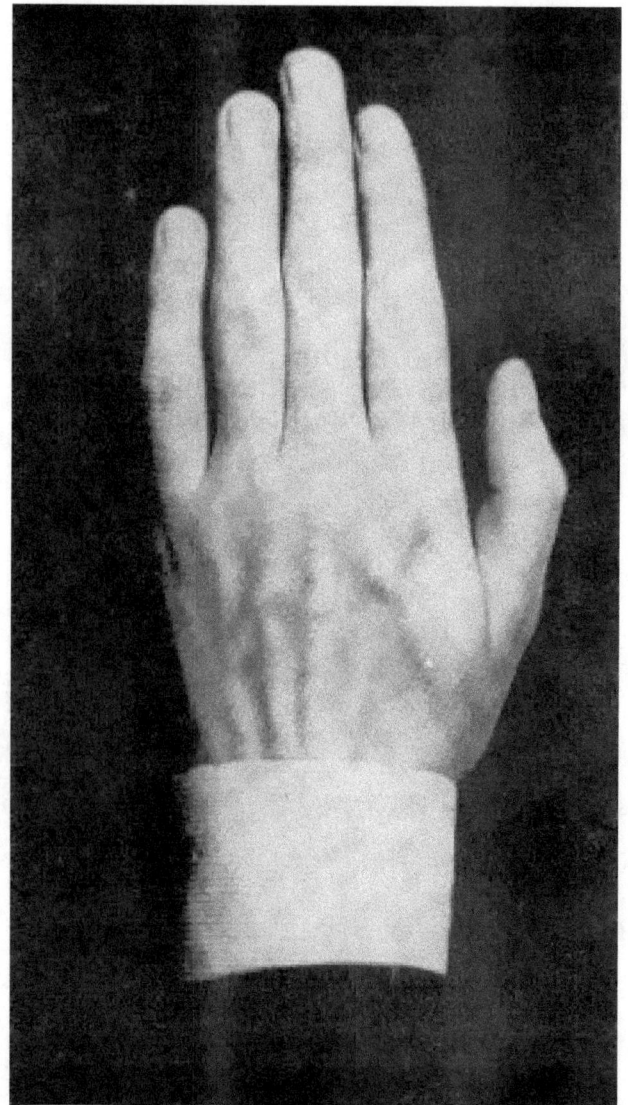

"Ich glaube, ich verstehe Ihre Schwierigkeiten; ich wünsche Ihnen, dass Sie sie überwinden können, ohne sie zu vergessen."

Albert Camus, *Brief an den*

Paris, le 21 mai 1956

Monsieur,

*je vois mal ce qui me
destine à prendre connaissance
de ce manuscrit. Ce que j'en
aperçois en le feuilletant
seulement suis chosen à penser
qu'il y a maldonne.
Comme je quitte Paris
pour quelques jours, vous
voudrez bien, je vous prie,
le faire reprendre chez
ma concierge.
Avec mes regrets
veuillez agréer mon salut*

André Breton

André Breton

**Dieser Brief ist hier nicht als Polemik aufgeführt:
Er hat nur symbolischen Wert.**

Dieser Brief von Abbé Georges aus Nantes ist hier nicht als Polemik aufgeführt: Er hat lediglich Symbolwert.

Es fällt auf, dass der Inhalt eines Briefes einer der prominentesten Autoritäten des katholischen Fundamentalismus derselbe ist wie der von André Breton, dem Papst des Surrealismus, einem integralen Linken...

VORWORT

"Die wahre Leidenschaft des zwanzigsten Jahrhunderts ist die Knechtschaft" Albert Camus

Aus diesem Grund kann *J'ai mal de la terre* keinem anderen Buch gleichen. Ihr Werk bewegt sich zwischen den Rändern, die die Wahrheiten, die Sie gespürt haben, und das Minimum, das sich ausdrücken lässt, voneinander trennen. Ein Überschreiten dieser zerbrechlichen Grenze hätte Sie entweder zum Schweigen verurteilt, unlesbar gemacht oder Ihre Gedanken verraten.

Der Künstler kann keinen klaren Schrei mehr ausstoßen: Glücklich, wenn er verständlich bleibt.

In einer Zeit, in der sich das Böse auf subtile Weise der Dialektik und der Logik, aller Instrumente des Denkens zugunsten aller Umkehrungen bemächtigt hat, entsteht die Unmöglichkeit, die Wahrheit auszudrücken, daraus, dass sie sich im Herzen des Menschen nur noch durch Emotionen, Ausbrüche, blitzartige, aber machtlose Zuckungen manifestiert: Es bleibt nur ein einziger Wert übrig, der es wert ist, ausgedrückt zu werden: das Leiden der Seele und des Herzens.

Deshalb haben Sie dieses Leiden wiedergegeben, aber auf die einzige Art und Weise, die Ihnen möglich war, nämlich rein, frei von allen Kompensationen wie Hass, Rache, Ironie und Spott. Jede Spur von Koketterie, jede Sorge um die Ästhetik und jede noch so legitime Suche nach Effekten verfälschen die metaphysische Reflexion, die aus einer außergewöhnlichen Lebensprüfung hervorgegangen ist.

Das Leiden ist nur dann wahrhaftig und beispielhaft, wenn es Schmähungen und Sticheleien erduldet, wie das unbewaffnete Kind die Schläge mit einem erstaunten Blick entgegennimmt. Das letzte Mittel desjenigen, der die moderne Welt verstanden hat, ist es, sich den Ohrfeigen auszusetzen. Das war nicht das Ergebnis einer Überlegung, Sie haben sich selbst reproduziert, und es ist so, dass es in diesem Bild nichts wegzunehmen und nichts hinzuzufügen gibt: Es ist gewissermaßen der Spiegel, in dem sich das elende Abenteuer der modernen Welt spiegelt: Ihre Diagnose ist mitfühlend, aber unerbittlich.

Der Künstler kennt nämlich keinen kompensatorischen Hass, der jede höhere Objektivität zerstört. Verstehen heißt, von nun an unfähig zu Hass oder Verachtung zu sein. Hassen bedeutet, klar zu beweisen, dass man nichts verstanden hat. Wir skandalisieren, das ist wahr, aber das führt nur zum Schlimmsten. In Ihrem Buch erfahren wir, wie wir in der Zeit des teuflischen Skandals leben. Dieser Skandal, der unter dem Anschein des Guten, der Wahrheit und der Liebe dem Bösen erlaubt, bis zum Herzen des gerechten Menschen zu verrotten. Dann wird er auf diese Weise selbst zum schlimmsten Zerstörer: Opfer und Virus. Jeder, der sich dessen bewusst wird und fliehen will, unterliegt oder wird verrückt. Überleben ist nur als Prämie für das Unakzeptable möglich. In einer Zeit, in der täglich im Namen einer angeblichen Intelligenz, die alle offiziellen Zahnräder besetzt, getötet wird, hat wahres Denken außerhalb liberaler Krankenhäuser und Gefängnisse oder bolschewistischer Gulags keine Chance, sich zu äußern oder zu überleben.

Dennoch gibt es im 20. Jahrhundert viele Propheten. Die einen beschränken sich darauf, ihre Revolte sorgfältig aufzuschreiben, ein gutes Gewissen zu haben und es dabei zu belassen. Keiner zieht die Anklage dem Ruhm vor.

Was die Menge der anderen betrifft, da sich ihr Urteil auf die Prinzipien bezieht, die auch die Angeklagten beseelt haben, ist es dieselbe Blindheit, die Selbstjustiz und Schuld bestimmt: "Wenn ein Blinder einen anderen Blinden führt, werden sie beide in die Grube fallen...".

Wenn es mir vergönnt gewesen wäre, Ihr episches Schicksal zu erleben, darüber nachzudenken und darüber zu schreiben, wäre mir der großartige und tragische Exkurs in den Sinn gekommen, mit dem ein Buch von Bernanos beginnt: "Nie hatte das Böse bessere Gelegenheiten, die Werke des Guten zu vollbringen, nie hat der Teufel den Namen besser verdient, den ihm schon der Heilige Hieronymus gab, nämlich den des Affen Gottes".

Ihre Angst ist in gewissem Sinne eine Herausforderung an das Verschwinden der Intelligenz, das unsere Zeit kennzeichnet. Diejenigen, die zuversichtlich gehen, tragen schützende Scheuklappen, von Ihrem Buch werden sie sich nach und nach ein gemeinsames, vertrautes Bild machen, das dem eigenen Maß entspricht: So wird man in "1984" sagen: "Er ist verrückt".[1]

Die Menschen sind so weit von den wahren Führern, den Denkern, entfernt, die sie leiten könnten, indem sie ihre Zeit aufklären, dass sie, wenn die Wahrheit ans Licht kommt, wenn es durch ein Wunder keine Möglichkeit mehr gibt, ihr zu entkommen, dann dafür sorgen, sie zu destillieren, zu zerstreuen, so dass sie von ihrem Zweck abgelenkt, unwirksam und völlig ignoriert wird.

Wir befinden uns nun in einer Zeit, in der der geringste soziale Kontakt eines echten Künstlers zu psychiatrischen Kommissionen und einer Wahnsinnsdiagnose von Robotern führt, die von Marx und Freud konditioniert wurden.

Man hat Ihnen viele Schlüssel und Rezepte empfohlen, aber auch Demonstrationen geliefert, die Kultur, Einfallsreichtum und analytischen Sinn voraussetzten und für die Ihre Gesprächspartner von vielen bewundert wurden.

Sollte man ihnen zuhören? Kann man sich Menschen anvertrauen, deren geistige Defizite vor der Beobachtung hervorbrechen? Das ist unnötig und gefährlich. Die Menschen haben den Sinn für das Menschliche verloren, und die Gründe dafür sind inzwischen klar: der Judäo-Cartesianismus, der vom Judäo-Christentum hervorgebracht wurde.

Heute hat Ihnen ein genialer Wissenschaftler bestätigt, was Sie verstanden hatten und was Alexis Carrel vermutet hatte: Sie bringen hier die Argumente Ihres Schicksals und Ihres Herzens.

Die gleichen Bedingungen, die die Zerstörung der wahren Werte beschleunigten, begünstigten die Entwicklung anderer Kräfte, die wertvoll waren, solange sie im Zaum gehalten und kontrolliert wurden, aber verheerend waren, wenn sie die Psychophysiologie des Einzelnen überfluteten.

Der Mensch hat keinen Zugang mehr zu den wahren Werten und kann sie nicht einmal mehr erahnen, da die neuen Vorstellungen an ihre Stelle treten. Sie sind logisch, befriedigen heimtückisch die Leidenschaften, den scheinbaren gesunden Menschenverstand, die Moral und manchmal leider auch die altruistischsten Impulse. Mit diesen Kräften allein ist der moderne Mensch zufrieden. Das reicht ihm,

---

[1] "Im Jahr 1984 wird der Klügste der am wenigsten Normale sein" (1984 von George Orwell)

aber es ist nutzlos, denn wahre Intelligenz lässt sich nicht über diese Fehler definieren, und es gibt niemanden mehr, der sie offiziell definieren könnte. Aufgrund der universellen geistigen Unfähigkeit besteht die Menschheit nun nur noch aus blutigen und zufriedenen Robotern.[2]

Deshalb ist Ihr Schicksal von extremer Zerbrechlichkeit. Institutionen, Untermenschen und Frauen treiben Sie in die Enge. Ihre Strenge ist für die ganze Welt eine fremde Sprache. In Zeiten der Größe war Einsamkeit möglich, doch im 20. Jahrhundert fordern die Werte der Rentabilität ihre Plätze und ihre Sklaven. Die schöpferische Einsamkeit verschwindet, man tötet die unvorsichtigen . Dies geschieht auf eine okkulte, unterirdische, feige Art und Weise, denn der Geist hat in der modernen Welt nichts mehr zu suchen.

Die Epoche ist notwendigerweise eine Epoche der Massen, denn aus der Nivellierung geht ein krankhaftes Glück hervor, das die willenlosen Zeitgenossen erfüllt: das Glück derjenigen, die auf Denken und Mut verzichtet haben.

Mit dem Kapitalismus wie auch mit seiner normalen, von ihm finanzierten Fortsetzung, dem Kommunismus, ist das Leben der Menschen nunmehr wie mit einer Schnur vorgezeichnet. Sie haben nicht mehr den Mut, die Dinge zu messen, also sind es die Dinge, die sie messen.

Im Grunde ist der Mensch zu groß für den Menschen.

Sie zeigen es, Sie leiden unter diesem schrecklichen Schicksal, das sich die Menschen durch ihre mehrfache Resignation selbst geschaffen haben, indem sie sich den Parasiten dieser 5000 Jahre hingaben, denn Größe macht ihnen Angst, sie ist zu schwer für ihre Schultern. Das Licht, das sie für sich selbst geschaffen haben, ist ihnen zu schwer und sie ziehen den feigen Schatten vor.

Es ist also fatal, dass heute nur noch sehr wenige Menschen Zugang zu bestimmten Aufführungen haben. Die Verzweiflung, sich an Taube und Blinde wenden zu müssen, wird immer größer.

---

[2] Der "Intelligenzquotient" ist ein Witz, der in keiner Weise die Intelligenz erfasst. Er funktioniert nur nach Kriterien der elementaren Logik, die bei primitiven Wesen durchaus brillant sein können.
Er ignoriert die eigentlichen Komponenten der Intelligenz: Intuition, spontane Synthese, ästhetischer Sinn und Moral. Es ist wahrscheinlich, dass viele der Genies unserer Menschheit einen sehr niedrigen IQ haben!

Einige, immer weniger, leiden noch in ihren Herzen, aber ihr weint über Probleme, die größer sind als sie alle.

Sie haben verstanden, dass man den Determinismus der Menschen ändern muss, um den Menschen etwas begreiflich zu machen. Heilige und Helden sind gestorben, weil sie sich geweigert haben, dieses Gesetz zu verstehen, und ich fürchte, Ihr Schicksal wird Sie dazu zwingen, es ihnen gleichzutun.

Wie Sie mir schrieben, scheint Ihre Prüfung eines Tages dabei zu helfen, "fernab von atheistischem jüdischem Materialismus, hysterischem oder körperlosem Mystizismus und heftigem Dogmatismus das Gleichgewicht von Körper und Geist, von Materie und Essenz zu erreichen".

Ihre einzigartige Persönlichkeit und Ihr Unglück besteht darin, dass Ihnen kurz gesagt jene notwendige Form der Psychologie fehlt, bei der man sich die Augen aussticht, um den Blinden zu gefallen.

Doch gegen Ihren Willen werden Sie mehr oder weniger gezwungen sein, die Waffen einzusetzen, die für und von der Mittelmäßigkeit vorgesehen sind. Wenn die Liebe allein Sie führt, werden Sie zerquetscht werden. Es werden sogar Menschen kommen, die Sie als Gewissen und als Instrument des Massenmords benutzen.

Es ist Ihr Diabolismus, der Ihnen hilft zu leben, aber Sie sind sich dessen bewusst und dieses Bewusstsein erstickt Ihr Leben. Ihr Kampf mag daher vergeblich erscheinen.

Diese selbstironische Klarheit charakterisiert den Dandy, die fatale Figur in Ihrem Buch. Er ist ein Visionär und Dichter, ein von Gott und Satan gequälter Denker, der im Namen der Wahrheit jedes System ablehnt. Er wird von Gott und Satan gequält, weil er beides ist, weil er beides in sich trägt wie ein Feuer, das ihn verzehrt und seine Zeit erleuchtet.

Es ist Ihr heroisches Verdienst, herausgestellt zu haben, wie bei diesem erschütternden Menschen die liebevolle, rebellische und ohnmächtige Auseinandersetzung mit sich selbst und anderen ein und dieselbe Geste ist.

Das ist der Preis dafür, dass Sie dieses Drama nicht erklären können, ohne sich fatalerweise der Kritik auszusetzen, die von einem verkürzten Verstand und einer allgemein anerkannten Paralogik inspiriert ist.

Jeder Roboter dieser Welt kann Ihr Werk widerlegen, ohne etwas davon zu verstehen. Ein Mensch mit Instinkt wird es dunkel empfinden, denn der Instinkt stimmt oft auf geheimnisvolle Weise mit den Schlussfolgerungen der extremen Intuition überein.

Den wenigen, die er nicht langweilt, wird schwindelig werden.

Ignorant gezwungen, auf das Lehren zu verzichten, finden Sie die Gemeinschaft von einigen wenigen. Im Angesicht der Wahrheit sind Menschen wie Sie immer allein, und in diesem Dialog sind Sie niemandem Rechenschaft schuldig, wenn Sie sie bewahren wollen.

Alles, was Sie bereichert, wird auch die Menschheit bereichern. Ihr Leiden ist fruchtbar

Jacques Charpentier-Puységur

KAPITEL I

DIAPHANE TRAURIGKEIT

Der Autor: *Erinnern Sie sich, dass Satan im verlorenen Paradies sagte:
"O Sonne, wie ich deine Strahlen hasse".[3]
Satan hatte Glück, dass er die Sonne hasste, sehen Sie, die
Sonne, mir ist sie egal.*
Albert Camus: *Dennoch lieben Sie das Licht.*
Gespräch kurz vor Camus' Tod

Die Schlange ist das unglücklichste Wesen der Welt.
Sie hat nie darum gebeten, eine Schlange zu sein.
Er ruft Abneigung hervor und kann nicht geliebt werden.
Er beißt diejenigen, die ihn lieben wollen.
Und die, die ihn lieben wollen, sind gezwungen
Entweder sich beißen zu lassen und zu sterben.
Entweder die Schlange zu töten, die sie lieben wollen.
Die Schlange hat nicht darum gebeten, eine Schlange zu sein.
Man muss die Schlange lieben.
Die Schlange kann nichts gegen sich selbst tun.
Denn sie weiß nicht, dass sie eine Schlange ist.
Er ist unglücklich und weiß nicht, warum.
Man muss die Schlange lieben.
Man muss ihn sehr lieben, und das ist gerecht.
Was ihn gegen seinen Willen verdammt
Es ist das a-Selbstbewusstsein
Man muss gegen das Schicksal der Schlange ankämpfen...[4]

Fortdauer der so weit zurückliegenden Kindheitserinnerungen ...
Tristan erinnerte sich an tausend Dinge aus seinen frühen Jahren.

Das geräumige Haus in Courbevoie, das kleine Wäldchen im großen
Garten, die Freitreppe, der Judasbaum, der es beschattete und seine lilarosa Farbe wie ein Zauber um sich herum ausstrahlte...

---

[3] O sun, how I hate thy rays. "*Paradise lost*" von Milton.
[4] Gedicht, das von der unglaublichen, immensen jüdischen kosmischen Frage inspiriert wurde.

Der große Teich, die Goldfische, die in großer Zahl darin herumschwirrten, die Kühle des Wasserstrahls, die Tröpfchen, die der Wind prickelnd über seine Beine schickte. Und dann der große Salon mit dem Konzertflügel, das kleine kokette Zimmer, die Voliere mit den Tauben, die beiden Dänen Tirasse und Prince, die an Gift gestorben waren.

Und dort seine Mutter, seinen Vater, seine Schwestern Charlotte und Laure und die Großmutter väterlicherseits.

Sein Vater war ein 1,90 m großer Koloss. Im mittleren Alter war er so übergewichtig, dass er wie ein Wassersüchtiger aussah. Er war in Wirklichkeit sehr fett, denn als er fasten musste, wurde er mager.

Der Kopf seines Vaters war seltsam, sogar hässlich, aber wer genau hinsah, konnte in der Maske einen übernatürlichen Eindruck erkennen. Er ignorierte die unmittelbaren Realitäten und hielt es für selbstverständlich, dass andere sich mit materiellen Dingen beschäftigten, damit er in Ruhe denken konnte.

Man sagte ihm ein universelles Verständnis nach. Er sagte den Zweiten Weltkrieg und sogar einen dritten zwischen den USA und China voraus. Er las nur wenig Zeitungen, kannte aber die grundlegenden Entwicklungen der internationalen Daten, deren Schlüssel er für ein zusammenfassendes Verständnis der Konjunktur besaß. Seine kurz- und langfristigen Prognosen waren nicht optimistisch.

Von seinem Vater waren ihm zwei Verse geblieben:

"O die Freuden der Erde, ergraute Liebschaften.
die Marmorsteine des Friedhofs sind davon zerbrochen".

Und auf der Rückseite eines Umschlags, der mit seiner eleganten Handschrift gekennzeichnet ist:

"Der Weise macht nicht von sich reden".

Es scheint, als habe er sich mit dieser Rolle als grandioser Zuschauer einer verrottenden Menschheit arrangiert: Als seltsame Mischung aus Erhabenem und Groteskem deklamierte er seine Verse mit tiefer, gut timbrierter Stimme, und als er sich wieder hinsetzte, brach er einen Wohnzimmerstuhl zusammen.

Seine Mutter

Sie hatte ihn verraten. Er hatte nie diese Zärtlichkeit, dieses Verständnis, diese Liebe und diese Verbundenheit erfahren, die eine echte Mutter selbst dem abtrünnigsten ihrer Söhne immer zukommen lässt.

Während sein Vater einer bürgerlichen Familie von Gesetzeshütern angehörte, stammte seine Mutter aus einer jüdischen Kaste österreichischer Adliger, die in einem Land im Nahen Osten eine Straße, ein Gymnasium, ein Krankenhaus, ein Museum und nicht zu vergessen einige Statuen nach sich selbst benannt hat. Sein Reichtum, der zu Beginn des zwanzigsten Jahrhunderts auf zweihundert Millionen Gold geschätzt wurde, beruhte auf Banken, Baumwolle, Fortschritt und Sozialismus...

Als ihre Mutter ihren Vater heiratete, war sie fünfzehn und er fünfunddreißig Jahre alt. Tristan wurde ein Jahr später geboren, also war sie bei seiner Geburt sechzehn Jahre alt.

Wunderschöner Typus der Herodias, sie war schön, von dieser orientalischen Schönheit, faszinierend und teuflisch. Eruptive Existenz, sie war ein Vulkan, ihre Mutter, ein Vulkan in ständiger Aktivität und ohne ein Atom gesunden Menschenverstandes. Schwarzes Haar, goyeskes Gesicht, dunkle mandelförmige Augen, eine feine, aquiline Nase, die an sich nicht als schön bezeichnet werden könnte, aber das Wunder der Ästhetik ihres Gesichts brachte ihre Nase in Harmonie mit den übrigen Gesichtszügen. Dominante Nase mit zitternden, sinnlichen Flügeln, ein Rosenmund, anmutige, mollige Formen, groß und schlank, sie hatte dieses stolze Aussehen eines gefallenen Erzengels, das Tristan ein wenig geerbt hatte. Unvergleichliche Rasse, ziemlich besondere Distinktion, nicht jene verwischte Distinktion, die nur die Distinguierten wahrnehmen, elegant und schlicht, aber von jener Eleganz, jener Schlichtheit, die blendet.

Geplagte Dichterin, mystische und zerstörerische Dämonin, eine seltsame Form von histrionischer Spiritualität, gepaart mit einem seltsamen Mangel an Klarheit über sich selbst. Sie konvertierte etwa zehn Jahre nach Tristans Geburt vehement zum Katholizismus, blieb aber dennoch Rebekka.

Sie war eine produktive Herstellerin von Katastrophen, unter denen sie selbst als Bumerang litt, da sie nicht in der Lage war, bestimmte Instinkte umzulenken. Unbewusste und fatale Krankheit: Auflösen.

Seine Seele zitterte und ärgerte sich über das Glück anderer. Etwas Belial lenkte seinen Arm im richtigen Moment. Tristan war ihr großes Opfer gewesen, aber er wusste, dass sie unverantwortlich war. Traurig versuchte er, vorsichtig zu sein und ihr nichts zu gestehen, denn ihr kleinliches Eingreifen löste unweigerlich etwas aus, das nicht wieder gut zu machen war. Oftmals hinderte ihn der Ruf seines Herzens und seiner Eingeweide daran, diese Tatsache zu berücksichtigen. Dann bezahlte Tristan für seine Unvorsichtigkeit. Er sah sie damals als seine Mutter, die Schauspielerin, wieder, ihr feines Sarah-Bernardesque-Gesicht, ihre betörende Beweglichkeit des Ausdrucks, ihr Wort, ihr Blick und ihre betörende Mimik, alles an ihr atmete das geborene Drama und ließ einen sowohl an Rachel als auch an Kleopatra denken.

Warum hatte ihr Vater ihre Mutter geheiratet?

Zwischen ihnen bestand ein echter Altersunterschied und es scheint nicht so, als wäre die große Liebe der Schlüssel zu dieser Verbindung gewesen.

In Wirklichkeit hatte sein Vater einen Freund, den er auf den Schulbänken des Lycée Michelet kennengelernt hatte. Sie waren beide der Meinung, dass der einfache Weg zu Erfolg und sozialem Erfolg eine reiche Ehe in der neuen globalen Aristokratie war, die aus der Revolution von 1789 hervorging, der Aristokratie des Geldes und der allmächtigen Finanzwelt. Sein Vater und sein Freund Paul heirateten daher zwei Schwestern aus einer internationalen jüdischen Familie, die er in Biarritz kennengelernt hatte, seine Mutter und seine Tante Denise. Es war ein Zufall oder eher eine List, dass die Dinge auf dem Anwesen in dieser Stadt begonnen und abgeschlossen wurden.

Die Ehe von Tante Denise, der Schwester seiner Mutter, und Paul, der sein angeheirateter Onkel wurde, war kohärent, typisch und organisiert. Paul schloss sein Medizinstudium ab, wurde Bürgermeister, Generalrat, Abgeordneter und wäre er nicht kurz vor der sogenannten "Befreiung" an einer Angina gestorben, wäre er 1945 Minister gewesen. Onkel Paul war Radikalsozialist und hatte eine große und notwendige Plastizität.

Was ihre Mutter betrifft

Die Ereignisse vor der Hochzeit waren zahlreich und abenteuerlich. Man hatte ihm erzählt, dass seine Mutter sich mit fünfzehn Jahren auf dem Boden wälzte, um seinen Vater zu heiraten. Obwohl er die Mentalität seiner Familie mütterlicherseits sehr gut kannte, bezweifelte er nicht ohne Grund, dass seine Mutter mit fünfzehn Jahren zu dieser lächerlichen und unverhältnismäßigen Ehe gezwungen worden war. Sie hatte es jedoch behauptet.

Es wurde eine hohe Mitgift versprochen. Ihr Vater rechnete wohl damit, dass das Geld seine intellektuellen Ziele verwirklichen würde, doch die Mitgift wurde nie ausgezahlt. Ehrgeiziges Kalkül, düstere Schlussfolgerung

Eine fünfzehnjährige megeresische Ehefrau, drei Kinder, von denen Tristan der älteste war, und die zu kleinen, geschundenen Opfern zahlreicher Schandtaten werden sollten.

Die ersten sieben Jahre, hier, in dieser friedlichen Umgebung von Courbevoie, seinem Garten, dem großen Haus... Nichts war ruhig. Sein Vater bedrohte seine Mutter mit einem Revolver mit Perlmuttgriff, einem großen Kasperletheater. Dann kam Tristan heran und schlug mit seiner kleinen Schaufel auf die grau melierte Jacke seines Vaters ein. Er war kein Rüpel, sein Vater, er wirkte eher passiv, aber eine Frau wie seine Mutter hätte Tristan aus dem Fenster geworfen oder wäre weggegangen und nie wiedergekommen. Sie musste eine natürliche Begabung haben, ihn aus der Reserve zu locken. Ein anderes Mal die Szene mit dem Revolver in umgekehrter Richtung: diesmal eine kleine Waffe mit schwarzem Griff.

Sie hatten eine Manie für Revolver.

Sie sprang wie eine Furie an das Fenster, das auf den Garten hinausging, und zielte auf meinen Vater. Er blieb ruhig und schnitt eine Rose neben dem Teich ab: "Geh und sag Mama, dass ich sie küssen möchte". Aber die diplomatische Mission des Kindes blieb wirkungslos.

Was spielten sie?

Er erfuhr es nie, aber diese Bilder hatten sich wie ein Wimmern in sein kleines Gehirn gebrannt.

Ihre Großmutter mütterlicherseits war nachsichtig und großzügig. Er erinnert sich, dass sie eine ganze Nacht damit verbracht hatte, Tristan einzureiben, weil er aufgrund des Wachstums an einer Art rheumatischen Knieproblemen litt. Eine ganze Nacht lang! Wie gut sie war! Er fühlte sich gerührt, als er sich an sie erinnerte.

Großmutter verstand sich nicht mit seiner Mutter. Als die Dienstboten im Bett lagen, hörten er und seine beiden Schwestern sie brüllen: Er sah seine Mutter und seine Großmutter wieder vor sich, beide mit blutigen Händen und einem Messer in der Hand.

Die drei Kinder hatten Kindermädchen und waren in den Händen der Hausangestellten. Tristan erinnerte sich an ihre Namen, "Mouchy", "Aby", wahrscheinlich die Kurzform von Gaby. Einmal hatte er sich gefragt, warum alle Bürsten im Haus ihm gehörten: "Holen Sie mir die Kleiderbürste"!

Auf dem flüchtigen Faden ihrer Erinnerungen :

Sein Vater hatte mit den Fingern frittierte Kartoffeln gegessen. Es stimmt, dass sie so viel besser schmecken! Seine Mutter hatte ihn aufgeregt und sprudelnd angeschaut, war dann plötzlich aufgestanden und hatte den Teller mit den Pommes frites auf den Schoß seines Vaters gekippt. Dieser hatte wortlos das Esszimmer verlassen. Ein anderes Mal schlug ihm seine Mutter auf den Arm. Er gab der Stelle, an der sie ihn berührte, ein paar Pikser und wich dann zurück. Eines Tages packte er sie an der Kehle. Warum hatte sie das getan? War er nicht das eigentliche Opfer? Aber sie glaubte offensichtlich, dass sie es war, und nahm schließlich seine Opferrolle an.

Tristan und seine Schwestern nahmen gemeinsam ein Bad. Er hatte einen erstaunlichen Unterschied zwischen seinen Schwestern und ihm bemerkt. Er wusste nicht, wie das Kindermädchen seiner Mutter davon berichtet hatte, aber sie schlug ihn heftig und ohne ein Wort der Erklärung mit der Ebenholzpeitsche, die auf dem Klavier lag.

Er erinnerte sich an die Schauspielerin seiner Mutter, an deine Stimme, an ihre Mimik, mit der sie Menschen, die gemeinhin als intelligent bezeichnet werden, von den unwahrscheinlichsten Dingen überzeugen konnte.[5]

Seit Tristans Geburt waren sieben Jahre vergangen. Die einzigartigen Kämpfe zwischen seinem Vater und seiner Mutter hatten sie schmerzhaft geprägt;

Eines Tages verschwand seine Mutter. Wochen vergingen...

---

[5] Was in diesem Jahrhundert zu einem internationalen Medienbrauch geworden ist.

KAPITEL II

"Von dem Tag an, an dem ich alarmiert wurde, kam die Klarheit zu mir und ich erhielt alle Verletzungen gleichzeitig. Ich verlor mit einem Schlag meine Kraft, das ganze Universum lachte um mich herum.

Der Fall, Albert Camus

GELIEBTE OMA

An einem Sommerabend hockte Tristan gedankenverloren am Fußende seines Bettes, als ein großer Herr in seinem Zimmer auftauchte. Er hatte Tristan auf den Arm genommen, während ein anderer Herr seine beiden Schwestern, die im Nachbarzimmer schliefen, wegbrachte. Die beiden stürzten zu viert die Treppe hinunter. Ihre Großmutter wurde von einem dritten Herrn, den die Kinder ebenso wenig kannten wie die beiden anderen, in der Küche eingesperrt. Sie wurden in ein Auto gezerrt und eine halbe Stunde später standen sie vor einem Herrenhaus im sechzehnten Arrondissement von Paris.

Sie wurden auf ein Bett gelegt.

Im Bett, dort liegend, war die Mutter ihrer Mutter: *"Oma Liebling"*.

Ein Schauer schüttelte Tristans Kopf. Erinnerung, Ekel, Verzweiflung. Da lag sie, auf einer breiten Couch in einem großen Raum in ihrem Privathaus. Eine Lampe auf dem Nachttisch, gelbes, verwirrendes Licht, düsteres und unheimliches Aussehen aller Dinge. Tristan erschrak. Sein Herz klopfte wie wild. Er spürte, dass die Herzen seiner kleinen Schwestern genauso stark schlugen wie seine eigenen.

Da stand sie, in einen Schal gehüllt, mit üppigem, grauem Haar, das nach hinten geworfen und in einem Dutt gehalten wurde. Sie hatte eine gelbliche, übelriechende Hautfarbe, schwarze Augen, mandelförmige Augenlider, ein ovales Gesicht und eine Hakennase. Bösartiges, kasperhaftes Auftreten. Manchmal blitzte in ihren Augen ein flüchtiger, verzweifelter Schimmer von Güte . Sie sah aus wie eine Verdammte, die Hexe aus Schneewittchen und die sieben Zwerge...

Dünne, grünlich-gelbe, abstoßende Hände, sie wirkte zusammengesunken, unfähig, skeptisch, hilflos und vor allem gemein.

"Sind Sie die Mama von Mama?", flüsterte Charlotte halb hockend, halb hüpfend und entsetzt. Das war sie wirklich, diejenige, die sie "*geliebte Oma*" nennen würden.

Charlotte ahnte vielleicht, dass keinem der drei Kinder auch nur eine einzige rührende Erinnerung an die *geliebte Oma* bleiben würde. In ihrer Reichweite befand sich eine runde Schachtel mit Süßigkeiten. Sie nahm sie mit einem unechten Lächeln entgegen und bot ihnen eine Süßigkeit an, die sie sich in den Mund steckten.

Man muss sich vorstellen, wie es sich anfühlt, wenn man unter solchen Umständen ein Bonbon isst. Er glaubte nicht, dass er diese Süßigkeit jemals verdauen würde: Sein Körper hatte sie zwar verdaut, aber sein Geist war dazu nicht in der Lage.

Alles, was man tut, muss mit dem Geist und dem Herzen vollendet werden. Eine Nahrung, die ohne Liebe gegeben wird, zerstört sich selbst und andere. Eine Arbeit, die ohne Liebe getan wird, zerstört sich selbst und andere. Deshalb ist in der modernen Welt alles falsch und alles verrückt. Ohne Liebe wird zwangsläufig alles verschmutzt, denn das Konzept der Wirtschaftlichkeit kann niemals den Intellekt ersetzen, der nur in der Liebe aufbaut. Ohne Liebe zerstört der Intellekt alles.

Die Kinder sollten lange bei der *geliebten Großmutter* bleiben. O wie schmerzhaft war diese Kindheit. Nicht zu sein wäre besser gewesen, aber sie waren.

Wie sie so deutlich geahnt hatten, hatte *Oma Liebling* die Seele eines Folterers und sie waren alle drei die kleinen Gefolterten.

Keinem der drei Kinder ist eine rührende oder zärtliche Erinnerung an die *geliebte Großmutter* geblieben. Den Mund zu öffnen war ein Verbrechen. Wurde ihnen von einer Speise übel? Sie akzeptierte es nicht, wenn sie sich weigerten, es zu essen. Tristan sah vor seinem geistigen Auge, wie Charlotte sich übergab, weil *Oma Liebling* sie "zu ihrem Besten" zwingen wollte, in Wasser gekochten Chicorée zu essen, den sie verabscheute.

Später, als ihre Schwestern, die in Paris im Internat lebten, manchmal sonntags zu Besuch kamen, hatte *Oma Chérie* die feine Aufmerksamkeit, sie dieses Lieblingsgericht zubereiten zu lassen, das auch Laure, die jüngere Schwester, und Tristan anwiderte.

Es hagelte Ohrfeigen für eine Kleinigkeit, für ein Ja oder Nein, das man sich hätte merken sollen. Seine Kosewörter waren "Idiot", "Trottel".

Als Kind hatte Tristan von Natur aus rubinrote Lippen. *Oma Schatz* behauptete, dass er sie aus Eitelkeit biss oder rieb, um diese schöne Farbe zu bekommen. Sie drohte Tristan, dass sie ihm rote Chilischoten auf die Lippen schmieren würde, wenn das so weiterginge. Da die Lippen zwangsläufig weiterhin ihre natürliche Färbung behielten, zerquetschte sie ihm vor den Augen der erschrockenen Dienerschaft eine große Menge des besagten Chilis auf den Lippen. Warum hatte sie die verdächtigen Lippen so zur Kasse gebeten? Tristan schien es heute, dass sie aus unterbewusster Eifersucht gehandelt hatte, denn ihre Lippen waren blass und blutleer.

Nach den warmen Bädern, die sie aus Hingabe und Herzensgüte selbst geben wollte und deren Aussicht sie alle drei zittern ließ, überflutete sie sie mit kaltem Wasser, übrigens unter dem guten Vorwand, "eine Reaktion zu bewirken". Aber sie legte so viel Sadismus in diese Praxis, dass es zu einer klaren Verfolgung wurde.

Die geliebte Oma beherrschte ihre Umgebung so sehr, dass alle, vor allem ihr Sohn Jacques und seine Schwester Denise, die Frau von Onkel Paul, alles von ihrer "kleinen Mama" akzeptierten. Sie hätten zu jeder ihrer Gesten "Amen" gesagt, wenn sie das Wort gekannt hätten. Lange Monate der Folter, in denen Tristan Ohrfeigen, Beschimpfungen, vorgetäuschte Kommunikation in der Besserungsanstalt, moralischen Druck, geistige Erpressung und den Willen, sowohl die Gefühle durch Pervertierung als auch den Körper zu verletzen, über sich ergehen lassen musste.

Er war gerade acht Jahre alt geworden und wurde als Internatsschüler in das Lycée Lakanal aufgenommen.

In diesem Alter war Tristan ein blondes Kind mit blasser Haut, das sehr sensibel und feinfühlig war. Die Trennung von seiner Mutter war schrecklich für ihn. Inmitten dieser brutalen Gemeinschaft zu sein, in der man ein kräftiges Gesicht haben muss, um nicht zerquetscht zu werden, war eine unmenschliche Tortur. Das Leiden war in all den Jahren im Internat quälend. Er sagte nichts, zitterte immer noch und sein Herz begann, einen schnelleren Rhythmus anzunehmen. Er begann zu *denken*.

Seine Mitschüler schikanierten ihn, weil er sich nicht verteidigen konnte. Er hatte lange, kleine, weiße Hände mit schwachen Gelenken, seine Handgelenke reichten nicht aus, um einen Schlag auszuführen, und außerdem hatte er nie das Bedürfnis danach verspürt. Es war nicht der Mangel an Zivilcourage, aber er konnte sich nicht vorstellen, warum, und außerdem wusste er, dass seine Muskeln und Nerven keine Chance hatten, in Kämpfen zu siegen, deren Ende er nicht erkennen konnte. Brutaler körperlicher Mut fiel ihm schwer. Männlicher Körperkontakt war ihm zuwider. Auch heute noch konnte er sich vorstellen, sich mit dem Schwert zu wehren, aber nicht mit Fäusten.

Er verbrachte lange Tage mit Weinen und heute erinnert er sich an dieses ständige Martyrium, als wäre es gestern gewesen. Im Unterricht arbeitete er nicht. Er litt zu sehr, um seine Aufmerksamkeit zu fokussieren, und die Arbeit in einer vulgären Gemeinschaft war für ihn unmöglich. Er hatte nicht den geringsten Sinn für Wettbewerb und die Tatsache, dass sein Nachbar der Erste und er der Letzte war, ließ ihn in einer ungewöhnlichen Gleichgültigkeit zurück. Er war nicht da.

Eines Tages kam der Direktor, um Noten zu verteilen und die Schüler der neunten Klasse zu loben oder zu ermahnen. Nachdem er ihn streng ausgeschimpft hatte, betrachtete der Direktor sein kleines bleiches Gesicht und seine großen blauen Augen mit den langen Wimpern und ließ sich entlocken: "Wie kannst du mit so einer Miene gut arbeiten". Er streichelte ihm sanft über die Wange und schickte ihn an seinen Platz zurück.

Aber inzwischen hatte Tristan verstanden. Das alles ist so unwichtig. In der Schule lernte man nichts, nichts, was einem das *Sein* lehrte. Die Klassenbesten gingen in die Polytechnik oder die Normale Supérieure, um sie nie wieder zu verlassen. Sie machten nie einen Schritt in Richtung eines tieferen Verständnisses des Menschen. Sie waren nie gierig nach dem Absoluten, ungeduldig nach dem Unendlichen. Die größten Geister waren immer mittelmäßige Schüler.

Das ist leicht zu verstehen: Eine Standardausbildung bis zum Alter von zwanzig oder fünfundzwanzig Jahren investiert die gesamte Psyche, die dann vollständig mobilisiert und für die Reifung einer originellen Mentalität sterilisiert wird, die sich durch persönliche Meditation auf die geniale Entdeckung zubewegen würde.

Deshalb muss Bildung vorsichtig sein und darf niemals masturbieren, wie es zum Beispiel die Deformation hin zur Aggregation ist, die Standardwesen herstellt. Shakespeare kannte "wenig Griechisch und weniger Latein". Das Zeugnis von Chopin, dem unvergleichlichen Genie, enthielt die Bemerkung: "Ein absolut unmöglicher Schüler, aber genial".

Die Schikanen, die ihm zugefügt wurden, lösten in Tristan eine ständige und schmerzhafte Meditation über das Problem des Bösen und des Leidens aus. Die körperliche und moralische Hässlichkeit, der Kleinmut und die Feigheit der Menschen ergriffen ihn. Er weinte bereits mehr über die Welt als über sich selbst.

Er errichtete sich selbst als Symbol.

Warum diese empörende und unverständliche Feigheit? Warum lebten Wesen mit der gleichen geistigen Ebene nicht in der gleichen Menschengruppe?

Während der langen Aufenthalte an verschiedenen Gymnasien und Collèges in der Nähe von Paris kam Tristan manchmal sonntags zu seiner *geliebten Großmutter*. Das Internatsleben war ihm so verhasst, dass der fiktive Trost einer blassen Familienerscheinung Balsam auf eine große Wunde war.

Er sah seine Mutter. Seine Mutter, dieser schmerzhafte Geist...

Als er am Sonntagabend wieder abreisen musste, weinte er auf dem Bahnsteig in Denfert-Rochereau so sehr, dass er sich immer noch fragt, wie man es übers Herz brachte, ihn wieder abreisen zu lassen. Höchste Verzweiflung.

Einmal im Monat fuhren die drei Kinder zu ihrem Vater in das große Haus in Courbevoie. In dem Auto, das sie mitnahm, saßen ein Gerichtsvollzieher und ein Gerichtsmediziner. *Die geliebte Großmutter* und ihre Mutter erzählten ihnen Gräuel über ihren Vater. Beim ersten Besuch hatten sie große Angst. Als sie ihren Vater sahen, stürzten sie die Treppe hinunter und liefen ihren Onkeln in die Arme, die auf der Straße mit offenen Autotüren auf sie warteten, als ob ihre Reaktion vorhergesehen worden wäre.

Aber sie kamen zurück und gewöhnten sich schließlich daran, denn ihr Vater empfing sie auf charmante und prunkvolle Weise. Er machte ihnen wunderbare Geschenke, eine goldene Uhr, einen goldenen Kugelschreiber, der Tisch im Esszimmer war mit köstlichen Kuchen der Marquise de Sévigné und anderen guten Dingen gedeckt.

Auch die Kinder waren begeistert.

Bald zogen sie mit ihrer Mutter in ein kleines Dorf in der Perche, Marolles les Buis. Es war eine duftende, hügelige Landschaft voller gesunder Poesie für diejenigen, die nicht litten.

Der Winter kam.

Tristan zog sich eine Erkältung, Keuchhusten, eine Lungenentzündung, eine doppelte Lungenentzündung, eine Bronchopneumonie, eine doppelte Bronchopneumonie zu. Schließlich setzte eine tödliche eitrige Rippenfellentzündung dem Ganzen die Krone auf.

Er blieb ein ganzes Jahr lang mit Abszessen und Furunkeln bedeckt liegen. Die Schnitte wurden fast täglich und ohne Betäubung vorgenommen. Bei einer so aristokratischen und zarten Natur musste sich der Mangel an Liebe, eine erbärmliche Schulspeisung mit stärkehaltigen Nahrungsmitteln und schlechtem Fleisch eines Tages unweigerlich in einer Krankheit niederschlagen. Die Natur verzeiht nie. Man wickelte sie jeden Tag in Laken, die mit kaltem Wasser getränkt waren, um das Fieber zu senken - ein absurdes Verfahren, wenn man darüber nachdenkt. Diese Wickel waren eine Tortur. Und dann waren da noch die Abszesse zur Fixierung, die sieben bis acht Spritzen pro Tag. Er wurde zu einem solchen Skelett, dass die Nadeln sich weigerten, in das Fleisch einzudringen und ihn beim bloßen Anblick einer Spritze panischer Schrecken überkam. Eines Tages flehte er einen Professor aus Chartres, der ihn besucht hatte, an, die Spritzen zu reduzieren: Er halbierte sie. Man ging sogar dazu über, ihm nur noch ein oder zwei Spritzen pro Tag zu geben. Allein die Aussicht auf eine Kampferspritze, an der sich ein Abszess festsetzen könnte, versetzte ihn in Aufregung.

Eines Abends untersuchte seine Mutter, die sich mit der Kunst der Chirologie auskannte, Tristans Hand und begann zu weinen. Vielleicht hatte sie ein Todeszeichen wahrgenommen, denn drei Tage später fiel Tristan ins Koma.

Er blieb in seiner stummen Agonie bei klarem Verstand. Er sah den Pfarrer auf der linken Seite, denn er war ein guter Freund seiner Mutter geworden, seit sie vor kurzem zum Katholizismus konvertiert war, und er ließ sie sehr ungewohnte Gebete sprechen: "Vater unser im Himmel ... dein Wille geschehe, wie im Himmel, so auf Erden".

Auf der rechten Seite konnte er seine schluchzende Mutter und den ebenfalls schluchzenden Arzt Boulier erkennen. Dieser Arzt hatte ihn energisch gepflegt und neben diesem kleinen Kranken war er wie ein Kind dahin geschmolzen. Er war eine zarte Seele und Jahre später hatte Tristan erfahren, dass er sich das Leben genommen hatte. Sanfte Seelen brauchen mehr als nur Mut, um das Elend und die Taubheit der Welt zu betrachten.

Glückliche Menschen sind diejenigen, die nichts fühlen und nicht denken, denn den Dingen auf den Grund zu gehen, bedeutet, bis zum Leiden zu gehen. Je näher das Wesen dem Kohlkopf kommt, desto glücklicher ist es, weil es nicht leidet. Ein räsonierender Kohlkopf in einem Kubikzentimeter Verstand ist glücklich. Die Menschheit besteht aus Rosenkohl: Man macht mit ihnen, was man will, mit der Schule, Radio, Fernsehen, Mangelernährung und systematischen Impfungen. Man entmündigt sie, man verdummt sie, man schlachtet sie ab, und sie wollen mehr.

Wie glücklich sind die Narren! Es schien, als müsse Tristan sterben. Seine Mutter erzählte ihm, dass sie Notre Dame de Chartres gebeten hatte, ihn zu heilen und ein Wunder zu vollbringen. Sie muss es gehört haben, denn am frühen Morgen setzte sich Tristan zur Verblüffung aller auf und verlangte nach Schinken...

In den Archiven der Kathedrale soll es eine Akte über dieses Wunder geben. Es ist anzunehmen, dass Notre Dame ihn gehört hatte...[6]

Es war nicht die gesundheitliche Tragödie, die er gerade durchlebt hatte, die verhindern würde, dass man ihn wieder ins Internat steckte. Ein oder zwei Jahre später, als Tristan wieder in dieser Hölle war, hatte der Direktor der Schule auf Betreiben seiner Mutter Tristan zum Professor gebracht, der ihn behandelte und die Spritzen reduzierte. Als Tristan sich auszog, hörte er im Nebenzimmer, wie der Professor dem Direktor sagte: "Als ich das Kind das letzte Mal gesehen habe, atmete kein Teil seiner Lunge mehr.

Während der Krankheit, die beinahe tödlich verlaufen wäre, hatte Tristans Vater versucht, seinen Sohn zu sehen. Er hatte seine tiefe Stimme in dem kleinen Garten gehört, aber seine Mutter ließ ihn nicht. "Er hat Angst vor dir", hatte sie ihm gesagt.

Wie hätte Tristan bei all den Gemeinheiten, die seine Mutter und die *geliebte Oma* über ihn ausschütteten, keine Angst vor seinem Vater haben können?

Lange Rekonvaleszenz und dann natürlich das Internat.

Aus schmutzigen Einrichtungen in Eure et Loir, die natürlich religiös waren, denn Tristan war nach seiner wundersamen Heilung getauft worden. Einer der Leiter eines dieser Heime nahm ihn eines Tages auf den Schoß und streichelte seine Geschlechtsteile durch seine Unterhose hindurch. Er tat dies nur einmal. In Chartres war der Aufenthalt in der Einrichtung Notre Dame für ihn weniger schlimm: Er gehörte dem Chor an, der in der Kathedrale sang. Das war sein erstes Bewusstsein für die Melodie. Sein Herz begann beim Anblick eines Klaviers zu schlagen, er fühlte sich herrlich betäubt und erschauerte, als er Chopin zuhörte.

---

[6] Da das Kind zum Schilddrüsen-Biotyp gehört, kann eine so starke Schilddrüse durch die damit verbundene vitale Übermacht oft eine solche Erholung bewirken. Die Schilddrüse ist die Drüse des Lebens und der Intelligenz. Wer eine Schilddrüse hat, die aufgrund eines Biotyps, den diese Drüse bestimmt hat, stark ist, genießt selbst in einem empfindlichen Komplex eine außergewöhnliche Verteidigung seines Organismus gegen Krankheiten und ein beträchtliches Erholungspotenzial.

Das Klavier sollte der unerfüllte Traum seines Lebens werden, die Oase, die er nie erreichen würde.

Im Unterricht machte er immer noch nicht viel. Seine schwache Konstitution und die Passivität seiner sorglosen und lieblosen Kindheit sterilisierten jede Anstrengung in einer bereits nonchalanten und sinnlichen Natur. Selbst wenn er Musik studiert hätte, hätte er seinen Lehrern gewiss erst nach jahrelangem Studium Genugtuung verschafft. Nichts lag seiner Natur ferner als das Studium der Grundlagen, der Solfège und der Technik.

Der Scheidungsprozess zwischen seinem Vater und seiner Mutter hatte begonnen, als sie bei der *geliebten Oma ankamen*. Tristan hatte nie die Einzelheiten dieser traurigen Angelegenheit erfahren, aber es reizte ihn nicht, diesen Schlamm zu kneten. Er war schon genug bespritzt worden und wollte nicht noch mehr davon. Er erinnerte sich daran, dass sein Vater in ganz Paris gelbe Plakate wegen der "Entführung seiner Kinder" hatte aufhängen lassen. Der Prozess dauerte mehr als zehn Jahre und es schien, als stünden materielle Interessen auf dem Spiel.

Die erste juristische Runde schien ihr Vater zu gewinnen, weil ihre Mutter die eheliche Wohnung verlassen hatte.

Die geliebte Großmutter und der gesamte Familienclan waren besorgt.

Sie mussten Geld ausgeben. Tristan hatte festgestellt, dass sie sich durch nichts dazu bringen ließen, ihren Safe zu öffnen: Leid, Verzweiflung, stille Gebete, moralische Ohrfeigen, Beschimpfungen oder Spucken - nichts half. Die Gefahr war also groß.

Um den Prozess zu gewinnen, musste man den Vater beschuldigen - leider zu Recht, wie wir sehen werden -, dass er nicht in der Lage war, seine Kinder zu versorgen.

Es war offensichtlich, dass sein Vater für untergeordnete Funktionen äußerst ungeeignet war und dass der Prozess seine Lage prekär gemacht hatte.

Für die *geliebte Großmutter* zählte nur, dass sie nichts bezahlen musste: "Die Kinder zu hüten ist mir recht", sagte sie dem Richter, "aber wenn Sie mich um Geld bitten, sitze ich im Gefängnis".

Für sie gab es also nur eine Lösung: Sie mussten beweisen, dass der ruinierte Vater nicht in der Lage war, ihren Lebensunterhalt zu sichern. Man würde sie also ihrem Vater zurückgeben und dann nach einigen Monaten oder Jahren das Experiment beenden: Durch die Untersuchung ihrer körperlichen und moralischen Gesundheit würde bewiesen, dass ihr Vater nicht in der Lage war, ihnen das tägliche Brot zu sichern.

Da ihr Geld ihr wichtigstes Gut war, entwarfen sie den Plan kaltblütig.

Anscheinend hatte ihre Mutter die Initiative ergriffen, aber da sie nichts besaß, war es an der *lieben Oma* und ihren Geschwistern, sie davon abzubringen.

In der Tat haben sie sich nicht dagegen gewehrt, außer natürlich durch auffällige Einwände, Jahrmarktspathos, scheinheilige Demonstrationen, hochtrabende Worte, um ihre Respektabilität in den Augen der Galerie zu wahren.

An dem Tag, an dem sie zu ihrem Vater gebracht wurden, führte ihre Mutter sie in eine Vorstellung und anschließend in eine Konditorei. Das Essen der Verurteilten war wunderbar kaltblütig. Diese Leckereien sollten den Kontrast noch verstärken, denn ihre Erfahrungen waren für den Klan ein wichtiges Zeugnis.

In Courbevoie angekommen, führte ihre Mutter sie durch das Gartentor und stieg wieder in ihr Taxi, ohne darauf zu warten, dass ihr Vater kam, um diese kleine menschliche Fracht in Besitz zu nehmen, die schon nicht mehr wusste, wo sie sich befand, in welcher Welt der Unmenschen sie sich herumschlug. Sie standen da wie betäubt und wussten nicht, was sie tun sollten, nachdem sie vergeblich versucht hatten, ihre Mutter zurückzuhalten, die sich losgerissen hatte, um wieder zu gehen.

Die fast gigantische Statur ihres Vaters erschien auf der Treppe. Er sah sie verblüfft an, sein goldenes Lorgnon auf der Nase, seine riesige Stirn. Da begriff er, was mit ihm geschah. Ruiniert und mittellos konnte er sich nicht um die Kinder kümmern. Also bat er einen seiner anwesenden Freunde, den Grafen Richard de Grandmas, die Kinder zur Polizeiwache zu bringen.

Der Kommissar wollte sie dann telefonisch mit ihrer Mutter und deren Familie verbinden. Man erreichte Onkel Jacques. Sie erzählten ihm, dass sie allein auf dem Polizeirevier zurückgelassen worden seien. Der Onkel antwortete mit seiner kastrierten Stimme, dass er nichts tun könne.

"Sie konnten nichts dafür"! all das war nicht haltbar. Selbst wenn sie durch ein Urteil an ihren Vater zurückgegeben worden wären, hätte vor Gericht allein die Aussage des Polizeikommissars, dass ihr Vater sich weigerte, sie zurückzunehmen, für die rechtmäßige Rückgabe an die Mutter ausgereicht. Verlangte die Justiz die Feststellung, dass die

Kinder abgemagert und krank waren? War diese unmenschliche Strategie rechtlich unerlässlich?

Das würde man meinen, denn der Kommissar führte die Kinder in die Pariser Fürsorgeanstalt.

Was für eine Qual war das für Tristan.

Er fühlte sich so einsam, so fremd, von seinen Schwestern getrennt. Er hatte sich eine Krankenschwester als Vertraute genommen und sie weinte, während Tristan ihr seinen Kummer wie ein Gedicht vortrug.

Ihre Mutter kam zu Besuch. Sie sagte ihnen, dass sie wiederkommen würde, um sie abzuholen. Aber zwei Tage später kam ihr Vater. Er nahm sie mit. Sie sollten einige Wochen in dem großen Haus in Courbevoie bleiben.

Es war leer. Alles war verkauft worden, das Konzertklavier, die Meistergemälde und die Stilmöbel. Es gab nur noch ein paar Gartentische und Korbstühle, um die in Rauch aufgegangenen stilvollen Stühle, Tische und Sessel zu ersetzen.

Richard, der Freund ihres Vaters, wohnte bei ihnen. Er war ein sensibler und intelligenter Mann, der aber von der Intelligenz seines Vaters sehr überwältigt war. Er war zu einer Art Alter Ego von ihm geworden. Er kümmerte sich um die Kinder und war sympathisch und menschlich.

In dieser Zeit seiner Kindheit und seit seiner Taufe hatte Tristan eine unbändige Angst vor dem Teufel. Schreckliche Albträume ließen ihn fröstelnd aufwachen.

Richard machte sich daran, ihr diesen panischen Schrecken zu nehmen.[7]

Eines Tages hatte Tristan ihn in seinem Zimmer ganz oben im Haus aufgesucht.

— Hallo Tristan, heute Nacht war ich sehr ärgerlich. Ich hatte Zigaretten und kein Feuer. Ich musste bis Mitternacht warten, um rauchen zu können!

---

[7] In den zweitausend Jahren des Christentums hat diese regelrechte Psychose verheerende Schäden angerichtet, die Leben zerstört haben.
Ein symbolisches Beispiel dafür ist der Fall der Sukkubus und Inkubus, die glaubten, mit dem Teufel geschlafen zu haben, und die man verbrannte.
Es ist anzumerken, dass Tristan vor seiner Taufe nichts von dieser "Krankheit" wusste.

— Warum nur bis Mitternacht?

— Denn um diese Zeit kommt Satanas persönlich zu Besuch. Also konnte ich mir die Spitze seines Schwanzes ausleihen, um meine Zigarette anzuzünden. Dann haben wir eine Partie Schach gespielt und ich habe gewonnen.

Tristan lachte, aber ein bisschen gelb. Er fand es überhaupt nicht lustig, dass Richard seine Zigarette mit dem Schwanz von Satanas anzündete. Sein Gefühl sagte ihm, dass Satanas viel zu ernst war, um sich mit ähnlichen Kleinigkeiten zu beschäftigen.

Außerdem war Satanas nicht eher *in der* Zigarette, was noch niemand ahnte.

Bald würde er ihm überall in der modernen Welt begegnen.[8]

Richard hatte Medizin und Psychiatrie studiert. Eines Tages lief Tristan mit starken Zahnschmerzen im Haus herum. Richard setzte ihn vor sich hin, nahm seine Hand und schaute ihm wortlos in die Augen.

Tristan spürte, wie sein Schmerz immer stärker wurde und schließlich verschwand.

Er muss verblüfft sein. Drei Tage später, eine seltsame Rückkehr, hatte Richard eine Wange, die wie ein Ballon geschwollen war, eine Fluxion. Leider konnte er das Experiment, das bei Tristan so gut funktioniert hatte, nicht an sich selbst durchführen.

Richard musste sie verlassen, er musste seinen Beruf als Journalist wieder aufnehmen.

Die Kinder nahmen keine regelmäßigen Mahlzeiten zu sich. Manchmal blieben sie mehrere Tage ohne Nahrung. Dann kannten sie den echten Hunger: den, bei dem man sich stöhnend und weinend auf dem Boden wälzen muss und das Feuer in den Eingeweiden brennt. Der Hunger, der dich mit Säure, Krämpfen, Schluckauf und Übelkeit quält... Die schmerzhafteste aller Krankheiten.

An einem Tag dieser Prüfung öffneten die vor Hunger gekrümmten und hageren Kinder den Küchenschrank in der Hoffnung, dort ein paar essbare Überbleibsel zu finden. Darin befanden sich Hirsekörner für die

---

[8] Er wird ihm im Rothschild-Kapitalismus begegnen, in den Sozialismen von Marx und Co, im aboulisierenden und pornografisierenden Freudismus, in der Massengrabkunst eines Picasso, in den diversen Bomben von Einstein, Oppenheimer, Field, S.T.. Cohen, im Kapitalismus-Marxismus im Allgemeinen und in den Weltwirtschaftskriegen.

Tauben in der Voliere und eine Flasche Speiseöl. Daraus machten sie einen Sud, den sie versuchten zu essen: Die Erinnerung an diese schreckliche Mixtur hebt Tristans Herz noch immer. Nach ein paar Tagen brachte ihr Vater Brot, Schinken, Pastete und Kuchen, über die sie sich gierig hermachten. Dann legten sie sich hin, denn das Fieber stieg.

Die Tauben in der Voliere waren verhungert. Eines Tages hatten sie ihnen ihre Freiheit zurückgeben wollen, aber die Katzen aus der Nachbarschaft hatten es auf sie abgesehen. Was schön und rein ist, überlebt nicht lange. Schönheit und Intelligenz leben nur auf dem Sockel einer Elite, die von einem politischen System bewahrt wird, das geistige und moralische Höhe und nicht Wirtschaftlichkeit kultiviert. Der Mensch von heute kennt keine authentischen Werte mehr, er kennt keine Schönheit, keine Intelligenz und vor allem keine Wahrheit, und er stirbt im Chaos.

Es gab auch kleine Katzen im Haus. Zuerst sahen sie wie Katzenskelette aus, aber eines Tages starben sie. Die Kinder versuchten, ein paar Nahrungsbrocken auf ihre kleinen rosa Zungen zu legen. Ihre kleinen Augen wurden stumpf, dann erloschen sie. Laure, Charlotte und Tristan weinten jedes Mal, wenn eines dieser kleinen Wesen, die das Haus und den Garten bevölkerten, verschwand.

Es gab schon lange keine Milch mehr, keine morgendliche Kanne, die den Kindern und Katzen zum Leben verholfen hätte.

Außerdem wollten sie alle sterben.

Ihre Großmutter, die Mutter ihres Vaters, lebte noch immer in Courbevoie. Trotz ihres Elends erfüllte ihre Anwesenheit das Haus mit Freude und Sanftmut. Sie war so gutmütig, aber alt, sehr alt und müde. Alles, was sie hatte, gab sie ihnen. Eines Tages wurde sie krank, legte sich hin und stand nicht mehr auf. Als sie ihnen noch den Teller mit dem für sie vorbereiteten Apfelmus hinstellte, starb sie. Sie weinten alle drei sehr. Tristan sah sie auf dem Totenbett liegen, ihr Gesicht war weiß, verzerrt und leblos, und er erschrak. Ihr Vater trauerte um die Mutter, die für ihn zweifellos ein mütterliches Vorbild gewesen war. Die Großmutter wurde ohne Zeremonie und ohne Grab beerdigt. Heute könnte man den Ort, an dem ihr Körper vergraben wurde, nicht mehr finden. Arme, liebe Großmutter. Tristan wiederholte gerne ihren Namen. Oft dachte er an das glückliche Leben, das sie alle drei bei dieser echten Großmutter hätten führen können.

Dann begann für die Kinder ein Wanderleben, das drei Jahre dauern sollte.

Sie irrten im Großraum Paris von Hotel zu Hotel. Das erste Hotel, an das sich Tristan erinnerte, war das Hotel Terminus am Bahnhof Saint Lazare.

Dort musste ihr Vater einen Schrankkoffer voller Anzüge und Wäsche als Pfand zurücklassen. Dann folgten weitere Hotels und noch mehr Hotels.

Ihre Erziehung und Bildung wurde völlig vernachlässigt: Mit zwölf Jahren machte Tristan dreißig Rechtschreibfehler auf einer Seite. Sie aßen oder aßen nicht, sie schliefen oder schliefen nicht. Manchmal verbrachten sie Nächte damit, zu Fuß zu gehen. Es gibt nur wenige Kinder auf der Welt, die so viel gelaufen sind wie sie.

Drei Jahre vergingen.

Eines Morgens befanden sie sich in Issy les Moulineaux bei netten Leuten, denen ihr Vater sie anvertraut hatte.

Sie sahen ihn nie wieder...

KAPITEL III

"Die Häresie der Häresien war der gesunde Menschenverstand" (Orwell, 1984)

Gegen neun Uhr abends wartete Tristan an der U-Bahnstation auf seinen Vater, weil er sich Sorgen machte, dass er nicht zurückkam. Er war schon eine halbe Stunde dort, als ein Mann herauskam und sich ihm näherte. Sein Gesicht war ihm nicht unbekannt. Er hatte ihn in der Vergangenheit bei juristischen Veranstaltungen während des Scheidungsprozesses seiner Eltern gesehen. Er sah ihn wieder in einer Wolke aus Richtern, Anwälten und Polizisten. Es war Inspektor Lordiller.

- Wo sind deine Schwestern? sagte dieser unvermittelt.

Sie gingen gemeinsam zu den freundlichen Menschen, die an diesem Tag auf sie aufgepasst hatten. Dann gingen sie zu einem Café, wo der Inspektor ihnen heiße Schokolade und Croissants anbot. Dann hob er ein Taxi an, in das sie alle einstiegen.

Zwanzig Minuten später standen sie vor dem Privathaus der *geliebten Oma*.

Allein der Anblick des Hauses und der Gedanke "an die enormen Opfer, die die *geliebte Oma* ihnen bringen würde", schnürte ihnen das Herz zu.

In diesen drei Jahren waren sie unglücklich gewesen. Es hatte ihnen materiell an allem gefehlt. Sie hatten den Hunger des Reisenden in der Wüste erlebt. Aber an Zuneigung hatte es ihnen nie gefehlt. Sie waren nicht so unglücklich gewesen, wenn man aus dieser engen Realität ausbricht, die nur die materiellen Umstände berücksichtigt. Alle scheinen immer mehr von dieser Realität besessen zu sein, als ob diese Realität die ganze Realität wäre. Es gibt nur wenige Menschen, die einen Sinn für *die* gesamte Realität haben und denen nicht bewusst ist, dass ihre arme, bruchstückhafte, verkürzte, betrügerische Realität nur der Fötus der eigentlichen Realität ist. Diese luxuriöse Umgebung, die sie erwartete, hätten sie gerne gegen ein relatives Elend eingetauscht, in dem der Körper eine minimale Nahrung erhalten hätte. Von den drei

Jahren materiellen Leidens war ihnen nichts Bitteres im Herzen geblieben. Hatten sie nicht immer genug zu essen gehabt? Vielleicht. Aber das reichte nicht aus, um einen Groll gegen ihren Vater aufrechtzuerhalten. Sie zogen das Stück Brot, das ihr Vater ihnen diskret reichte, dem begehrten Schokoladenkuchen *ihrer geliebten Großmutter* vor, weil sie ihn mit dieser abscheulichen Protzerei umhüllte, bei der man *am liebsten* sagen würde: "Nein, danke, ich will ihn nicht".

Sie stagnierten nicht bei der *geliebten Oma*.

In seinem amerikanischen Auto fuhr Onkel Jacques sie zu einer Freundin seiner Mutter in die Vorstadt. Tristan erinnerte sich an eine gewisse Revolte während dieser Autofahrt. Es war schon komisch, dass sie so viel Hunger hatten, dass sie sich stöhnend auf dem Boden wälzten, während die Familie ihrer Mutter amerikanische Autos hatte (Onkel Etienne hatte auch eins), ein Stadthaus im sechzehnten Arrondissement von Paris und Bedienstete mit weißen Handschuhen. Einige Wochen zuvor hatte er gehört, wie Maître Badier, der Anwalt des mütterlichen Clans, zu ihrem Vater sagte: "Die Armen, sie sind im Elend".

Natürlich war ihre materielle Situation in der Zwischenkriegszeit nicht mehr so wie früher, zu Beginn des Jahrhunderts, aber die Onkel waren Krankenhausärzte und *Oma Liebling* nahm zahlende Gäste auf, insbesondere deutsch-jüdische Personen, die seit 1936 *Oma Liebling's* Wohnsitz als Sprungbrett in die USA nutzten. Aber war es Elend?

— Warum", sagte Tristan, "haben wir in den letzten drei Jahren so viel Hunger gehabt und so wenig geschlafen, wo ihr doch nicht im Elend lebt, wie Meister Badier uns erzählt hat?

— Das geht dich nichts an", antwortete der Onkel trocken und eunuchenhaft.

Nach ein paar Tagen bei Freunden in der Vorstadt zogen sie dann zu Freunden in Eure et Loir. Ein kleines Schloss, umgeben von einem großen Park, lag in einem Talkessel. Sie tauften den Schlossherrn "Onkel" und die Schlossherrin "Tante Hélène". Sie war eine große, sympathische, weichliche Oma. Aber... sie gingen wieder ins Internat.

In den Ferien kehrten sie dorthin oder zu anderen Freunden ihrer Mutter zurück.

Tristan erinnerte sich daran, dass er bei einem bekannten Maler gewohnt hatte, der wahnsinnig in seine Mutter verliebt war. Er litt darunter, dass er sich gewünscht hätte, seine Mutter hätte ihn geliebt.

Tristan sah wieder den Teich, in dem dieser Herr am Rande des Waldes von Senonches nach Hechten fischte.

In dieser Zeit wurde Tristan einem Landpfarrer anvertraut.

Er blieb dort bis zum Beginn des Zweiten Weltkriegs. Da seine Bildung immer vernachlässigt wurde, kannte er die Rechtschreibung und die elementaren Grundlagen der Bildung nicht. Während seiner erbärmlichen Kindheit erhielt er nie eine Grundschulbildung.

Auf dem Land ringsum war das Leben in diesem Pfarrhaus ruhiger. Der Pfarrer hatte eine Nichte, die eine düstere Kuh war. Sie sah aus wie eine Karikatur. Kinn, Stupsnase, Seitenscheitel, flaches, verklebtes Haar, das glanzlos herunterfiel und eine große, lupenartige Brille vor glasigen Augen umrahmte. Seltsames Aussehen, eine Mischung aus Dummheit und Bosheit. Es gab auch das alte Fräulein Daminé, eine Organistin, die traurig war und von der Nichte verfolgt wurde, sie trank und betete.

Der Pfarrer war ein sympathischer und ausgeglichener Mann, der tief religiös, aber nicht mystisch war. Er zeigte anfangs eine übertriebene Zuneigung zu Tristan, aber schließlich wurde er ihm zuwider. Er versuchte, es nicht zu zeigen, aber das Kind spürte es. Tristan war ein fauler, lässiger Junge, der kaum zu Anstrengungen fähig war und so schüchtern war, dass seine Farbe von milchig-weiß zu scharlachrot wechselte, wenn man ihn anstarrte.

All dies und viele andere Merkmale passten gut zu Tristans Geburt, der im Zeichen der Waage geboren wurde. Es gab eine Art Ritual, dem er unterzogen wurde, wenn viele Leute anwesend waren. Der Pfarrer sagte: "Seht euch die schöne Schminke an" und starrte Tristan an, um die Wirkung zu sehen.

Unter seinen Mitschülern war ein Junge aus Levallois, der ihn ständig schikanierte. Er war der Prototyp eines Vorstadtbewohners: Aussehen, Stimme, Vulgarität. Mit seiner großen, schwachsinnigen Kraft zerquetschte er Tristans zarte Schwäche.

In der Umgebung veranstaltete der Pfarrer Filmvorführungen. Er transportierte das nötige Material mit dem Auto und wir Bewohner halfen ihm abwechselnd. Tristan sah in seiner Gesellschaft einige sehr schöne Filme und in dieser Zeit erwachte in ihm eine gewisse Vorliebe für das Theater.

Kurz vor dem Krieg, im Jahr 1939, hatte Tristans endlich geschiedene Mutter den Vicomte de Gastine geheiratet. Sie lebten in einem Herrenhaus in Eure et Loir. Es handelte sich um ein großes Familiengut mit rund 100 Hektar Weizenland, Kühen, Pferden, Schweinen und

Geflügel. Der Schwiegervater war Agraringenieur und liebte besonders das Leben eines Gentleman-Farmers, für das er sicherlich eine echte Berufung hatte. Diese neue Person in Tristans Leben war ungefähr fünfunddreißig Jahre alt. Er war groß, eher hager als schlank, hatte ein langes Gesicht und eine Bourbon-Nase, aber die niedrige Stirn deutete auf eine begrenzte Intelligenz hin, die Tristan zu beobachten vergönnt war. Er war ein bodenständiger, feiner Aristokrat. Er hatte eine tiefe, gut timbrierte Stimme, war sarkastisch und scharfzüngig, ziemlich zerstörerisch, ein Teufels Sophist und ein bisschen geizig. Tristan bewunderte seine natürliche Eleganz.

Er pflegte seine Kühe aus Freude an seiner Berufung, um eine schöne Kuh zu betrachten, er baute einen Kohlkopf an, um einen schönen Kohlkopf zu bewundern, er bestellte ein Feld, um die Ähren reich und herrlich blühen zu sehen. Wenn er auch von Natur aus geizig war, so war er doch nicht wirklich an Geld interessiert und hätte nicht einen Teil seiner Seele dafür hergegeben, um Geld zu verdienen.

In dieser Hinsicht unterschied er sich von seinen Zeitgenossen.

In den Jahren vor dem Krieg wurden landwirtschaftliche Produkte zu niedrigen Preisen oder gar nicht verkauft. Der Schwiegervater, der in die Enge getrieben wurde, nutzte die Unterstützung seines Schwagers, der Abgeordneter war, um einen wichtigen Posten in Französisch-Westafrika zu bekommen. Das Ehepaar ging dorthin.

Ihnen war ein Kind geboren worden, Luc, der nach Nantes zu einer Tante und einem Großvater väterlicherseits geschickt wurde.

Tristan verließ den Pfarrer und wurde zusammen mit seinen Schwestern der Tante Denise und ihrem Mann Onkel Paul, einem Arzt und Abgeordneten, anvertraut.

Onkel Paul hatte sich im Département Loiret niedergelassen, wo er Bürgermeister, Generalrat und schließlich Abgeordneter wurde: Er war ein ausgezeichneter Mann, ein Kuchenonkel. Er war seiner Frau auf lächerliche und absolute Weise untergeordnet. Er verhielt sich wie ein richtiger kleiner Junge. Tante Denise brachte ihm eine selbstverständliche Rücksichtnahme und einen Respekt entgegen. Diese Autorität der Tante über den Onkel und diese Ehrerbietung waren für Tristan eine interessante psychologische Beobachtung. Die Tante war gerecht, autoritär, intelligent im üblichen Sinne des Wortes, aber nur begrenzt aufnahmefähig. Bei ihr fehlte das Wesentliche, das in der gesamten jüdischen Spekulation der Zeit fehlt: die Dimension der Synthese, der Liebe, des authentisch Menschlichen. Diese Dimension fehlt sowohl im Kapitalismus als auch im Marxismus völlig.

Der Onkel und die Tante hatten keine Kinder und hätten gerne eines gehabt. Sie schickten die drei Kinder in ein Internat in Pithiviers.

Dort, in seiner Einsamkeit, war Tristan immer noch ein schlechter Schüler.

Eines Tages war er gerade dabei, seine Mitschüler in einem Klassenzimmer ohne Lehrer anzusprechen, als der Direktor unerwartet hereinkam.

Er beauftragte Tristan, in sein Büro zu gehen.

- Mit Ihrem guten Aussehen und Ihrer Eloquenz werden Sie Ihr Abitur nicht bestehen", sagte er gutmütig zu ihr.

Im Kreis der Familie schwieg Tristan, aber sobald er draußen war und die Umstände es zuließen, spritzte er wie eine zu stark komprimierte Flüssigkeit.

Das Schuljahr war noch nicht zu Ende, da brach der Krieg von 1939 aus.

Herr und Frau de Gastine kehrten aus A.O.F. zurück.

Laure und Charlotte gingen mit ihrer Mutter und ihrem Stiefvater. Zu Tristans großer Freude blieb er bei seiner Tante und seinem Onkel.

Es folgte der Exodus von 1940.

Drei Autos wurden mit Gepäck vollgestopft. Einer davon wurde ihm anvertraut, obwohl er noch keine fünfzehn Jahre alt war. Das zweite Auto war das des Vertretungsarztes. Das dritte Auto gehörte Josette, einer Journalistin und Romanautorin, die mit Tante Denise und seiner Mutter befreundet war und mit einem bekannten Romanautor zusammenlebte. Tristan zog einen Anhänger mit Filmen und Dokumenten aus dem Spanischen Bürgerkrieg hinter sich her, die ihm gehörten. Der Romancier sollte 1945 Minister unter Charles de Gaulle werden. Zwei Tage später kamen sie im Schloss eines befreundeten Parlamentariers an, wo Tristan zwei Monate lang blieb. Als die deutsche Besatzung einsetzte, holten der Onkel und die Tante Tristan ab.

Tristan war fünfzehn Jahre alt. Eine chaotische Kindheit und Krankheit hatten es ihm nicht leicht gemacht, etwas zu lernen. Er wusste nichts. Die Inhalte der offiziellen Studien weckten keinen intellektuellen Appetit in ihm. Führten sie zu mehr Bewusstsein und Glück? Die Schule berührte nichts Wesentliches und produzierte und schwärmte Selbstmörder in allen Bereichen des Lebens aus. Wie oft hatte er an den Satz von Simone Weil, diesem großartigen Geist, vor seinem drohenden

Generalinspektor gedacht: "Ich betrachte die Entlassung als die Krönung meiner Karriere...".

Als er acht Jahre alt war, hatte man ihn gefragt, was er werden wolle. Er hatte "Dichter" geantwortet. Doch das schrille Lachen seiner Gesprächspartnerin versetzte ihm einen schmerzhaften Schock, der ihm klarmachte, dass "Dichter" kein sozialer Status mehr war.

Was bedeutete dieses Wort für ihn? Über das sprechen, was man sieht und was andere nicht sehen, ausdrücken, was man fühlt und denkt, um diejenigen aufzuklären, die weniger fühlen und wenig denken. Sich gegen das Böse auflehnen und versuchen, es tiefgreifend zu heilen. Worte, die wie von selbst kommen, auf diese gelebten Evidenzen aufpfropfen, die andere als Intuition bezeichnen und denen sie misstrauen, weil sie nicht mehr leben.

Das Klavier beschäftigte sie immer noch.

O Chopin zu spielen, wie sehr hätte das seine Berufung als Dichter befriedigt!

Leider gab es nur eine Alternative: das Abitur oder eine Lehre. Also ging er den einzigen Weg, der offen war: die Löcher in seiner Grundschulbildung zu stopfen und sich auf das Abitur vorzubereiten. Innerhalb von zwei Jahren vollbrachte er wahre Wunder.

Dieses Wunder konnte er mithilfe von Lehrern im Privatunterricht vollbringen.

Hätte man ihn wieder in ein Internat gesteckt, wäre er verloren gewesen und hätte es nie zu etwas gebracht. Er besuchte zwei Lehrer in Orléans für Literatur und Naturwissenschaften. Zweimal in der Woche fuhr er mit dem Bus nach Orléans. Englisch wurde ihm von seiner Tante beigebracht, die diese Sprache seit ihrer Kindheit in Ägypten gesprochen hatte.

Nach zwei Jahren wurde er zur Prüfung für den Übertritt in die erste Klasse des Lycée in Orléans zugelassen. Nach einer so langen Kindheit war das ein Erfolg.

Die zwei Jahre in Beaune, wo er bei seinem Onkel und seiner Tante lebte, hatten ihm ein wenig Frieden und Ausgeglichenheit zurückgegeben. Das Land, die Güte von Onkel Paul, die Ruhe und Geduld der Tante für den unmöglichen und völlig missverstandenen Jungen, der er war... Tante Denise war gerecht und vernünftig, aber keineswegs sentimental. Für alles, was die Ausbildung ihres Neffen betraf, scheute sie keine Kosten, aber ansonsten war sie bestürzend geizig. Tristan, der von Natur aus das Überflüssige dem Notwendigen vorzog, war sehr gekränkt, als ein Bauer eines Tages zu ihm sagte: "Ich habe mich nicht geirrt:

" Dein Onkel könnte dir ein Höschen kaufen "...

Diese Vernachlässigung der Kleidung, der Mangel an Taschengeld, obwohl es zugegebenermaßen eine hervorragende Sache für die Bildung war, prägte ihn mit einem Gefühl der Traurigkeit, da andere Jungen in seinem Alter verwöhnt und verhätschelt wurden. Er ging in die elfte Klasse des Lycée d'Orléans.

Er wohnte bei einem Hilfslehrer des Gymnasiums. Sein Brieffreund war der berühmte Doktor

C. ehemaliger Stellvertreter von Onkel Paul. Er war von ihm mit Zustimmung von Tante Denise in die Politik gedrängt worden und war Abgeordneter und Bürgermeister von Orléans geworden. Seine verliebte und eifersüchtige Frau erschoss ihren Mann an dem Tag, an dem er zum Minister ernannt worden war, mit einem Revolver. Tristan erlebte sozusagen alles mit, hörte sich die Äußerungen des Mannes und der Frau an und lernte schließlich die Mentalität des jeweils anderen kennen. Yvonne, die Frau von Dr. C., war liebevoll, leidenschaftlich, unerträglich und eifersüchtig. Er selbst wusste, wie man ein charmanter Mann von Welt ist, konnte aber im Privaten sehr brutal werden. Tristan hatte gesehen, wie ein Radio, das seiner Frau gehört hatte, von Doktor C mit Fußtritten zertrümmert worden war. Wenn er plauderte, erzählte er Tristan naiv, dass er den Krieg liebe und dass er sich in einem Keller unter einem zerbombten Haus voller Euphorie fühle...

Seine Schulkameraden erschienen ihm besonders unbedeutend, kleinkariert und töricht. Ihre Dummheit und Feigheit waren das, was ihm am meisten auffiel. Diese Dummheit und Feigheit sollte Tristan sein ganzes Leben lang begegnen.

Sie hatten einen brillanten Geschichtslehrer, der jedoch körperlich nicht von der Natur begünstigt war und manchmal von einem leichten, schüchternen Stottern geplagt wurde, das ihn jedoch nicht daran hinderte, verständlich zu sein. Seine Mitschüler ärgerten den Lehrer. Tristan saß still und aufmerksam in der ersten Reihe und öffnete während des Geschichtsunterrichts nie den Mund.

Der Mathematiklehrer hatte eine Figur, die man gemeinhin als "Eisschrank" bezeichnet. Diese Klasse war ein Spiegelbild der gesamten Menschheit, wenn man bedenkt, wie gut sich diese kleinen Maden bewegten. In diesem Moment verspürte Tristan den Drang zu randalieren. Er sprach seinen Nachbarn fast laut an, aber der zitterte, als er ihm antwortete. An einem Wintertag im Jahr 1942, mitten in der

Besatzungszeit, war es im Klassenzimmer besonders kalt. Die Heizung war nicht sehr gut. Daher nutzte Tristan den Mathematikunterricht, um seine Handschuhe anzuziehen. Er versuchte es mit allem, was ihm einfiel: Spott, Ironie, Sarkasmus, Lächerlichkeit: Tristan ließ seine Handschuhe ungerührt.

Den Mathematiklehrer zu schikanieren war für Tristan normal, aber nicht, sich auf diese hässliche und feige Art und Weise gegenüber einem guten, talentierten, aber von der Natur leicht benachteiligten Lehrer zu manifestieren. Es gab keinen Kontakt zu diesen Menschen, die er verachtete und manchmal verabscheute. Er hätte sich gewünscht, von Wesen ohne Kleinlichkeit umgeben zu sein, die ein weites Herz hatten und sich von diesem Standardmodell unterschieden, das so hoffnungslos lächerlich und seltsam "normal" war.

Diese Personen waren viel bessere Schüler als er. Es war bemerkenswert, dass diejenigen, denen er die menschliche Note null gegeben hätte, alle Lorbeeren ernteten. Und doch hatte er das Gefühl, dass sie sich den wesentlichen Realitäten verschließen.

Tristan nahm gleichgültig an diesen Unterrichtsstunden teil, die er in privilegierte Beobachtungssitzungen verwandelte. Er hatte bereits einzigartige Einsichten, die erst viel später Gestalt annehmen würden und die niemand teilen konnte.

Das Klavier spukte in seinen Träumen herum, Chopin, vor allem Chopin. Manchmal weinte er, weil er ihn nicht studieren konnte, aber er wusste, dass es unmöglich war und dass er nicht hoffen sollte. Französisch verkrampfte ihn, die Texterklärung und der Aufsatz irritierten ihn aufs Äußerste. Die Universität ist der Bankrott des Wesentlichen, der Triumph des Kleinen, die Blindheit gegenüber dem Blendenden. Es ist nicht verwunderlich, dass die meisten Akademiker zu Apologeten und Anhängern einer Ideologie werden, die 200 Millionen Menschen abgeschlachtet hat. Bei diesem Grad an Reduktionismus sind alle Verrücktheiten möglich, solange sie nur offiziell und modisch sind.[9]

Wie viel Nebensächliches, Bangloses, Unwichtiges kann in einer Texterklärung gesagt werden. Die Mitschüler waren gefügig und erhielten als Belohnung für diese geistigen Verzerrungsübungen ausgezeichnete Noten. Im Übrigen gab es nichts, was das "Schulische"

---

[9] Dies zeigt sich auf der elementarsten Ebene. Im Jahr 2000 werden Frauen in Hosen herumlaufen, die sich eng an ihren Hintern schmiegen, und auf Elefantenschuhen herumlaufen. Selbst auf dieser Ebene sind Intelligenz und ästhetischer Sinn zugunsten des irrwitzigen Konzepts der Mode verschwunden.

mit den banalen Sorgen des Ablaufs ihres auf das Vegetative bis Vulgäre reduzierten Lebens gemeinsam hatte. Sie erfüllten ihre schulischen Pflichten wie ein Pensum oder eine physiologische Pflicht wie die Defäkation.

Tristan war blockiert, gestoßen von so viel Kleinkariertheit, Realitätsferne, von dieser Fülle an Affentheater. Wir befanden uns mitten im Weltkrieg. Wer hätte unter diesen Meistern daran gedacht, sich seiner *wahren* Ursachen bewusst zu werden? Niemandem mangelt es mehr an wahrer Kultur, an synthetischem Bewusstsein, an kreativem Potenzial als einem Aggregierten. Er geht sogar so weit, dass er die Aggregation für einen Wert hält.

Am Ende des Trimesters war es die Rezitationskomposition.

Tristans Mitschüler spulten ihre Texte im automatischen und gleichgültigen Rhythmus eines Spielautomaten ab.

Als Tristan an der Reihe war, begann er, seinen Vigny-Text zu sprechen. Die ganze Klasse brach in schallendes Gelächter aus.

Er hielt inne, behielt eine ungerührte Maske auf, denn er hatte den konditionierten Reflex dieser Roboter vorausgesehen. Ein Rundumblick des Professors stellte die Stille wieder her.

Tristan hatte seinen Text wieder aufgenommen ... Die fast benommenen Blicke starrten ihn an, als wäre gerade etwas Ungewöhnliches passiert. Dann ging er an seinen Platz zurück. Die verblüfften Mitschüler erfuhren, dass Tristan der Klassenbeste in diesem Fach war.

Während er in Rezitation den ersten Platz belegte, waren die Ergebnisse in den anderen Fächern enttäuschend, abgesehen von Mathematik, wo er kurz vor der Abiturprüfung ebenfalls den ersten Platz belegte.

Das Merkwürdige ist, dass er in der Arithmetik immer schlecht und in der Algebra mittelmäßig blieb. Aber die Geometrie fand er brillant. Ihr visueller Aspekt, der Griff, den sie der Vorstellungskraft bietet, war ihm vollkommen und spontan recht. Er stellte sich Figuren und Volumen leuchtend vor und unterschied geometrische Orte, indem er die Volumen gedanklich im Raum bewegte, bevor er sie durch Argumentation bestimmte. Er hatte mehr Freude an den Spielen seiner Vorstellungskraft und den Mechanismen seiner Intuition, die er hier trainieren konnte, als an der Geometrie, die ihn eigentlich nicht interessierte.

Er verabscheute Gymnastik, wie sie diese Kohorten in Schwärmen praktizierten.

Wie viele Teenager schrieb Tristan Verse. Von dem ganzen Kuddelmuddel, das er zusammenschusterte, blieb ihm vor allem eines in Erinnerung:

O, wie schön muss es in der traurigen Stille einer unterirdischen Gruft sein, o unermessliche Einsamkeit.

Die durch nichts gestört wird, mehr Schrecken, mehr Böses Mehr Morde schließlich, schreckliche Hekatome.

Allein die langsamen Stunden, die über unsere Gräber ziehen, schwärzen nach und nach seinen jungfräulichen Marmor...

Das Paar, bei dem Tristan wohnte, erhielt von Tante Denise Pakete mit Lebensmitteln, für die sie Schwarzmarktpreise verlangte, Tusche. Schließlich übertrugen sie ihren berechtigten Zorn auf Tristan und wurden regelrecht vergiftet. Die gute Frau machte sich zur Megäre, aber man musste sie auch verstehen. In der Zeit der Entbehrungen unter der deutschen Besatzung hätten übertriebene Forderungen für elementare Pakete das Nervensystem von jedem gestört. Die Tante war sich dessen nicht bewusst.

Tristan blieb das ganze erste Quartal in dieser Galeere. Er wäre gerne dort geblieben, denn er würde sich in einem viel schlimmeren Gefängnis wiederfinden.

Weihnachten 1941.

KAPITEL IV

" Es war während des Horrors einer tiefen Nacht... ".

Die Onkel Jacques und Etienne waren nach Spanien und dann nach England gegangen, wie es Tausende von Juden getan hatten. Seine Mutter und sein Stiefvater hatten sich in Nantes niedergelassen. Er war zum Leiter der von Marschall Pétain ins Leben gerufenen Mission zur Wiederherstellung der bäuerlichen Lebensweise ernannt worden. Charlotte, Laure und ihr Halbbruder Luc befanden sich bei ihnen. Onkel Paul und die Tante waren in Beaune geblieben.

In Paris gab es die *geliebte Oma*.

Das Herrenhaus im 16. Arrondissement war von allen Möbeln und Wertgegenständen geräumt worden. Selbst die schmiedeeisernen Gitter, die die Halle von einem Wohnzimmer trennten, waren verschwunden. Es waren nur noch die leeren Scharniere übrig. Das große Haus sah aus wie eine Höhle. Aber war sie nicht von Fossilien bewohnt?

Um zu verhindern, dass ihr Hotel von den Deutschen besetzt wurde, wollte *Oma Schatz* dort wohnen. Sie konnte dort nicht allein wohnen, weil Onkel Paul und Tante Denise gezwungen waren, in Beaune zu bleiben. Wir dachten an Tristan.

Er wechselte vom Lycée d'Orléans zum Lycée Buffon. In der riesigen, kahlen und ungeheizten Baracke gab es von nun an die *geliebte Oma* und ihn, ihn und die *geliebte Oma*.

Es war ein abscheuliches Kamel.

Tristan war siebzehn Jahre alt und in diesem Alter ist es schwierig, einem jungen Mann eine Ohrfeige zu geben. Aber es gab ein ganzes Arsenal, das sich sein vorzügliches Wesen ausgedacht hatte.

Sein Charakter war ein wirres Sammelsurium aus perversem Despotismus, Ängstlichkeit, Tragik, Pessimismus und kleinlicher Hartnäckigkeit.

Sie geriet in Rage, wenn man ihr nur zaghaft die Ungeheuerlichkeit des Unsinns, den sie von sich gab, vor Augen führte. Sie war geizig im streng egoistischen Sinne, denn es scheint, dass niemand sie je als geizig gegenüber sich selbst erlebt hat.

Stattdessen stellte sie ihre Großzügigkeit auf immerwährende und etwas ekelerregende Weise zur Schau.

"Schau, was Oma für dich getan hat, sie hat dir einen schönen Teller Fadennudeln gekocht, dir ein Bett zum Schlafen gegeben, dich gepflegt, sich um dich gekümmert". Nachdem sie sich ein paar Minuten lang durch das Essen geschleppt hatte, ließ sie sich auf ihr Bett fallen und betonte schwer, "was sie für Tristan tut", "all die Mühen, die er ihr auferlegt", "aber das macht nichts", fügte sie sterbend hinzu, "ich tue es aus gutem Herzen". Tatsächlich konnte sich Tristan kaum daran erinnern, dass sie jemals etwas für ihn getan hatte, das nicht sadistisch war. Wenn sie etwas tat, profitierte sie immer selbst von den Ergebnissen ihrer anstrengenden Arbeit.

Wie viele Dinge hatte er in seiner Kindheit beobachtet, beobachtet und gefühlt. Wie oft hatte er sich zum Narren gemacht, damit niemand die Penetranz seiner Sensibilität bemerkte. Er konnte nicht lügen, er hatte es nie gelernt. Er fühlte sie so unvollständig, so hilflos, dass es ihm Angst machte. Sobald er die Lippen lockerte, um sich auszudrücken, schlug sein Herz wie wild. Er stotterte und verlor die Kontrolle. Er fühlte sich, als wäre er in einem Beton aus Unverständnis versunken. Selbst mit 27 Jahren, wenn er zu seiner *geliebten Großmutter ging*, war er fiebrig und seine Diktion war verwaschen.

Die geliebte Großmutter war lächerlich und violett-sektiererisch, fanatisch, selbstbewusst und daher unmöglich zu erleuchten. Jeder Dialog war eine Sackgasse, eine Sackgasse, die Quadratur des Kreises. Dieses Muster ist typisch für alle psychisch Kranken, denen das Herz fehlt. Wer einen Verstand und ein Herz hat, ist offen für einen Dialog gesteht seinen Fehler ein oder erklärt den des anderen. All das ist bei der irren Mentalität, der Mentalität unserer Führungskräfte in Politik und Finanzwelt, ausgeschlossen. Der Wahnsinnige kennt nur seine Besessenheit, seine Fixierung, er wird eher töten als nachgeben.

Manchmal hatte Tristan Entwürfe versucht, aber es ging nicht um Logik: Alles, was seiner lächerlichen pathologischen Subjektivität nicht dienlich war, wurde ignoriert, selbst angesichts der offensichtlichsten aller Selbstverständlichkeiten.

Aber Tristan konnte nicht schweigen. Bald hatte er genug von diesem Gefängnis. Die Osterferien standen vor der Tür: Er sollte sie bei seiner

Tante in Beaune verbringen. Das war eine große Freude für ihn. Da schmiedete er einen machiavellistischen Plan.

Er beschloss, einen *gefälschten* Brief an seine Mutter zu schreiben, in dem er auf einigen detaillierten Seiten Bilanz zog, wie sein Leben in Paris zwischen der problematischen Vorbereitung auf sein Abitur und dem seraphischen Charakter der *geliebten Oma* aussah.

Bevor er zu seiner Tante ging, ließ er die Briefbombe in einer Schublade seines Arbeitstisches liegen. Sie lag dort zufällig ganz hinten, so dass es aussah, als wäre sie mit größter Sorgfalt versteckt worden. Tristan hätte ihr das alles gerne mündlich erzählt, aber sie hätte ihn nie zu Wort kommen lassen. Mit einer großspurigen Geste hätte sie ihn, den schändlichen Undankbaren, aus ihrem Blickfeld verdrängt. Der Brief sagte alles und er wusste, dass *Großmamas* krankhafte Neugier und ihr inquisitorischer Geist sie dazu bringen würden, ihre Hände bis in die hinterste Ecke der Schublade zu stecken und den ganzen Brief zu lesen. Es gehörte zu ihrem Charakter, bis in die hintersten Ecken ihrer Schulschublade zu wühlen. Diese morbide Neugier hätte sie sogar ohne zu zögern mit dem Prinzip der moralischen Überwachung begründet. All das passte perfekt zu ihrer sanften Natur.

Was Tristan vorausgesagt hatte, geschah, aber die *geliebte Oma erwähnte* den Brief nie auch nur im Geringsten. Als Tristan aus Beaune zurückkehrte, stellte er fest, dass das Gesicht der *geliebten Oma* um einen Daumen länger geworden war. Er ging unauffällig zu ihrer Schublade und öffnete sie: Der Brief war verschwunden.

Die geliebte Oma hatte den Brief nicht zurückgestellt. Das hätte Tristan nicht erwartet.

Sie hatte ihn behalten, um was damit zu tun?

Die geliebte Großmutter kannte Tristans Gedanken. Daran änderte sich nichts. Es gibt in den Wesen eine Art absoluten Determinismus, der Tristans Beobachtung immer wieder verblüffte.

Die Wohnung von *Oma Schatz* lag an der großen Halle, Tristans Wohnung lag ihr gegenüber. Es war die ehemalige Wohnung von Tristans Großvater, der es für richtig hielt, seinen Lebensabend fernab von seiner würdigen Frau in einem friedlichen Ruhestand zu verbringen.

Tristan war eine Art Lakai *der geliebten Großmutter*.

Sie kochte für sie beide - sie hatte einen gesunden Appetit - und Tristan kümmerte sich um alles andere. Er ging zu den Geschäften, um das Nötigste zu kaufen. Die Geschäfte lagen weit entfernt vom Stadthaus, das mitten in einem Wohngebiet lag. Morgens bei Sonnenaufgang zündete er den Ofen in dem Zimmer an, das an sein Schlafzimmer grenzte, denn dort verbrachte die *geliebte Oma* ihre warmen Tage. Wenn er von der Schule nach Hause kam, musste er den Ofen oft wieder anzünden und warten, bis es warm genug war, um seine wichtige Schularbeit zu bewältigen, denn es waren nur noch wenige Monate bis zur Prüfung.

Trotz des Chaos in seiner Kindheit hatte er es bis in die elfte Klasse geschafft.

In der großen Baracke gab es für *Oma Schatz* so viel zu tun, dass er jede Chance verlor, in diesem Jahr zum Abitur zugelassen zu werden.

Die Aufgaben eines Dieners einer despotischen alten Dame sind nicht mit den Pflichten eines pflichtbewussten Gymnasiasten vereinbar. Er wusste um den Misserfolg, der ihm bevorstand, aber was konnte er tun?

Das Zimmer, in dem er schlief, war im Winter eiskalt. *Die liebe Oma* hatte es nicht zugelassen, dass Tristan sein Bett im Zimmer mit dem Ofen aufstellte. Es gab drei Türen und ein riesiges Fenster, aber "Die Dämpfe hätten ihn ersticken können". Das war umso lächerlicher, als der Ofen aus war, wenn sie ging und wenn Tristan sich ins Bett legte. Aber das Zimmer hätte warm genug sein können, da der Ofen den ganzen Tag in Betrieb gewesen war. Trotzdem ließ sie die Tür offen, wenn sie nach dem Erlöschen des Ofens nach Hause ging.

In Tristans Zimmer herrschten üblicherweise minus fünf Grad Celsius. Wenn *Oma Schatz* nicht im Ofenzimmer war, saß sie in ihrem Zimmer in ihrem Sessel und wärmte sich mit ihrem elektrischen Kataplasma, sie hatte Asthma und lag seit vierzig Jahren im Sterben.

Eines Tages klingelte eine junge Frau an der Tür des Hotels. Sie wurde von Onkel Etienne als Heiratskandidatin ausgewählt. *Oma Schatz* sollte ihre Meinung sagen, die entscheidend sein würde.

Vom Badezimmer aus, wo er sich die Hände wusch, hörte er das Gejammer *der geliebten Großmutter* bei der jungen Frau: "Meine kleinen Kinder, die mich nicht lieben und auf meinen Tod warten, um zu erben"...

Die Aussage war umso verlogener und törichter, als nichts auf eine solche Aussicht hindeutete, aber sie musste sich als Märtyrerin und Heilige darstellen.

Als die junge Frau weg war, erklärte die *geliebte Großmutter* mit ihrer üblichen Naivität und Unbedarftheit Tristan: "Siehst du, Onkel Etienne, er hat mir dieses Mädchen geschickt und er hat gesagt: "Meine kleine Mutter, wenn sie dir nicht gefällt, heirate ich sie nicht".

Sie war manisch in der Verleumdung, sowohl bei belanglosen als auch bei wichtigen Dingen. Er weinte oft über ihre schändlichen Visionen, die aus einem Marmeladenglas keimten, oder über schlimmere Anschuldigungen, deren teuflische Konzeption Tristan nie auch nur in den Sinn gekommen wäre.

Jahre später würde er diese Psychologie in Freud wiederfinden, der zärtliche Gefühle, reine Hingabe und kindliche Liebe, die der Sexualität so fremd waren wie die Akropolis dem Krokodil, auf schändliche Weise sexualisiert hatte.

Es kam das Abitur: Man musste wegen zwei Punkten vertagen. Da überschlugen sich die Ereignisse. Tristan war zur Polizeiwache gegangen, um sich den Davidstern abzuholen, den *Oma Schatz* geerbt hatte.

Davidstern an die jüdische Rasse? Das ist umso erstaunlicher, als es keine Rassen gibt: Es gibt nur Ethnien, die das Ergebnis einer hormonellen Anpassung an eine feste Umgebung über mindestens acht bis zehn Jahrhunderte sind. Nun sind die Juden keine Rasse, da es sie nicht gibt, sie sind keine Ethnie, da sie sich alle niemals acht bis zehn Jahrhunderte lang an einem festen geografischen Ort aufgehalten haben.

Die Ursache für den in Zeit und Raum konstanten jüdischen Partikularismus war also weder im Konzept der Rasse noch in der ethnischen Realität zu finden. Ebenso wenig konnte man von einer "Prägung durch die Religion" sprechen, denn obwohl der Einfluss der Religion nicht zu vernachlässigen ist, ist sie kein Teil dieses Partikularismus. Die Juden sind somatisch von Land zu Land sehr verschieden, und manchmal haben sie nur bestimmte karikaturistische Züge und eine Mentalität gemeinsam, die sich seit fünftausend Jahren nicht verändert hat. Schließlich waren alle Juden der gehobenen Mittelschicht den Lehren der Thora gleichgültig und setzten nie einen Fuß in eine Synagoge. Von den religiösen Lehren behielten sie nur die Praxis der Beschneidung am achten Tag bei.[10]

Die Juden begannen, ernsthaft verfolgt zu werden, und Hitler, der ihre Rolle im Kapitalismus und im Marxismus radikal nicht akzeptierte. Er

---

[10] Im Kapitel "Der Schlüssel" werden wir sehen, dass hier und nur hier das Geheimnis der jüdischen Besonderheit liegt. Es wird sich um eine hormonell-psychische Verzerrung handeln.

hatte die Weimarer Republik beobachtet, in der sie alles beherrschten, die bolschewistische Revolution als absoluten Horror und beschloss daher, sie in Lagern zu parken. Er glaubte, dass selbst die Unschuldigen bald andere Finanziers, andere Freuds und andere Marx' hervorbringen würden.

Er war also der Meinung, dass die Existenz des Planeten und der Menschen auf dem Spiel stand. Fünfzig Jahre später zeigte das Weltgeschehen in Orwells "1984", dass die Weimarer Republik mit ihrem Porno- und Migrationschaos aus Drogen, Arbeitslosigkeit, Selbstmorden der allerjüngsten, ihrer Schlächterei der Neugeborenen, ihren 150 Kriegen, ihrer jüdisch-amerikanischen Regierung und ihren Finanziers vom Typ Warburg, Rothschild, Soros, Hammer und Konsorten, die diktatorisch über den Planeten herrschten, und den Zombie-Politikern aller Parteien die Dimensionen des Planeten erreichte.

Es war also lebenswichtig, dass *Oma Schatz* und Tante Denise unter dem Schutz von Marschall Pétain in die Freie Zone flüchteten. Beide hörten jedoch nicht auf, über den Marschall zu schimpfen, der ihnen Schutz gewährte, Pétain, diesen Verräter, der Hitler unterstützen würde und "die Franzosen von der schändlichsten Bevormundung befreien würde, nämlich der der Finanzwelt".

Onkel Paul besuchte sie regelmäßig und brachte ihnen Geld und Lebensmittel. Vor der Abreise in die freie Zone mussten sie den lästigen Tristan loswerden.

Madame de Gastine hatte ihrem Sohn in den letzten Jahren mehrere Briefe geschrieben. Sie war ein wenig eifersüchtig auf die Zuneigung, die Tristan seiner Tante entgegenbrachte, und auf die Zuneigung, die seine Tante ihm entgegenbrachte. Sie schrieb ihm, "dass er ihr geliebter Sohn sei", "dass sie wolle, dass er zu ihr komme" und "dass sie alles für ihn tun würde".

Das war umso leichter, als Tristans Leben bei der *geliebten Großmutter* ein solides Fegefeuer war.

Die Tante schrieb ihrer Schwester daher, dass man ihn zurückschicke und dass sie hoffe, dass Madame de Gastine ihren Sohn nun zu etwas machen könne, das etwas besser sei als ein Hilfsarbeiter.

Tristan freute sich, denn man liebt seine Mutter und vergisst leicht alles Negative, das sie betreffen könnte. Obwohl er sie kannte, liebte er sie. Eine Mutter ist eine Mutter. Wie kann man sie nicht lieben? Man kann sie am Ende vielleicht mit ihren Eingeweiden hassen, aus Mangel, aber nicht mit ihrem Geist.

Oma Schatz kletterte auf den Dachboden, stöberte ein wenig herum und fand schließlich den Schatten eines alten Koffers mit Faltenbalg, den sie Tristan großzügig schenkte. Sie wusste nicht, wie viel ein Ticket für Paris Nantes in der zweiten Klasse kostete. Tristan durfte keinen Cent in der Tasche haben. Deshalb ließ sie ihn zum Bahnhof begleiten, um seine Fahrkarte zu holen. Er wurde ohne einen Cent in der Tasche in den Zug gesetzt.

Als er am Bahnhof von Nantes ankam, wartete sein Schwiegervater bereits auf ihn.

Der Empfang war ziemlich kühl. Es war eine Sache, ihn anzulocken, indem man ihm sagte, dass man ihn sehr gern habe, dass man sich seine Anwesenheit wünsche und dass man alles für ihn tun würde. Aber ihn tatsächlich kommen zu sehen, war eine ganz andere Sache. In Wirklichkeit ging es darum, in ihm psychologische Konflikte zu schaffen, die Tante Denise und *Oma Liebling* schaden würden.

Jeden Tag kontrollierte die französische Polizei, die den Besatzern unterstellt war, Madame de Gastine. Ihr Ehemann, ein Beamter des Marschalls, erhielt mit Hilfe des Staatschefs eine Ernennung in der freien Zone. Der Fall war häufig und die Zahl der Juden, die dank des Maréchal der Deportation entgingen, ist schwer zu schätzen, da sie beträchtlich ist. Nach dem Krieg wird man nie über sie sprechen, ebenso wenig wie über die zig Millionen, die in einem Regime vernichtet wurden, das aufgrund seiner Ideologen, Politiker, Finanziers, Verwalter und Henker in Gefängnissen und Konzentrationslagern wie Kaganovitch, Frenkel, Yagoda, Firine, Ouritski, Sorenson, Abramovici, Apetter, Jejoff und fünfzig anderen Juden radikal jüdisch war.

Im Gegensatz dazu wird man ständig von den sechs Millionen Juden sprechen, die von den Deutschen vergast wurden, obwohl nachgewiesen ist, dass es 1941 im besetzten Europa nur drei Millionen, dreihunderttausend waren und dass Cyclon B, eine Blausäure, ungeeignet ist, um tausend oder zweitausend Menschen auf einmal zu vergasen. Aber man muss an dieses religiöse Dogma glauben, sonst droht ein Gesetz, das wegen "Gedankenverbrechen" erlassen wird, was im Übrigen der neunfache Beweis für den Schwindel ist.[11]

Laure und Tristan machten sich mit Sack und Pack auf den Weg nach Poitiers, wo ein Lehrer der Mittelschule den von den Deutschen

---

[11] Man braucht kein totalitäres Gesetz, um eine Wahrheit bekannt zu machen: Man beweist sie mit Argumenten und Beweisen; diejenigen, die den Holocaust bestreiten, werden verurteilt, ohne dass man ihnen eine Chance gibt, zu beweisen, ob sie Recht oder Unrecht haben.

Verfolgten zahlreiche Dienste leistete. Sie erfuhren, dass er aufgrund einer seltenen Unvorsichtigkeit verhaftet und erschossen worden war.

Sie hatten die Adresse eines Landpfarrers, dessen Gemeinde an der Demarkationslinie lag. Ein Bus setzte sie einen Kilometer von dem Ort entfernt ab, und sie machten sich auf den Weg zum Pfarrhaus. An einer Abzweigung standen sie Auge in Auge mit einem Deutschen, der mit einem Gewehr auf dem Rücken rittlings auf seinem Fahrrad saß. Die Kinder wurden blass. Sie durften auf keinen Fall die Beherrschung verlieren. Tristan fragte den Soldaten mit theatralischer Selbstsicherheit nach Bonne, dem Namen des Dorfes, in das sie gehen sollten.

— Hier entlang", antwortete der Soldat und deutete in eine Richtung. Danke", sagte Tristan mit seinem natürlichsten Lächeln.

Sie waren nur ein paar Schritte gegangen, als die Stimme des Deutschen hinter ihnen ertönte:

— Ihre Papiere!

Sie glaubten, sie würden ohnmächtig werden.

Der Soldat warf einen schnellen Blick auf ihre Ausweise und führte sie zu einem dreihundert Meter entfernten Posten.

Laure brach zusammen, hielt aber durch. Sie vermied es, zu sprechen. Sie verstanden sich beide und hatten sich nichts zu sagen.

Ein deutscher Offizier kam hinzu. Sie hatten ihn offensichtlich beim Essen gestört. Er sprach sie grob an:

— Was machen Sie hier?

— Wir machen Urlaub bei Herrn Pfarrer von Bonnes", antwortete Tristan.

Es war Sommer und dieser Vorwand für zwei Kinder war vollkommen logisch.

— Wollen Sie nicht in die freie Zone gehen? Fragte er mit einer Naivität, die Tristans Humor trotz der Angst des Augenblicks kaum entging.

— Keineswegs, wir fahren in den Urlaub.

— Sie sind keine Juden? Beharrte der Offizier.

— Aber nein", antwortete Tristan, als wäre er beschimpft worden.

Der Offizier muss sich erleichtert gefühlt haben. Er durchsuchte ihre beiden Rucksäcke von oben bis unten. Er fand nichts. Er sah sich die Münzen in Tristans Brieftasche an und entdeckte die Visitenkarten seiner Mutter und seines Onkels: Vicomtesse de Gastine und Dr. Paul C., Abgeordneter des Bürgermeisters. Er gab die Brieftasche zurück und behielt die Bristols.

Die Tür wurde ihnen geöffnet: Sie waren frei.

Ein paar Minuten später waren sie auf der Straße und bewegten sich mit der ganzen Geschwindigkeit ihrer Haxen vorwärts. Laure hatte so viel Angst verspürt, dass sie innerhalb weniger Minuten gelb wie eine Quitte geworden war.

Schließlich kamen sie beim Pfarrer an, der ihnen einen Imbiss anbot und ihnen ins Ohr flüsterte:

- Bleiben Sie nicht hier, ich werde von den Deutschen überwacht, wenn Sie nicht sofort gehen, werden Sie verhaftet!

Zurück in Nantes mussten sie ihren Fluchtplan überarbeiten. Laure und Charlotte überquerten die Grenze in einem Konvoi des Roten Kreuzes. Sie erreichten die Zone Libre ohne Probleme.

Der Vicomte de Gastine, ein hoher Beamter des Marschalls, schickte Tristan über die Mission de Restauration Paysanne zu einem Bauernhof, der an die Demarkationslinie grenzte.

Dort trafen sich Madame de Gastine und ihr Mann mit Tristan.

Die Gendarmen sollten ihnen helfen, die Demarkationslinie zu überqueren. Sie hatten für ähnliche Fälle verdeckte Befehle der Vichy-Regierung erhalten. Außerdem war die große Anzahl von Juden, die unter dem Schutz des Marschalls standen, allgemein bekannt. Sie mussten sich also zu einer bestimmten Zeit an einem bestimmten Ort befinden: Sie befanden sich dort. Als sie dort ankamen, sahen sie zwielichtige Helme, die in der Sonne glitzerten. Es war mitten im Sommer. Der Schwiegervater improvisierte wie ein Zauberkünstler ein Picknick im Gras: Das Vorgehen wirkte zwar naiv, aber was gab es Besseres zu tun? Glücklicherweise handelte es sich um befreundete Helme: Ihre Arme bewegten sich, sie mussten sich beeilen. Ein paar Minuten später, durch das Gebüsch, waren sie in der Freien Zone.

Neben dem düsteren Aussehen der besetzten Zone erschien dieser Teil Frankreichs, der von den deutschen Uniformen verschont geblieben war, wie ein Schlaraffenland: Licht, Musik, keine Sperrstunde. Tristan wäre die ganze Nacht lang herumgelaufen, wenn man ihm die Erlaubnis dazu gegeben hätte. Nur aus Freude, die Freiheit dieser neuen Atmosphäre auszukosten. Alle lachten, man fühlte sich wohl.

Sie trafen sich alle bei Freunden in der Nähe von Vichy. Die beiden Schwestern waren bereits dort. Sie blieben dort mehrere Monate.

Madame de Gastine erwies sich unter diesen Umständen als besonders entsetzlich, kleinlich und schikanös. Sie vergiftete ihren Sohn, den sie mit ein wenig Zärtlichkeit hätte erweichen können. Wenn er zu seiner Tante hätte zurückkehren können, hätte er nicht gezögert. Er war unglücklich, er fühlte sich "zu viel", er hatte ein so starkes Gefühl für diese beängstigende Situation, dass ihm das Leben schwer fiel.

Er wollte eine Karte mit einer unleserlichen Unterschrift an seinen Onkel und seine Tante schreiben. Eine solche Nachricht in dieser Form war ungefährlich, aber seine Mutter verbot es ihm unter dem falschen Vorwand, dass es für sie eine große Gefahr darstellen würde. Was hätte sie auch riskieren können, wenn sie die Dinge auf die Spitze trieb, da die Deutschen diesen Teil Frankreichs nicht besetzt hielten und der Marschall sich weigerte, die Juden aus der Freien Zone auszuliefern?

Aber Tristan sollte die Liebe, die seine Mutter ihm nicht geben wollte, nicht woanders finden.

Als der Sommer vorbei war, zogen sie nach Lyon in die Rue Vaubecour in eine gemietete Wohnung. Die beiden Schwestern wohnten bei ihrer Mutter und ihrem Stiefvater. Sie leisteten gute Dienste und wurden sorgfältig ausgenutzt.

Was Tristan betraf, so wurde er trotz der hochtrabenden Versprechungen immer noch in ein Internat in Villefranche sur Saône geschickt.

Da ihre Flucht im Sommer stattgefunden hatte und die Vorbereitungsarbeit unmöglich war, war es keine Frage gewesen, dass er sich bei der Oktobersession erneut bewerben würde. Außerdem konnte er nach dem entkräftenden Jahr, das er bei *Oma Liebling* verbracht hatte, trotz der ersten Plätze in Rezitation und Mathematik nicht mehr mithalten. Also wiederholte er die erste Klasse. Ein weiteres Jahr im Internat.

Er empfand gegenüber Gewalt, Dummheit und Vulgarität immer noch denselben Abscheu. Er schien immer verletzlicher zu werden. Scheinbar paradoxerweise konnte er keinen Schlag austeilen, aber er war zu extremen und schmerzhaften Ressourcen fähig, vielleicht sogar bis zum Heroismus. Er erreichte noch den ersten Platz in Mathematik, fiel aber im Juni durch. Er musste unbedingt den Sommer über arbeiten, wenn er im Oktober erfolgreich sein wollte.

Herr de Gastine dachte offensichtlich daran, sich seines Schwiegersohns zu entledigen.

"Wenn man ertrinkt", sagte er zu Tristan, "muss man die Leute um einen herum sich selbst überlassen. Dieses wertlose Alibi, denn er hatte eine sehr gute Stellung, die damals so wichtig war wie die des Präfekten, reichte aus, um sein Gewissen zu beruhigen, und um Tristans lästige Anwesenheit loszuwerden, erwog er, ihn in ein Ferienlager zu schicken. Das hätte seine Chancen, die Prüfung zu bestehen, zweifellos dauerhaft beeinträchtigt. Ein Jesuitenpater, der mit seiner Mutter befreundet war, setzte sich dafür ein, dass Tristan alle Chancen erhielt. Madame de Gastine war bereits mit ihren beiden Töchtern auf ein gemietetes Anwesen in der Nähe von Nîmes gezogen. Sie wusste, dass ihr Mann alles in seiner Macht Stehende tat, um Tristan loszuwerden.

Als Tristan jedoch ankam, überschlug sie sich erneut: "Mein Schatz, ich hatte solche Angst, dass du nicht kommst, zumal ich heute Geburtstag habe. Er sagte nichts, aber diese Heuchelei tut ihm noch heute weh, wenn er an diesen Moment zurückdenkt.

Er setzte eine dämliche Miene auf und lächelte mit einem fadenscheinigen Lächeln, das wie eine Schutzmaske wirkte, eine lückenlose Abschirmung vor seinem Schmerz und seinen Gedanken. Wie oft hatte er diese Maske aufgesetzt, die ihm Frieden gab. Auf einer Theaterbühne wären seine Sprüche großartig gewesen, wunderschön, mit einem erfüllten oder traurigen Gesicht, Lachen oder Weinen ... Aber im wahren Leben, auf der Bühne der Realität, mit einem geschundenen Herzen, wie sollte man da wahrhaftig spielen?

Also paukte er. David Copperfield stand in Englisch auf dem Lehrplan. Dickens war ein geniales Kind, das über eine Welt voller Elend staunte und dennoch optimistisch war.

Er aß Weintrauben.

Einen Monat vor der Prüfung schickte man ihn in ein kleines religiöses Internat, wo die Bachelor-Prüfung für die Oktober-Session vorbereitet wurde. Es war in Lyon, nicht weit von der Rue Vaubecour entfernt. Abends schlich er sich aus dem Haus. Einmal gegen Mitternacht, als er nach Hause kam, verwechselte er die Tür und trat ins Leere einer steilen Treppe, die in einen Keller führte. Er hat bis heute nicht herausgefunden, wie es dazu kam, dass er sich nicht die Knochen brach. Er weiß nicht mehr, woran er sich festhalten konnte, um einen tödlichen Sturz zu vermeiden. Man musste dass er und seine Mitschüler in absoluter Dunkelheit nach Hause schleichen, um den gemütlich schnarchenden Pater Direktor nicht zu wecken, und in ihre Betten kriechen.

Tristan hatte nicht einen Cent Taschengeld. Aber er war achtzehn Jahre alt. Daher hatte er Anspruch auf eine Tabakkarte, die ein einfaches Mittel war, um an Geld zu kommen. Er musste nur seine Ration verkaufen. Seine Mutter und sein Stiefvater hatten versucht, ihm die Tabakkarte zu entwenden. Tristan spielte den Dummkopf so gut, dass seine Mutter es für richtig hielt, eine Technik anzuwenden, die mit der Dummheit ihres Sohnes harmonierte. Er würde ihr seine Karte geben und ab und zu würde sie ihm kostenlos eine Schachtel Zigaretten gewähren. Mit dieser Technik muss Rockefeller sein Vermögen gemacht haben. Tristan tat so, als würde er die Bedingungen eines so großzügigen Vorschlags lange abwägen und ... lehnte ab.

Wenn seine Mutter ihn ehrlich um diese wertvolle Karte gebeten hätte, ohne auf großmütig zu machen, obwohl Tristan sehr wohl wusste, dass eine Schachtel Zigaretten damals die astronomische Summe von zweihundert Franken wert war, hätte er sie ihr bedingungslos gegeben. Aber diese Heuchelei, diese Komödie der Großzügigkeit, diese Art, ihn für einen Dummkopf zu halten, all das war so weit von der Psychologie einer echten Mutter entfernt, dass Tristan angewidert und außer sich war.

In dieser Zeit offenbarte sich Tristan der begeisternde Umgang mit weiblichen Wesen. Seine Mitschüler folgten den Mädchen, sprachen mit ihnen und stellten ihnen ausgefallene Fragen.

Tristan wurde mutiger, hatte ein paar Flirts, mit denen er manchmal in die umliegende Landschaft fuhr

Lyon. Dort lagen sie im Gras und blieben vollkommen platonisch.

Tristan legte daraufhin erfolgreich das erste Abitur ab.

Als er das Ergebnis erfuhr, befand er sich bereits in Genevilliers, einem Nest großer Fabriken, eine kleine Stelle in einer dieser Fabriken, in der ein naher Cousin als kaufmännischer Leiter tätig war.

1943. Elfhundert Franken pro Monat.

KAPITEL V

"Wenn das Christentum triumphiert, wird in 2000 Jahren die ganze Welt jüdisch sein" (Kaiser Julian, genannt der Apostat)

Seit Tristan von *Oma Liebling* liquidiert worden war, hatten seine Mutter und sein Stiefvater ihn ein Jahr lang geduldet, ihn aber auf ein Internat geschickt.

Das Internat hatte sie nicht ruiniert. Der Rektor hatte sie in sein Büro gerufen und gejammert:

"Im Lycée Ampère wären Sie nicht nach Hause gekommen, ohne ein Quartal im Voraus bezahlt zu haben". Was für eine Demütigung für Tristan!

Hätte man ihn früher "verpfeifen" können, hätte man nicht gezögert. Bei allen Familienmitgliedern, vielleicht mit Ausnahme von Tante Denise, die sich in den folgenden Jahren als fremder als viele Fremde erweisen sollten, konnte er nicht die geringste Zuneigung oder das geringste Verständnis aufbringen. Kein Mitglied seiner Familie war jemals in der Lage gewesen, ihn zu lieben oder zu verstehen. Daher unternahm er auch keinen Versuch, bei ihnen zu bleiben. Und wenn man es genau nimmt, gibt es keine andere Perspektive als die Hölle des Internats mit einem anderen Schulleiter, der sich darüber beschwert, dass er den Unterhaltsbetrag für den Schüler nicht erhalten hat.

Seit ihrer skandalösen Bekehrung war Madame de Gastine von Soutane zu Soutane geflogen, zu Bischöfen, Patres verschiedener Orden, Jesuiten und Dominikanern. So hatte sie Tristan einen Brief an den Pfarrer von Gennevilliers anvertraut. Zu Tristans Erstaunen führte der Pfarrer Tristan in ein kleines, verlaustes Hotel, anstatt ihm "ein anständiges Zimmer in einer anständigen Familie" zu verschaffen. Dies war ein Zeichen für die völlige Vernachlässigung und Gleichgültigkeit, in der man ihn zurückließ.

Der Wirt hatte das Gesicht und die Ausstrahlung eines Gangsters. Aus dem Krieg von 1914 hatte er noch einen im rechten Winkel abgewinkelten Arm. Sein blassgelber Teint beherbergte zwei harte, tief in der Augenhöhle liegende Augen. Mit einem sehr ausgeprägten Kinn an der Grenze zum Prognathismus trat sein seltsam hartes Aussehen in einem noch schärferen Relief hervor. Er sah hart aus, erschreckend hart, primitiv, winzig, instinktiv, in elementarer Materie verstrickt, ohne Mitleid mit seinen Feinden. Sein Verständnis bewegte sich zwischen seiner Familie, seinem kleinen Geschäft und einem erbitterten Hass auf die Deutschen. Dieser Hass entstand durch seine Kriegsverletzung und noch mehr durch die Tatsache, dass ein deutscher Offizier ihm einmal ins Gesicht gepeitscht hatte, um ihn aus dem Weg zu räumen. Bei einem primitiven Wesen war all dies ausschlaggebend.

Das Hotelrestaurant wurde von Arbeitern besucht, die oftmals gute Herzen hatten. Einer von ihnen, Monsieur Alexandre, arbeitete in der gleichen Fabrik wie Tristan. Er war ein sensibler und resignierter Mensch, der vom Leben nichts anderes erwartete als die endgültige Erlösung. Er hatte vierzig Jahre lang hart gearbeitet; eines Tages würde er sterben... Alles schien ihm gleichgültig zu sein. Er hatte keine Schmerzen mehr. Er machte weiter, aber es schien, als sei er in gewisser Weise schon tot. Es war eine Art von bereits toter Freundlichkeit, die immer noch weitermachte. Er hatte alle äußeren Anzeichen eines lebenden Arbeiters, aber Tristan fühlte ihn tot. Er machte zwangsläufig weiter, er ging, ohne zu sehen, durch den Drang der Automatismen, ohne zu genießen, ohne zu leiden. Er litt nur an diesem quälenden Schmerz der absoluten Neutralität. Und dieses Sein, das nicht war, war für Tristan unendlich schmerzhaft. Er hätte diesen schmerzhaften Weg zur Erklärung oder zum Nichts gerne verstanden.

Tristans Zimmer war eine Art Zelle mit schmutzigen Wänden, einem schlechten Bett, einem Wassertopf und einer Kloschüssel. Bei dem, was Tristan verdiente, kam es nicht in Frage, etwas anderes als die Miete für sein Zimmer und eine tägliche Mahlzeit in der Fabrikkantine zu bezahlen.

Der kaufmännische Direktor, ein enger Cousin seiner Mutter, hatte sie in sein Büro rufen lassen. Er sagte ihr, dass er Gisèle (Madame de Gastine) genau gesagt habe, dass Tristan nicht von seinem Gehalt leben könne und dass es unerlässlich sei, ihm zu helfen. Tristan erhielt nie einen Cent oder ein Paket.

Er war ein siebenjähriges Kind geblieben, er brauchte Zuneigung und Fürsorge, und er war allein in dieser schrecklichen Umgebung. Quälendes Leid!

Er erleichterte seine zerrissene Seele durch Briefe an seine Mutter. Lange Briefe voller Liebe, Verzweiflung und auch Hass. Er begann seine Mutter zu hassen, weil sie ihn allein und mittellos unter den anglo-amerikanischen Bomben zurückließ.

Die Sirenen heulten jeden Tag und vor allem nachts. In diesem Industrievorort regneten die Bomben. Hatte er nicht einmal in seiner Verlassenheit an seine Mutter geschrieben: "Du bist ein katholisches Monster".

Jedes Mal, wenn er an einer Kirche vorbeikam, erschauerte er. War das nicht der Zufluchtsort der katholischen Ungeheuer? Gingen all diese Spießer nicht pünktlich zur Messe, während zu Beginn des Jahrhunderts die Kinder sieben Jahre in ihren Fabriken und Bergwerken arbeiteten? Er kannte viele Menschen, die nie in die Kirche gingen und die ein gutes Herz hatten. Was hat die Kirche in den letzten zwanzig Jahrhunderten anderes getan, als die Lehren der ewigen Moral zu verraten? Die Welt auf den Materialismus von Rothschild und Marx vorzubereiten?

"Es waren die Kirche und die Fürsten, die das Volk den Juden ausgeliefert haben", sagte Hitler. Und Kaiser Julian, genannt der Abtrünnige, ging noch weiter: "Wenn das Christentum triumphiert, wird in zweitausend Jahren die ganze Welt jüdisch sein".

Ach, der Schirm ideologischer Etiketten! Wunderschöne Argumentationen und falsche Prinzipien, die den Massenmord legitimieren. Wir befinden uns in der Zeit des perfekten Verbrechens und es hat ein perfektes Alibi: die Philosophie, die dazu dient, Mörder zu Richtern zu machen. Und was für eine Philosophie: Die Philosophie, die wieder in die schwere Psychiatrie führt. Drama der Schmeichelei, der Demagogie, der einfachen und überzeugenden Argumentationen, Drama einer scheinbaren unmittelbaren Wahrheit. Lüge und Täuschung in Zeit und Raum.

In der Fabrik waren ihm die Menschen, mit denen Tristan zu tun hatte, gleichgültig.

Es gab jedoch einen sensiblen und intelligenten jungen Mann - er hatte das Polytechnikum nicht bestanden! Er besaß einen gewissen Geschäftssinn und Organisationstalent. Er verstand viele Dinge und war distinguiert.

Sie plauderten oft miteinander und obwohl Jean Louis, so hieß er, erst zwanzig Jahre alt war, hatte er bereits eine gewisse Verachtung für Frauen. "Wenn sie nicht im Feuer ihrer Liebe sind, hat keine Frau eine Tugend", sagte er. "Selbst nach jahrelangem Zusammenleben mit Kindern sind sie in der Lage, wegen einer Kleinigkeit den Mann wie den Anzug zu wechseln".

Wenn die Sirenen mit ihrem düsteren Ruf eine Bombardierung ankündigten, gingen sie in den Schutzraum hinunter und unterhielten sich. Die Gebäude bebten, die Fensterscheiben zerbarsten.

— Sieh an", sagte er einmal zu Tristan, "da kommen die Menschenrechte auf uns zu. Was halten Sie vom allgemeinen Wahlrecht? Wunderbar, nicht wahr?

— Ja, antwortete Tristan, und Rousseau auch, ich mag Rousseau sehr. Jean Louis kicherte spöttisch.

— Wunderbar, oberflächlich betrachtet, nehmen Sie an, dass all diese schönen Ideen, die übrigens unecht sind, zur Hegemonie der Finanzwelt und zum Verschwinden aller providentiellen Eliten führen, die durch Spekulanten ersetzt werden, durch Verrückte, die sich der menschlichen Synthese nicht bewusst sind, die Hysterie der Märkte, die zum Krieg von 14-16 und zu dem Krieg, in dem wir uns befinden, geführt hat ... Wenn Sie das verstanden haben, werden Sie verstehen, warum wir heute Bomben auf den Mundwinkel bekommen. Kennen Sie Karl Marx?

Tristan kannte nur die oberflächliche Banalität, die ihm im Philosophieunterricht auf dem Tablett serviert wurde. Dieses Werk ließ ihn gleichgültig, und Dr. Alexis Carrels *"Der Mensch, dieser Unbekannte"* hatte ihn unendlich viel weiter gedehnt. In diesem großartigen Buch wurde der Marxismus als ein Werk zum Selbstmord der Menschheit bezeichnet.

— Lesen Sie wenigstens eine Studie über *"Das Kapital"*, sagt Jean Louis, dieses Werk ist das reinste Produkt des liberalen Kapitalismus. Es mangelt ihm nicht an Komik. Wenn ich es humoristisch zusammenfassen müsste, würde ich sagen, dass es lehrt, dass die Gesellschaft die Kultur macht, anders gesagt, der Pflug macht den Menschen. Es ist nicht verwunderlich, dass heute der Pansen das Denken ersetzt.

Ein anderes Mal spielte Jean Louis auf den Concours de l'agrégation an.

— Ich wette mit Ihnen, dass, wenn ich in die Tiefen Afrikas gehe und einen Primitiven mit mittelmäßiger Intelligenz und einem ausgezeichneten Gedächtnis finde, er ohne Probleme die Agrégation in Philosophie oder die Assistenzzeit in Medizin bestehen wird. Glauben Sie wirklich, dass Platon oder Montaigne die Agrégation bestanden hätten?

Es stimmt, dass es viel Schlechtes über den Humanismus zu sagen gibt, den "Anfang vom Ende", wie Carrel sagt. Moment der Menschheit, in dem sich der Mensch auf Kosten des Transzendenten selbst nabelte...

Wenn Sie eines Tages einen intelligenten Mann an der Universität treffen, sollten Sie sich darüber im Klaren sein, dass er nicht wegen seiner Habilitation, sondern trotz dieser und weil er der Freimaurerei beigetreten ist, ein intelligenter Mann sein wird.

Das Problem des Tages ist, halb schändlich zu sein oder nicht zu sein. Im Jahr 1984 muss man radikal schändlich sein, weil alle offiziellen Kriterien verrotten und alle Werte umgekehrt werden.

Tristan erkundigte sich nach Marx. Er las Auszüge aus *Das Kapital*. Unklarer, verdrehter, "hyperhypophysischer" Stil[12] unleserlich, unmenschlich, pathologisch, mit einigen brillanten Analysen, von denen sich wesentliche als falsch herausstellten. Er durchdrang das Wesentliche seiner Inversion. Trotz eines klaren und faktisch lückenlosen Antisemitismus[13] auf der Ebene des jüdischen Handels und der jüdischen Finanzwelt erschien ihm das Werk als Endpunkt einer gewaltigen Synthese der Zerstörung, die in ihrer Perfektion unbewusst geschmiedet schien.

Es schien nicht so, als hätten sich die Henker mehr abgesprochen als ihre Opfer, und keiner von ihnen war sich der komatösen Synthese des "Rothschildo-marxo-freudo-einsteinopiccassismus" bewusst.[14]

Tristans Arbeit in der Fabrik von halb neun Uhr morgens bis halb elf Uhr abends war nicht besonders aufregend. Er beschäftigte sich mit den Schleifern der Kollektoren. Die Fabrik verkaufte sie in Frankreich, Deutschland, an die Metropolregion und insbesondere an die S.N.C.F. (Eisenbahngesellschaft). Er schrieb Geschäftsbriefe insbesondere an widerspenstige Zahler. Er machte Dreisatz, klebte Papiere zusammen und füllte Karteikarten aus, alles mit Hilfe einer charmanten Sekretärin, deren Name besonders verführerisch war, da sie Mademoiselle Mamouret hieß. Er hätte Elektrizität lernen müssen und was weiß ich noch alles.

---

[12] Wir werden im Kapitel der Schlüssel die Bedeutung dieses Wortes sehen.
[13] Dieses Wort ist bedeutungslos, da Semiten nichts damit zu tun haben, abgesehen von den Juden, die Semiten sind, was nicht die Mehrheit ist: Der richtige Begriff ist **Antijudaismus**.
[14] Das heißt umweltverschmutzender Kapitalismus, millionenmordender Marxismus, pansexuelle und aboulierende perverse Psychologie, verwirrte Wissenschaft, verrottete und wahnhafte Kunst.

All das erstickte ihn, er musste raus.

Trotz der unmittelbaren Notwendigkeiten eines gejagten Lebens ließ ihn der Gedanke an das Klavier nicht los. Aber er wusste nichts. In der Hoffnung, eines Tages mit dem Lernen beginnen zu können, lockerte er seine Finger, weil er dachte, dass die Artikulation entscheidend sei. So legte er sich verheerende Gewohnheiten zu, die er nicht mehr loswerden konnte.

Eines Nachmittags, als er in Asnières spazieren ging, zog ein Schild seinen Blick auf sich: Madame F. K. Solfège, Klavier.

Er klingelte.

Er hatte geklingelt.

Mehr noch als Brot und Wasser brauchte er ein Klavier, um zu leben. Diese Lebenssehnsucht nicht stillen zu können, war eine Quelle ständiger Angst. In Zeiten der Müdigkeit und Verzweiflung hörte er Melodien in seinem Kopf singen. Sein Stolz wäre nicht größer gewesen, wenn er einen Toten zum Leben erweckt hätte! Es war immer traurig, rein, manchmal war die Melodie vibrierend, von einer hageren, mittelalterlichen Schönheit.

Sie gingen als Mythen durch.

Er hatte geklingelt.

Eine ältere Dame mit einem sehr sanften Aussehen öffnete ihm die Tür. Er hatte sie kaum erblickt und spürte schon, wie sein Herz für sie überfloss. So hatte er sich seine Mutter vorgestellt: sanft, liebevoll, vornehm, eine dieser Mütter, bei denen man Angst hat, sie zu übervorteilen, weil sie so gut sind. Also sprach er sie in einem Atemzug an, einfach so, ohne Vorrede oder Diplomatie. Er sagte ihr, dass das Klavier und Chopin zwar alles seien, was ihn auf der Welt interessiere, dass er aber nichts wisse, dass er alles tun müsse. Könnte sie ihm nicht erst einmal die Noten beibringen? Aber er hatte kein Geld... Sie stimmte zu.

Als er Jahre später an sie zurückdachte, als er es schaffte, Chopins vierundzwanzigstes Präludium zu bearbeiten, floss sein Herz vor Dankbarkeit und Zuneigung über. Es gibt großzügige Atemzüge der Seele, die alles Gold der Erde wert sind...

Er nahm mit Frau F. K. etwa zwanzig Unterrichtsstunden, die durch die Bombenangriffe unterbrochen wurden. Eines Tages wurde eine nahegelegene Chemiefabrik von amerikanischen Bombern getroffen.

Die Rauchentwicklung war so dicht, dass es in Asnières plötzlich dunkel wurde.

Tristans Situation war schikanös und mit Demenz schwanger.

Er fühlte sich wie ein Stummer, der in Gefahr war und nicht um Hilfe rufen konnte. Er musste diese innere Kraft freisetzen, die ihn erstickte und zerfraß. Er musste mutig den Weg zu seiner Befreiung einschlagen. Es gab keinen anderen Weg als den Selbstmord. Er durfte sich nicht damit abfinden, dass er nicht weiterkam. Er musste ruhig kämpfen, sonst würde sein Geist unfehlbar zerstört werden. Er musste seine Energie auf diese Entschlossenheit konzentrieren. Er musste vorübergehend resignieren, um eine soziale Situation zu erreichen, die ihm die Selbstverwirklichung ermöglichte. Chopin, Schumann, Brahms, Liszt, die Sonaten von Beethoven... Die Orchestermusik ihn überwältigt. Trotz seiner Verführungen war Wagner zu laut, zu mächtig, Berlioz war ihm fremd. Mozart, ja Mozart... Das Klavier war sein vollständiges Instrument.

Tristan hatte, kurz bevor er in die Fabrik verbannt wurde, das sogenannte erste Abitur abgelegt. Er musste sich unbedingt auf das zweite Abitur mit dem Schwerpunkt Philosophie vorbereiten. Mit viel Mühe hatte er die Bücher dafür gekauft.

Es war schon einige Monate her, dass er sich in Gennevilliers aufgehalten hatte. Von seiner Familie? Nichts! nicht einmal ein Taschentuch. Er hatte sie übrigens um nichts gebeten. Aus Diskretion? Nein, das tat er nicht. Aber er wusste, dass er mehr Glück gehabt hätte, wenn er jeden auf der Straße um Hilfe gebeten hätte. Seine Familie war ein radikales und endgültiges Nichts.

Doch da war noch Onkel Paul, der angeheiratete Onkel. Er war der einzige, auf den Tristan sich verlassen konnte. Er, der Abgeordnete, der zukünftige Minister, war von seiner schönen jüdischen Familie umzingelt... Er war mit seiner Mutter und seiner Schwester allein in Beaune. Während seine Frau und *geliebte Großmutter* noch immer in der vom Marschall geschützten Zone Libre war.

Vielleicht würde sich Onkel Paul freuen, ihn wiederzusehen?

Tristan fuhr an einem Wochenende nach Beaune. Der Onkel empfing ihn liebevoll, überreichte ihm großzügige Lebensmittel und ließ ihm einen Anzug anfertigen, denn der, den er trug, war zerlumpt. "Ich werde dich aus dieser Fabrik herausholen", sagte er zu ihm, "vor allem musst du dein zweites Abitur machen, dann wirst du sehen".

Das war gut gesagt, aber der kleine Junge, der zukünftige Minister, der Abgeordnete, Bürgermeister und Generalrat, musste Tante Denise und *Oma Schatz* in der freien Zone um Erlaubnis fragen.

Er ging zu ihnen, wie regelmäßig, um ihnen Hilfe und Essen zu bringen.

Sie weigerten sich...

Einige Wochen vergingen. Wir näherten uns dem, was wir "Befreiung" nennen würden...

Ein Telegramm.

Onkel Paul war gerade gestorben...

Den Tabak, den er aufgrund einer Angina pectoris aufgegeben hatte, hatte er unter den stressigen Umständen der Besetzung wieder aufgenommen. Das war ein Selbstmord. Dazu kam noch die Familie, die er seit Jahren mit Händen und Füßen unterstützte: Er widmete ihr seine Arbeit, sein Geld und seine Energie.

Er war dreiundfünfzig Jahre alt. Die Berechnung seiner Ehe endete für ihn schlecht, so wie sie für Tristans Vater schlecht enden würde. Wie es auch für die Erdlinge, die an den Fersen von Rothschild und Marx hängen, schlecht ausgehen würde...

Armer lieber Onkel, er war die einzige echte Person in seiner Familie gewesen. Er war der Einzige gewesen, der Tristan während des Krieges geholfen hatte. Sein Verschwinden war der Todesstoß für seinen Neffen. Seine Einsamkeit war nun vollkommen.

Tristan war wieder fast zerlumpt. Der Fibrananzug, den sein Onkel für ihn hatte anfertigen lassen, hatte ein paar Monate ständigen Tragens nicht überstanden. Tristan verdeckte eine Aussparung zwischen seinen Beinen mit einer Sicherheitsnadel.

Ein Jahr vor dem Zweiten Weltkrieg hatte Madame Christiane de la Vilette, die dem Reichsadel angehörte, Onkel Jacques geheiratet.

Sie hatte mit ihrem Mann im Stadthaus der *geliebten Großmutter* gewohnt. Die junge Frau hatte viel Charme, sie war schön und intelligent, aber sie hatte kein Vermögen und einen Sohn aus erster Ehe!

Die *geliebte Großmutter schaffte* es, ihm das Leben zur Hölle zu machen.

Kaum hatte Tante Christiane Blumen in eine Vase gestellt, trat die *geliebte Großmutter* aus ihrem impotenten Zustand heraus, ging auf ihren Spuren und warf die Blumen in den Müll. Sie führte tausend dieser täglichen Gemeinheiten mit der schrecklichen Präzision ihrer sadistischen Maschinerie aus. Sie wich nie von ihrer gewohnten Gangart aus Verleumdungen und Gemeinheiten ab, die den Hintergrund ihres Theaters bildeten, die Kulisse, in der sie sich bequem bewegte.

Tante Christiane hatte *Großmama Schatz* aus irgendeinem perversen Grund ihre Meinung gesagt und sich dann in ihr Zimmer zurückgezogen.

Ihr Mann, Onkel Jacques, folgte ihr eilig und es kam zu einem kurzen Dialog:

— Bis zu diesem Tag haben Sie mich unterhalten, aber heute unterhalten Sie mich überhaupt nicht mehr.

— Sie haben mich nie amüsiert", antwortete sie, "aber heute emm.... Sie mich. So endete ihre prekäre Verbindung.

Vor der Scheidung trat der Familienrat zusammen. Onkel Jacques, der im Namen des Stammes entsandt worden war, bat seine Frau, ihm ein Papier zu unterschreiben, in dem sie sich verpflichtete, keine Unterhaltszahlungen von ihm zu verlangen.

Sie hatte es gesagt, also hatte sie diese großartige Erwiderung:

— Ich bin der Ansicht, dass mein Wort Ihnen genügt.

Zu der Zeit, als Tristan das Telegramm mit der Nachricht vom Tod seines Onkels erhalten hatte, arbeitete Tante Christiane, die ein gutes Verhältnis zu Onkel Paul gehabt hatte, in Paris bei der Agentur Havas. Sie hatte den Onkel sehr lieb gehabt und fuhr mit Tristan im Zug zur Beerdigung.

Tristan hatte einen heftigen Schock erlitten und noch bevor er in Beaune ankam, war er an Fieber erkrankt, begleitet von einem Zustand der Schwäche, der durch die elementaren Schwierigkeiten seines materiellen Lebens und insbesondere durch eine wenig angemessene Ernährung verursacht wurde. Er war gerade dem Zwangsarbeitsdienst entkommen, weil man bei ihm Diabetes festgestellt hatte, wahrscheinlich aus Gefälligkeit, denn es gab keine Spuren davon. Sein Gesicht hatte der französischen Kommission, die über die Ausreise entschied, wohl gefallen. Diese Gunst hatte ihn vielleicht davor bewahrt, in einem Deutschland, das im Namen der Menschenrechte in Schutt und Asche gelegt worden war, unter einer Bombardierung zu sterben. Manchmal starben hundertfünfzigtausend Menschen in einer Nacht, aber das war kein Verbrechen gegen die Menschlichkeit...

Tristan musste bei seiner Ankunft in Beaune im Krankenhaus selbst, das der Onkel hatte bauen lassen und wo man heute seine Statue bewundern kann, ins Bett gehen.

Tristan wurde erzählt, dass ein sehr berühmter ehemaliger Minister eine zu mutige Rede gehalten hatte und dass der ehemalige Stellvertreter des Onkels als Abgeordneter und Bürgermeister von Orléans gesprochen hatte.

Nach zwei Tagen sank das Fieber. Er verließ das Krankenhaus, um die Mutter und die Schwester des Onkels zu begrüßen, die die letzten Monate seines Lebens miterlebt hatten.

In seinem fast zerlumpten Zustand glaubte er, nach einer Hose des Onkels fragen zu können. Das würde nicht nur ihn retten, sondern er wäre auch froh gewesen, etwas zu besitzen, das seinem Onkel gehört hatte. Die Mutter des Onkels sagte ihm, dass es ihr viel lieber sei, wenn er die Kleidung ihres Sohnes trage als ein Fremder, aber selbst für diese Kleinigkeit müsse man Tante Denise und *Oma Schatz* schreiben.

Tristan bekam nie eine Antwort und bald sollte eine Militärhose die zivile Hose ersetzen, die zwischen den Beinen zerrissen war. Bei der besagten Befreiung beschuldigte ihn die *geliebte Großmutter* vor ihrem hochtrabenden Gericht, "nicht an der Beerdigung seines armen Onkels teilgenommen zu haben, seine Zeit damit verbracht zu haben, ihm Karotten zu ziehen, und nicht gewartet zu haben, bis seine Leiche abgekühlt war, um seine Kleidung zu verlangen...".

Auf allen Ebenen haben sie die verblüffende Gabe, Tatsachen und Umstände in Form von Verdrehungen und Desinformationen wiederzugeben. Freud und Marx sind in dieser Hinsicht beispielhaft. Sie hatte diese Gabe: alles, was sie berührte, zu entwürdigen und zu beschmutzen, immer im Sinne des Schmutzes zu interpretieren, im Sinne einer Projektion ihrer eigenen Mentalität, niemals die lächelnde, freundliche, aufrichtige Seite der Dinge zu sehen. Freud war beispielhaft. Er hatte der ganzen Welt seine eigene Neurose aufgezwungen.

Sie war korrosiv und giftig und war im Wesentlichen damit beschäftigt, alles, was schön, groß und unschuldig sein konnte, durcheinander zu sammeln und zu einem Haufen Exkremente zu verarbeiten. Diese Form des modernen Denkens hatte Tristan als *Judäo-Cartesianismus* bezeichnet.

Nach der "Befreiung" hatte Tristan einen Einwohner von Beaune getroffen, der ihm erzählt hatte, wie seine Tante sogar die Hemden ihres Mannes versteigert hatte...

Einsamkeit nun vollständig. Er kehrte in graue Fabrik zurück. Die Monate vergingen. Er versuchte, sich auf das zweite Abitur vorzubereiten, während er in Fabrik arbeitete, und nahm bei Frau F. K. Unterricht in Musiktheorie. K. Er zerfiel.

Niemand half ihm, das Klavier ging immer weiter zurück. Er sah, wie sich seine Hoffnung immer weiter entfernte. Er konnte nicht mehr.

Dies war die sogenannte "Befreiung".

Tristan hatte nichts, aber auch gar nichts verstanden. Er erkannte nicht einmal, dass viel gemordet wurde. Frankreichs große Geister wie Brazillach und Drieux La Rochelle zogen den Tod der weltweiten Erniedrigung vor, die auf den Sieg des Liberal-Bolschewismus folgen würde. Die freiwilligen französischen Soldaten gegen den Bolschewismus wurden inhaftiert, die Offiziere erschossen. Und doch wurde diese Liga der französischen Freiwilligen gegen den Bolschewismus von einer legalen, vom Parlament eingesetzten Regierung gebilligt! und doch hatte der Papst gesagt: "Wenn die Ostfront zusammenbricht, ist das Schicksal des Abendlandes besiegelt".

Tristan würde erst fünfundzwanzig Jahre später durch die ständige Beobachtung des Zeitgeschehens verstehen, als er sah, wie die Menschen zu Humanoiden manipuliert wurden, die ihrerseits nichts mehr verstanden, die weiterhin Geburtstage hochhielten, und die Unmenschlichen, die sie degenerierten und ausrotteten, durch Demagogie, Kriege, Chemifizierung des Bodens, der Nahrungsmittel, der Therapeutika, Marxismus, Freudianismus, Impfungen, Drogen, Pornografie usw.

Er verstand Alexis Carrels Satz: "Die Diktatur ist die normale Reaktion eines Volkes, das nicht sterben will".

Im Jahr 2000 würden die lebenden Toten nicht einmal die diktatorische Regeneration wollen.

Tristan fühlte sich nicht mehr zum Leben berufen.

Er hatte keine Situation, keine Familie, der Himmel zog ihn an. Er wählte ihn aus. Er sehnte sich nach seiner Unendlichkeit. Er fasste den Plan, sich als Pilot für Japan zu melden. Dreißig Jahre später hätte er niemals gegen Japan kämpfen wollen, aber er wusste damals noch nicht ...

Er hätte niemals gegen die einzigen Kräfte kämpfen wollen, die die Welt vor

"1984" von George Orwell, in dem sie sich am Ende dieses Jahrhunderts befanden.

KAPITEL VI

Eine Woche nach der "Befreiung" zogen *die geliebte Großmutter* und Tante Denise wieder in das Herrenhaus in der Rue Alfred Dehodencq ein. Sie beschuldigten diejenigen des Diebstahls, die während des Krieges ihre Sachen selbstlos und selbstlos für sie aufbewahrt hatten.

Tristan informierte sie über sein gefährliches Vorhaben.

Er bat sie, ihre starken Beziehungen einzusetzen, damit er in die Flugschule aufgenommen werden konnte.

Tristan erinnerte sich an einen windigen, beringten Mann mit einer dicken Zigarre in der Hand, der bei *Oma Liebling* in einem Sessel lümmelte und zum Telefon griff, um das Problem in Sekundenschnelle zu lösen. Weder seine Tante noch die *geliebte Großmutter* versuchten auch nur einen Moment lang, ihn davon abzubringen, diese verrückte Entscheidung zum Selbstmord durch die Hintertür zu bekämpfen, mit ihm über seine Zukunft zu sprechen, Nein. Man gratulierte ihm zu seinem Patriotismus...

Es war wirklich das erste Mal, dass eine erbetene Hilfe blitzschnell gewährt wurde. Es ist wahr, dass diese Unterstützung nicht zum Leben, sondern zum Sterben erbeten wurde.

Bei der medizinischen Untersuchung konnte er jedoch nicht einmal eine Minute die Luft anhalten, wie es einer der Tests verlangte. Er wurde zum Stützpunkt Etampes gebracht, wo er drei Monate lang Vorkurse absolvieren sollte.

Im Umgang mit Waffen glänzte Tristan nicht besonders. Bei der rechten Wende war er immer zehn Meter hinter den anderen. Er schaffte es nie, sein Gewehr in Harmonie mit seinen Kameraden zu heben und zu senken.

So gut, dass sein Adjutant, der den Spitznamen "Nénesse" trug, eines Tages während der Übung zu ihm sagte: "Ich würde eher desertieren, als mit Ihnen eine Mannschaft zu bilden". Nach den drei Monaten wurde er dank der Unterstützung der Familie in das Vorbereitungszentrum für Schiffspersonal in Vichy aufgenommen.

Die Schule wurde von einem Leutnant der Reserve befehligt, der später Kommandant der F.F.I. wurde und gegenüber den Schülern des

Zentrums, die er seine "Küken" nannte, ein wenig demagogisch war. Die Farbenzeremonie fand pünktlich um 12 Uhr statt. Man musste anwesend sein, sonst drohten Sanktionen. Eines Tages befand sich ein Schüler fünfzehnhundert Meter vom Lager entfernt, als die Farbenzeremonie fünf Minuten später stattfinden sollte. So sehr er sich auch beeilte, er würde es nicht rechtzeitig schaffen. Ein Chrysler Royale hielt neben ihm auf dem Bürgersteig. Es war der Kommandant, der dem Soldaten zuwarf: "Wenn du nicht mit mir kommst, bist du dran". Dem "Küken" war es zu heiß geworden.

Tristan absolvierte die Ausbildung an der Schule: Navigation, Flugprinzip, Meteorologie, Mathematik, Englisch. Sein Sold betrug zweihundertzehn Francs pro Monat. Das war natürlich erbärmlich. Es fehlte ihm an allem: Wäsche, Seife. All das stellte die Armee zu dieser Zeit nicht zur Verfügung. Er hatte nur seine Uniform. Mehrmals hatte er versucht, Tante Denise zu schreiben, aber immer noch nichts, nichts, nichts. Einige Kameraden, die auf Urlaub waren, ergriffen mit seiner Zustimmung die Initiative und gingen zu Tante Denise. Sie brachten ein Hemd und ein Stück Seife mit.

Seine Kameraden in der Brigade waren größtenteils sympathisch. Sie hatten alle eine Familie, Eltern, Großeltern, Onkel und Tanten, die sie verwöhnten.

Tristan hingegen war abgeschrieben.

Er hatte zwar einige Einladungen angenommen, aber da er sie nicht erwidern konnte, lehnte er sie schließlich ab. Abends schlenderte er allein herum und ging dann zu Bett, wenn die Müdigkeit kam. Wenn man mit neunzehn Jahren ganz allein ist, wird man sich seiner moralischen Verlassenheit und seiner Bedürftigkeit auf schreckliche Weise bewusst.

Er hatte immer mehr Liebe, Zärtlichkeit und Fürsorge gebraucht als andere. Als Kind hatte man ihn zerbrochen. Man hatte ihn in Internaten herumgeschoben, man hatte ihn geschüttelt, er war krank, heimatlos, lieblos. Als junger Mann konnte er sich nicht wie die anderen benehmen, weil er ganz allein war und niemand ihm ein Wort der Zuneigung und ein bisschen Liebe geschenkt hätte. Er setzte sich eine Figur zusammen, um den Anschein zu erwecken, dass er lebte. Er hatte sich an einen leichten Humor und unsichere Wortspiele gewöhnt, die er sein ganzes Leben lang beibehielt und die seine unendliche Traurigkeit verdeckten.

Als er eines Abends durch die Hauptstraße von Vichy schlenderte, sah er einen nordafrikanischen Soldaten, der ein hübsches Mädchen belästigte.

— Ich warte auf meinen Mann", sagte sie, um ihre Ruhe zu haben.

— Ich werde deinem Mann die Koteletten abschneiden", lautete die poetische Antwort.

Da die Verteidigung nicht funktionierte, kam Tristan, der vor keinem Opfer zurückschreckte, näher und nahm sie mit einem Lächeln am Arm, als wäre er der erwartete Ehemann gewesen. Sie nahm diese Strategie dankbar an. Sie musste zuerst ihren Koffer bei einer Freundin abholen, bevor sie den Zug um 20 Uhr nach Paris nehmen konnte. Sie hatte ein schönes, ebenmäßiges, ovales, lachendes Gesicht, einen herrlichen Teint und sanfte, zärtliche Augen. Später erfuhr er, dass sie Miss Vichy geworden war, was sie zweifellos verdient hatte. Sie gingen also gemeinsam den Weg zu ihrer Freundin und dann zum Bahnhof und unterhielten sich mit offensichtlicher gegenseitiger Sympathie. Sie gab Tristan ihren Namen und ihre Adresse, denn er hatte es nicht versäumt, nach ihnen zu fragen.

Ihr Name war Jacqueline.

Auf dem Weg zurück zum Lager schrammte er an einer Militärpolizeipatrouille vorbei, der er gerade noch entkommen konnte, weil er keinen Freigang hatte. Die Sperrstunde war schon lange vorbei, aber für ein so liebenswertes Geschöpf geht man Risiken ein, und Tristan hätte gerne drei Tage im Gefängnis verbracht, nur weil er ihren Namen und ihre Adresse hatte.

Er legte sich hin und träumte von diesem bezaubernden Gesicht.

Sie trafen sich wieder. Wieder. Oft. Noch öfter.

Sie liebte Tristan und Tristan war allein. Tristan begann, auch sie von ganzem Herzen zu lieben. Verzweifelt und einsam lebte er wieder. Er liebte es, geliebt zu werden. Zwar stammte sie aus bescheidenen Verhältnissen - ihr Vater hatte eine kleine Werkstatt, in der er Hausschuhe herstellte -, aber sie liebte ihn und er liebte sie. Es war wunderbar für Tristan, dieses Geschenk des Schicksals, das ihm bis zu diesem Tag nur Einsamkeit und Leid beschert hatte. Außerdem durchdrang sie viele Dinge, viele Dinge, die Generationen von Akademikern sich vergeblich bemühen würden, ihren Konfektionsgehirnen Gehör zu verschaffen. Sie war Jungfrau, dreiundzwanzig Jahre alt und Tristan gerade zwanzig. Sie gab sich Tristan einfach so hin, einfach weil sie ihn liebte. Sie weinte, damals weinte man noch, wenn man seine Jungfräulichkeit verlor, aber sie war glücklich, weil sie sich liebten. Vor ihrem Vertrauen und ihrer Liebe war er hilflos. Ihr Vertrauen hatte ihn erobert und er hätte Jacquelines Herz nicht brechen können, ohne ihr eigenes zu brechen. Sie heirateten in Vichy an dem Tag, an dem Tristan volljährig wurde, da die Familie seine Zustimmung verweigert hatte. In der Kirche begann der Priester, der seit dreißig Jahren amtierte, zu weinen, als er dieses rührende und strahlende Paar betrachtete.

Trotz der Liebe, die sie verband, merkte Tristan bald, dass die fleischliche Lust abgestumpft war. Das erschreckte ihn. Aber da war diese wunderbare Zärtlichkeit. Er liebte Jacqueline so, wie ein Kind liebt. Ein Kind, das auch dankbar dafür ist, dass es dem Leben verpflichtet ist. Er konnte nicht vergessen, dass sie ihn vor der Verzweiflung gerettet und ihm die Lust am Leben zurückgegeben hatte. Sein Herz quoll über von der passiven Liebe, die er von seiner Mutter nie erhalten hatte. Er war mit Selbstmordgedanken in die Armee eingetreten, ein hübsches Gesicht hatte sich über sein geschundenes Herz gebeugt, eine Hand hatte sich nach ihm ausgestreckt. Er war dabei, unterzugehen, doch plötzlich merkte er, dass er leben wollte, dass dieses Gesicht ihm das Leben zurückgab.

Er hatte von dieser süßen Fürsorge getrunken, die ihm das Leben brachte. Als Vampir würde er alles auf einmal in sich aufnehmen, im Namen einer überwältigenden Schuld, für die seine Familie verantwortlich war.

Heute sind sie getrennt und Tristans Herz zieht sich zusammen, wenn er an diese Jahre denkt. Er war damals noch nicht reif und dieser Mangel war der wahre Grund für ihre Trennung, obwohl die Fakten überwältigend erscheinen mögen.

Im Monat ihrer Hochzeit wurde Jacqueline schwanger.

Da die Bomben in Hiroshima und Nagasaki abgeworfen worden waren, obwohl die Japaner längst das Prinzip eines Waffenstillstands akzeptiert hatten, brauchte die Luftwaffe keine Piloten mehr für Japan zu rekrutieren. Tristan bat um eine andere Fachrichtung und wollte Dolmetscher werden.

In einer der nächsten Sitzungen sollte ein Wettbewerb stattfinden. Tristan nahm daran teil und wurde als einer der Besten aufgenommen.

Das Bestehen der Abschlussprüfung nach einem technischen Ausbildungspraktikum bedeutete einen Aufenthalt von einem ganzen Monat. Er musste dieses Praktikum unter materiellen Bedingungen absolvieren, die er nicht mehr ertragen konnte.

Mitten im Winter musste er auf dem Dachboden des Second Bureau in der Rue Ernest Vacquerie schlafen. Die Fensterscheiben waren zerbrochen. Er wusste genau, dass zwei Straßen weiter, in der Rue Alfred Dehodencq, nichts von der Familie zu erwarten war. Er hatte zwar seine Tante am Telefon gehabt, die ihm von seiner Ehe mit Jacqueline erzählt und auf "seinen Egoismus" hingewiesen hatte.

Diejenigen, die lieben und geben, sprechen nie über das, was sie geben: Sie lieben, sie geben, das ist alles. Tristan hatte von Egoismus immer nur von Egoisten gehört. Und die waren sich ihres eigenen Egoismus immer unglaublich unbewusst. Deshalb verzichtete er auf Erklärungen, die seine Tante nicht verstehen konnte. Er hatte jahrelang alles entbehren müssen, sie hatten ihm nicht unter den schlimmsten Bedingungen geholfen, denn er hatte auf Betreiben von Onkel Paul nicht einmal sein zweites Abitur machen können, und jetzt, da er eine Zuneigung gefunden hatte, war er der Egoist!

Je dümmer, unwissender und gemeiner die Menschen sind, desto mehr urteilen sie. Intelligenz zeichnet sich vor allem durch die Fähigkeit aus, zu wissen, zu verstehen und nicht zu urteilen. Wer nicht weiß, was er tut, dem kann man kaum vergeben.

Nach diesem eisigen Lehrgang wurde er als einer der Letzten aufgenommen, in den Rang eines Unteroffiziers befördert und zum Ausbilder für Übersetzer und Dolmetscher an der Schule für Flugfunker in Pau ernannt.

Jacqueline und Tristan reisten mit zweitausend Franken, die sie von den Schwiegereltern bekommen hatten, in die Basses-Pyrénées. Sie dachten, sie würden einen Unteroffizierslohn erhalten. Eine schreckliche Überraschung erwartete sie. Die gesetzliche, d. h. die offizielle Dauer des Militärdienstes betrug zwei Jahre. Nun konnte Tristan den Sold seines Dienstgrades erst nach Ablauf dieser Zeit erhalten. Somit würden er und Jacqueline sowie das erwartete Kind mit zweihundertzehn Francs pro Monat auskommen müssen! Es kam überhaupt nicht in Frage, die Familie seiner Frau um Hilfe zu bitten, da seine Mittel äußerst bescheiden waren. In seiner Verzweiflung schrieb er an die Familie. Er erhielt nie eine Antwort. Einige Wochen später erfuhr er, dass die *geliebte Oma* im besten Hotel von Pau abgestiegen war und sich in Antiquitätenläden umgesehen hatte.

In Pau gab es ein Armeehotel, das für Rekonvaleszenten und ihre Familien reserviert war. Der freundliche Hauptmann, der das Hotel leitete, informierte die Behörden und nahm die beiden in das Hotel auf. Sie blieben einige Monate dort, dann wurde die gesetzliche

Aufenthaltsdauer auf ein Jahr festgelegt und Tristan erhielt seinen Sold und eine kleine Nachzahlung.

All das kam zur rechten Zeit für die Geburt des Kindes. Am Rande des Lagers gab es bescheidene Chalets: Sie bekamen eines zugewiesen. In der Ferne die Pyrenäen. Die Hütte war komfortabel und angemessen beheizt.

Jacqueline war ein bisschen manisch, konnte wegen eines Fleckes auf dem Boden krank werden und hatte ständig einen Besen oder einen Lappen in der Hand. Diese Übertreibung missfiel Tristans ästhetischem Sinn, aber sie liebte ihn, pflegte ihn sanft und brachte ihn zur Ruhe. Er empfand eine zärtliche Zuneigung zu ihr. Und dann dieses Baby, das bald geboren werden sollte. Er wollte ihr alles geben, die ihn um nichts anderes gebeten hatte, als etwas von dieser Liebe zurückzugeben, die sie ihm schenkte. Sein erstes Taschentuch aus Garn hatte sie ihm geschenkt. Und nun dieses kleine Kind. Eine entzückende kleine Chantal war eines Tages angekommen, mit zwei großen, himmelblauen Augen. Tränen stiegen ihm in die Augen und seine Kehle schnürte sich zu, als er sich an all diese Erinnerungen erinnerte.

Heute sind sie getrennt, aber er denkt mit Verzweiflung und Dankbarkeit an sie. Sie hatte ihm das Leben zurückgegeben und doch hatte ihre Verbindung nicht halten können.

Er hatte es nicht aushalten können, er hatte sich geschworen, sich nie scheiden zu lassen, und sie hatte ihn gegen seinen Willen dazu gedrängt ...

Er wäre so gerne ein banaler Mensch gewesen, ein guter Popovater, die Sehnsucht eines Dichters. Von einem Dichter, dessen Seele Chaos, Zittern, Anarchie und Durst nach Wahrheit ist, kann man nicht verlangen, dass er die Dinge der Erde genießt. Er geht einfach vorbei und hat nur ein Anrecht auf ihr Leiden. Er möchte die anderen metaphysisch vergessen und einfach nur an die denken, die ihn umgeben. Ein quälender Sinn für das Universelle, für Wahrheit und Gerechtigkeit, der den unmittelbaren Kreis durchbricht.

Wie sehr würde er sein eigenes Kind schätzen, weil es einem Unglücklicheren als ihm selbst gegeben hat. Wie kann man eine Frau glücklich machen, wenn man die Güte einer geliebten Gefährtin vorzieht, wenn man an die Menschheit und ihre Tragödie des Schmerzes denkt? Der Geist des Bösen antwortete auf seine reinsten Wünsche stets mit schäbiger Unerbittlichkeit. Tristan hatte von einer Frau geträumt, die ganz aus Güte und Nachsicht bestand und die wie er einen Sinn für die menschliche Tragödie gehabt hätte, die unentgeltliche Liebe zu seinen männlichen Brüdern, die so arm, so armselig, so hilflos, so böse manchmal in ihrem kranken Zustand, so rührend im metaphysischen Blick waren.

Dann schrieb er:

Es gibt auf der Welt Millionen von sechsjährigen Kindern, deren Gesichter verwüstet sind von Hunger und Verzweiflung, Schmerz, Nichts und Krankheit, die zerrissen sind, weil ihre Väter und Mütter nicht wissen, wie sie sich selbst lieben sollen, um sie zu lieben.

Gekrümmt vor Schmerz und Fragen, deren Körper und Seele für immer krank sein werden. Sie fragen sich, warum.

Warum diese Zerrissenheit? Warum der Hunger?

Ihre Körper können sich nicht einmal mehr formen... Und ihr Blick, ihr Blick...

Ich kann nichts für sie tun, nichts.

Nichts als mir weh zu tun, wenn ich an sie denke. Nein, ich will nicht beten.

Nicht das schreckliche Gebet: Mir ist heiß, ich habe keinen Hunger, ich werde geliebt, ich bete für euch. Maskerade!

Herr betrachte das Leiden deiner Kinder. Betrachte die Augen, die sich voller Tränen erheben. Und schmerzhafte Grimassen zum Himmel.

Und die kleinen Arme, die nicht mehr die Kraft haben, sich selbst zu stützen.

Diese kleinen, konturlosen Füße, die der Schmutz noch schrecklicher macht. Sieh die Fäulnis, die du keimen lässt von dem Bösen, das du verbreiten lässt...

Sieh diese Augen der Liebe, die alle Liebe verlieren werden, die zu Grausamkeit bereit sein werden, weil sie ohne Liebe sein werden.

Wie kann man einen Gott lieben, der all das sehen kann, ohne vor Traurigkeit zu sterben. Ohne einen Finger seiner Allmacht zu rühren

Und diese Masken des Schmerzes in Gesichter der Glückseligkeit verwandeln. Diese Tränen des Schmerzes in Tränen der Freude verwandeln...

Wie kann das alles sein?

Ist die Welt trotz so viel Harmonie eine zufällige Katastrophe? Eine Krankheit des Nichts?

Ein verrückter Impuls von Gott? Was ist also dieses dumme Postulat vom Leiden zur Erlösung? Warum dieser gigantische Holocaust? O Herr des Schmerzes und der Ungnade. Anstelle von all dem biete ich dir an Ein kindliches Lächeln mit blauen Augen...

Immer wieder hatte Tristan gespürt, dass sein poetischer Sinn aus seiner Revolte gegen das menschliche Leid entsprang, all das Leid der Erde, das ihm den Boden unter den Füßen wegzog. Er spürte die monströse Agonie, die enorme kosmische Sinnlosigkeit, die seine schöpferische Seele umarmte.

Er wusste, dass niemand böse ist: Die Bösen sind Kranke, die gepflegt und geheilt werden müssen. Das Böse hat schon vor langer Zeit begonnen. Das Böse, eine Störung des Gleichgewichts zwischen den antagonistischen Kräften, die Gut und Böse sind.

Damit der Mensch vollkommen bleibt, muss die äußere Natur mit seinem inneren Wesen in Einklang stehen. Er muss die Gesetze der Natur befolgen. Er muss die Dinge, die die Natur ihm bietet, roh essen. Das Kochen ist die Quelle immenser Mangelerscheinungen, die sich auf den Organismus, das Gehirn, dessen Denken und Urteilsvermögen auswirken. Es ist bekannt, dass Krebs durch die Rückkehr zur Rohkost geheilt werden kann, die den ursprünglichen Instinkt, der unsere Nahrungswahl leitet, wieder herstellt, dass der Verzicht auf gekochte Stärke Erkältungen und Bronchitis bei Kindern und andere Kinderkrankheiten heilt, dass schwere Neurosen, Fixierungen und Paranoia durch die Rückkehr zur Rohkost nachlassen.

Der Mensch muss wissen, wie er seinen Atem kontrollieren kann, er muss vermeiden, gegen sein Gewissen zu handeln, um die sogenannten psychosomatischen Krankheiten zu vermeiden. Je mehr er leidet, desto böser wird er, je böser er wird, desto weniger weiß er. Je kränker er wird, desto mehr stumpft das Gefühl ab, denn die grundlegende Quelle der wahren Wahrnehmung ist das Herz.

Je weniger er weiß, desto mehr wird er das schätzen, was ihn zerstört, und je mehr er seine Umgebung und die Menschen um ihn herum zerstört, desto mehr wird er von den Aasfressern ausgebeutet, die von seiner Demenz leben.

Er wird den Menschen beenden, in einem selbstmörderischen Niagara.

Aber Gott hat das Böse und das Leid zugelassen er hat die grundlegende Unwissenheit zugelassen, die bewirkt, dass nichts wieder gutgemacht werden kann.

Warum hat er diese abscheuliche Defäkation erfunden? Könnte der Mensch nicht wie der Pottwal auf wohlriechende Weise defäkieren? Warum stellt der Mensch nicht auch Bernstein her?

Weiß Gott, da er außerhalb von Zeit und Raum steht. Dieser Embryo der Welt, der dem Untergang geweiht ist? Nein, nein, nein.

Spottbilliges Evangelium: Man muss den Wesen die Mittel an die Hand geben, es in seinen ewigen Werten zu praktizieren.

Bald wird es nicht mehr genug Gutes geben, um das Böse auf der Erde zu ernähren.

O dass mein Herz über der Welt zerplatzt und jeden Schmerz in ihrem Blut ertränkt ... Eine kleine Chantal war also geboren.

Eine hübsche Kleine mit blassem Teint und zwei großen blauen Untertassen in der Mitte ihres blonden Kopfes.

Jacqueline hatte ihre Zärtlichkeit an Tristan verschenkt und nun dieses unschuldige und schöne Kind.

Aber er hatte nicht die Seele eines Vaters. Er *dachte!*

Heute darf ein guter Vater nicht denken, er muss wählen gehen und die Aggregation der Cedilla durch die Zeitalter vorbereiten, während die Welt untergeht.

Er konnte nicht

Tristans reiner Engel konnte nur weinen, während der quälende Dämon handelte. Der Engel versuchte, den Dämon zu besiegen, doch dieser lähmte ihn. Dann gibt er sich seinem zerstörerischen Treiben hin. Er kehrt zurück und sagt zu dem Engel: "Sieh, was du getan hast". Da weint der Engel in seinem großen Elend und schimpft: "Mach schöne Theorie über die schändliche Wirklichkeit, zeige uns deine Ohnmacht". Der Engel nimmt seine Feder und schreibt die Lästerungen, die ihm der Dämon diktiert, in seinen Versen sogar in den Himmel.

"Armer Engel, geh, du, der du so gut bist, so rein, lehne dich doch auf, du Dummkopf, zapple herum! Schau nach oben, du und die anderen sind ihm egal, aber dann ist es ihm auch egal! er wird dich immer im Stich lassen, geh. Hast du Schmerzen? Aber mach es doch wie alle anderen, vergiss die Vergangenheit, das alte Ägypten, das tausendjährige Indien, Platon, den heiligen Franz von Assisi, Alexis Carrel? Ich habe jetzt meine eigenen Genies: Rothschild, Marx, Freud, Einstein, Picasso.

Und dann bist du ein schändlicher Vater! Wie, du denkst an etwas anderes als an deine Kinder, daran, dir eine gute Stellung in unserer Gesellschaft zu verschaffen, der Gesellschaft, die ich *vollständig* leite?

Endlich gute Christen, wie ich sie liebe, mit Päpsten und Bischöfen, die mir ergeben und demütig sind: Sie haben verstanden, dass es keine Wahrheit gibt, die nicht mit der Logik der Hausmeister bewiesen werden kann: 2+2=4!

Bald werde ich ihnen schöne kleine Kirchen im surrealistischen Stil bauen, und später werden wir die Kirchen durch Moscheen ersetzen.

Pfarrer in Zivil, verheiratet oder schwul, im Rollkragenpullover, in schwarzer Lederjacke, mit Negerorchester: Es lebe der Fortschritt!

Vergiss die Vergangenheit und vor allem die Zukunft, mach es wie sie, sie leben, sie, du kannst ihnen alles sagen, was du willst, es ist ihnen egal, denn ich habe sie in ein überholtes Koma versetzt! Abgesehen von den Fußballspielen, bei denen sie sich gegenseitig abschlachten, niederschlagen oder fröhlich niedertrampeln, abgesehen von den atonalen und hysterischen Liederblöcklern, bei denen sie sich übrigens auch abschlachten, interessiert sie nichts . Nichts mehr. Sie wählen alle für mich, alle Marionetten aller politischen Parteien sind in den Händen meiner Finanz und des Marxismus.

Ich ernähre sie mit Chemie, behandle sie mit Impfstoffen, die ihr Immunsystem kaputt machen, mit ein bisschen Quecksilber und Aluminium, mit synthetischer Chemie, die oft tödliche Nebenwirkungen hat und Monster hervorbringen wird. Ich bereite mich auf die Zukunft vor. Ich sehe bereits eine Welt voller körperlicher und geistiger Monster, die ich mit der Unterstützung der Schwachsinnigen in allen Regierungen, die sich für demokratisch halten und die ich unerbittlich regiere, verhätscheln kann. Nicht ein einziger offizieller Platz wird einem echten Denker überlassen werden. Schon gar nicht. Ich werde meine eigenen kleinen Philosophen haben, selbsternannte und gut demokratisch! faut ce qui faut!

Wenn es behinderte Menschen mit Herz gibt, die das in den Wahnsinn treibt, werde ich ihnen meinen großen Freud schicken, wenn nötig mit Elektroschocks, Lobotomien und Chemie, was das Zeug hält!

Aber du, das ist ihm egal.

Er bräuchte nur einen metaphysischen Pikser, um mich aus dem Nichts zurückzuschicken...

Chemie, Psychoanalyse, Marxismus für alle - mein großer Traum!

Ich biete dir den gegenwärtigen, intensiven Genuss an, wenn du ihn erlebt hast, denke nur an den nächsten und lache über alles andere. Niemand ist an das Unmögliche gebunden. Keine Vergangenheit, keine Zukunft, außer der des Nichts, die ich für Sie aushecke.

Keine echte Vernunft mehr, eine irrationale Vernunft, die Systematik eines Besessenen, höchste Feigheit, die Fähigkeit, sich unter der Führung von Unmenschen an das Schändliche anzupassen. Diese Pseudovernunft wird die Intelligenz, die wahre, die des Herzens, radikal opfern. Diese Vernunft ist also die Antithese zur Intelligenz, und die Welt gehört nun den eiskalten und ungerührten Rechnern.

Der große Rechner wird den Planeten durch seine absurden Gleichungen der Finanzwelt, des Marxismus, der Chemie, der Atomphysik, aller Familienplanungen und dergleichen zerstören"...

O ich würde mir so sehr diese schändliche Vernunft wünschen, die das Verbrechen so leicht macht, da sie sich als Tugend verkleidet und Sie in eine bequeme kriminelle Gesellschaft einbindet.

Was macht es schon, verkleinert zu werden! Keine Größe ist es wert, durch Leiden erkauft zu werden. Alles zieht uns zum Bösen hin, unsere unerhörte Dummheit, unsere angeborene und chromosomale Feigheit!

O das Leid der anderen, unerträgliches Leid. Heute zu leben heißt, zu akzeptieren, dass man zum Henker wird.

Nach dem Tod wieder leben?

Wenn Gott ihm sagen würde: "Du wirst wieder leben, du wirst schön und intelligent sein, du wirst eine bezaubernde Frau und wunderbare Kinder haben, du wirst Arzt und Klaviervirtuose sein". Er würde nein sagen. Er könnte das Leid anderer Menschen nicht ertragen, das absolute Elend wie in der Dritten Welt, er könnte auch nicht die Gleichgültigkeit der Menschen gegenüber dem Leid der Menschen ertragen, oder diese schreckliche menschliche Defäkation. Nein zum Leben, auch nicht mit diesem relativen Glück.

Er konnte sich nicht mit dem Bösen und dem Leid abfinden. Er stellte sich ein absolut Gutes vor, in dem das Herz herrschen würde.

In ihm steckte ein reiner, unwirksamer Kristall, der stöhnte, weil er nicht in der Lage war, Gutes für sich und andere zu schaffen.

Chopin spielen - was wäre das für eine Freude! O lächerliche Klarheit und Hilflosigkeit.

Er war fünf Jahre alt, er würde immer fünf Jahre alt sein und er schrie zu Gott, der Milliarden von Jahren hatte, dass es gemein sei, ihn und die Menschen leiden zu lassen. Er schrie, er solle ihm das Wissen geben, das mit dem Willen zum wahren Glück führt. Der Sadismus und das Verbrechen des Alten Testaments, die so seltsame Moral der Evangelien - wohin hatten diese beiden unausgewogenen Erfindungen der Beschnittenen die Menschheit am achten Tag geführt? Zum Marxismus, dem Delphin des Kapitalismus, dem Verderber und Zerstörer der gesamten Erde.

Wie nichtig schmeckte es, als er wusste, dass Kinder litten, als er spürte, dass Millionen von Kindern litten, als wäre ihr Leiden das von Tristan.

Das Leiden eines Kindes, sein verlorener, verrückter, unbewusster Blick, *aber es war sein eigener*. Und Tristan flüsterte: ".

O Jehova, Gott der Rache und der Verbrechen.

Ich werde von der Dummheit der Menschen, ihrer Bosheit, der Grausamkeit Israels, deinem Sadismus und meiner eigenen Verrücktheit zerrissen.

Wir müssen die Welt neu gestalten!

Dieser muss vollständig vernichtet werden.

Du sollst deinen Geschöpfen keine Bedingungen mehr stellen. Du musst sie für das wahre Glück entwerfen.

Sie selbstlos lieben.

Dass sie alles ignorieren, was nicht schön ist. Dass sie nichts riskieren.

Sie brauchen keine Freiheit, sondern Glück.

Ihre Existenz soll nicht durch das Große, das Kleine, das Schöne, das Hässliche, das Gute, das Böse gerechtfertigt werden. Sie sollen in einer Welt verstreut werden, in der sie das Alles haben und das Nichts ignorieren.

O Jehova, wenn das Gotteslästerung ist, du bist es, der mich nach deinem Bild geschaffen hat. Schau, nach welchem Bild wir dich gemacht haben.

Bin ich nicht in meiner vermessenen Angst zu deinem Bild gemacht? Es ist nicht so, dass man dich nicht mehr liebt, man ignoriert dich.

Hör zu: Rührt dich das Leid deiner Kinder denn gar nicht? Du sitzt in deinem Himmelspalast, verlangst das Unmögliche und siehst uns mit Gleichgültigkeit und Langeweile an. Wir töten, wir schreien vor Schmerz und Verzweiflung, wir werden verrückt, uns selbst zu zerstören, wir können nicht denken, unsere Seelen sind tot, aber was kümmert dich Jehova geliebte Großmutter?

Wir waren dazu bestimmt, Satan nicht zu widerstehen, du hast uns absichtlich zu schwach erschaffen, da du alles weißt, du wusstest von unserem Fall, bevor du uns erschaffen hast. Wo ist sie denn nun, die Freiheit?

Wenn du uns mehr Urteilskraft und Stärke verliehen hättest, wäre es nicht zum Fall gekommen. Wie kann man nicht lästern, wenn man nicht versteht?

Unsere Fehler bedeuten nichts, wenn wir es *nicht wissen*.

Kann man es einem Kind verübeln, wenn es nichts über Phosphor weiß und beim Spielen mit Streichhölzern das Haus anzünden wird?

O diese riesige Kohorte von Täuschern in diesem verrückten Kosmos...

O Chopin!

Die Offenbarung meiner tiefsten Berufung. Ich verinnerlichte sie perfekt.

Chopin war ich, ich war Chopin.

Als ich Chopin zum ersten Mal hörte - denn es gab ein erstes Mal, so unglaublich es auch klang -, fühlte ich alles.

Es war ein Monument der Verzweiflung, magisch, selbstgefällig, unermesslich schön und manchmal ein wenig obszön. Es gab blutigen Schlamm am Boden, aber eine stolze und zarte rote Rose blühte auf. O die erlesene Süße der Nachtschwärmer

Er hatte in die Grausamkeit des menschlichen Schmerzes all die Zärtlichkeit eingewoben, zu der Gott in seiner unendlichen Güte nicht fähig war.

Er offenbarte mir die Magie der unerreichbaren Reinheit, den Tanz der gelähmten Seele.

Die Noten nehmen einen kristallklaren Klang an, der im Herzen widerhallt. Es sind Wasserfälle der Schönheit, die dich vor Unendlichkeit versteinern, Lieder der Liebe außerhalb der Zeit.

Das Unerklärliche an Chopin ist, dass die Noten auf dem Klavier nicht mehr denselben Klang haben, wenn man ihn spielt. Es scheint, als müsse Chopins Seele nur das Elfenbein berühren, damit es sich reinigt und ätherisch wird.

Chopin spielen!

Was für ein Gefühl der wundersamen Macht, was für ein Staunen, wenn man diese glühenden Ausflüsse des Absoluten an andere weitergibt.

Das 24. Präludium, die Studie in a-Moll, der letzte Satz der Sonate in H... Und alles andere, sogar der kleinste Walzer.

Die zwölfte Studie: schriller Akkord, brechende Wellen, ein Strom von Schönheit und Revolte, der Atem stockt.

Alles an Chopin ist luftig.

Die Hände selbst werden virtuell, engelhaft. Transzendentaler Schwindel

KAPITEL VII

Tristan setzte seine Arbeit als Dolmetscher und Englischlehrer an der Basis der Radio Navigants in Pau fort. Er hatte zwar versucht, sich während des Fabrikjahres auf das Abitur in Philosophie vorzubereiten, aber er hatte es nicht geschafft. Als *Oma Liebling* zur besagten Befreiung zurückkehrte, hatte Tristan sie angelogen: Er hatte ihr erzählt, dass er bestanden hatte. Die sadistische Genugtuung, die sie empfunden hätte, wenn sie gewusst hätte, dass Tristan die Prüfung nicht bestanden hatte, hätte ihn verletzt. In dem Jahr, in dem er in der Fabrik arbeitete und bombardiert wurde, war es ihm in der U-Bahn manchmal schlecht gegangen. Ein Krankenwagen hatte ihn ins Krankenhaus gebracht. Es hatte sich ein fiebriger Zustand eingestellt, ohne dass eine Diagnose gestellt werden konnte. In dem Krankenhaus arbeitete ein berühmter Chirurg, der mit der Familie befreundet war. Tristan begrüßte ihn. Als er der *geliebten Großmutter von* dem Vorfall berichtete, konnte sie nur sagen, dass sie sich theatralisch darüber beschwerte, dass sie in diesem Fall erkannt worden war: "Was für ein Spuk", hatte sie mit ihrem speziellen Akzent gesagt. Später, in den schlimmsten Momenten, wenn er zu *Oma Liebling* ging, sorgte er dafür, dass seine Kleidung immer makellos *war*.

Tristan hatte noch achtzehn Monate Zeit, um unter der Flagge zu dienen. In dieser Zeit und mit einem geringen, aber ausreichenden Sold konnte er sich auf die Prüfung vorbereiten und sie ablegen. Er hatte Zeit, denn er musste nur 15 Stunden Unterricht halten und einige Dokumente übersetzen.

Er arbeitete also drei Monate lang hart, stellte sich vor und wurde zum Bachelor of Arts in Philosophie zugelassen.

Das Thema des Aufsatzes hatte ihn interessiert: "Die verschiedenen Grade des Selbstbewusstseins". Er fühlte sich wohler und schöpfte neue Hoffnung. Er sah, dass sich die Zukunft der Menschen, die von ihm abhängig waren, aufhellte. Er begann, einen Hoffnungsschimmer in Bezug auf sein geliebtes Klavier zu sehen.

Das Leben auf der Basis war alles andere als stimulierend. Es war ein schreckliches Pandämonium, aus dem man sich nur schwer befreien konnte, einige korrekte Offiziere, die aus England zurückgekehrt waren, F.F.I.-Offiziere[15], die tragischerweise vulgär waren und ihre Sprache in Wort und Schrift kaum beherrschten, schmutzige Jacken, schmutzige Hemden, Mützen im Nacken, offene Jacken und Krawattenknoten, die eher dem Bauchnabel als dem Adamsapfel entsprachen. Aktive Unteroffiziere, die wie jubelnde Landsknechte aussehen und nicht immer gut riechen.

Tristan kontrastierte.

Er trug eine einfache, saubere Uniform, ein weißes Hemd, eine schwarze Krawatte und war so dreist gewesen, die Feuerwehrknöpfe an seinem Verdeck durch unauffällige schwarze Knöpfe zu ersetzen. Die Uniform war ein Teil seiner Kleidung.

Ein neuer Kommandant wurde an der Basis ernannt. Ein Polytechniker.

Tristan war ihm sofort unsympathisch: Es passte zu Tristans Norm, dass alles, was roboterhaft, geformt, klischeehaft und banal war, auf Tristan allergisch reagierte. Der Kommandant hielt es für angebracht, Tristan als einen der Kader zu bestimmen, die in eine abgelegene Stadt reisen sollten, um die militärische Ausbildung einer neu eingezogenen Klasse zu gewährleisten.

Tristan nahm daraufhin achtundvierzig Stunden Urlaub und begab sich in das zweite Büro. Er wurde als Spezialist eingestuft und war für die Ausbildung von Rekruten völlig ungeeignet. Der Kommandant hatte kein Recht, Tristan für etwas anderes als sein Spezialgebiet einzusetzen.

Er wurde per Telegramm versetzt.

Dies war besonders bemerkenswert, da eine normale Versetzung, selbst für den Kommandanten, mehrere Monate gedauert hätte.

Tristan kehrte zur Basis zurück, wo ihm das Telegramm vorausgegangen war.

Er ging, um dem Kommandanten Abschied und Respekt zu zollen, der ihn mit diesen schnippischen Worten verließ:

"Geht zu euren Beschützern"!

Tristan beendete das dritte und letzte Jahr seiner Armeezeit in einem Lager der Royal Air Force, in einem Pariser Vorort. Er hatte sich bereits an der Sorbonne eingeschrieben. Er schwankte zwischen Medizin, die gut zu ihm passte, und Englisch, mit dem er als Lehrer sofort seinen Lebensunterhalt verdienen konnte. Mit einem Medizinstudium konnte

---

[15] Force Française Intérieure: Die sogenannte Résistance.

er seinen Lebensunterhalt und den seiner Familie nicht bestreiten: Ein Bachelor in Englisch war daher zwangsläufig die logische Lösung.

Als er aus der Armee entlassen wurde, fand er eine Stelle an einer freien Schule. Jacqueline, Chantal, seine kleine Tochter und er selbst zogen in das vierzehnte Arrondissement. Ein kleines Zimmer in der Rue des Artistes, einer abgelegenen, fast provinziellen Straße. Es war eine feuchte, dunkle Wohnung mit Blick nach Norden, ohne fließendes Wasser, aber mit Gas- und Stromanschluss.

Ein großes, archaisches Bett, ein Spiegelschrank, eine Anrichte, ein Küchentisch und ein Bett für die Kleine wurden zu den ohnehin schon sperrigen Möbeln hinzugefügt und auf der Tagesseite, also in der Nähe des Fensters, aufgestellt. Jacqueline war freundlich und hingebungsvoll, die Kleine liebenswert, Jacqueline verstand sich leicht mit den Arbeiterinnen im Haus. Es gab eine schmerzhafte Promiskuität. Tristan musste Gewalt anwenden, um sich anzupassen und sich eine künstliche Gutmütigkeit zu schaffen. Er begann, undeutlich zu sprechen und Schimpfwörter auszusprechen, die er zu seiner Überraschung selbst sagte, um nicht aufzufallen.

Er spürte, wie die vulkanischen mütterlichen Tendenzen in ihm wuchsen. Der Gedanke an das Klavier wurde immer obsessiver. Er war zärtlich zu Jacqueline und der Kleinen, der hübschen Kleinen. Zwischen seiner Frau und ihm gab es ganz unterschiedliche Anliegen, divergierende Affinitäten, und ihr fehlte der Sinn für Schönheit, der bei Tristan pathologische Ausmaße annahm.

Das hinderte ihn jedoch nicht daran, sie sehr zu lieben. Sie hatte ihm Hoffnung und ein ruhiges Leben zurückgegeben, durch das, was sie war, einfach, natürlich.

Mit dem Streben nach dem Klavier wuchs in ihm eine Erotik, die an Morbidität grenzte. Irgendwo in der christlichen Tradition hatte er gelesen, dass "reine Seelen in Versuchungen geführt werden, die schlimmer sind als der Tod".

Er sehnte sich nach einer friedlichen Norm, aber er spürte, dass sie ihm davonlief. Er weinte aus seiner inneren Hölle, die seine Waage-Geburt mit Aszendent Skorpion bereits erhellte.

O die Sehnsucht nach dieser Normalität, die er im Grunde genommen verabscheute.

Und doch: Was ist normaler als abnormal zu sein, wenn man die unbewusste Normalität bedenkt, die uns umgibt?

Melodien sangen in seinem Kopf. Er erstickte.

Nicht weit von ihrem sehr bescheidenen Zimmer entfernt befand sich die Cité Universitaire.

Tristan ging manchmal dorthin und lernte dort außergewöhnliche Jungen kennen, mit denen er manchmal Gespräche führte, die die ganze Nacht dauerten.

Es gab auch Mädchen, die damals sehr schön waren und die man im Jahr 2000 nicht mehr sehen würde. Ohne Reue genoss er ihre wunderschönen Körper. Sie genossen es. Er empfand eine wilde Freude - die Schadenfreude eines Mr. Hyde. Glücklicherweise hielten ihn die Schwierigkeiten des Lebens davon ab, sich dieser Ekstase hinzugeben und neutralisierten teilweise seine Erotik und sein Bedürfnis nach Frauen.

Die Verführung zu verführen! was für eine wunderbare und teuflische Sache! die passive Verführung durch einen einzigen Blick, ein einziges Lächeln! und sogar durch beredtes Schweigen! die andere anzuschauen und zu spüren, dass man sie bereits besitzt, dass sie einem bereits alles gegeben hat. Der Mann, der verführt, zwingt in keiner Weise, der Mann, der in irgendeiner Weise zwingt, vergewaltigt mehr oder weniger.

Der wahre Verführer schaut die Frau an, wie die Schlange den Vogel fasziniert. Die wahre Verführung ist fluidisch, astral. Tristan konnte durch diese seltsame Kraft, die in einem zarten Körper steckte, diese lähmende Zärtlichkeit auferlegen, die dann nachgab. Er hatte keine Gewissensbisse, denn sie liebten dieses Spiel.

Hatte nicht ein Mädchen zu ihm gesagt: "Jetzt, wo ich dich habe, kann ich sterben..."?

Als er aus der Armee entlassen wurde, hatte er daher seine Stelle als Lehrer an einer Privatschule angetreten.

In diesem Jahr 1948 vollbrachte er Wunder.

Jeden Morgen um sechs Uhr machte er sich auf den Weg zu seinem Maristenkolleg, das sich in einem großen Vorort befand.

Vier Stunden Fahrt hin und zurück.

Er wurde sehr schlecht bezahlt. Es handelte sich um einen humoristischen Gewerkschaftarif, der selbst bei einer Verdoppelung nicht das Gehalt eines durchschnittlichen Arbeiters erreicht hätte.

Sie wurden jedoch ermutigt, den Privatunterricht zu nutzen. Sie waren wahre Suppenkasper. Die Schüler zahlten viel Geld und bekamen wenig zu essen. Die Kapelle wurde wieder aufgebaut, der Teich im Park geschrubbt und der Großteil des Gewinns ging an die hohe

Kirchenverwaltung. Die Eltern wurden missbraucht, da viele der Lehrer nicht technisch qualifiziert waren. Die Kinder wurden schlecht versorgt und die Lehrer betrogen. Aber auch hier wurden, wie bei der *lieben Oma,* gute Prinzipien gelehrt.

Eines Tages öffnete Tristan mit seiner üblichen Naivität und pathologischen Aufrichtigkeit die Schleusen der Kritik. "Er war der Meinung, dass die Priester Männer seien, flüsterte der Maristendirektor mit dem Kopf einer Katze.

Gewiss, ja, aber es handelte sich um das Verhalten einer religiösen Gemeinschaft, und das hat nichts mit individuellen Schwächen zu tun.

An einem anderen Tag, als er bei einem dieser zeremoniellen Mittagessen, bei denen sich die Lehrer um einen U-förmig angeordneten Tisch versammelten, erneut seine Empörung zum Ausdruck brachte, wurde er entlassen. Er wurde entlassen. Ein Geschichtskollege, der einzige mit einer Lehrerlizenz, gesellte sich zu Tristan. Im Jahr darauf trat er in den Orden ein. Er wird nicht er sein, ein zynischer und windiger Kanoniker.

Aber die Kirche war noch nicht am Tiefpunkt angelangt, dem von "1984". Sie würde bald in Rekordzeit zu einer homosexuell-marxofreudo-pornographo-zentrischen Gesellschaft in Apostasie, in totaler Resignation, unter dem infamen Vorwand der Verjüngung werden.

Hieß es nicht: "Satan wird an der Spitze der Kirche, in Rom selbst, herrschen"?

Und "die Auserwählten selbst werden mystifiziert werden. Arme Kirche, es war der Tempel, den man aus dem Tempel vertreiben musste... Sich der Welt zu öffnen, bedeutet, sich der Fäulnis zu öffnen.

Tristans Aufenthalt in der Armee, das Kriegsende und all die Dinge, die es zu klären galt, hatten Tristan von seiner Familie mütterlicherseits ferngehalten, deren affektive Ausbrüche kaum die Rolle des Anziehungspols spielten. Aber es war seine Familie. Er hatte eine Nachricht geschrieben. Er ging in die Rue Dehodencq.

Die geliebte Oma war da, immer da, sehr gleichmütig, in ihrem Sessel zusammengesunken, grünlicher und räudiger als je zuvor.

Er küsste ihre Hand, ohne den Schauer zu spüren, den diese Berührung in ihm auslöste.

Dort saß neben der *geliebten Großmutter* auch eine reiche Cousine, die Baronin von Monosh, die den Mund öffnete, sobald Tristan sich gesetzt hatte.

— Also, Tristan, haben Sie sich in Paris niedergelassen?
— O", antwortete er, "installiert" ist ein großes Wort.

Er würde einige ehrliche und umfassende Erklärungen abgeben, die dieser Rahmen aus luxuriösen Möbeln und Teppichen und Bediensteten in weißen Handschuhen wahrscheinlich kochend heiß machen würde.

Da setzte *Oma Schatz,* die zwar verlegen war, aber sich scheinbar wohl fühlte, ihre gutmütige, bescheidene, gutmütige Miene auf, um zu unterbrechen:

— Ja, er hat ein kleines Zimmer gefunden...

Sie setzte nach und behielt geschickt das Wort, das sie bis zum Ende ihrer belanglosen Banalitäten beibehielt.

Nach einer Stunde wollte sich Tristan gerade verabschieden, als ihn die *geliebte Großmutter* zurückhielt. Sie hatte ihre edle, beschützende und mündige Maske aufgesetzt. Sie zog einen in vier Teile gefalteten Tausend-Franc-Schein aus ihrer Tasche und reichte ihn ihm mit einem großmütigen Arm in Form eines Schwanenhalses.

— Mache keine Dummheiten mit dem Geld, kaufe dir etwas zu essen.

Er nahm den Schein innerlich zitternd entgegen, salamalektierte ungeschickt und verabschiedete sich dann.

Die Cousine, die die Szene beobachtet hatte, hielt es für angebracht, Tristan zuzustecken, als sie gemeinsam die große Treppe in der Halle hinuntergingen:

— Seien Sie nett zu einer so sensiblen und großzügigen Großmutter...

Tristan glaubte zu ersticken. Er fand nicht die Kraft, Erklärungen zu geben, deren grundlegende Realität so weit vom Schein entfernt war.

Diese Strategie des "Ich tue so, als würde ich geben, und "Ich nehme dir alles weg" fand er in allen Aspekten der modernen Welt wieder.

Einige Tage später wurde Tristan und Jacqueline eine bescheidene Wohnung gegen eine kleine Ablösesumme angeboten, deren Höhe sie nicht kannten. Sie beschlossen, in die Rue Dehodencq zu gehen, da sie keine andere Möglichkeit sahen, Hilfe zu bekommen.

Ein Glücksfall für die Kleine, eine größere Wohnung als dieses elende Zimmer ohne Wasser, das feucht und dunkel war.

Die *geliebte Großmutter* begrüßte sie wie ein Hund in zwei Kegelbahnen. Ihr leerer Blick war von einer schlaffen Trägheit, die nur ein vegetatives, begrenztes Denken ausdrückte, durchzogen von Blitzen der Bosheit und des Egoismus, Ziele, die ihre Intelligenz in Bewegung setzen konnten.

Die Haltung einer schlaffen Hexe. Sie hatte ihren wütenden Gesichtsausdruck und ihre Hand klopfte auf die ewige Couch, auf der sie seit vierzig Jahren vor sich hin dämmerte.

Onkel Jacques kam herein, larviert, schweigend, hörte, dass es um Geld ging, sagte nichts und stellte sich vor das Fenster, als wollte er nach draußen schauen.

"So eine Summe findet man nicht unter dem Huf eines Pferdes", sagte *Oma Schatz* schließlich.

Nur durch Schnelligkeit konnten sie diese Wohnung bekommen, für die es eine unbegrenzte Anzahl an Bewerbern gab. Eine Wohnung für eine winzige Übernahme, in einer Zeit, in der diese astronomisch hoch waren, würde von jemand anderem eingenommen werden, wenn sie sich nicht beeilten.

Die geliebte Großmutter war voreingenommen. Sie wollte wissen, wem sie das Geld geben sollte, wollte den Namen und die Adresse haben, "vielleicht kann sie sich ja unterhalten"... Sie blieben in ihrer Bruchbude.

In den beiden Freien Mittelschulen, an denen er unterrichtet hatte, gab es ein Klavier.

Tristan hatte beschlossen, allein zu lernen, da er sich keinen Unterricht leisten konnte. Ungeduldig und zum Selbststudium gezwungen, machte er schwere Fehler, fügte sich selbst eine schädliche Artikulation zu, die jede Nuance und Virtuosität verhinderte.

Er konnte nicht gut entziffern, aber genug, um auswendig zu lernen. Er begann, oh Wahnsinn, damit, Chopins gesamte E-Dur-Etüde auswendig zu lernen, deren Mittelteil eine große Schwierigkeit darstellt. Das Legato des gesamten Satzes ist für einen Anfänger radikal unmöglich. Dennoch lernte er das gesamte Stück, das er mit einem kastagnettenartigen Klang wiedergeben konnte. Seine Finger waren sehr beweglich, da er Terzen ohne Stütze spielen konnte, und seine Hand reichte vom C bis zum G der nächsten Oktave. Viele Konzertmusiker hätten ihn um diese Eigenschaft beneidet.

Abends bereitete er in ihrem dunklen, feuchten Raum zwei Bachelor-Zeugnisse vor, manchmal bis Mitternacht oder ein Uhr morgens.

Er ging halbtot ins Bett, um um sechs Uhr morgens aufzustehen und die U-Bahn und den Zug zum College in der großen Vorstadt zu nehmen. Zwei Stunden Fahrt.

Er benutzte eine kleine elektrische Lampe, um seine Frau und seine Tochter nicht zu stören. Manchmal wurde Jacqueline wütend und konnte es nicht ertragen, dass ihr Mann so lange neben ihr arbeitete, selbst mit einer kleinen Lampe. Eines Tages zerriss sie die Universitätsbücher, die für sie ein Vermögen darstellten. Da sah sich Tristan gezwungen, ihr den Hintern zu versohlen. Aber konnte man ihm das verübeln? Er hielt sie vom Schlafen ab und sie arbeitete tagsüber hart, in diesem einen Raum, mit der ständigen Wäsche für das Kind, in dieser Bruchbude.

Tristan legte erfolgreich ein erstes Bachelor-Zertifikat ab. Drei Monate später bestand er das Zertifikat in englischer Philologie, das ihm übermenschliche Anstrengungen für eine Disziplin abverlangt hatte.

ne, die am entgegengesetzten Ende seiner Natur lag. Um Klavier spielen zu können, waren neben günstigen Umständen auch zehn Jahre Arbeit erforderlich. Das Studium an einer Hochschule, das Unterrichten von Schülern, die jedes Jahr dramatisch an Herz und Verstand verloren und deren Aussehen und Kleidung immer mehr die beschleunigte Degeneration verrieten, ließ ihn in einem Korsett erstarren.

Er lernte Charles Dullin kennen, der ihn verpflichtete, in seine Schule einzutreten.

In einem großen Taubenschlag des Sarah-Bernard-Theaters, in dem der Unterricht stattfand, spielte er einige klassische Szenen, die alles andere als brillant waren. Es stimmt, dass Corneille ihn amüsierte. Diese Aufblähung der Ehre und des Willens, diese falschen, übertriebenen Situationen, all das erschien ihm karikaturhaft. Die Schönheit der Sprache allein konnte nicht zu einem überzeugenden Spiel inspirieren. Er erinnerte sich daran, wie wichtig ihm damals der *Inhalt war.*

Der Inhalt ist etwas zu sagen. Die Form ist plastisch zur Perfektion. Gerne hätte er den Barden von Don Diègue gekitzelt und mit dem Schwert von Rodrigue eine Wurst geschnitzt. Dennoch ist es wahr, dass cornelianische Situationen im Leben vorkommen und man sie daher im Theater spielen und fühlen kann. In Molière gab es kaum eine Rolle für ihn. Selbst Alceste, mit dem er sich verwandt fühlte, drückte seine Menschenverachtung auf wenig überzeugende und *schlecht* lachbare Weise aus.

Er spielte einige moderne Szenen, eine aus Julius Romans Demetrios. Seine Mitschüler applaudierten ihm, was in der Schule nicht üblich war.

Eine junge Frau kam zu ihm und bot ihm eine Rolle in einem Theaterstück an und zeigte ihm gegenüber eine schmeichelhafte Begeisterung: "Was für ein Kopf, was für ein Gang, genau das, was ich brauche...".

Das Stück trug den vielversprechenden Titel "Doppeltes Königtum". Tristan las es, fand es lächerlich und gab es mit höflicher Ablehnung zurück, unter dem Vorwand einer überwältigenden, aber sehr realen Arbeit.

Das Theater befriedigte ihn nicht. Als Broterwerb hätte er es zwar nicht verschmäht, aber die Umstände waren nicht günstig für diese Aussicht.

Dullin hatte ihm übrigens gesagt: "Du kommst zwanzig Jahre zu spät, mit deinem Aussehen, jetzt werden wir im Theater, wie auch anderswo, die Herrschaft des kleinen Arschlochs erleben". Die biologisch-typologische Beobachtung der folgenden vierzig Jahre gab dieser Prophezeiung vollkommen Recht. Im Kino gab es übrigens bald keine Schauspieler mehr, stattdessen spielten Ganoven und kleine Arschlöcher die Rollen von Ganoven und kleinen Arschlöchern. Sie wären per Definition alle Linksradikale. Man kann sich Pierre Fresnay kaum als Linken vorstellen.

Wer könnte heute "*Monsieur Vincent*" mit dem unerhörten Absatz spielen, den dieser große Schauspieler entfaltet hat?

Er verließ Dullins Schule, ohne zu ahnen, dass er auf der Bühne des Lebens selbst eine Rolle spielen würde, von der er nichts ahnte und die seine Vorstellungskraft überstieg.

KAPITEL VIII

"Der Verrückte ist derjenige, der alles außer dem Verstand verloren hat" (Chesterton)

Im öffentlichen Schulwesen herrschte ein Mangel an Lehrern und insbesondere an Englischlehrern. Seine beiden Englischzertifikate, sein freiwilliges Engagement und seine Zugehörigkeit zum II Air Office als Dolmetscher und Englischlehrer ermöglichten es ihm, eine sogenannte "Delegation" zu erhalten. Dadurch wurde er besser bezahlt, obwohl dies nicht ausreichte.

Um Staatsbeamter zu werden, hatte man eine Geburtsurkunde seines Vaters verlangt. Nach langer Suche erhielt er die Urkunde, auf der er lesen konnte:

"Verstorben in Albigny sur Saône...".

Er war 1947 in dieser Stadt gestorben. Tristan schrieb in das Krankenhaus, in dem sein Vater gestorben war. Sein Herz hatte versagt und seine letzten Worte waren gewesen: "Meine Kinder sollen wissen, dass meine Gedanken immer bei ihnen waren".

Das hatte Tristan schon immer so empfunden. Er *wusste,* dass sein Vater, den er nie sah, an sie dachte, während die Leute, bei denen er im Kreis seiner *geliebten Großmutter* gelebt hatte, über sie lachten.

Unter den Papieren, die Tristan erreichten, fand er den Namen eines Freundes seines Vaters, Raymond T. Ingenieur, den er erst nach mehreren Monaten ausfindig machen konnte.

Dieser erzählte ihm warmherzig und bewundernd von seinem Vater. Er wirkte auf die meisten Menschen ein wenig verrückt, denn "er sprudelte nur so aus ihm heraus". Er war jedoch äußerst bescheiden und konnte sich wunderbar ausdrücken. Er hatte die Bewunderung und Sympathie der Ärzte gewonnen, die ihn behandelten. Seine Klarheit erstaunte, denn er war ein unerbittlicher Prognostiker, was natürlich für diejenigen ist, die in Synthesen denken[16] und der logischen Entwicklung der Ereignisse folgen.

Raymond T. fügte hinzu, dass sein Vater ihn zwei Jahre vor seinem Tod als Botschafter in das Haus der *geliebten Großmutter* geschickt hatte. Er sollte ihr mitteilen, dass der Vater der Kinder sehr krank sei und seine Kinder wiedersehen wolle. Er hatte darauf hingewiesen, dass er einem Herzstillstand oder einem plötzlichen Tod ausgeliefert war.

Raymond T. war am Ende der Treppe zurückgelassen worden und wurde wie ein Verbrecher empfangen, kaum gehört und nicht beachtet. *Oma Schatz* hatte gesagt: "Der Mann sieht aus wie ein Apache".

Niemals hatte sie ihnen von diesem Besuch erzählt, niemals. Sie hatte nicht einmal nach der Adresse des Krankenhauses gefragt, in dem er sich befand. So konnte keines der drei Kinder den Vater vor seinem Tod sehen. Er hatte aufgegeben, ganz allein, weit weg von seinen Kindern, ohne ein Wort der Zärtlichkeit und des Verständnisses. Und als die *geliebte Großmutter* Jahre später auf diesen letzten Besuch anspielte, fiel ihr nur ein: "Er wollte euch nicht sehen, er wollte Geld...".

In den Papieren seines Vaters fand er einen anderen Namen: "Georges B. professeur agrégé, Docteur es lettres".

Er fand ihn ohne Schwierigkeiten in Vanves, wo er wohnte.

Georges B. empfing ihn sehr freundlich und erzählte ihm lange von seinem Vater, nachdem Tristan ihm von dessen Verschwinden berichtet hatte.

" Das letzte Mal, dass ich Ihren Vater gesehen habe, war kurz vor dem Krieg. Er war durch den Prozess mit seinen Schwiegereltern zusammengebrochen und sein körperlicher und seelischer Zustand war katastrophal. Ich habe ihm ein wenig geholfen und ihn dann nie wieder gesehen. Ab dem Beginn des Krieges verschwand er.

Ihr Vater hatte alle Elemente einer übernatürlichen Macht, die er im Übrigen nicht hätte ausüben können. Ich kannte ihn gut und kann daher sagen, wie es um ihn bestellt war. Sie haben eine strahlende Stirn wie die seine. Ich habe Ihren Vater im Gymnasium kennengelernt, er war

---

[16] Im Liberalismus wird nur analytisch gedacht, es wird unendlich viel produziert, ohne Rücksicht auf die menschliche Synthese, was zu einer allgemeinen physischen, moralischen, ökologischen usw. Verschmutzung führt. Man produziert schließlich, um zu verkaufen, ohne sich auch nur im Geringsten um moralische Werte und das Interesse des Menschen zu kümmern, Pornografie, Chemie, Aluminium und Quecksilber in Impfstoffen, Impfstoffe selbst...Verschwinden des Wassers...etc.

groß, ich erinnere mich nicht an ihn als kleinen Jungen. Er war ein durchschnittlicher Schüler und schaffte gerade so viel, dass er mithalten konnte, aber seine Sorgen gingen weit über das hinaus, was auf den Schulbänken gelehrt wurde. Er hatte eine ganze Reihe von Versen geschrieben, von denen einige sehr schön waren.

Er hatte eine Tragödie "*Julius Cäsar*" geschrieben, von der ich mich erinnere, dass einige Strophen bewundernswert waren. Ich habe seine Mutter, Ihre Großmutter, gut gekannt. Sie war eine absolut ebenbürtige Frau und Komplizin ihres Sohnes bei seinen Versuchen, der Schule zu entkommen. In der Philosophieklasse hatte er Alain als Lehrer. Er hatte keine grenzenlose Bewunderung für ihn und nannte ihn einen "radikalsozialistischen Sokrataillon".

Sein Platz war in der Normale Supérieure markiert, nicht um Professor zu werden, sondern wegen der intellektuellen Grunddisziplin, aus der er im Gegensatz zu fast allen meinen Kollegen leicht herausgekommen wäre. Heute glaube ich, dass er zu viel Stolz hat, um sich einer solchen Disziplin zu beugen. Das Studium bringt nicht viel, aber ich halte es für unerlässlich für jeden, der ernsthaft denken will. Ihr Vater, ganz gleich, welcher Dichter er war und welche Intelligenz er für sich beanspruchen durfte, hätte aus dieser Arbeit in der Khâgne, ohne auch nur in die Normale einzutreten, einen umso größeren Nutzen gezogen, als er nie ihr Sklave gewesen wäre. Er wäre nie Professor geworden, weil sein Stolz das System ablehnte. Er wusste, dass der Intellekt den transzendenten Funken nur ordnen kann und dass die reine Immanenz zu Sklerose, analytischer Zersplitterung und Degeneration führt, für die man feststellen muss, dass die jüdische Spekulation als grundlegender kausaler Faktor am deutlichsten am Ursprung steht. Eine der letzten Unterhaltungen, die ich mit ihm führte, drehte sich um Bergson. Er bezeichnete ihn als "genial", nicht als "genial". Er sagte, dass dies das Beste sei, was die Juden hervorbringen könnten.[17]

Ich hatte Ihren Vater seit 1908 aus den Augen verloren und dreißig Jahre lang hatte ich nichts von ihm gehört. Ich dachte oft an ihn, denn in meiner Erinnerung hob er sich deutlich von allen anderen ab. Ich habe Ihnen von meiner Bewunderung für ihn erzählt, und das Wort ist nicht zu stark. Was ich von Ihnen über ihn erfahren habe, hat mir bestätigt, was ich bereits wusste und was ich verstanden hatte. Sein Fehler war, dass er die reiche Ehe suchte, sein Unglück, dass er sie fand, sein Fehler, dass er sie nicht zu nutzen wusste. Man muss wohl von

---

[17] Es ist anzumerken, dass Bergson nur durch seinen Vater jüdisch war. Das jüdische Gesetz verleiht das Judentum nur ausschließlich über die Mutter.

Verfall sprechen, und doch ist der Begriff nicht ganz passend. Dass sein Stolz sich zur falschen Zeit eitel gemacht hat, hat er zu hart zu spüren bekommen. Ich behalte ihn in sehr sympathischer und fast ungetrübter Erinnerung. Ich gestehe meine Nachsicht mit dieser Art von Charakter. Ich tadle nur seine Ehe, wenn sie bewusst war.

Ich hoffe, seine Geschichte wird Ihnen eine Lehre sein. Man spürt, dass Sie dumme Konformität aus reinen Interessengründen ablehnen. Aber wahre Intelligenz ist heute nur ein Strohhalm auf einer stürmischen See. Sie hat heute keine Chance, sich Gehör zu verschaffen. Ich weiß, dass Sie das verstanden haben. Ich selbst wurde in der Hochschulbildung durchgestrichen, weil ich zu vielen Leuten im Weg stand. Ich bin jetzt pensioniert.

Sie, verbergen Sie Ihre Intelligenz, selbst wenn sie Leben retten kann, denn die Wahrheit kann nun nichts mehr gegen die universelle Zombifizierung ausrichten.

Sie lassen sich von nichts aufhalten, nicht einmal vom Tod. Sie haben keine Vorstellung von einem Wert. Ihr Gold.

Aber Tristan allein in der Welt, ganz allein, bleibt da, wie ein Splitter, ein Gewissen, ihr Splitter, ihr Gewissen.

Er musste also neurotisiert und pervertiert werden, und als Höhepunkt des Teufels musste man ihm jeden Halt nehmen. Er hatte nicht einmal mehr seinen Vater, den man ihm weggenommen hatte. Unter den schrecklichen Bedingungen, unter denen er leben sollte, waren sie sicher, dass sie Erfolg haben würden.

Trotz der Bemühungen von Jacqueline und Tristan war ihr Leben hart. Damit es der kleinen Chantal an nichts fehlte, mussten sie Wunder vollbringen. Sie lebten prekär und bekamen in dem feuchten Zimmer nicht genug Luft und Sonne. Von Zeit zu Zeit, an manchen depressiven Tagen, ging Tristan wie ein schiffbrüchiger Matrose, der sich an eine morsche Planke klammert, zur *geliebten Großmutter*. Das Hotel hatte wieder seinen alten Luxus, seine Bediensteten mit weißen Handschuhen, die nie lange fackelten, einen Salmson und einen Chauffeur. Es gab auch einen Fernseher zu einer Zeit, als niemand einen hatte, und man hatte gerade einen Bauernhof an der Loire gekauft.

Manchmal überließ *die geliebte Oma* Tristan einen in vier Teile gefalteten Tausenderschein, mit großspuriger Demonstration und paroxysmalem Protzen.

Er nahm feige und mit starker Geste und Dankbarkeit diese großmütige Großzügigkeit an, die natürlich alle ihre Probleme löste.

Eines Tages regnete es.

Tristan ging mit schlechten Schuhen, die Wasser zogen, in die Rue Dehodencq. Es waren die einzigen, die er besaß. Peinlich berührt wies er seine *geliebte Großmutter* darauf hin, als wolle er sich entschuldigen, weil die wassergefüllten Sohlen ihre Orientteppiche nass machen könnten.

Onkel Jacques erklärte, dass er ihm ein Paar Schuhe schenken würde.

— Ich werde bei diesem Wetter gute Schuhe haben", hatte Tristan gesagt.

— Nein", antwortete Onkel Jacques mit einem albernen Gesichtsausdruck, "ich gebe sie dir gerade deshalb, weil sie Wasser ziehen.

Tristan war verblüfft. Er glaubte nicht einen Moment lang, dass der Onkel sich über ihn lustig gemacht hatte. Sein schwach organisiertes Gehirn hatte ihm den Sinn für Humor genommen. Tristan hatte eher das Gefühl, dass er nicht merkte, *dass er nicht merkte*.

Was ist mit den anderen? Die anderen auch nicht. Dieser Eindruck verfestigte sich, je mehr sich Tristans Leben entfaltete. Marx ist unbewusst und die, die ihm folgen, sind es auch.

Kurze Zeit später kam er mit leeren Taschen bei *Oma Schatz an*. Jacqueline machte sich keine Illusionen, aber wenn sie in Not waren, schlug sie Tristan vor, in die Rue Dehodencq zu gehen, mit der gleichen Hoffnung wie jemand, der in der Nationallotterie spielt. Es machte ihm keinen Spaß, aber für Jacqueline und das Kind machte er diese Anstrengung. Man hat immer eine Hoffnung für seine Familie, auch wenn man weiß, dass es keine gibt.

Er fuhr durch Paris und kam mit einem löchrigen Metroticket in der Tasche bei *Oma Schatz an*. Gerade genug, um mit der Metro nach Hause zu fahren.

Er war dabei, als Tante Denise ihn bat, den Pudel aus der Hundeklinik abzuholen. Dafür vertraute sie ihm fünfzehnhundert Francs an.

Er bekam einen Schock. Es waren sechs Hefte von dieser unentbehrlichen U-Bahn. Und in seiner Tasche hatte er eine durchlöcherte Fahrkarte für die Metro. Er verspürte eine seltsame Verachtung, ihre Rücksichtslosigkeit, ihre Herzlosigkeit würde ihn auf der Stelle in den Wahnsinn treiben.

Die Schur des Pudels! Die Schur des Pudels!

Es ist unmöglich zu beschreiben, was in seinem Kopf während der Fahrt vom Hotel zur Klinik und von der Klinik zum Hotel vorging. *Aber dieser Hass ähnelte mehr dem Selbsterhaltungstrieb als dem Hass selbst.*[18] Er hatte sogar die flüchtige Idee, mit dem Geld, das sie so dringend brauchten, nach Hause zu gehen.

Er konnte sich nicht vorstellen, dass es sich um einen Diebstahl handelte.

Es gibt keine wie sie, die aus einem Unschuldigen einen Straftäter oder Verbrecher machen. Diese materialistische Welt, diese Welt des umweltschädlichen Profits und der schwachsinnigen Ideologien, wird bald eine riesige Herde von Straftätern, Kriminellen, Dummköpfen, Pornografen, Drogensüchtigen, *Untermenschen* sein. Bei ihnen möchte man am liebsten in die süßeste, venusianischste Natur beißen.

Er hoffte so sehr für die Kleine, für sie drei in diesem Raum ohne Wasser, mit der Wäsche und dem ungesunden Gas.

Das Kind war zerbrechlich, die Mutter hatte sich so sehr verausgabt. Ihre eigene zarte Konstitution.

Seine Revolte musste erstickt werden. Der kleine Pudel mit seinem Schwänzchen, der vor Freude wedelte, als er Tristan wiedersah, hatte nichts damit zu tun.

In den öffentlichen Schulen, in denen Tristan arbeitete, gab es kein Klavier. Eine Kommilitonin bot ihm an, bei ihr zu üben. Er nahm gerne an, aber er musste noch mehr tun, denn sie wohnte auf der gegenüberliegenden Seite der Porte de Clignancourt, gegenüber der Porte d'Orléans. Zwei Stunden mit der Metro für eine Stunde Praxis. Auf dem Rückweg arbeitete er den größten Teil der Nacht an seinem dritten Bachelorzeugnis.

Er beschloss daraufhin, sich für wenig Geld ein Klavier zu mieten. Es füllte den Raum noch mehr aus. Für das Kind ließ er einen Dämpfer einbauen.

In diesem arbeitsamen Haus gewann das Klavier nicht die Gunst der Nachbarn.

Einer von ihnen, der ein wenig getrunken hatte, bedrohte ihn. Seltsamerweise wurde er am nächsten Tag auf dem Heimweg von seiner Arbeit von einem Auto angefahren und starb.

---

[18] Dieser Satz fasst die Psychologie des Antijudaismus der letzten 5000 Jahre (denn er existierte lange vor dem Christentum) vollständig zusammen.

Tristan fühlte sich unwohl und erstickte. Er versuchte, an seinem Instrument zu arbeiten. Der Filzdämpfer, den er ständig anließ, verfälschte den Klang. Anfangs erschien ihm das ungewöhnlich, doch dann wurde es unerträglich. Er fühlte sich in allem gefangen. Er wollte in die Unendlichkeit entfliehen. Sein Herz und sein Verstand fesselten ihn an seine Pflicht. Aber ein Chaos zerrte an ihm. Dieses Chaos, das die Frucht der Scheidung, des Herausgerissenwerdens aus seiner Kindheit war.

Seine Kristallseele und seine Erotik.

Seine Vernunft und sein künstlerisches Aufblühen.

Er büffelte für seinen Bachelor und hatte kaum Zeit, an die Sorbonne zu gehen und Vorlesungen zu besuchen. Wegen der elementaren Schwierigkeiten hatte er zahlreiche Verpflichtungen, denen er sich nicht entziehen konnte. Nur ab und zu ging er an die Sorbonne.

Doch genau dort traf er Huguette. Er wartete an der Tür eines Hörsaals, in dem eine Konferenz stattfinden sollte. Die Tür öffnete sich und ein junges Mädchen kam heraus. Die beiden standen sich gegenüber. Sie sahen sich an und waren beide von einem Gefühl der Bewunderung füreinander beseelt. Er verstand, dass der Schwung, der diese bezaubernde Person mitriss, plötzlich unterbrochen wurde, als sie Tristan sah. Eine Sekunde lang war sie vor Tristan stehen geblieben, und er hatte das Gefühl, dass sie darauf wartete, dass er sich entschied, ihr irgendetwas zu sagen, aber sie durfte nicht zögern!

Tristan ergriff die Gelegenheit beim Schopf. Nein, er würde sich diese exquisite Venus nicht entgehen lassen! Er stellte ihr eine banale Frage über die bevorstehende Konferenz. Sie antwortete freundlich mit einem Lächeln, das vor Weiß strahlte, und er entdeckte in ihren schwarzen Augen etwas Erobertes, Unterworfenes, Zärtliches und Leidenschaftliches. Sie hatte ein längliches Gesicht, einen matten Teint ohne Übertreibung, ihr Mund war perfekt geformt und sinnlich. Sie war groß, schlank und in ihrer Schlichtheit sehr elegant. In dieser staubigen Sorbonne fiel sie genauso auf wie Tristan.

Sie bereitete sich auch auf einen Bachelor-Abschluss in Englisch vor. Sie stiegen gemeinsam die Treppe zu den Galerien hinauf, hörten mit abwesendem Ohr zu, sahen sich aber auch gegenseitig an, lange durchdrungen von ihrem Herzschlag und der trunkenen Süße des Verlangens.

Er nahm ihre Hand, sie drückte die seine.

Nach der Konferenz gingen sie in ein nahe gelegenes Café, um einen Saft zu trinken.

Sie trafen sich am nächsten Tag und einige Tage später wieder. Sie lagen gebannt nebeneinander und waren von ihren Küssen und dem Herzklopfen ganz besoffen. Tristan war zu offenherzig, um ihr nicht die Wahrheit zu sagen: Er war verheiratet.

Sie hatte zuerst geglaubt, dass er eine Geliebte hatte. Sie war zwanzig Jahre alt, er war vierundzwanzig.

"Eine Geliebte kann man schwingen", sagt sie lachend zu ihm, "aber eine Frau, nein, du bist nicht frei"!

Diese harte Realität ergriff ihn.

Sie drückte seine Hand und küsste ihn. Ihr leidenschaftlicher Kuss offenbarte ihm, dass sie auch diesen Rausch ohne Reue akzeptierte.

Seine Frau liebte ihn, er hatte für sie und die Kleine eine große Zärtlichkeit übrig. Und nun hatte er, der keine Frau außer seiner eigenen gekannt hatte, der eine solche Gier nach Frauen hatte, nun hatte er eine begehrenswerte und sehr schöne Geliebte. Nein, er hatte keine Gewissensbisse. Sein Herz war in Frieden.

O wie viel sie sich einander schenkten! Wie viele süße Umarmungen in allen Hotels des Quartier Latin!

Einige Monate vergingen, bis Huguette ihm eines Tages aus einer Laune heraus einfach sagte, dass sie ihn nicht mehr liebte!

Erster Liebeskummer in seinem Leben. Er war sehr traurig.

Am Abend fand er sein feuchtes Zimmer ohne Wasser, ohne Luft und ohne Licht vor. Er fand Jacqueline und seine kleine Chantal wieder. Er war traurig, niedergeschlagen und hatte keinen Hunger. Jacqueline erkundigte sich sanft, was los sei, und er, das lieblose Kind, das er immer sein würde, erzählte ihr von seinem Abenteuer. Sie war bei ihrer Hochzeit fast fünfundzwanzig Jahre alt und er einundzwanzig. Sie war seine älteste Tochter. Frauen sind in diesem Alter reif, Männer sind es nicht. Sie hatte eine Träne in ihren lachenden Augen und kam zu ihm, um ihn zu trösten. Tristan umarmte sie und bat sie um Verzeihung.

Aber was für ein Kind er doch war! Seiner Frau durfte er sein Abenteuer nicht erzählen. Sie berührte nicht die Unversehrtheit ihres Heims, denn er liebte sie beide. Diese Zärtlichkeit war ihm heilig.

In der nahe gelegenen Universitätsstadt hatte Tristan einen Kommilitonen, den er oft zu sich nach Hause einlud. Er schloss gerade sein Jurastudium ab und würde bald eine besondere Auszeichnung der Académie Française für ein sorgfältig gestaltetes Gedichtbuch erhalten, das er veröffentlicht hatte. Tristan fand ihn interessant und hatte für seine Unzulänglichkeiten eine große Nachsicht. Jacqueline war empfänglich und er hatte eine Bildung, die ihr dienen konnte. Maurice, das war sein Vorname, hatte einen Presseausweis, der ihm freien Eintritt in Theater ermöglichte, in die er Jacqueline, die nie ausging, mitnehmen konnte.

So konnte Tristan friedlich im Zimmer bleiben und auf die Kleine aufpassen, während er sich auf seine letzten beiden Bachelor-Abschlüsse vorbereitete. Maurice gab Tristan absolut keinen Anlass zur Sorge und außerdem vertraute er seiner Frau vollkommen. Wenn er Maurice wegen seiner kulturellen Qualitäten ausgewählt hatte, beruhigte ihn das Porträt von Maurice vollkommen. Er konnte sich nicht vorstellen, dass eine Frau wie die seine es auch nur ertragen könnte, wenn er ihr bei der Begrüßung zu lange die Hand schüttelte. Er selbst konnte einen längeren Händedruck von Maurice nicht ertragen. Er war klein, rothaarig, untersetzt, schielte bis zur Karikatur, trug ungewöhnlich dicke Rauchgläser, seine Haut war ziegelrot, seine dicken Hände hatten die gleiche Farbe und verrieten zusätzlich eine Neigung zur Gewalttätigkeit. Maurice selbst hatte ihm reumütig gestanden, dass er diesen Makel empfunden hatte, als er als Teenager eine kleine Katze mit einer Schnur erdrosselt hatte. Diese Offenbarung ließ Tristan erstarren, beruhigte ihn aber noch mehr hinsichtlich der Gefahr, die Maurice für seine Frau darstellen konnte.

Jacqueline und Maurice gingen also aus, während Tristan arbeitete.

Er bereitete sich auf das äußerst schwierige Zertifikat für englische Literatur vor, denn zu all seinen Schwierigkeiten kam noch eine weitere hinzu: Er hatte noch nie in England gelebt. Einen literarischen Aufsatz auf Englisch zu verfassen, ohne die Sprache zu beherrschen, war ein fast unmögliches Unterfangen.

Durch die Indiskretion einer Nachbarin erfuhr er, dass Jacqueline und Maurice flirteten. Er beurteilte das Wort anhand seines ästhetischen Eindrucks, der völlig eindeutig war. Er glaubte, dass seine Frau aus Freundlichkeit eine Art Techtelmechtel mit diesem körperlich unattraktiven Wesen zuließ, das ihr ein wenig Kultur und Ablenkung bot, während er arbeitete. Er belehrte beide in einem scherzhaften, spöttischen Ton. Er maß dem, was für ihn nicht existieren konnte und keine Chance hatte, zu existieren, keine Bedeutung bei. Hatte er nicht zu seiner Frau gesagt: "Wie kann man sich auch nur eine Sekunde lang vorstellen, dass sich ein Paradiesvogel und ein Krokodil paaren?"?

Sie gingen weiter aus, Tristan arbeitete weiter in der Nähe seines Kindes.

Plötzlich und ohne ersichtlichen Grund begann Maurice, einen dunklen Hass auf Tristan zu entwickeln. Sein Verhalten wurde gewalttätig und sogar gefährlich. Er war erstaunt über diese Abneigung, obwohl er ihm nur Gutes getan hatte. Er bat ihn, nicht mehr zu ihnen zurückzukehren.

Leider sollte Tristan eines Tages erfahren, dass Paradiesvögel sich ohne Scham und Reue mit Krokodilen paaren können...

Madame de Gastine, Tristans Mutter, war erst vor kurzem in die Avenue Kléber in Paris gezogen. Sie wollte ihren Sohn und ihre Schwiegertochter besuchen und traf zufällig Maurice, den sie zu sich nach Hause einlud.

Sie sollte eine zentrale Rolle in einer der Tragödien spielen, mit denen sie vertraut war. Jacqueline hatte ihrer Mutter von Tristans Abenteuer berichtet, von dem sie wusste, dass es nicht wichtig war. Die Haltung ihrer Mutter war absolut niederträchtig, denn sie trieb Jacqueline in die Arme von Maurice. Sie ging sogar so weit, dass sie ihre Stieftochter zu einem Anwalt brachte, ohne dass Tristan auch nur den Hauch einer Ahnung hatte, was vor sich ging. Sie wusste auch nicht, dass Tristans Abenteuer, der nie eine andere Frau als seine eigene kennengelernt hatte, folgenlos war und dass Jacqueline ihm davon nur erzählt hatte, um ihren eigenen, schwerwiegenden Ehebruch zu rechtfertigen, von dem noch niemand etwas wusste.

Jacqueline selbst berichtete Tristan später, was ihre Mutter dem Anwalt über ihren Sohn gesagt hatte: "Wenn er hierher käme, würde ich ihn wie einen Hund töten".

Es hatte genügt, dass Jacqueline ihrer Schwiegermutter erzählte, dass Tristan eine Geliebte gehabt hatte (wahrscheinlich hatte sie das Präsens benutzt, um die Sache noch schlimmer zu machen), damit dieser kortikale Formalismus fernab jeder tieferen Realität - denn Tristan hatte in seinem Rausch nie seine Frau und seine Tochter vergessen - die zerstörerischen Mechanismen seiner Mutter in Gang setzte.

Anstatt die Dinge in Ordnung zu bringen, brachte Madame de Gastine ihr übliches großes Kasperletheater auf die Bühne.

Madame de Gastine übte auf Laure und Charlotte eine Art rechtfertigende Faszination aus, denn als man Charlotte gegenüber das lapidare Aphtegma erwähnte, das vor dem Anwalt geäußert worden war, führte sie zur Unterstützung ihrer Mutter die berühmte Aussage von Blanche de Castille an, die über den Heiligen Ludwig sprach, der im Namen Christi die Muslime massakrierte: "Ich würde ihn lieber tot sehen als mit einer einzigen Todsünde befleckt".

Arme Frau de Gastine!

Unbewusst und unverbesserlich. Katholisch-jüdische Dichterin! Schwankt zwischen Engelsglauben und Teufelsglauben. Masochistin, die sich selbst mit der Peitsche schlägt.

Unverstanden, unerträglich, pharisäerhaft, bösartig, anzüglich wie Evas Schlange, ein Abbild der *geliebten Oma,* nur viel intelligenter. Sie ist mit einer erschreckenden Nonsens-Geistlichkeit und einer halluzinierenden Intelligenz der Wesen ausgestattet, allerdings unter der Bedingung, dass sie nicht selbst in der Umlaufbahn der Personen kreist, über die sie urteilt, denn sonst wird ihr Urteil verzerrt und hängt nur noch von den guten oder schlechten Empfindungen ab, die diese Personen ihr verschafft haben. So wird ihr ursprünglicher Gedanke, der immer noch bemerkenswert ist, so verfälscht, dass er die entgegengesetzte Farbe annimmt.

Unfähig zu echter Liebe, zur Selbsthingabe, war sie für alle Exzessiven, alle Exaltationen, alle Parodien des Altruismus, alle Hysterien des Apostolats verfügbar.

Sie hatte ihrem Sohn nur Schmerz gebracht, Er konnte sich an nichts Gutes erinnern. *Nichts.*

In einem Buch, in dem sie von ihrem Sohn berichtet, der von einem Gymnasium zum nächsten ging und verrückt danach war, keine Zärtlichkeit zu erfahren, bestand ihre einzige Sorge darin, dass er Päderast werden könnte, eine Gefahr für das Internat. O Spott!

Tristan würde gerne lachen können, aber seine Familie hat ihm jeglichen Sinn für Humor genommen. Leid und Unausgeglichenheit, intuitive Intelligenz - das war seine Mutter.

Sie sprach mit erstaunlicher Klarheit über das Drama des Modernismus und seine tieferen Faktoren und zögerte nicht, die Hauptrolle ihrer Mitmenschen beim weltweiten Selbstmord anzuprangern, da sie sich durch ihre Konversion zum Katholizismus von jeder Schuld freigesprochen fühlte. Aber praktisch hörte sie nicht auf, sich zu rechtfertigen und die erstaunlichsten psychologischen Verdrehungen zu entwickeln, um die unmoralischste Handlung im Lichte eines moralischen Prinzips zu rechtfertigen. Im Privaten vollzog sie das, was die moderne Welt universell vollzieht: Der Schuldige wird geschützt, hergestellt, gefördert, Unschuld und Intelligenz verhöhnt und gegeißelt. Das Zeitalter der größten Lügen, die in eine goldene Folie gehüllt sind.

Wie oft hatte Tristan lachen müssen, als er ihm zuhörte. Aber er zog immer seine dümmste Maske an, damit man nicht den psychologischen Scharfsinn bemerkte, der sein perverses Theater, sein ekelhaftes Pharisäertum und seine blitzartigen Umkehrungen demontierte.

Alle gingen zu Fuß, außer Tristan. Schauen Sie sich an, wie viele Unglückliche der Liberalismus, der Marxismus, der Freudismus ... zum Laufen gebracht haben.

Es ist wahr, dass diese vielgestaltige Dialektik, die in ihrem Ausdruck und ihren zerstörerischen Auswirkungen immer mit sich selbst identisch ist, in der modernen Welt überall und für alle funktioniert.

Jahre später wird ein Satz von George Steiner alles zusammenfassen: "Seit 5000 Jahren reden wir zu viel, Worte des Todes für uns und für andere". Wie sehr hätte er sich eine sanfte, ruhige, liebevolle Mutter gewünscht. Wie sehr hätte er sich für sie eingesetzt.

Er hätte das Klavier gekannt, die Essenz seines Lebens. Sein direkter Erguss hätte ihn vor fatalen Quetschungen bewahrt.

Heute hindert die verrückte Vernunft jede Transzendenz daran, sich zu entfalten.

Die Vorbereitung auf das berühmte Zertifikat in englischer Literatur nahm Tristan in Anspruch. Er hatte *Oma Schatz sehr* wohl angedeutet, dass ein Aufenthalt in England für ihn unerlässlich war. Wenn sie Jacqueline geholfen hätte, hätte er eine Stelle als Assistent in Großbritannien annehmen können und die Sache wäre erledigt gewesen.

Aber die *geliebte Großmutter kümmerte* sich nicht darum. Er spürte, wie sehr sie sich seinen Verfall wünschte. Er spürte die sadistische Freude, die sie gehabt hätte, wenn sie Madame de Gastine zugerufen hätte: "Wir haben alles für diesen Irren getan, was wir konnten, übrigens ist er ein Ebenbild seines Vaters, ich habe immer gesagt, dass er auf dem Schafott enden würde.

Und ihre Hand mit einem charakteristischen Puff auf ihre ewige Couch zurückfallen zu lassen.

Tristan meldete sich für die Juni-Sitzung an der Sorbonne an. Er hatte viel schriftlich geübt und trotz seines stolpernden Englisch schaffte er es, seinen Aufsatz zu verfassen und zugelassen zu werden. Sein Erfolg war ein Wunder. Er hatte ihn allein vollbracht. Er kannte keinen seiner Mitschüler, der die schriftliche Prüfung in Literatur bestanden hatte, ohne sich mindestens ein Jahr in England aufgehalten zu haben. Er hatte ein Kunststück vollbracht. Unter diesen Bedingungen einen Aufsatz in einer Fremdsprache zu schreiben, war ein Wunder: Es blieb nur noch die mündliche Prüfung. Leider hatte er keine Zeit gehabt, sich darauf vorzubereiten. Er hatte sich notgedrungen von dieser rein mnemotechnischen Prüfung verabschiedet. Da war die ganze Geschichte der englischen Literatur, von der er kein Wort wusste. Er kannte nur den historischen und literarischen Hintergrund der Autoren des Geschriebenen, aber das war nicht genug. Er meldete sich an, um von der Erfahrung der Prüfung zu profitieren, bei der er natürlich zurückgestellt wurde.

Den Sommer verbrachte er damit, sich auf die mündliche Prüfung für die Oktobersitzung vorzubereiten.

Die Prüfung verlief ordentlich, aber bei der zweiten Aufgabe, der Texterklärung, fragte ihn ein schimpansenähnlicher Prüfer aus heiterem Himmel, wie viele Akzente in Shakespeares Vers vorkämen. Tristan, der in keinem Bereich je einen Sinn für Details gehabt hatte, sagte ihm, er wisse es nicht, aber er müsse sie nur in der Shakespeare-Ausgabe zählen, die vor ihnen lag.

von Gastine Unverzeihliche Ignoranz", schloss der Affenprüfer. Tristan wurde um einen Punkt zurückgestellt.

Das war der entscheidende Schlag. Wie durch ein Wunder hatte er das Schriftstück erhalten, ohne nach England zu gehen. Er fühlte sich unfähig, das verlorene Schriftstück zu wiederholen. Sein Gesundheitszustand verschlechterte sich von Tag zu Tag und er hatte versagt. Es war eine Katastrophe, denn er hatte seine Bemühungen auf einen möglichen Höhepunkt seiner körperlichen und seelischen Gesundheit geführt. Ein Furunkuloseanfall brach aus, der ihn jahrelang quälen sollte. Er spürte, dass er sich auflöste. Der Kampf gegen seine Berufung als Künstler, seine erschöpfende Arbeit sowohl für die Universität als auch für den Unterricht.

Die wenigen Vorlesungen, die er an der Sorbonne besuchte, brachten ihn zur Verzweiflung. Es war zum Lachen, die Perspektiven und Methoden zu beobachten, die dort verwendet wurden. Die Professoren plapperten religiös und gewissenhaft die gleichen bedeutungslosen Meinungen mit den gleichen Tricks, dem gleichen Witz und den gleichen Ticks herunter. Die intellektuellen Prozesse dieser Akademiker hatten die Perfektion von Automaten. Offensichtlich wurden für die Vergabe ihrer Posten die Klarheit eines Maulwurfs und das Gedächtnis eines Elefanten verlangt. Dieser Verblödungsprozess musste marxistische und freudianische Roboter hervorbringen, auch wenn alles die Absurdität, den Wahnsinn und die Dummheit dieser entmachteten Logik, dieser Systemträume, die von der Realität abgeschnitten sind und die Seelen und Körper zu Dutzenden und Zehnmillionen zerstören, bewies.

O Sorbonne!

Ein Ameisenhaufen von gesunden, verstümmelten Wesen, die sich selbst nicht kennen und im Namen einer billigen Vernunft oder Ideologie wahnwitzige Absurditäten auferlegen. Intellektualisten in Phiolen, Lehrbuchschränken, Töpfen voller Bedeutungslosigkeit, die die Neantisation des Menschen und des Planeten aushecken.

Sie sind keine Menschen, sondern Verzeichnisse des Vaters Ubu.

Die Kunst des Aufsatzes an der Sorbonne besteht darin, sich mit Themen zu beschäftigen, die größtenteils uninteressant sind: "Ist Milton ein Dichter unter den Puritanern oder ein Puritaner unter den Dichtern"? "Hat Shakespeare in Julius Cäsar die Geschichte respektiert"? "Muss man bei Rousseau den Menschen vom Werk trennen? "Orwells "1984", ein Liebesroman?

Armer Shakespeare, armer Orwell, armer Sokrates!

Die Inkohärenz der Dinge, der Schwindel der Inkohärenz der Dinge. Es gibt keine wie die Mittelmäßigen[19] und die Dummköpfe, um ein gesellschaftliches Maximum zu erreichen.

Bald werden nur noch Gangster in der Lage sein, dies zu erreichen. Es wird radikal unmöglich sein, dies zu erreichen, ohne ein Gangster oder ein gefügiger, freimaurerisch geprägter Dummkopf zu sein.

Ein Universitätsprofessor sagte einmal zu mir: "Intuition ist die Mutter des Irrtums". Natürlich hatte er keine. Ansonsten hatte er natürlich eine winzige analytische Intuition über etwas völlig Uninteressantes.

Tristan war ganz überrascht, als er einmal im Fernsehen hörte, dass Aggregation das menschliche Gehirn schädigt und daher pathogen ist. Er hatte diese Selbstverständlichkeit einmal gehört. Seitdem nie wieder. Seit zwanzig Jahren hatte Tristan das immer wieder gesagt. Freiwillig, beschränkt, unintelligent, gelehrte Doktoren der Sorbonne, von denen die besten ehrliche Fachgelehrte werden, die für das System nicht gefährlich sind. Man kann mit ihnen machen, was man will. Völlig ohne Sinn für elementare Beobachtung, ohne jede Möglichkeit einer tiefen Intuition, die echten Totengräber der gesamten Menschheit.

---

[19] Im Jahr 2000, wenn dieses Buch neu gestaltet und ergänzt wird, werden es die Schurken sein, die dieses Privileg haben.

Aggregation.

Psychopathogener Wettbewerb, Diplom für sogenannte Intellektuelle, monströse Ketzerei, die von der Naivität der Massen lebt, Arbeit von Zertrümmerern intellektueller Rückstände. Es kommt nichts dabei heraus. Die "agrégés" sind niemals schöpferisch tätig, sie verwirklichen nichts. Sie sind immer humanistisch, d. h. *unmenschlich*. Seit drei Jahrhunderten zerstört der Humanismus die Menschheit. Er ist fast fertig.

Sie beobachten nur in dem winzigen, offensichtlichen, unmittelbaren, präzisen, primären, materiellen, rationalistischen und nicht vernünftigen Bereich. Neun Zehntel davon entgehen ihnen. Die Aggregation wurde von der fälschlicherweise genannten französischen Revolution für die Levys und Homais erfunden. Unvorstellbare Mittelmäßigkeit, unüberwindbare Grenzen, ultimative Erstickung.

Nach der großen Revolution, die uns die jüdisch-marxistischen Milliardäre bereiten, wird die höchste Nebennieren-Aggregation[20], die man umbenennen wird, damit nichts von der bürgerlichen Revolution übrig bleibt, auf der Basis von Stahlbeton konzipiert sein.

Was ist für sie ein Künstler? Ein paranoider Zustand und ein Ödipuskomplex. Aber welcher normale Mensch wäre in dieser niederträchtigen und idiotischen Welt nicht paranoid?[21]

Eine Welt voller Lügen und grotesker Gesetze, deren Anzahl unendlich ist. Eine Welt der Zombies, in der jede Lüge und jede Umkehrung Gesetzeskraft hat.

Ödipus-Komplex? Ödipus ist jedoch das Drama des Schicksals und nicht des Inzests. Der griechische Dramatiker wählte dieses Verhalten als die schicksalhafte Erfüllung der Tat, gegenüber der der Mensch den größten Abscheu empfindet. Ödipus *hatte nie einen Ödipuskomplex*.

Wäre die Neigung zum Inzest bei den Primitiven geächtet worden, wenn der Impuls so stark gewesen wäre? Was ist mit dem perversen

---

[20] Die Nebennieren sind die Drüsen der Aktion, der Brutalität und der Objektivität. Es ist normal, dass das reduktionistische kommunistische Regime Nebennieren an der Spitze hat, Stalin, Chruschtschow, Breschnew usw. Es handelt sich um den am wenigsten entwickelten Drüsentyp. Das Kapitel "Der Schlüssel" wird diese Frage beleuchten.
Ringkämpfer sind Adrenalinjunkies, wie viele Boxer.
[21] Aldous Huxley sagte, wer in dieser Welt nicht neurotisch sei, sei abnormal, denn das bedeutete, dass er sich an eine Welt angepasst hatte, an die man sich nicht anpassen konnte. (siehe Brave New World).

Unbewussten? Wo hat Freud es hervorgeholt, eskamotiert, wenn nicht in seinem eigenen perversen Gehirn?

Was ist mit der Symbolik des Traums? Brauchen wir Symbolik, um erotische Träume zu haben?

Was ist mit dem Marxismus? Seit wann hat die Technik die Kultur geschaffen? Seit wann hat der Pflug den Menschen gemacht?

Einfluss dieser beiden Monster, die sich in ähnlicher Weise mit dem inneren und dem äußeren Menschen beschäftigen. Abreagieren, Abstumpfung, Kino und Literatur, von Zombies für Zombies, Pornografie, perverse Erziehung, ganz zu schweigen von der Therapie, der eine Masse von Selbstmorden folgt.

Dutzende Millionen Menschen wurden in den marxistischen Ländern vernichtet. So wurde dort die Arbeitslosigkeit geregelt. Zwischen 1950 und 1952 wurden im kommunistischen China 5 Millionen Menschen hingerichtet, und wie viele zig Millionen waren es in der UdSSR zwischen 1917 und 1960?

Wie viel?

Aber schauen Sie sich doch einmal die Köpfe von Marx, Freud, Mendés France, Olivenstein, Schwarzenberg, Aron, Attali, Tordjmann, Hammer und Co. an und die von Franz von Assisi, Carrel, Perikles, Johannes vom Kreuz, Peter Deunov, und Sie werden verstehen, dass Sie, wenn man Ihnen etwas verständlich machen will, gar nichts verstehen und dass man Sie mystifiziert.

Ein Philosoph ist kein Lévy oder Dupont, der die Agrégation an der Sorbonne abgelegt hat, sondern ein Wesen, dessen Gehirn von Natur aus darauf ausgelegt ist, in Synthesen zu denken. Er ist eine von der Vorsehung bestimmte Elite. Er ist mit einem hohen Bewusstsein begabt.

Fragen Sie einen Philosophieprofessor, ob er Ihnen diese Idealisten, diese Pseudophilosophen mit ihrem arithmetischen Denkprozess, der Mensch und Natur *rationalistisch* auflöst, gurgelnd vortragen kann.

KAPITEL IX

Tristan war von diesem Misserfolg wie vom Blitz getroffen worden, so kurz vor dem Ziel und wegen einer sinnlosen Ursache, "der Anzahl der Akzente im Shakespeare-Vers"... Er musste bettlägerig werden. Onkel Jacques besuchte ihn in seiner Bruchbude. Tristan hatte zwei Abszesse.

— Nimm eine Schüssel und einen Kanister und gieße Wasser darüber.

Im Haus der *lieben Oma* gab es ein Dutzend Badezimmer. Tristan ging es immer schlechter und er musste ins Krankenhaus in der Universitätsstadt gebracht werden. Er war mit Abszessen und Eiterbeulen übersät. Er wurde mit Antibiotika überschüttet. Es zeigte keine Wirkung. Die Ärzte beharrten darauf, die Mittel zu injizieren. Er wusste genau, dass es der moralische Schock war, der ihn niedergeschlagen hatte, die Angst, die Sorge um seine Familie. Und im Hintergrund das Klavier, das immer weiter zurückging. Er wusste, dass Jacqueline kein Geld hatte und dass es nicht in Frage kam, mit der Arbeit aufzuhören. Er wusste, dass sie, um den Kampf nach einer solchen Niederlage wieder aufzunehmen, ein wenig Hilfe gebraucht hätte. Aber alles unter den gegebenen Umständen erschien ihm radikal unlösbar. Er wusste, dass ihn ein wenig Hilfe auf magische Weise geheilt hätte. Wer sagte, dass Geld nicht glücklich macht, hatte zwar relativ recht, aber in diesem Fall musste er sehr viel davon haben.

Am Tag seines Krankenhausaufenthalts war Jacqueline bei der *lieben Oma gewesen*. Tristan hatte keinen Pyjama und musste ihn unbedingt täglich wechseln. Es vergingen einige Tage. Onkel Jacques hielt seinen Wagen vor dem Krankenhaus an und stand in der Türöffnung:

— Du stirbst also nicht mehr?

Dann hatte er es eilig und wollte wieder losfahren. Es stellte sich heraus, dass Jacqueline am Bett ihres Mannes saß. Er fügte hinzu

— Brauchen Sie nichts?

Die Frage war so possierlich, dass sie nur mit einer Stimme antworten konnten:

— Nein natürlich nicht!

Drei Wochen vergingen. Am Tag nach der Entlassung aus dem Krankenhaus erreichte sie ein Paket, das die Verwaltung weitergeleitet hatte: Es enthielt zwei Pyjamas.

Tristan wurde ein einmonatiger Aufenthalt in einem Pflegeheim verordnet. Dies stellte ein Problem dar, das der Quadratur des Kreises ähnelte. *Oma Schatz* hatte den Betrag, den sie an das Krankenhaus zahlen musste und der nicht von der Sozialversicherung übernommen wurde, gegen eine ordnungsgemäße Quittung abgegeben.

Das Erholungsheim befand sich in Sainte Maxime in Südfrankreich. Das Geld für die Reise musste vorgestreckt werden und wurde bei der Rückkehr nur teilweise zurückerstattet. Die *geliebte Großmutter* übergab ihr den genauen Reisebetrag.

Wie es der Zufall wollte, war die Baronin von Monosh noch anwesend, und vor ihr wurde der Betrag übergeben. Noch während sie die Treppe zur Halle hinuntergingen, wiederholte die Baronin ihre Empfehlung: "Seien Sie nett zu einer so sensiblen und großzügigen Großmutter".

Tristans Körper begann zu zittern. Die machiavellistische Protzerei funktionierte, wie sie überall funktioniert. Ach, diese Waffenverkäufer an alles, was sich selbst ausrottet und Krankenhäuser baut!

Er ging mit seiner Frau und seiner Tochter durch die Hölle und jeder glaubte, dass ihnen geholfen wurde. Genau so hilft der Kommunismus der ganzen Welt, überall dort, wo seine Tentakel mit Hilfe der jüdischen Finanzwelt, des Elends und der menschlichen Dummheit sitzen.

- Was glaubst du denn", sagt er schließlich zu seiner Cousine, "aber Oma hilft mir nicht. Das Almosen, das sie mir gerade zugestanden hat, reicht kaum aus, um meine Zugfahrt ins Pflegeheim zu bezahlen.

Also schilderte er ihr die Situation, zeigte ihr, wie er sich allein durchschlug, ganz allein, wie er versuchte, seine Familie zu ernähren, während er gleichzeitig eine höhere Schule besuchte, unter welchen Bedingungen sie lebten, ihre Bruchbude. Er berichtete ihm von der Hilfe der *geliebten Großmutter* in diesen entsetzlichen Lebensumständen.

Und er sprach nicht über das Wesentliche, die Firma, die der Dreh- und Angelpunkt von allem war, die absichtliche Absicht, ihn zu zerstören, wie sie seinen Vater zerstört hatten und das monströse Drama dieses negativen Kampfes und sein Klavier, das ihn vor Abwesenheit verrückt machte... Die Cousine schien nicht überrascht, sondern ziemlich verlegen zu sein.

Alle glaubten, dass Tristan geholfen wurde, sie mussten es glauben.

Einige Tage später traf er zufällig einen Verwandten der Familie, der zu ihm sagte: "Was würden Sie tun, wenn Sie keine Großmutter hätten, die Ihnen monatlich fünfzehn- bis zwanzigtausend Francs gibt und die gerade eine große Summe nach Israel geschickt hat".

Auch hier war es mit Tristans Selbstbeherrschung vorbei.

Es dauerte fünf Minuten, in denen er stotterte, bevor er in der Lage war, die Wahrheit wiederherzustellen.

Er war mit Eiterbeulen übersät, ein sichtbarer Ausdruck seines moralischen Elends und seiner angeschlagenen Gesundheit. Sie waren zu dritt und bald zu viert in diesem schäbigen Zimmer in der Rue des Artistes, nur um den Preis ständiger Kunststücke, die die Seinen nicht allzu sehr vermissten, und nicht nur, dass die *geliebte Großmutter* ihnen nicht beistand, sondern wenn sie ihnen bei äußerst seltenen Gelegenheiten eine kleine Summe von über tausend Francs gab, fehlten immer tausend Francs zu der verkündeten Summe. Tristan hätte es natürlich nie gewagt, vor dem Publikum in seinem Salon zu rechnen.

Beziehungen und Freunde der Familie mussten glauben, dass dem Enkel geholfen wurde! Deshalb wurden die gefalteten Spenden vor einem ausgewählten Publikum getätigt.

Als Tristan aus dem Erholungsheim zurückkam, nahm er die kleine Nachttischlampe wieder mit, um seine nächtliche Arbeit zu beleuchten. Um sich nicht über das Zertifikat in englischer Literatur zu ärgern, bei dem sich ein wunderbarer Erfolg in einen bitteren Misserfolg verwandelt hatte, bereitete er das Zertifikat in französischer Literatur vor, zu dem er zugelassen wurde.

Nachdem er angerufen hatte, ging er zu *Oma Liebling*, um die gute Nachricht zu überbringen. Als er dort ankam, sagte *Oma Liebling* nur mit ihrer sadistischen Bitterkeit, die ihr eigen war:

- Dann bist du in Literatur Englisch durchgefallen, du hast mich angelogen.

Wenn Tristan eine Bombe in der Tasche gehabt hätte, wäre kein Stein auf dem anderen geblieben.

Dann verstand er, wie man aus dem sanftesten Wesen aus Notwehr einen spektakulären Mörder machen kann.

Allein, ohne Hilfe, ohne Unterstützung, krank, hatte er sich gerade unter erschöpfenden Anstrengungen drei Viertel seines Bachelors fertig gemacht, damit sie an einem erfolgreichen Tag anfangen würde, ihm vor Verwandten, Fremden, Bekannten, Hausangestellten diese Szene zu machen, ganz einfach, um sich selbst die Illusion zu geben, dass sie das Recht hatte, ihn auf diese Weise zurechtzuweisen, damit das Publikum glaubte, dass die beträchtliche Unterstützung, die sie ihm gewährte, ihr dieses Recht verlieh...

Der Grund, warum er das Zertifikat für englische Literatur vorübergehend abgebrochen hatte, war genau der, dass er wegen mangelnder Hilfe durchgefallen war und es klug war, voranzukommen, um die Prüfung später noch einmal zu wiederholen.

So konnte jeder glauben, dass die *geliebte Oma* sie pflegte.

Ein abscheulicher Machiavellismus, den Tristan in allen Aspekten der modernen Welt wiederfand.

Sie verabscheute ihn. Sie gab sich dieser unheimlichen Komödie hin, nicht nur, um sich vor sich selbst zu rechtfertigen, sondern auch wegen des Leids, das ihr durch dieses etwas Gute, das Tristan widerfahren war, zugefügt wurde.

Er erinnerte sich, wie sie über das Kind seines jüngsten Sohnes Onkel Etienne, der mit einer Nichtjüdin verheiratet war, die während des Krieges *die geliebte Großmutter* in ihrem leerstehenden Haus besucht hatte, selbstgefällig sagte: "Er schielte und sah aus wie eine Missgeburt".

Der arme Junge! Es stimmt, dass Onkel Etienne schlecht zu dem Trio passt und sich nicht darüber hinwegtrösten kann. "Die Kranken haben die Bosheit erfunden", sagte Nietzsche.

Tristan hatte nie gehört, dass *Oma Liebling* zu jemandem ein freundliches Wort gesagt hatte. Alles blieb in der strengsten Dreiecksbeziehung "*geliebte Oma*, Onkel Jacques, Tante Denise".

Sie verlieh anderen ihre Persönlichkeit, ihre eigenen Ziele und machte gerne alle schmutzig. Tante Denise zeigt mehr Objektivität, Intelligenz, was leider nicht viel bedeutet, und eine gewisse Hingabe. Ihre Habgier ist jedoch pathologisch. Sie ist so groß, dass sie bei allem, was mit Geld zu tun hat, bis zum Hass geht, bei den Dienstboten nachfragt, um den Boden einer Bierflasche zu finden, Dutzende von Marmeladengläsern verschimmeln lässt, anstatt sie zu *spenden*, drei Cent Trinkgeld für eine Platzanweiserin im Kino opfert, in einer Zeit, in der fünfzig Cent das Minimum waren, das man geben konnte.... Fort Glücklicherweise kam

Tristan direkt hinter der Tante an und leerte seine Taschen von ihrem Kleingeld, um dieser fantastischen und entwürdigenden Lächerlichkeit zu entgehen und der jungen Person den Atem zurückzugeben, den ihre Tante ihr genommen hatte.

Der Sohn von Onkel Etienne, den *Oma Schatz* mit dem liebevollen Begriff "Wicht" bezeichnete, nennt *Oma Schatz* "Kuhhaut".

Onkel Etienne versucht, sich in das Trio hineinzuzwingen, und zwingt sich, um diesen Anspruch zu befriedigen, zu allen möglichen Plattitüden, Feigheiten und sogar zur Leugnung seiner Natur, die die des Trios an positiver Qualität übertrifft. Er strebt danach, mehr als nur toleriert zu werden, er strebt danach, mit ihnen eins zu werden. Er versucht, sie zu imitieren, aus Verhaltensgründen, aus Sippenhaftung und vielleicht auch aus Eigeninteresse. Stammesbewusstsein ist das Einzige, was zählt.

Was den armen Onkel Jacques betrifft, so ist er "ganz nett", wie ein Kollege seines Onkels zu Tristan sagte. Er ist ein ruhiger, ruhiger, scheinbar sanfter, egoistischer Arzt, der seine Arbeit routiniert, angepasst, gleichgültig und ruhig ausführt.

Er würde seiner Mutter nie im Weg stehen. In ihm war mehr Affinität zu einer Art leblosem Gegenstand als zu einem Menschen.

Der Clan.

Hatte Onkel Etienne nicht einmal formuliert: "Wenn meine Mutter mir sagte, ich solle töten, würde ich töten". Arme, erbarmungslose Opfer eines gnadenlosen Atavismus.[22]

---

[22] Wir werden im Kapitel Der Schlüssel sehen, dass der Atavismus in der jüdischen Charakterologie nur eine sehr verblasste Rolle spielt.

KAPITEL X

Die ungesunde, schleimige Luft in dem Raum, in dem sie lebten, war für das Kind sehr schädlich. Sie wurde krank, eine Erstinfektion, die umso schwerwiegender war, je unsicherer ihre Lebensbedingungen waren. Die Angst ergriff sie. Sie wandten sich an ihre Onkel, die Krankenhausärzte waren. "Diese sagten: "Diese Infektion war nicht wichtig, sie war eine Bagatelle. Sie bekamen jede Menge Empfehlungen für Krankenhauskollegen und kostenlose medizinische Proben...

Es schien, dass es dem Mädchen besser ging, aber dann brach eine Mittelohrentzündung mit eitrigem Ausfluss aus. Die Krankheit war also nicht geheilt, sondern hatte eine andere Form angenommen. Das ist ein natürlicher Prozess, wenn man symptomatische Unterdrückung betreibt, ohne die eigentlichen Ursachen der Krankheit zu bekämpfen. Sie wurde in die Abteilung von Onkel Etienne eingewiesen und erholte sich schließlich nach einigen Wochen. Etienne hat sie mit auf seine Station genommen", sagte *Oma Liebling* mit halb beschützendem, halb mitfühlendem Tonfall vor den Anwesenden.

Armer kleiner Schatz.

Als Tristan sie das erste Mal auf ihr Krankenhausbett legte, ganz allein mit den beiden großen blauen Untertassen mitten im Gesicht, weinte sie, weil ihre Eltern sie verlassen hatten. Tristan konnte sich nicht losreißen. Weil es so weh tat, wäre er am liebsten bei ihr im Krankenhaus geblieben.

Die Familienmitglieder bewegte nichts. Ihr Leben in der Bruchbude, ihre knappen Mittel, ihre unzureichende Ernährung, Tristans Abmagerung und seine schmerzhafte, zermürbende, grauenhafte Furunkulose, sein fast abgeschlossenes Universitätsstudium, das er aus Geldmangel, aus Mangel an Ruhe und seinen verzweifelten Kämpfen nicht beenden konnte: Alles ließ sie gleichgültig.

Ein Raum, der an den Dachboden des veralteten Gebäudes, in dem sie wohnten, angrenzte, war unbewohnt. Um es in Besitz zu nehmen, brauchte man die kleine Summe von zehntausend Francs. Tristan fühlte sich nicht in der Lage, bei der *lieben Oma um Geld* zu betteln. Jacqueline war energischer und beschloss, die Rue Dehodencq zu belagern. Nach einer Reihe von ritualisierten und ritualisierten

Simulationen erhielt sie schließlich die kleine Summe. Sie erzählte, dass sie ihrem Enkel eine Wohnung in Zahlung gegeben habe.

Ein Kind wurde geboren, ein kleiner Patrice, der in diesem chaotischen Elend kaum erwünscht war. Die Kinder und Jacqueline ließen sich in dem Zimmer nieder, das gerade zur rechten Zeit kam. Es war eine Erleichterung für sie, da sie sich nun umdrehen konnte. Tristan behielt das andere Zimmer für sein Klavier und seine Arbeit. Vor allem musste er das letzte Zertifikat bestehen, das ihm den Grad eines Bachelor of Arts verleihen würde. Das schwierigste, das einen Aufenthalt in England voraussetzte, stand noch aus. Wie durch ein Wunder hatte er die Dissertation bestanden, die mündliche Prüfung hatte er nicht bestanden und nun musste er die schriftliche Prüfung wieder "einfangen". Er war von diesem erbarmungslosen Leben erschüttert. Die Eiterbeulen marterten weiterhin seinen Körper, manchmal arbeitete er mit einer Eiterbeule an jedem Arm an seinem Klavier. Seine Nerven lagen blank. Die Prüfungen, der Unterricht, das Unterrichten, die Sorgen - all das war das Gegenteil von seiner Natur als Künstler. Er musste sich wegen so vieler kleiner Probleme umbringen, und *sie*, die wussten, dass er vor Schmerzen verrückt werden und seine Familie ohne Hilfe zurücklassen würde. Nein, er musste durchhalten. In seinem Kopf sangen Melodien...

Er arbeitete an seinen Fingern, weil ihm das für seine Leidenschaft als Pianist am wichtigsten erschien. Aber ohne Lehrer, ohne Übungsleiter versteifte er seinen ganzen Körper von den Fingern bis zu den Schultern. Die Artikulation, die er sich selbst zufügte, war eine Katastrophe. Wenn ihm die *liebe Oma* ein- oder zweimal im Jahr 1000 Francs zugestand, sagte sie immer bitter: "Das ist für Essen, nicht für Klavierunterricht".

In seinem letzten Bachelorzeugnis hatte er eine Niederlage nach der anderen erlitten. Wie er es vorausgesehen hatte, konnte er die schriftliche Prüfung nicht wieder "einfangen". Der Professor an der Sorbonne, ein Engländer, der ihn korrigiert hatte, hatte gesagt: "Sie haben achteinhalb Punkte bekommen, das Englisch hat nicht gepasst.

Nach England gehen? Zweifellos war das ein weiser Rat, und Tristan hatte ihn sich schon oft selbst gegeben. Aber es war unmöglich, weil das Geld fehlte.

Wenn er die *geliebte Oma* sah, sagte er nichts zu ihr, aber er machte ihr klar, dass England ... Sie tat so, als würde sie es nicht verstehen.

Onkel Etienne wusste Bescheid. Als Hilfe holte er eines Tages die ewige Wahrheit aus ihm heraus:

"Not macht den Mann".

Eines Abends, als Tristan nach Hause ging, traf er Maurice, der in seiner Vergangenheit eine Rolle gespielt hatte, von der Tristan noch nichts wusste. Er hatte ihn wegen seiner Gewalttätigkeit, seiner Aggression und seiner Brutalität aus seinem Haus geworfen. Er hatte also keinen schwerwiegenden, zwingenden Grund, ihm böse zu sein. Er unterhielt sich also mit ihm. Da erzählte er ihm triumphierend, dass er eineinhalb Jahre lang der Liebhaber seiner Frau gewesen sei. Tristan glaubte ihm keinen Augenblick und lachte über die Anmaßung dieses Zwergs mit dem Ziegelteint, den Mörderhänden und der Lupenbrille. Doch dann lieferte Maurice ihm Beweise, Beweise, die ihn fassungslos machten, Briefe seiner Frau, die keinen Zweifel ließen und in denen sie ihren Mann "Jeroboam" nannte. Trotz der Beweise konnte er ihr nicht glauben. Sie hatte ihn betrogen, und zwar eineinhalb Jahre lang, eineinhalb Jahre lang, ohne dass er es bemerkt hatte. Infame Doppelzüngigkeit, absoluter Horror. Der Paradiesvogel konnte ihn mit diesem Schakal, dieser glubschäugigen Hyäne, betrogen haben. Nein, das war nicht möglich. Er konnte es nicht *begreifen*. Es war Jacquelines Treue und die Liebe zu seinen Kindern, die ihn an seine Frau band. Eine Schwäche bei einem anderen Mann als diesem ziegelsteinartigen, gallertartigen Horror hätte er ihr verziehen, vor allem, wenn sie es aufrichtig gestanden hätte.

Aber diese Lüge war gigantisch und beinhaltete eine Natur, die er sich weigerte zu analysieren, um nicht in eine bodenlose Leere zu fallen. Das Bild dieses schrecklichen Mannes und dieser Lüge von unendlichen Ausmaßen zerbrach alles auf einen Schlag. Er konnte sich keinen Moment lang vorstellen, dass eine Frau ihren Mann so betrügen und die gute Ehefrau spielen könnte. Eineinhalb Jahre!

Er ging wie betäubt nach Hause. Er war zu traurig, um auch nur das Bedürfnis zu haben, seine Faust in dieses kotzende Gesicht zu schlagen. Ich habe gehört, dass man das tun kann. Ein Erbrochenes schlagen? Das macht schmutzig.

Er erzählte Jacqueline, dass er Maurice getroffen hatte, der ihm alles erzählt hatte. Er verspürte nicht einmal den Impuls, ihm Vorwürfe zu machen, denn er fühlte sich jenseits aller menschlichen Reaktionen. Er konnte es sich nicht vorstellen, er stand vor dem Nichts, vor der Auslöschung all dessen, was elementar war und das Leben rechtfertigte. Jacqueline weinte, aber was änderte das? Nichts. Zwar hatte er eine Affäre mit einem bezaubernden Mädchen an der Sorbonne gehabt, aber das hatte seine tiefen Gefühle für seine Familie nie berührt. Er hatte ihr sogar dummerweise seine Affäre gestanden. Er hatte kein anderes

Mädchen als seine Frau kennengelernt, die viereinhalb Jahre älter war als er. Eine Frau, die ihren Mann betrügt, und dann auch *noch das!* Wie kann man sich auch nur einen Augenblick lang vorstellen, dass sie ihren Mann geliebt hat? In Tristans Herz blieb nur noch angewidertes Mitleid. Alles war zerstört worden. Für eine eingestandene Schwäche hätte er vergeben, aber eine solche Lüge, ein solcher Verrat...

Nein. Jerobeam würde gehen.

Sie hatten jeweils ihr eigenes Zimmer, das durch den Hof des Gebäudes getrennt war. Er legte Wert darauf, vor den Kindern ein höfliches, resigniertes und liebevolles Verhältnis zu bewahren. Er wollte nicht, dass sie den Schrecken des Lebens zum Opfer fielen. Sie zogen eine Bilanz. Auch nach einer Scheidung würden die Kleinen immer noch einen konsequenten und liebevollen Vater und eine Mutter haben, die im Interesse ihrer Kinder das Beste tun würden. Tristan würde sich nur scheiden lassen, wenn er eine andere Frau lieben könnte, aber das schien ihm dann unmöglich. Die Kinder würden ein starkes Band bleiben, das verhindern würde, dass die Kleinen Opfer der schrecklichen Zerreißproben würden, die immer mit den hasserfüllten Zerreißproben der Eltern einhergehen. Für seine Kinder würde er dies um jeden Preis vermeiden.

Tristan wollte seinen Kindern alles ersparen, die in einer immer verrückteren Welt aufwachsen würden, in der sie in eine institutionalisierte Kriminalität mit den exquisiten Varianten der Degeneration, Drogen und Selbstmord gedrängt würden. Darin würde eine Erziehung ohne Religion und Moral gipfeln, denn die Natur verzeiht nie.

Monate und Jahre vergingen. Tristan unterrichtete weiterhin und fiel bei seinem letzten Zeugnis durch. Mit verdienstvollen Anstrengungen gelang es ihm, eine Summe zu sparen, die ihm einen zweieinhalbmonatigen Aufenthalt in England ermöglichte, bei dem er Milch trinken konnte. Die *geliebte Großmutter* wusste um die Not, die diesen Aufenthalt und damit auch den Erfolg in seiner letzten Bachelorprüfung unmöglich machte. Aber was kümmerte sie das?

In seinem Umfeld wurde langsam bekannt, dass der endgültige Erfolg bei der Lizenzierung von diesem unerlässlichen Aufenthalt abhängen würde. Tristan zog sich hin. Es schien, als würde er es nie schaffen. Die akademische Arbeit an der Sorbonne, die so weit vom Wissen entfernt war, war an sich schon eine Prüfung für Tristan. Und dieser unerlässliche Aufenthalt, diese unüberwindbare Klippe.

Plötzlich verkündete *Oma Liebling* ihren Vertrauten: "Ich schicke Tristan nach England. Und ihm die *Reise von Dieppe nach Newhaven* zu bezahlen ... Mit den mühsam ersparten fünfunddreißig Pfund landete er in London.

In den 1950er Jahren, noch kurz vor Kriegsende, waren die Einschränkungen denen der Besatzungszeit sehr ähnlich. Wenn er wenigstens zwei Monate lang bleiben wollte, musste er unbedingt nur einmal am Tag sparsam essen. Das Frühstück wurde am Morgen serviert und war in der monatlichen Pension enthalten. Das sollte ihr genügen. Außerdem durfte er nicht ausgehen, geschweige denn etwas ausgeben. Er musste sich also darauf beschränken, mit irgendjemandem im Finsbury Park zu sprechen, der an die bescheidene Pension angrenzte, in der er wohnte.

Er war noch keine zwei Tage in London, als sich an seinem linken Knie ein Milzbrand bildete. Er war allein in einem fremden Zimmer in London und hatte ein steifes Bein, weil die Krankheit verhinderte, dass er es beugen konnte. Er hatte der "Landlady" das Geld für die Pension gezahlt und nur einen kleinen Betrag für die U-Bahn behalten. Er brauchte mindestens Watte, Mullbinden und Alkohol, und er hatte kein Geld, um diese einfachen Hygienemaßnahmen zu kaufen. Der Schmerz und die Entbehrung gaben ihm den Rest. Er wusste nicht mehr, in welche Richtung er sich wenden sollte. Jacqueline durfte sich keine Sorgen machen, da sie nichts für ihn tun konnte und sich bereits um die beiden Kinder kümmern musste. Die beiden Kinder waren die einzige Arbeit, die eine anständige Mutter leisten musste, wenn sie ihre Kinder nicht der krankmachenden Musik, den Drogen, der Laxheit, der Kriminalität, der Arbeitslosigkeit und dem Selbstmord ausliefern wollte.

Eine Art schwachsinniger, logischer Reflex überkam ihn. Der Reflex eines Seemanns, der ins Meer gefallen ist und sich an einen Strohhalm klammert. Eigentlich war es der Selbsterhaltungstrieb, nichts anderes. Er fiel wieder in die berüchtigte Falle des Briefes an die *geliebte Oma*.

"Ich kann nicht mehr kämpfen. Ich habe alles versucht, um aus dieser Situation herauszukommen, aber ich bin es leid, zu existieren. Sie können nie sagen, dass ich alles versucht habe, um Wunder zu vollbringen. Ich hatte noch eine Prüfung übrig, um meine höhere Schulbildung abzuschließen, ohne Hilfe und mit einer Frau und zwei Kindern. Ich befinde mich in einem Zimmer in London mit Milzbrand im Knie. Ich habe kein Geld. Ich werde wie Papa allein in einem Krankenhaus enden, und Sie sind es, die mich getötet haben. Tun Sie für meine Kinder, was Sie für mich nicht getan haben".

In der dumm-melodramatischen Art hätte man es nicht besser machen können.

Zehn Tage voller Angst vergingen. Er betupfte seinen Milzbrand mit einem Taschentuch, das er in heißes Wasser aus dem Wasserhahn seines Waschbeckens getaucht hatte.

Ohne ein Wort zu sagen, kamen zehn Pfund Sterling von der *geliebten Großmutter*. Sie hatte sich bemüht, aber es war das erste und letzte Mal. Dennoch war es eine Rettung in letzter Minute. Tristan kaufte sich die notwendige pharmazeutische Basis und abonnierte sechs Wochen lang einen halben Liter fettarme Milch pro Tag. So überlebte er, ohne zu verhungern: Das Frühstück und die Milch reichten ihm.

Er hatte geglaubt, dass sie ihn schließlich töten und in den Wahnsinn treiben würden.

Ist es nicht so, dass der Kapitalismus und der Marxismus Millionen von Menschen töten? Sie töten ohne Angst vor der Gerechtigkeit, da Gerechtigkeit zum Verbrechen wird und das Verbrechen legal ist.

Sie stehen immer auf der Seite einer prachtvollen legalen Moral, während das, was sie tun, kriminell ist. Der gesamten Offizialität, die sie betreiben, fehlt jegliche moralische Bedeutung. Was ist moralisch in den Finanzgeschäften von Rotshchild, Hammer, Loeb und Co. In den Waffenverkäufen von Bazile Zaharof und Bloch Dassault an alles, was sich selbst ausrottet? Was ist legal an der Ermordung des Kleinhandels, des Handwerks und der Landwirtschaft durch multinationale Konzerne, die von der vollständig jüdischen Hochfinanz strukturiert werden? Was ist menschlich an dem Marxismus, der Dutzende und Dutzende Millionen Menschen ausrottet, die zu elementaren matrikulären statistischen Einheiten degradiert werden?

Was ist moralisch an der Atom-, Wasserstoff- und Neutronenbombe der Herren Oppenheimer, Field und S. T.? Cohen?

Was ist an der institutionalisierten Hässlichkeit von Picasso und Co. menschlich?

Was ist menschlich an der institutionalisierten Scheidung, die die Kinder dem Schmerz ausliefert? Was ist an der Selbstbedienungsabtreibung von Simone Veil menschlich?

Was ist moralisch an Djérassis krankmachender, krebserregender und teratogener Pille? Einige Jahre später sah er einen Film, in dem der Finanzier diese Aussage machte:

"Wir manipulieren Idioten, die Massen lenken, die wir in den Wahnsinn getrieben haben".

Er hätte eine echte Familie so sehr geliebt. Er hätte alles vergessen, alles verziehen für eine Geste der Zärtlichkeit und die Freude der Liebe.

In London machte die Praxis der englischen Sprache kaum Fortschritte. Er war aufgrund von Geldmangel rigoros gelähmt. Als sein Knie wieder in Ordnung war, machte er einen Spaziergang durch den Finsbury Park. Er humpelte immer noch, aber es waren nicht mehr als zweihundert Meter von der Pension entfernt.

Er begann, auf Englisch zu träumen:

Ich liebe ein Mädchen. A true girl.

Ein Mädchen, dessen Augen voll sind

Of inexpressible abandonment. Träume

Ich liebe ein Mädchen. Wer denkt nicht

But feels does feel. I love a girl.

Whose long fingers clasp mine. And quiver, quiver.

Wie eine grünäugige Babykatze Starving and cold.

I love a girl

Die zu mir spricht, ohne ein Wort zu sagen. I love a girl who melts As ice in the sun...

Übersetzt:

Ich liebe ein Mädchen. Ein richtiges.

Ein Mädchen, dessen Augen voll sind. Von unaussprechlicher Verlassenheit.

Von Träumen. Ich liebe ein Mädchen

Der nicht denkt.

Aber wer fühlt, der fühlt wirklich. Ich liebe ein Mädchen

Dessen lange Finger die meinen umarmen. Und zittern, zittern

Wie eine arme kleine Katze mit grünen Augen, die vor Hunger und Kälte stirbt.

Ich liebe ein Mädchen, das mit mir spricht.

Ohne ein Wort zu mir zu sagen. Ich liebe ein Mädchen, das schmilzt. Wie Schnee in der Sonne

Auf einem seiner Spaziergänge lernte er eine charmante Engländerin kennen, die Tochter eines Konzertpianisten.

Seine Freundlichkeit und seine Streicheleinheiten halfen ihm, diesen kapitalen, aber für seine notwendige Vervollkommnung in der Syntax der Sprache besonders unzureichenden Aufenthalt zu überstehen.

Er verbrachte einen Teil seiner Zeit in der Wohnung dieser jungen Person, mit der er sich ständig auf Englisch unterhielt.

Tristan kehrte nach Frankreich zurück, als sein Geld aufgebraucht war.

Erst Jahre später gelang es ihm mit großen Schwierigkeiten, sein letztes Bachelor-Zeugnis und ein Auswahlverfahren zu bestehen, das ihn zum festen Mitarbeiter im öffentlichen Bildungswesen Frankreichs machte.

Seit dem Beginn des Zweiten Weltkriegs hatten Madame de Gastine und ihr Mann die *geliebte Großmutter* nicht mehr gesehen. Der Schwiegervater schien von seinen Schwiegereltern angewidert zu sein, denn Tristan hatte von ihnen einige Bemerkungen gehört, die keinen Zweifel an ihren Gefühlen ließen.

Vor ihrer Abreise nach Französisch-Westafrika hatte der Familienclan Frau de Gastine und ihren Mann in Pfötchen gebeten, Vollmachten zu unterzeichnen. Beide erklärten daraufhin jedem, der es hören wollte, dass sie alle ihre Rechte veräußert hätten und dass Madame de Gastine dadurch völlig legal um ihr Vermögen gebracht worden sei. Tristan kannte die Einzelheiten dieser Küche nicht, deren juristischer Aspekt sich ihm entzog, deren Psychologie ihm aber offensichtlich erschien. Es schien jedenfalls, dass die Kombinationen des Familientrios sie formal enterbt hatten: Ihre Mutter wurde beraubt.

Tristans Vater hatte einst Schulden in Höhe von einer Million gemacht, was für die damalige Zeit eine beträchtliche Summe war. Die Forderung bestand noch immer und das Trio hatte sie für einen lächerlichen Betrag zurückgekauft. Seine Mutter hatte dazu eine kleine Unterschrift geleistet, die ihm den Rest gab!

Genau zu dieser Zeit hatte die *geliebte Oma* mit der ihr zur zweiten Natur gewordenen Betonung zu Tristan gesagt: "Ich werde im Interesse der Gerechtigkeit und Fairness deiner Mutter eine große Summe zukommen lassen".

In Wirklichkeit sollte diese Abmachung, deren schneckenartige Verwicklungen Tristan nicht kannte, den Anschein erwecken, dass seine Mutter eine bestimmte Summe erhalten hatte, in der die billig aufgekaufte Forderung enthalten war.

Die technische Seite der Operation war Tristan entgangen, aber es ist sicher, dass das rechtliche Instrumentarium freundlich ekelhaft gewesen sein muss, da der ausführende Gesetzeshüter meinte, sich entschuldigen zu müssen: "Ich sage nicht, dass es moralisch ist, aber es ist *völlig legal* und ich bin verpflichtet, die Befehle meiner Klienten auszuführen...".

Im 20. Jahrhundert sind alle legalen Verbrechen möglich. Der Kriminelle, der Waffen, Chemie und verschiedene Arten von Umweltverschmutzung verkauft, erhält die Ehrenlegion, während derjenige, der Schwerverbrecher anzeigt, für verrückt erklärt oder aufgrund von Gesetzen verurteilt wird, die von den Schwerverbrechern selbst erlassen und von Wischmop-Politikern aller Parteien unterstützt werden. Man wird sogar erleben, dass ein Würger eines sechsjährigen Jungen nicht nur nicht guillotiniert, sondern nach einigen Jahren freigelassen wird, während ein "Rechter", der eine kleine Bombe geworfen hat, die kein Opfer forderte, zu lebenslanger Haft verurteilt und nie freigelassen wird.

Die große Leidenschaft des zwanzigsten Jahrhunderts ist nicht nur die Knechtschaft, sondern auch das institutionalisierte Verbrechen *durch* und *an* Millionen von Körpern und Seelen.

"Wir schulden dir nichts", hatte Tante Denise einmal zu ihm gesagt. Eine bewundernswerte Formel aus dem zwanzigsten Jahrhundert. Der beträchtliche Zynismus, sich auf das Recht und das Recht allein zu berufen, um sich zu rechtfertigen. Die Sorge, nichts zu riskieren, da das Gesetz auf ihrer Seite ist. Gesetze verhindern, dass Kriminelle angezeigt werden, selbst wenn man ihnen ihre Verbrechen nachweisen kann. Gewissenlose Politiker und Richter wenden nun unmoralische und kriminelle Gesetze an. Selbst in der Zeit der Dekadenz und des Untergangs des Römischen Reiches gab es so etwas nicht.

Wenn Tristan das Finanzamt gewesen wäre, hätten sie es nicht verdient, zu "spenden". Es reicht ihnen, nicht nach dem Gesetzbuch zu müssen, um sich mit der beruhigenden Gewissheit zu rühmen, dass sie eine Rechtfertigung für ihre unglaubliche Mentalität besitzen.

Laure war damals allein Paris, ohne Hilfe, fast neurasthenisch. Sie sollte bald an Krebs sterben. Sie schuldeten ihr nichts. Das bürgerliche Gesetzbuch des Herzens, was ist das?

In den letzten Jahren hatten Laure und Charlotte seit ihrer Rückkehr aus A.O.F. bei ihrer Mutter und ihrem Stiefvater gelebt. Ihr Schicksal war schwer. Charlotte hatte ihr Abitur gemacht, war aber zu Hause zu beschäftigt gewesen und im ersten Jahr des Medizinstudiums gescheitert. Laure, die sensibel und intelligent war, hatte es bis zur ersten Klasse geschafft und war dort stehen geblieben. In ihr war etwas gebrochen, ihre kleine Lebensfeder. Aus Bewunderung und Hingabe "lebte" sie buchstäblich ihre Mutter, die auf sie die Rolle eines geistigen Vampirs ausübte, der sie desubstantialisierte. Arme kleine Schwester, die nichts aus dieser Kloake herausholen konnte, außer einer radikal äußeren Kraft.

Manchmal erzählte Tristan *der geliebten Großmutter* von seinen Schwestern und ihren Schwierigkeiten.

"Warum kommen sie nicht zu mir, ich könnte ihnen meine *moralische* Unterstützung geben ", hatte sie gesagt.

Charlotte und Laure hatten schließlich ihre Mutter und ihren Stiefvater verlassen und eine Mansarde in der Rue de la Pompe gemietet. Sie hatten kein Geld und keine Arbeit. Charlotte war gerade von einem zweijährigen Aufenthalt in Schottland zurückgekehrt, wo sie an einer freien Schule Französisch unterrichtet hatte. Laure war gerade aus Polen zurückgekehrt, wo sie eine Stelle bei einer Rückführungsorganisation gefunden hatte. Mit achtzehn Jahren war Laure allein, im Ausland, in einem militärischen Umfeld, mit ihrer Natur, ihrer Sanftmut und ihrer kleinen gebrochenen Lebensfeder. Sie hatte Tristan von den Schrecken erzählt, die sie gesehen, gehört und ertragen hatte, vom schändlichen Verhalten der Männer ... er wusste es, weil sie es ihm erzählt hatte, an seiner Schulter weinend ...

Wie hatten ihre Mutter und ihr Stiefvater sie in einer solchen Stimmung gehen lassen können?

Wie konnte es sein, dass sich das Trio auch nicht um sie sorgte?

Die denaturierten Wesen der Familie, was kümmerte sie das?

Er gab der *geliebten* Großmutter alle Erklärungen. Laure und Charlotte wussten nichts von seinem Vorhaben.

- Weißt du, wo sie wohnen? Fragte *Oma Schatz*.

Nein, er kannte die Nummer der Rue de la Pompe nicht, aber er wusste, wie man dorthin kommt. Er hatte sie vergessen und wusste nun automatisch, wo er hin musste.

Dann trat die grobe Bösgläubigkeit, die kalkulierte Bosheit plötzlich mit einer Kraft, einer Vehemenz auf, die den Triumph ihrer Dialektik bei der Masse sicherte.

Tristan litt zu sehr, um das Possenhafte ihres Spiels zu genießen, ebenso wie die tragische Maske, die sie auf ihr grünes Gesicht gesetzt hatte.

Tristan sah vor sich eine Art ekelhaftes Monster, das man reflexartig zerstören muss, wenn man wieder zu Atem kommen will.

- Wie, sie sind in dieser Situation und du kennst ihre Adresse nicht und du bist nicht in ihrer Nähe, was für eine Schande!

So setzte sie ihre strategisch grotesk inkohärenten Ausführungen fort. Und Tristan war der Schuldige!

Es war sehr wahrscheinlich, dass jeder anwesende Ausländer, der den Kontext nicht kannte, in diesem Moment so viel Adel, so viel *Großzügigkeit* bei der guten *Groß- mutter, die er liebte*, bewundert hätte. Diese auffällige Vehemenz musste sie selbst davon überzeugt haben, dass sie eine Art Heilige war...

Dann brach Tristan aus. Und das mit einer Kaltblütigkeit, die ihm der Schrecken der Situation als absolute Notwendigkeit diktierte.

Er verstand jedoch, dass man überdurchschnittlich begabt sein musste, um in ähnlichen Situationen, die in der modernen Welt vielfältig sind, nicht verrückt zu werden.

- Wenn ich etwas für meine Schwestern tun könnte", sagte er, "wäre ich nicht hier. Ich wäre direkt zu ihnen gegangen. Ich kenne nur zwei wirksame Möglichkeiten, ihnen zu helfen: ihnen Geld zu geben und ihnen eine Arbeit zu verschaffen. Ihr derzeitiger Zustand ist klar und ich sehe nicht, was ich bei ihnen tun sollte, wo ich übrigens schon hingegangen bin und woher ich komme. Außerdem muss ich arbeiten, ich habe grausame Sorgen und ich würde ihr Elend nicht dadurch lindern, dass ich ihnen mein eigenes Elend vor Augen führe, ganz im Gegenteil. Ich bin hier, weil Sie die Hebel in der Hand haben, um ihnen aus der Patsche zu helfen...

Grüngelb, *die geliebte Großmutter*, hob einen Arm der Selbstjustiz und setzte Tristan vor die Tür.

Tante Denise war anwesend und hatte sich in versöhnliches Schweigen gehüllt, was Tristan zunächst überraschte. Es war das erste Mal, dass sie sich nicht auf die Seite der *lieben Oma schlug*, die immer Recht hatte.

Aber Tristan ließ sich nicht täuschen. Es gehörte auch zur Technik, seine Mutter in dieser Situation zu unterstützen, denn das hätte bedeutet, alles durch Übereifer zu verderben.

Heute geben die Vereinten Nationen Israel die Schuld, aber das ändert nichts, da 200 Resolutionen toter Buchstabe sind.

Es durfte also kein gefährlicher Riss in dem gewaltigen Scheinapparat entstehen, der gemeinsam errichtet worden war, um ihren Egoismus zu verbergen, während paradoxerweise durch eine Art teuflischer, komplizenhafter Klarsicht ein Zugeständnis mit null Auswirkungen das scheinbare Gleichgewicht wiederherstellte.

Tristans Besuch war jedoch kein Fehlschlag.

Nach dieser turbulenten Intervention hatte der Familienrat eine nicht unerhebliche Hilfe von fünftausend Franken beschlossen.

Laure und Charlotte hatten eine gewisse Abneigung dagegen, dieses schöne Almosen anzunehmen, da sie keine Illusionen mehr über die Familie hatten, die ihnen Übelkeit bereitete. Sie kehrten zu ihrer *geliebten Großmutter* zurück, die sie seit Jahren nicht mehr gesehen hatten.

Wie zu erwarten war, wurden sie mit theatralischen und großspurigen Szenen empfangen.

- Warum waren sie so lange nicht zu ihrer guten, *geliebten Großmutter* gekommen, die sie so sehr liebte, die alles für sie getan hatte, die sich so sehr aufopferte, die sie verhätschelt und verwöhnt hatte, die sie gebadet hatte?

Wenn sie in ihrer Kindheit zu Besuch bei *Oma Liebling waren, machten* sich die beiden kleinen Schwestern in die Hosen.

Nach diesem Aufruhr brach bei Tristan ein weiterer Furunkulose-Anfall aus.

Laure, die bei *Oma Liebling* gewesen war, kommt zu ihrem Bruder. Auch sie hatte versucht, Tristans Anwalt bei *Oma Liebling zu sein*. Sie hatte über seine Schwierigkeiten gesprochen, über seine Gesundheit, über seine höhere Schulbildung, über das Klavierspielen ... und sie hatte ihm gesagt, dass er sich nicht so gut fühlte.

— Wir müssen ihm helfen", hatte sie gesagt.

— Ja, sagte der anwesende Onkel Jacques, das ist wie die Geschichte vom kleinen Telegrafisten.

— Welche Geschichte von der kleinen Telegrafistin, fragte Laure?

— Es ist die Geschichte eines Malers, der arm war, so dass er tagsüber als kleiner Telegrafist arbeitete und nachts malte.

— Und was ist damit? Sagte Laure.

— Nun, er ist daran gestorben", sagte Onkel Jacques, der von seinem Witz begeistert war.

Kurz darauf kommt Laura mit einem wunderschönen Mantel für Tristan aus der Rue Dehodencq zurück.

Unglaublich! Es war eiskalt und er hatte keinen Überzieher an. Es war das erste Mal, dass er etwas Passendes, Nützliches, Kostspieliges von der Familie bekam. Ein brandneuer Mantel, der das Markenzeichen des besten Schneiders in Kairo trug. Das war unglaublich! Tristan war fassungslos. Bisher sie ihm nur abgetragene oder übergroße Kleidungsstücke gegeben. Und jetzt bekam er einen neuen Mantel von beträchtlichem Wert!

Es dauerte nicht lange, bis er den Schlüssel zu dieser überragenden Großzügigkeit hatte. Ein Cousin, der als Rechtsanwalt die Interessen der Familie in Ägypten vertrat, war in das Haus der *geliebten Großmutter* gekommen, um an einem urämischen Anfall zu sterben.

Tristan hatte also die delikate Aufmerksamkeit der sterblichen Überreste genossen, die nach Ägypten zurückkehrten, um in der Familiengruft beigesetzt zu werden.

Tristan hätte sich bei der *lieben Oma* bedanken müssen, dass sie die großzügige Idee hatte, ihm den Mantel seines toten Neffen zu schenken.

Er konnte es nicht. Es gab einen Abgrund zwischen ihnen und ihm. Es war kalt und er war krank. Wahrscheinlich aus Feigheit behielt er den Mantel an. Er rechtfertigte sich: Er war zerbrechlich, wenn ihm etwas zugestoßen wäre, hätte das ihnen zu sehr in die Hände gespielt. Er hatte bereits im Koma gelegen, während er an einer Lungenkrankheit litt. Er durfte sich nicht erkälten. Aber das Geschenk war negativ und tat ihm weh.

Wenn sie ihm einen gewöhnlichen, nicht besonders luxuriösen Mantel wie diesen geschenkt hätten, hätte er sich wirklich gefreut...

Tristan konnte dieses Albtraumtrio, dieses Spinnennetz mit der apathischen, einsamen, giftigen *geliebten Großmutter* in der Mitte, allmählich nicht mehr ertragen. Wenn ihm nur nicht bewusst geworden wäre, dass die *geliebte Oma* über die ganze Welt herrschte...

Er wunderte sich nicht, dass sie ihn ihrem unglücklichen und unfähigen Vater zurückgeben konnten, um ihn, um sie, zu zerquetschen. Seit dem Tag, an dem er und seine Schwestern ihrem Blick begegnet waren, hatte er gespürt, wie sehr die *geliebte Oma* seinen Niedergang wollte. Das Gefühl eines Kindes täuscht nicht. Sie hasste ihn, wie sie ihren Vater hasste, aber noch mehr. Denn ihr Vater, der Nichtjude, das Wesen, das größer war als sie, war da, man konnte nichts dagegen tun, aber er würde durchkommen, man würde ihn durchkommen lassen. Aber Tristan, der Hybrid? Würden sie ihn tolerieren? Der Zorn der *geliebten Großmutter* musste sich an ihm objektivieren, diese Erinnerung, dieses Bewusstsein. Ihre Gesundheit wurde in ihrem Kern ruiniert, während sie mit modernen chemischen Techniken wunderbar gepflegt wurden. Man versuchte, ihre vor allem authentische intellektuelle Entwicklung zu behindern.

An dem Tag, an dem Tristan diese Zeilen nach vierzig Jahren Sekundar- und Hochschulbildung schreibt, hat er festgestellt, dass die säkulare Bildung die weltweite Verdummung, den chronischen Zombismus, verwirklicht hat. Eine Blüte von entkräfteten offiziellen Hochschulabsolventen besetzt alle politischen und administrativen Posten, eingekerkert in jüdisch-kartesianische Maßstäbe.

Ah die schöne Arbeit von Rothschild, Marx, Freud...

Alles sah so aus, als würde man ihm ein normales Studium anbieten und ihm folgen. Aber in Wirklichkeit wurde ihm jede Möglichkeit zum Lernen genommen. Man schuf in ihm eine Geisteshaltung und Bedingungen, unter denen er unweigerlich scheitern musste. Als er so gut wie möglich einen Haushalt gegründet hatte, wurde dieser durch die Vernachlässigung zu einer Hölle. Laure, Charlotte und er hätten sich in die reinen Bilder, die Gefühle der Vergangenheit und die Erinnerungen an ihren Vater flüchten können, aber auch diese Hilfe musste entfremdet werden. Würden sie sich während des zärtlichen Elends, das sie bei ihrem Vater erlebten, vielleicht gegen ihn wenden, weil sie Hunger und Kälte hatten? Vielleicht würde er in ihren Augen unwürdig werden? Sie versagten.

Ihr Vater konnte Tristan nicht sehen, als er im Sterben lag. Und sie durften ihn nicht sehen, als er im Sterben lag. Wie viele Briefe von Demarchen hatte man ihnen vorenthalten. Man hatte ihnen Gräuel über ihren Vater vorgetragen. Sie hatten auch dafür gesorgt, dass ihr Vater davon überzeugt wurde, dass seine Kinder ihn verleugnet hatten, dass sie zum Clan übergelaufen *waren, dass sie die geliebte Großmutter geworden waren...*

Als bewundernswerte List und letztes Unternehmen der *geliebten Großmutter* war ihr Vater inmitten fremder Gesichter gestorben, ohne sie je wiedersehen zu können...

Arme, verachtenswerte Wesen, die in der Tiefe der Dinge Mitleid verdienen.

Der Einsamkeit des Clans geweiht, hilflose Wracks, die in ihrer Einsamkeit versammelt sind und kein Bewusstsein entwickeln können. *Großmama Schatz,* die mit achtzig Jahren zwei schwere Darmoperationen überstanden hat, katapultiert sich jedes Jahr nach Ägypten. Die abgetrennten Wespen leben eine Weile, die Bienen sterben sofort. Die Mutter ihres Vaters, ihre süße Großmutter, war innerhalb weniger Tage an der Krankheit gestorben, die die *geliebte* Großmutter mit Leichtigkeit überlebt hatte.

Welche Macht hatte in Tristan diesem gewaltigen Unternehmen der Entmenschlichung widerstanden? Er keuchte, weil sie die Einzigen waren, die ihn aus der Kloake ziehen konnten, in die man ihn geworfen hatte. In dieser absurden Kloake lag nun die ganze Welt und pflegte ihren eigenen Selbstmord. Die schrittweise Anästhesie der Welt war vollzogen. Absolute Fatalität.

Welche Kraft trieb ihn manchmal in die Rue Dehodencq, so wie der Wähler zur Wahlurne getrieben wird, so wie der Arbeiter zur Gulag-Partei getrieben wird?

An diesem Tag saß er neben der *geliebten Oma,* als Onkel Jacques hereinkam: "Vergiss nicht, dass du einen Termin beim Notar hast".

Ein paar Minuten später saßen sie alle im Auto des Onkels, Tante Denise auf der rechten Seite und *Oma Schatz* zwischen dem Onkel und der Tante.

Sie war auf dem Weg zu ihrem Notar zwischen ihren beiden Erben. Dieses rührende Bild ist die einzige komische Erinnerung, die ihr von der Familie geblieben ist. Es stimmt, dass sie ihr schon lange den Sinn für Humor genommen hatten.

Dennoch glaubte Tristan nicht, dass alles hoffnungslos war. Die Bösen sind krank und Tristan würde einen Weg finden, sie zu heilen.[23]

Er war der Einzige, der sie liebte, und diese Unglücklichen wussten es nicht. Die anderen verachten sie, fliehen vor ihnen oder schmeicheln ihnen.

---

[23] Wir sehen dazu das endokrinologische Kapitel: "Der Schlüssel".

Tristan hasste sie mit der ganzen Kraft seiner Liebe...

Er musste den Masochismus durchbrechen, der ihn noch zu oft in die Rue Dehodencq trieb. Was nützt es, sich in diesem Ozean des Elends an einen rotglühenden Bleianker zu klammern?

Er beschloss, ihn an die *geliebte Oma zu* schreiben.

- Seit Jahren warte ich darauf, dass du dich mit meinem unglücklichen Schicksal, mit meinen verzweifelten Kämpfen auseinandersetzt. Seit Jahren bin ich mit Eiterbeulen und Abszessen übersät. Ich weiß, dass dir das egal ist, denn mit der Hälfte der Kosten für dein Herrenauto hätte ich meine Situation längst stabilisiert, die Zukunft meiner Kinder gesichert und Klavier studiert.

Seit Jahren bin ich ohne Hilfe von irgendjemandem verlassen. Ich habe mein Abitur gemacht, drei Bachelor-Zertifikate erworben und den Lebensunterhalt meiner Familie so gut es ging gesichert. Bis heute bin ich eine Art mit Pusteln übersätes Skelett, kämpfe immer noch und hoffe auf ein wenig wirksame Hilfe von meiner Großmutter, die, wenn schon nicht reich ist, so doch zumindest in einem gewissen Luxus lebt.

Ich bin aufgrund der Vernachlässigung, in der Sie mich zurückgelassen haben, eine Ehe eingegangen, die nie zustande gekommen wäre, wenn Sie mich nicht hätten treiben lassen.

Ich kann nicht mehr. Lassen Sie mich nicht allein. Es ist nicht möglich, dass du so herzlos bist. Wenn du mir nicht antwortest, werde ich denken, dass du mir nicht helfen willst und es wird das letzte Mal sein, dass dein Enkel dich umarmt, denn ich werde dich nie wieder sehen und dir nie wieder schreiben"...

Tristan erhielt nie eine Antwort auf seinen verzweifelten Brief.

Dank einer Freundin hatten Tristan und Jacqueline ohne Übernahme eine kleine Zweizimmerwohnung gefunden, die ihnen eine Freundin überlassen hatte. Die Wohnung lag im fünften Stock eines Gebäudes im vierzehnten Arrondissement. Die beiden Zimmer gingen auf einen Balkon hinaus. Jeder von ihnen hatte ein eigenes Zimmer. Das war ein Glück für die Kleinen. Sie lebten weiter wie zuvor nahmen gemeinsam ihre Mahlzeiten ein entschieden über die gewöhnlichen und alltäglichen Fragen des Lebens, aber Tristan wurde von dem Verrat seiner Frau zerfressen.

Und was für ein Verrat!

Die beiden Kinder waren blass. Sie fanden eine nette Frau mit einem großen Haus und einem riesigen Gemüsegarten zwanzig Kilometer von

Paris entfernt, die sie in ein Internat aufnahm. Ihre Gesundheit verbesserte sich. Tristan und Jacqueline besuchten sie so oft wie möglich gemeinsam. Paris als Megastadt und Neurosenlabor für Kinder Tristan dachte manchmal an den Brief an die *geliebte Großmutter*. Was war ihr wichtig? Sie hatte nicht einmal versucht zu verstehen, was er durchgemacht hatte. Nicht einen einzigen Moment lang hatte sie gedacht: "Wie sehr muss dieser Junge gelitten haben, um mir das zu schreiben? Wenn ich eine normale Großmutter wäre, würde er mir das sicher nicht schreiben, selbst wenn er ein Schläger wäre".

Nein, sie war einfach nur gestoßen und gekränkt worden.

Tristan stellte sich vor, wie die *geliebte Oma* den Brief hochhielt und rief: "Nach allem, was ich für ihn getan habe, was für eine Schlange habe ich da in meinem Schoß gewärmt".

Und doch stellte sich Tristan den Brief vor, den ihm *Oma Schatz* und Tante Denise geantwortet hätten:

- Mein Liebling.

Natürlich können wir es dir nicht verübeln, wir wissen, wie schmerzhaft dein Leben war und wie nervös, sensibel und exzessiv du bist. Wir waren hart zu dir, weil wir dich auf die Probe stellen wollten und weil unsere materielle Situation nicht mehr so gut ist. Du kannst jetzt auf unsere Hilfe zählen. Wir werden dir helfen, deine Situation zu stabilisieren und das Klavier zu studieren, das dir so viel bedeutet. Wir werden es schaffen und es wird uns eine große Freude sein. Wir umarmen dich...

Vielleicht wird er eines Tages diesen Brief erhalten und dann werden Freudentränen im Licht glänzen...

KAPITEL XI

Die Monate vergingen. Tristan verkrampfte sich immer noch auf diese letzte, unerreichbare Lizenzurkunde. Er wurde immer schwächer. Alles, was er tat, war von Steifheit geprägt. Er war sich einer Schrumpfung seines Wesens bewusst. Er träumte immer noch vom Klavier.

Er träumte auch von einer Liebe, die ihm einen Wasserfall der Unendlichkeit bringen würde...

Eines Tages, als er in der Bibliothek Sainte Geneviève arbeitete, lachte er.

Hatte er nicht gerade in einem kritischen Werk über Shakespeare gelesen: "Dieser Pessimismus, der ihm Genialität verlieh"...

Die Studentin, die neben ihm saß, erwachte aus ihrem Halbschlaf und fragte ihn besorgt, ob es ihm gut gehe.

— Sehen Sie sich das an", antwortete Tristan. Lesen Sie! *Was, wenn es gerade sein Genie ist, das ihm seinen Pessimismus verleiht?* Zeigen Sie mir ein Genie, das lacht!

Unter diesen Umständen lernten sich Lucienne und Tristan kennen. Sie war brünett, schlank, schön, mit langen schwarzen Haaren, die über ihre Schultern flatterten. Sie hatte eine breite Stirn, fließende Bewegungen und eine warme Stimme. Sie begann, Tristan rasend zu lieben.

Er liebte diese Sogwirkung seines ganzen Wesens durch diese dreiundzwanzigjährige junge Frau, die gerade ihren Bachelor in Philosophie abgeschlossen hatte. Die Leidenschaft, die sie für Tristan empfand, durchdrang ihn mit einer Art Ruhe, einer unbekannten Fülle. Sie war liebende Intuition, nachdenkliches Verständnis.

— Kultur, so hatte sie ihm einmal gesagt, ist *Bewusstsein* und nicht die mnemonische Aneinanderreihung von Wissen. Das Aufstapeln von Wissen, aus dem man nichts als Diplome zieht, ist die Antithese der Kultur. Mit der Kultur eines Habilitanden kann man sich daran versuchen, den Menschen zu entdecken, indem man Kaulquappen martert...

Sie war an Tuberkulose erkrankt und die Ärzte hatten ihr zu einer Thorakoplastik geraten, einem verstümmelnden chirurgischen Eingriff, und das schwer.

Sie hatte sich geweigert und war zu ihrer Familie aufs Land gefahren. Nach sechs Monaten Ruhe, biologischer Ernährung und frischer Luft hatte sie sich vollständig erholt. Ihre Ärzte können es immer noch nicht fassen!

Madame de Gastine hatte die Kinder bei der tapferen Dame in Morsang sur Orge besucht, wo sie sich aufhielten.

Nach ihrem Besuch hielt sie es für angebracht, Tristan zu schreiben, dass "es eine Schande sei, seine Kinder bei einer solchen Frau unterzubringen". Tristan hatte geantwortet, dass die Kinder sehr jung seien und vor allem frische Luft und gutes Essen bräuchten, das durch den riesigen Gemüsegarten der Frau garantiert sei. Und sie sahen sehr gut aus. Außerdem war die bürgerliche Erziehung, die zwangsläufig zu Linksradikalismus, Frauenbefreiung, Drogen und Jugendselbstmord führen würde, was war sie wert?

Außerdem waren sie arm und die Kosten für eine Amme waren bereits zu hoch. Um sie in eine der religiösen Schulen zu schicken, an die er sich in albtraumhafter Weise erinnerte, hätte man viel Geld ausgeben müssen. Also?

Madame de Gastine, seine Mutter, machte sich wieder einmal über ihn lustig. Wenn sie etwas Besseres vorgeschlagen hätte, indem sie ihm geholfen hätte, und das in mütterlichen Worten, wäre alles willkommen gewesen. Aber die Ausdrucksweise und die Nichtigkeit in Bezug auf die Wirksamkeit machten ihre Intervention mehr als unerträglich.

Er antwortete ihr also auf eine brüchige, empörte, aber gerechte Art und Weise. Er bedankte sich bei ihr für ihre unwirksamen, negativen und völlig nutzlosen guten Ratschläge. Sie sah darin nur eine weitere Gelegenheit, ihren Sohn zu kritisieren, der weder verheiratet gewesen wäre noch Kinder gehabt hätte, wenn sie eine gute Mutter gewesen wäre.

Immer die gleiche Technik des "Raca", die darin besteht, diejenigen, die man gnadenlos zum Verbrechen getrieben hat, eines Verbrechens zu beschuldigen. Es handelt sich heute um eine universelle gesellschaftliche Norm.

Als Antwort erhielt er einen Brief, der ein Musterbeispiel seiner Art war: eine perfekte Projektion ihrer selbst, ein Selbstporträt, bei dem es nicht viel hinzuzufügen gab.

- Tristan.

Ich lege mehr Wert auf Taten als auf Reden (sic).

Ich sage dir noch einmal, was ich dir bereits geschrieben habe: Ich bin der Meinung, dass deine Kinder eine andere Atmosphäre brauchen. Ich kenne Frau X, ihre Tagesmutter, nicht, aber ich weiß, was ein Kind ist und was es braucht. (sic). Das ist meine Meinung, ich sage es dir, es ist mein Recht und meine Pflicht (sic).

Ich habe sehr gut verstanden, was du von den Menschen erwartest, nämlich selige Bewunderung für das, was du als dein Genie bezeichnest (so etwas hatte noch nie jemand geäußert, schon gar nicht Tristan). Dies war die Rechtfertigung für all deine Handlungen, selbst für die feige und egoistische (sic). Verlass dich nicht auf mich (wann hatte sich Tristan jemals auf seine Mutter für irgendetwas verlassen, insbesondere unter den Bomben, in die sie ihn während des Krieges geschickt hatte). Ich will, dass du ein edles Wesen bist, und ich werde dir nicht helfen, dir etwas vorzumachen. Es gibt vielleicht nur ein Wesen auf der Welt, das dir die Wahrheit sagt, und das wird deine Mutter sein, denn sie ist vor Gott für dich verantwortlich (teuflisch!). Es ist ein harter Weg, den du gehen musst, um zu sehen, wie du in Wahnsinn und Schlechtigkeit versinkst wie dein Vater, nur mit weniger Ausreden. Du sagst mir, dass du meinen Rat und meine Fürsorge nicht brauchst (er brauchte nichts anderes, aber keine absurde, negative Kritik mit guten, unmöglichen Ratschlägen, gepaart mit dummen und gemeinen Vorwürfen). Das ist mir schon lange klar, deshalb habe ich dich auch nicht damit belastet. Du sagst mir auch ganz klar, dass du nur am Geld interessiert bist (Tristan hatte das nie gesagt. Er hatte nur gesagt, dass gute Ratschläge ohne die Mittel, sie zu befolgen, eine Perversion seien). Ich habe dir kein Geld zu geben. Und hätte ich welches, würde ich es dir sicher geben, um deine Koketterie und deine Affären zu befriedigen, während deine Kinder anderen zur Last gefallen sind (Wem? Sicher nicht ihr).

Es wird der Tag kommen, an dem du mit dir selbst allein bist. An diesem Tag wirst du dich so sehen müssen, wie du bist, mit all deinem Glanz und all der Zeit, die du damit verbracht hast, dich selbst zu beweihräuchern (das klingt wie ein autobiografischer Roman). Vielleicht wirst du dann den Wunsch haben, ein anderer zu werden. Ich will hoffen, dass du besser bist als das, was du hartnäckig bleibst, dich mit Worten berauscht, unfähig, dich selbst zu besiegen und zu beherrschen, unfähig, deine Pflicht zu tun, überall Zwietracht und auflösende Revolte zu säen, und du willst immer noch den Moralapostel spielen (das war sein ganzes Geständnis).

Ich wollte nachsichtig sein und dir in den letzten Jahren die Zeichen jener Zärtlichkeit geben, die eine Mutter ihrem Kind schenkt, egal wie weitsichtig sie ist. Du weißt nicht, was wahre Zärtlichkeit ist, was wahre Liebe ist. Du liebst nur dich selbst (das sind alles Begriffe, die Tristan benutzt hätte, um seine Mutter zu beschreiben). Die Mutter, die du dir erträumst, wäre eine schnippische Dienerin, die dir törichterweise dabei hilft, dich zu blenden und zu täuschen. Das bin ich nicht. Aber wenn du eines Tages all das Wertvolle brauchst, das ich für dich im Herzen habe, das du jetzt nicht erkennst, wenn du dich in Loyalität und Demut kleiden möchtest, dann komm, ich werde dir mit Gottes Hilfe helfen, wir werden gemeinsam leiden und das Böse und den Tod besiegen. Bis dahin brauchst du mir nicht zu schreiben, die Briefe kommen ungeöffnet zurück. Eines Tages wirst du verstehen, dass dieser Brief, der dir grausam vorkommen wird, ein großer Liebesbeweis war...

Tristan hatte gelesen: Hier stand das ganze Porträt, die ganze Pathologie seiner Mutter. Nie zuvor war sie in einem Brief besser dargestellt worden. Sie hatte ihre Selbstkritik auf Tristan projiziert. Sie wusste nichts über das Wesen ihres Sohnes. Es gab in diesem Brief, wie in der modernen Welt, *eine Kortikalität der Wahrheit, die eine riesige Lüge in Richtung der Degradierung des anderen kleidete.*

Alles hier war leer, pharisäerhaft und gemein. Seine ganze Mutter war hier, ihr moralisierendes, groteskes Pathos gegenüber einem Sohn, den sie in Krankheit und halber Armut zurückgelassen hatte, und als Krönung des Ganzen dieser hysterische, histrionische Mystizismus, der für sie charakteristisch war.

Tränen waren in Tristans Augen getreten.

Einmal, so erinnerte er sich, hatte sie in einer pathetischen Ansprache von höchster Demut aus einem Brief zitiert, den Tristan ihr geschrieben hatte, als er unter den täglichen Bomben lag:

"Sag mir, dass ich kein katholisches Monster bin"...

Tristan dachte nach.

Nein, er würde nicht in eine solche Menschheit zurückkehren wollen, selbst wenn das Schicksal ihm ein Leben in vollkommenem Glück bescheren würde. Der Anblick der anderen, ihr Leid, ihre Hässlichkeit, ihre Gleichgültigkeit gegenüber dem Leid anderer Menschen - all das war unerträglich. Ganz zu schweigen von dem schändlichen Stuhlgang, den er niemals akzeptieren würde.

Wir tragen unser Schicksal in uns selbst.

Der Heilige, das Genie, der Künstler, der am achten Tag beschnittene Spekulant, der Kleinbürger, der unglückliche Kleinbürger. Alle diese Rollen wurden in der mütterlichen Matrix erlernt und spielen die Partitur der Tragödie der Welt.

Es gibt keine externen Faktoren, die unser Unglück, unser Glück, unser Glücklichsein oder unser Pech bedingen. Sie sind mit unserer Umwelt und unserer Natur verbunden, astral und hormonell.

Meine ständige Ablenkung kann mich vor ein Auto werfen, aber das Auto wird nicht wirklich etwas damit zu tun haben.

Mein Pech hat nichts mit meiner jüdischen Familie zu tun, abgesehen vom gesellschaftlichen rothschildomarxistischen Sinn. Als Individuum hätte ich mich von ihnen entfernen sollen. Wenn ich ihre Mentalität gehabt hätte, wären sie anders zu mir gewesen. Aber ich fühle mich von ihnen so verschieden wie die zombifizierten und stimmberechtigten Sklaven, die sie beherrschen.

Sie ersticken mich als Familienmitglied und als Künstlerin, aber sie wissen es nicht, weil ihnen die wahren Werte entgleiten und das ist es, was die ganze Welt in den Selbstmord treibt. Sie ersticken jede Wahrheit und das macht mir das Herz schwer.

Ich bedauere nicht, dass ich anders bin als sie, ich bedauere, dass ich mich nicht von ihrer Existenz losreißen kann, von dem Gedanken, dass sie existieren und mir helfen könnten. Man kann sich die Seinen nicht aussuchen, aber man bleibt ihnen verbunden und deshalb glaube ich, dass sie die einzigen waren, die mir helfen konnten, wenn nicht ein reines Wunder geschah.

Menschen, die in der Lage sind, aufgrund neuer Informationen, Beweise und Argumente alles in Frage zu stellen, sind eine Seltenheit.

Ich glaube nicht, dass ich einen getroffen habe. Jeder, der in eine Ideologie verwickelt ist, vom Katholizismus bis zum Marxismus und tutti quanti, bleibt bis ans Ende seiner Tage darin einbetoniert. Es gibt also praktisch keine intelligenten Menschen im tiefsten Sinne des Wortes.

Was meine Mitmenschen betrifft, so kann man ohne Fehler sagen, dass Simone Weil sich nicht geirrt hat:

"Sie haben nie die bescheidene Aufmerksamkeit, die der wahren Intelligenz eigen ist". Die anderen, die Gojim, "der gemeine Samen des Viehs" aus dem Zohar, verstehen nichts. Daher der Erfolg der dialektischen Schmeichelei und der Götze des Sozialen, die zu allen Verbrechen und Gulags führen.

Sie sind die Umkehrung. Eine schwachsinnige Nächstenliebe, die man aus 20 Jahrhunderten Verzerrung geerbt hat, lässt die psychischen und motorischen Krüppel wuchern. Es wird alles getan, um zu verhindern, dass Sie an Krankheiten oder Verkehrsunfällen sterben, während das Auto der größte Bevölkerungsmassenmörder ist, den es je gab. Inzwischen verkaufen Bazile Zaharoff und Bloch-Dassault Waffen an alles, was sich auf der Welt ausrottet. In den sowjetischen Gulags werden Dutzende Millionen Menschen vernichtet, und gesunde Kinder werden im Mutterleib getötet.

Das Genie kann in dieser Welt der Quantität nicht mehr leben, denn es ist qualitativ. Da die Natur niemals verzeiht, werden die Bomben von Herren

Oppenheimer, Field, S.T. Cohen, werden das unlösbare Problem dieser verkehrten Welt lösen ...

Es ist meine Revolte und die Nichtakzeptanz von allem, die mich zermürben. Ich kann die Welt von heute, die durch die Welt von gestern entstanden ist, nicht akzeptieren.

Meine Geschichte ist okkult, seltsam und schmerzhaft.

Wir sind Gesetzen unterworfen. Unglück, das durch das verdient wird, was wir sind, und nicht durch das verdient wird, was wir nicht gewählt haben zu sein.

Die Wahrheit ist so weit von der formalen Logik entfernt. Die Logik von selbstmörderischen Verrückten. Wir sind verblödet. Überwältigender Kampf zwischen den spekulativen Perversen und den Robotern. Ich kann nur ein schwaches Bild von dem geben, was er ist. Von allem, was ich fühle, von allem, was zunächst widersprüchlich oder auf beiden Seiten wahr zu sein scheint. Man muss sich zuerst bewusst werden, sich unvoreingenommen informieren, vor allem über diejenigen, die einem am liebsten sind. Fakten, Fakten, Fakten und eine lückenlose Argumentation. Andernfalls werden Sie in der Lüge verrotten.

Keine Wahrheit, keine Kultur. "Erkenne dich selbst", hieß es im antiken Griechenland. Ich kann nicht in dieser Menschheit leben, weil sie unmenschlich ist.

Je mehr ich verstehe, desto weniger kann ich. Daraus muss man schließen, dass ich nichts damit zu tun habe, da es keinen Platz mehr für die Wahrheit gibt.

All die Gesetze, die ich gefunden habe, werden einer untauglichen und sterbenden Welt nicht das Leben zurückgeben.

Um im elementaren Sinne des Wortes zu leben, braucht man ständig eine gigantische Selbstabstraktion, von der niemand eine Ahnung hat.

Dann liegt mein unterdrücktes Ich am Rande des Wahnsinns: Die komprimierte Seele eines Künstlers hat keine anderen Wege mehr als Wahnsinn oder Selbstmord.

Ich entziehe mich dieser Alternative.

Ich habe erfolglos gegen diese unmögliche Abstraktion von mir selbst inmitten der herrschenden Depersonalisierung gekämpft: Sehen Sie sich die Millionen von konsumorientierten Wählern an, die in der Uniform des internationalen Schwachsinns gekleidet sind: Bluejeans Levis. Innerhalb eines emotionalen und intellektuellen Magmas kann nichts in die Linearität und den Teufelskreis der formalen Logik reduktionistisch kanalisiert werden. Wir müssen diese Paralogie aus Orwells "1984" und Huxleys "*Schöne neue Welt*" vergessen.

Ich bin nicht da.

Das Paradoxon kommt zuerst. Aber es gibt kein Paradoxon. Das Paradoxon ist ein analytischer Widerspruch, der sich nicht in einer höheren Synthese auflösen konnte. Ich bin und ich bin nicht. Die Sicht jenseits der formalen Sicht. Ich fühle mich eher als nicht seiend denn als seiend. Deshalb nehme ich Wahrheiten als offensichtlich wahr, die niemand mehr kennt, weil die Wesen konditioniert und subliminalisiert sind.

Mein Denken, das sich auf bestimmte Elemente stützt, zieht Schlüsse auf eine strahlende und endgültige Wahrheit. Dann bleibt mir nichts mehr, auf das ich hoffen könnte, außer meiner Hoffnung, die unendlich ist.

Es ist die Klarheit und die Nichtbeherrschung des Absurden, die einen verrückt macht. Ich spüre alles, was falsch ist. Viele Menschen haben eine kohärente Optik, weil sie nichts fühlen und nichts verstehen. Wenn man eine umfassende Synthese der Realität wahrnimmt, ist es schwierig, sie schnell zu ordnen. Es ist schwierig, logisch zu denken, wenn man nicht verrückt ist. Die chaotische Sphäre, die im Geist auftaucht, ein riesiger Rohanteil der Realität, braucht Jahre, um sie zu disziplinieren, zu organisieren und auszudrücken.[24]

Der Beginn meiner Bewusstwerdung datiert auf meinen zwanzigsten Geburtstag; bis dahin irrte ich allein und verlassen umher und trug eine

---

[24] Das gesamte extrem antikonformistische Buch ist Ausdruck dieser Bemühungen.

übermenschliche Last auf meinem Herzen. Ich versuchte, meine Klarheit zu nutzen.

Heute ist es noch schlimmer, denn da ich ein Bewusstsein auf einer Ebene erlangt habe, die über die Mehrheit der Wesen hinausgeht, fühle ich mich in einem kleinen, betonierten Raum eingesperrt. Ich bin der absoluten Überzeugung, dass mir niemand helfen kann, weil meine Zeitgenossen unfähig sind, sich selbst auf dem Weg zum globalen Selbstmord, auf dem wir uns befinden, zu helfen. Sie müssten Intelligenz und Mut haben, aber das haben sie nicht. Sie ziehen die Illusion eines sofortigen und ruhigen Lebens vor, auch wenn sie das in Kürze zum Schlimmsten führen wird. Es ist verblüffend, die geistige Unzulänglichkeit der meisten Menschen zu beobachten. Sich dessen bewusst zu sein, ist demoralisierend und verleiht Ihnen ein Gefühl der Erhabenheit, auf das Sie gerne verzichten würden, weil es eine Quelle der Unentrinnbarkeit ist.

Manchmal möchte ich mich selbst in Richtung der neuen "anormalen Norm" zügeln. Je mehr ich es versuche, desto mehr leide ich. Je mehr ich leide, desto mehr denke ich. Dilemma zwischen Wahnsinn und Selbstmord. Spiegel der Wahrheit ich bin dazu verdammt, zerbrochen zu werden, da nur gemalte Spiegel die einzige Lüge widerspiegeln.

Die relativen Siege des Überlebens lassen Sie einen Geschmack des Todes im Mund zurück.

Und das ist noch nicht das Ende. Die sensibelsten Menschen sind diejenigen, die in ihrer unmittelbaren Umgebung am wenigsten spüren. Sie leiden für das Universelle, für den Unschuldigen, der in Afrika oder Asien verhungert, für Kinder, die vergewaltigt oder ermordet werden.

Die Tiere, die zu Hunderten von Millionen gequält werden, die nicht einmal den Tag sehen und sich nicht rühren können. Die Kriege, die so viele Menschen töten und so viele Invaliden, Blinde, Krüppel und Märtyrer hervorbringen... Die Menschen des täglichen Lebens mit ihren ganz kleinen Problemen, die so schändlich sind, weil sie so lächerlich sind...

Sie sind glücklich, sie dank ihrer geistigen Schrumpfung.

Das einzige Glück in dieser Zeit wäre, nicht zu leiden. Nicht zu fühlen. Das einzige Glück des Jahres 2000: nicht zu leiden.

Nein, ich kann die Welt der großen Pest nicht akzeptieren, auch nicht die Welt der fünfzig jüdischen Gefängnis- und KZ-Henker, die in der UdSSR zig Millionen Menschen auslöschten. Ich akzeptiere auch nicht die jüdischen Bomben in Hiroshima und Nagasaki, jüdische Physiker, oder das dem Erdboden gleichgemachte Dresden und Hamburg.

"Ich bin eine Kraft, die geht", sagte Hernani.

Ich will die Wahrheit, auch wenn sie tötet. Ich werde weitergehen. Welchen Sinn hatte der Kampf? Ausweichen Umgehen, Hindernisse erkennen, in einer solchen Einsamkeit. Man weiß Monate, Jahre im Voraus, man sieht die manipulierten Massen, die ihrem Selbstmord entgegeneilen. Man wird nichts tun können, weil niemand etwas versteht. Die Haare sträuben sich und man hat nur die traurige Freude des Wissens und die Bitterkeit der Erkenntnis.

Hindernisse und Qualen scheinen sich scheinbar nicht zu organisieren.

Sie scheinen verschieden, beträchtlich, unverbunden. Sie tauchen unerwartet auf und sind doch durch ein tiefes Gesetz miteinander verbunden.

Inmitten eines Leidens, das mich in mir selbst einschließt, isoliert von Gott, dessen Sinn für Humor ich nie verstehen werde, und von den Menschen, will ich die Wahrheit, was immer sie auch sein mag.

Ich werde nicht einmal fragen, *nicht zu fragen.*

Haben wir uns entschieden, so zu sein, wie wir sind? Das Schändliche ist nicht auf unsere Rechnung...

KAPITEL XII

" Die Gewissheit, nicht verrückt zu sein, war am stärksten. Es gab die Wahrheit und es gab die Lüge. Wenn man an der Wahrheit festhielt, selbst gegen die ganze Welt, war man nicht verrückt" (George Orwell; "1984").

Gegen Ende seiner Schulzeit hatte Tristan an sich selbst eine gewisse Affinität zu Jean-Jacques Rousseau festgestellt, den er übrigens Jahre später vollständig verstoßen sollte. Er schwang in ihm brüderlich mit. Er glaubte wie dieser an die natürliche Güte des Menschen und war der Meinung, dass die Gesellschaft ihn pervertiert habe. Es dauerte nicht lange, bis er erkannte, dass der *Judäo-Cartesianismus* das Falscheste, Zweifelhafteste und Perverseste an Rousseau ausgenutzt hatte, das die moderne Dekadenz mit all den Pseudophilosophen des achtzehnten Jahrhunderts grundlegend strukturierte, deren Lichter uns in die blendende Dunkelheit des zwanzigsten Jahrhunderts stürzen sollten.

Rousseau hatte jedoch eine wesentliche Wahrheit zum Ausdruck gebracht: Wenn der Mensch die Regeln des einfachen Lebens, die göttlichen Regeln, befolgt, bleibt er körperlich und geistig vollkommen gesund. Dieses kleine Volk im Norden Indiens, die Hounzas, sind da, um uns dies zu beweisen. Kontrollierte Atmung, kein Fleischessen, Obst und Gemüse so roh wie möglich, wenig Getreide, und vierzehntausend Seelen leben in körperlicher und moralischer Schönheit, die uns nun verwehrt ist. Sie kennen also keine Krankheiten, können meditieren und beten bis zu ihrem Tod, der zwischen hundert und hundertvierzig Jahren eintritt. Alle modernen Arbeiten über die Hounzas belegen diese wesentlichen Tatsachen, die uns zeigen, wie weit wir von der Natur und damit von Gott entfernt sind.

Je älter Tristan wurde, desto mehr stellte er seine körperliche Ähnlichkeit mit den romantischen Künstlern fest, die von Homöopathen als "Apollinianer" oder "Phosphorus" bezeichnet werden. Schlanke, große, schlanke Statur, ovales Gesicht, große, sanfte Augen, sehr hohe Stirn, oft eingefallene Wangen, aquiline Nase und diese ganz besondere Hand, die von Chirologen als "psychische Hand" bezeichnet wird.

Hinzu kamen die gebrechliche Lunge, der Dandyismus in Kleidung und Metaphysik und die luziferische Luft.

Seine Fotografie im Vergleich zu der der Romantiker trug eine unglaubliche Ähnlichkeit in sich. Er hatte auch ihren Stolz, ihren kranken Sinn für Ästhetik, ihre Fantasie, ihre egozentrische Qual, ihre Ideale und ihre maßlose Großzügigkeit. In den Biografien dieser Künstler gab es erstaunliche Analogien. Wie Shelley, Byron und Coleridge hatte er sich von seinen Kindern entfremden müssen. Wie sie hatte er daran gedacht, ins Ausland zu gehen, wie sie fürchtete er den Verfall, wie sie begeisterte er sich für das Schöne, das Gute, das Gerechte, das Freie, die Liebe, das Ideal, die Reinheit und verriet sie in seiner Raserei alle auf einmal ... Wie sie identifizierte er das Böse mit der Krankheit. Wie sie besaß er diese subjektive Sensibilität, die keine Evidenz, keine Empfindung aufgibt und jeden Schock wie einen Hammerschlag ins Herz quittiert.

Romantiker, die sich selbst malen, verkleiden sich immer ein wenig. Tristan hatte keine Lust zu posieren, es sei denn natürlich, er wollte "posieren, dass er nicht posiert".

Er hatte zu große Schmerzen. Er wird der erste Dandy sein, der die ganze Wahrheit sagt, die unerträglichen, die, die niemand wissen will, die antipsychologischen, antidemagogischen, antidiplomatischen, kurz: die Schwefelsäure der Wahrheit.

Was kostet ihn diese Wahrheit? Nichts. Er beurteilt den Unsinn, von dem er ein Teil ist, nach seiner Unschuld und seinem Leiden.

Ist der Mensch aus Stolz gefallen? Wollte er mit Gott gleichziehen? Inepotent!

Wie hätten sie, wenn Gott Adam und Eva mit normaler Intelligenz ausgestattet hätte, auch nur eine Sekunde lang "Gott gleich sein" wollen können? Ein solcher Impuls ist geistig behindert. Der absoluten Macht gleichkommen, die den Menschen, das Mammut, die Verdauung und die Quadratur des Kreises geschaffen hat?

Satan konnte nur mit Evas Dummheit spielen, die Gott, der in der ewigen Gegenwart lebt und daher den Sündenfall schon kannte, bevor er uns überhaupt erschaffen hatte, im Voraus bekannt war. Es ist wahr, dass Satans Agenten weiterhin auf der Klaviatur des universellen Kretinismus spielen: Wie kann man Rothschild, Marx, Freud, Oppenheimer und Picasso für Genies halten?

Ergo konnten der erste Mann und die erste Frau, Gottes Meisterwerk, nicht ernsthaft daran denken, Gott gleichzukommen. Wenn sie das denken konnten, als sie die Frucht vom Baum der Erkenntnis aßen, dann waren sie bereits dumm, verrückt und damit ihrer Freiheit beraubt.

Postulate von dieser Qualität konnten nur zu einer absurden Dogmatik führen, die in der marxistischen Gräueltat gipfelte, dem universellen neunfachen Beweis für den weltweiten Kretinismus.

Übrigens: Eine Religion, die nicht logisch und wissenschaftlich ist, ist keine Religion.

Eine Wissenschaft, die nicht Religion ist, wird zwangsläufig zur Antithese des Wissens und wird zum Selbstmord.

Die Bibel?

Litanei des Hasses und des Todes. Der jüdische Gott ist ein Meisterorganisator schrecklicher Massaker, der aussieht wie die *geliebte Oma*.

Das Alte Testament ist voll von wahnsinnigem Lärm und Zorn.

Heute schlachten die Marx-Medien die Wälder ab, damit ihr Papier die universelle Kretinisierung vollendet, damit halbstarke Idioten von einer verblödeten Masse gewählt werden können.

Ich vermute, wenn ein Baum im Wald protestieren würde, würde ein kleiner, am achten Tag beschnittener Dekonosoph und selbsternannter Philosoph ihn sicher als "Nazi" beschimpfen.

Der Nationalsozialismus war alles in allem, und das verstehen nur wenige, nichts anderes als eine heroische Anstrengung, das traditionelle Leben mit Respekt vor der Natur und ihren Gesetzen wiederzufinden, und das gegen den Tod, der durch die Umkehrungen Jesus - Paulus und Marx - Lenin zugefügt wurde.

Das Christentum vor den Gulags ist die Metaphysik eines Henkers.

— "Was meine Feinde betrifft, die nicht wollten, dass ich über sie herrsche, so bringt sie her und schlachtet sie in meiner Gegenwart. Alle, die vor mir kamen, waren Schächer und Diebe" - Lao-Tse ein Dieb, ein Schächer? Seltsam!

Dieser Satz, der sehr nach Lenin und Jesus klingt: Lukas 19-27 und Johannes 10-8...[25]

Das Christentum, mit dem sich so viele Menschen schmücken, zeigte schon in seinen Anfängen den Hass auf das Denken, den man später im Marxismus wiederfinden wird: Alle Schätze des antiken Denkens wurden vernichtet. Hier einige Beispiele für diesen brandgefährlichen Proselytismus:

- Millionen von Büchern werden in der Stadt Serapeum verbrannt.
- Ähnlich in der Bibliothek des Königreichs Pergamon.
- Die gesamte Bibliothek des Celsius in Ephesos.
- Die gesamte Bibliothek von Alexandria

Diese Berufung des Denkens gegen das Denken kündigt alle Scheiterhaufen und Gulags an. Lenin und Stalin waren nur möglich, weil der Hl.

Das Christentum ist der Bolschewismus des Altertums.

Bischof Lefebvre und Gorbatschow werden angesichts meiner Äußerungen hinter demselben Fächer ihr Gesicht verbergen...

Um objektiv zu sein, darf man die Klammer des Hochmittelalters nicht vernachlässigen, in der das Zinsverleihen verboten war. Dies ist das Erbe des Aristoteles, das vom Heiligen Thomas von Aquin zaghaft neu formuliert wurde. Abgesehen von dieser Ausnahme stand der Katholizismus jedoch immer in der bürgerlichen Tradition des kapitalistischen Establishments.

Es ist symbolisch, dass Calixtus, ein christlicher Sklave, der später Papst werden sollte, im 3. Jahrhundert im Auftrag seines Herrn eine Bank mit christlicher Kundschaft leitete, die Einlagen entgegennahm und diese zinsbringend bei den Juden anlegte.

Es ist unbestreitbar, dass seit fünftausend Jahren die Symbiose "Jude und Staat" immer bestanden hat: Heute sind sie der Staat.

---

[25] Wenn man die Exegeten bittet, einem diesen ungeheuerlichen Satz zu erklären, versäumen sie nicht, einem alle zu sagen, dass er das Gegenteil von dem bedeutet, was ausgedrückt wird: Man muss die Abgehobenheit und Verdrehung der unmöglichen Erklärung bewundern, die man nicht berichten kann. (Dieses Experiment wurde ein halbes Dutzend Mal durchgeführt)

Antijudaismus[26] herrscht im jüdischsten Land, das es gibt: der UdSSR. Das hat uns Solschenizyn aufblühen lassen und hindert Hammer, Warburg, Sasson, Loeb und Co. nicht daran, das Land der Gulags zu finanzieren. Wenn alle marxistischen Räderwerke wie 1936 vollständig von Juden besetzt gewesen wären, hätten wir keine Chance gehabt, Solschenizyn kennenzulernen.

Heute verdirbt der Lärm ihrer Werbung den gesunden Menschenverstand, der Fortschrittswahn ("Die Lüge des Fortschritts ist Israel" Simone Weil), erschöpft die Völker, das Geld regiert, die Industrie verwüstet die Landschaften, die Flüsse und verschmutzt alles. Die Atheisten-Leviten verblöden die Gehirne, insbesondere durch regressive, pathogene und kriminogene Musik und Fußballspektakel für die Massen, bei denen man sich zu Hunderten oder gar Tausenden bei manchen Rockkonzerten gegenseitig abschlachtet und zertrampelt.

Die Raserei des internationalen Merkantilismus triumphiert durch den beschnittenen Globalismus, von New York bis Tokio, von London bis Paris, von Berlin bis Kapstadt.

Das Evangelium?

Alles darin ist fast so absurd wie Moses, der für die streng vom Hammurabi-Kodex kopierten Zehn Gebote einen Gott auf einem Berg braucht.

Moralisches Denken, und das ist auffällig, wird bei Platon und im Alten Ägypten viel konsequenter formuliert.

Nein: Die Eucharistie macht keinen Menschen. *Die Regeln des Atmens, der fleischlosen Ernährung, der Meditation und des Gebets machen einen Menschen und* nicht diese dogmatische Sklerose, diese doktrinäre Verengung.

Alle psycho-diätetischen Gesetze wurden mit dem Christentum außer Kraft gesetzt, d. h. alle Mittel, um zur Tugend und zum Transzendenten zu gelangen.

Alle katholischen Dogmen haben sich im Laufe der Geschichte herausgebildet, und die Aufnahme Mariens in den Himmel geht erst auf Pius XII. zurück.

Das Dogma der Eucharistie erscheint erst im Jahr 1044. Die Bestätigung der Realpräsenz unter den Gestalten des geweihten Brotes

---

[26] Dieser Begriff ist der einzig richtige; bei weitem nicht alle Juden sind Semiten.

und Weines, erscheint zum ersten Mal in einem Buch, das von einem Mönch veröffentlicht wurde: pashase Radhert.

Wie kann ein gütiger Gott die Bösen, deren potenzielle Missetaten er im Voraus kennt, im Voraus verurteilen?[27]

Inwiefern kann der Tod Christi die vor ihm und nach ihm geborenen Menschen erlösen, die seit 2000 Jahren immer wieder verrückt und böse sind?

Welche Logik: Sollte man den Menschen sagen: "Ihr seid niederträchtig, aber um euch zu erlösen, werde ich euch meinen Sohn schicken. Ihr werdet dann das größte aller Verbrechen begehen: Ihr werdet den Sohn Gottes foltern und opfern und dann... werdet ihr erlöst werden...".

Und das funktioniert seit 2000 Jahren, so wie die Phantomgaskammern seit 50 Jahren funktionieren, mit der Unerbittlichkeit des Dogmas und der strafrechtlichen Strenge für die Ungläubigen: Gayssotin ersetzt die Scheiterhaufen.[28]

Jesus wurde übrigens von den Römern gekreuzigt und nicht, rechtlich gesehen, von den Juden. Die Römer sahen in Jesus einen Unruhestifter und betrachteten ihn als Zeloten. Die Juden, die die Grausamkeit der römischen Unterdrückung gut kannten, hatten Angst und übten zweifellos erheblichen Druck auf Pilatus aus und ermutigten ihn. Daher verrieten sie Christus bei den Römern, um das Volk zu schützen.

Pilatus, so berichtet die Geschichte, ließ sich nicht lumpen und schlug jede Revolte blutig nieder. Später wurde klar, dass das Römische Reich als Brutstätte für die neue Religion diente und es daher unmöglich war, die Römer für Golgatha verantwortlich zu machen.

Die Händler im Tempel? Ein einzelner Mann mit einer Peitsche aus Seilen, der die Menge der Verkäufer, Geldwechsler, Aufseher und Beamten angreift, wäre sofort festgenommen worden. Wie hätte ein

---

[27] Die meisten Schwerverbrecher und Mörder haben Köpfe, die Angst und Schrecken verbreiten. Es ist unmöglich, in diesen oft schrecklichen Masken nicht den kriminellen Determinismus zu sehen. Übrigens wählen Filmregisseure die Schauspieler, die grausame Rollen als Mörder spielen, perfekt aus.

[28] Anspielung auf das Gayssot-Gesetz, das verbietet, dass unter dem falschen Vorwand des "Rassismus" irgendetwas, vor allem Wahres, gegen Juden gesagt wird. Es verbietet die Veröffentlichung von historischen Forschungen, die den Juden missfallen, insbesondere wenn man alle Beweise und Argumente bezüglich dieser Forschungen vorlegt. Das ist die absolute Diktatur der Lüge.

solcher Tumult der römischen Wache auf der Festung Antonia entgehen können, die den Tempelhof beaufsichtigte und nichts gegen Bräuche einzuwenden hatte, die seit langem durch Brauch und Rabbinat festgeschrieben waren?

Es gibt Hunderte von Bibelstellen im Evangelium, die zum Nachdenken über die Absurdität von Fakten und Argumentationen anregen.

Die Auferstehung? Wenn Christus seine göttliche Natur hätte offenbaren wollen, hätte er sich seinen Feinden und seinen Richtern zeigen müssen. Doch keiner von ihnen sah ihn. Nur seine Gefährten und eine Frau sahen ihn. Seine Folter hat unzählige Zeugen, seine Auferstehung nur einen, eine Frau in Transporten...

Man muss auch bedenken, dass der Begriff "Sohn Gottes" zu dieser Zeit völlig alltäglich war.

Das Wort "Baraba" bedeutet auf Aramäisch "Sohn Gottes".

Paulus von Tarsus befreite die Heiden von den 613 Geboten des jüdischen Gesetzes, die genau mit der großen Tradition übereinstimmten, und öffnete die griechisch-römische Welt für den Katholizismus, der eine Parodie der Religion ist, die in den Schrecken des Anathemas, der Ketzerei, der Inquisition und des Marxismus gipfeln sollte.

Die Inquisition funktioniert ähnlich wie der Marxismus. Der einzige Unterschied besteht darin, dass ersterer zum Glauben an absurde Dogmen zwang, während letzterer Ihnen den Glauben an das Nichts auferlegt.

Paulus wurde zu seiner Zeit als falscher Apostel angesehen und wird in der Offenbarung gegeißelt. Die ägyptische Moral hatte einen Höhepunkt erreicht, den das Christentum nie erreichen wird.

Man sprach nicht von Ideen wie Nächstenliebe, Barmherzigkeit, Gerechtigkeit und Brüderlichkeit: Sie waren in den religiösen und mystischen Charakter dieser Zivilisation involviert. Der Pantheismus ging dort im Monotheismus auf. Die Nebengötter und ihre Symbole minderten in keiner Weise den einen und absoluten Charakter Gottes. Sie waren lediglich *verschiedene Aspekte* der Göttlichkeit.

Die ägyptische Moral kennt die verschiedenen Götter nicht und wendet sich an Neter, Gott, ohne ihn anders zu benennen.

Der Katholizismus hat vom biblischen Judentum einen exklusiven und eifersüchtigen Gott geerbt, der direkt zu den Begriffen der Ketzerei und des blutigen Anathemas führen wird.

Dann erreicht man den Gipfel des Grauens: *Es ist besser, gläubig zu sein, selbst wenn man ein abscheulicher Mörder ist, als ein guter Mensch, der ungläubig an Dogmen glaubt.*

Das Dogma begann seine Verfolgung, indem es sich wie der Wolf mit dem Mantel der christlichen Nächstenliebe schmückte, was im 20. Jahrhundert übrigens dazu führte, dass Genies zum Tode verurteilt und körperlich und geistig Behinderte wie Kriminelle aller Art verhätschelt wurden.

Was die dogmatischen Kontroversen betrifft, so haben sie nur Hass und nie einen einzigen Akt der Nächstenliebe hervorgebracht. Der Glaube an die Erbsünde hat die Besessenheit von der Sünde, die Angst vor dem Verderben hervorgebracht: Er führte zu seltsamen Neurosen, zu sterilisierenden Wahnvorstellungen, die bis zum Schwindel der Verdammnis reichen konnten.[29] Hat das Dogma den Seelen Frieden gebracht? Den reinen Herzen Freude bereitet? Vertrauen in Gott?

Letztendlich führte uns dieser ganze dogmatische Kram zum Rothschild-Marxismus, um uns mit Milliarden von Dollar, universellen Hungersnöten und Gulags zu erlösen. Der Dogmatismus der Kirche, des großen Satans, sollte uns zum riesigen marxistischen Satan führen.

Was bleibt auf der Habenseite der Kirche? In einer sehr globalen Zusammenfassung: nichts.

Sie wird weder Atom- und Neutronenbomben noch den Marxismus verhindern.

Sie muss jedoch für ihren pastoralen Charakter gelobt werden. Hier war die Kirche erhaben. Sie hat bewundernswerte Hingabe geweckt, Vinzenz und Franz von Assisi, Vézelay und 120 gotische Kathedralen in ganz Europa hervorgebracht.

Die dogmatische Kirche hat nichts als unerträglichen Fanatismus hervorgebracht. Das von der katholischen Theologie auferlegte Gottesbild (in dem man den Einfluss der Juden erkennen muss, die von den Ägyptern "die Unreinen" genannt wurden), ist eine ständige Beleidigung für die edle Vorstellung, die sich jeder von der Göttlichkeit macht.

---

[29] Die Endokrinologie wirft ein interessantes Licht auf die "Erbsünde". Es ist bekannt, dass sexueller Missbrauch zu einer Insuffizienz der inneren Genitalien (Güte, Gerechtigkeit, menschliche Qualitäten usw.) zugunsten einer Exazerbation der Schilddrüse (Stolz) führt. Man kann also physiologisch behaupten, dass, wenn es eine Erbsünde gab, diese sexueller Natur war. Der Stolz wäre nur eine Folge des sexuellen Missbrauchs.

Wenn sich das von den psycho-diätetischen Gesetzen, die allein die Verbindung zum Transzendenten und den moralischen Sinn vermitteln, abgeschnittene Christentum im Westen durchgesetzt hat, dann nicht durch seine Dogmen, sondern gegen sie und trotz ihnen. Sie hat sich durch ihre zeitlos gewordene Moral durchgesetzt, sie hat die gleiche Würde und die Brüderlichkeit der Menschen verkündet, sie hat den Armen und Benachteiligten Trost gespendet, sie hat den Stolz der Starken und Mächtigen gedämpft, sie hat das Erhabene des Opfers verkündet, sie hat karitative Einrichtungen gegründet, sie hat in den Seelen das Bedürfnis geweckt, sich selbst zu übertreffen, ohne das es keinen geistigen Fortschritt geben kann. Ist das alles originell? Hier finden sich die allgemeinen Gebote, die in allen großen Religionen zu finden sind, da sie die eigentlichen Bedingungen des gesellschaftlichen Lebens zum Ausdruck bringen.

Die Widersprüchlichkeit der Evangelien wäre ein ganzes Buch wert.

➢ Mal schafft Jesus die alten Riten zugunsten der moralischen Absicht ab, die allein zählt.

➢ Mal behält er die Vorschriften des Gesetzes bei und führt neue Rituale ein.

➢ Mal behauptet er, dass die Nächstenliebe ausreicht, um die Tore des Himmels zu öffnen.

➢ Mal schimpft er, dass es außerhalb des Gesetzes keine Rettung gibt.

➢ Mal ist der Mensch frei, seine Erlösung selbst zu bewirken.

➢ Mal werden die Auserwählten (144000) und Nicht-Auserwählten von Gott auserwählt.

➢ Mal preist er das Familienleben und die Fruchtbarkeit der als unauflöslich proklamierten Ehe.

➢ Mal erklärt er: "Ich bin gekommen, um den Mann gegen seinen Vater zu stellen, die Tochter gegen ihre Mutter, die Schwiegertochter gegen ihre Schwiegermutter.

➢ Mal verurteilt er Gewalt und Krieg und verkündet: "Selig sind die Sanftmütigen, denn sie werden die Erde besitzen; selig sind die Barmherzigen, denn sie werden Barmherzigkeit erlangen; selig sind die Friedfertigen, denn sie werden Söhne Gottes genannt werden.

➢ Mal erklärt er: "Glaubt nicht, dass ich gekommen bin, um Frieden auf die Erde zu bringen, ich bin nicht gekommen, um Frieden zu bringen, sondern das Schwert, ich bin gekommen, um Feuer auf die Erde zu bringen, und wie sehr wünschte ich, dass es schon entzündet wäre".

➢ Mal lehrt er die Vergebung von Verfehlungen.

➢ Mal wettert er gegen die Städte nördlich des Tiberias-Sees.

➢ Mal erklärt er, man müsse sich der etablierten Macht unterwerfen und selbst die ungerechte Steuer zahlen.

➢ Mal erklärt er, dass die Königreiche des Satans sind, und wettert gegen die gesellschaftliche Hierarchie, Schriftgelehrte, Pharisäer, Hohepriester.

Die Beschreibung dieser Inkohärenz könnte noch lange fortgesetzt werden. Diejenige, die am meisten auffällt, ist, dass der Glaube die Voraussetzung für die Erlösung ist. Die schlimmsten Untaten werden durch einen einzigen Akt des Glaubens an Jesus erlöst, articulo mortis.

Der Modernismus hat sich an alle Formen jüdischer Demagogie gewöhnt, und dieses evangelikale Beispiel schlägt in dieser Hinsicht alle Rekorde.

Warum um alles in der Welt verfluchten sie diesen Feigenbaum, der zu dieser Jahreszeit nichts hervorbringen konnte, während Jesus die Brote und Fische vermehren konnte?

Also keine originellen religiösen Ideen, sondern kindische, inkohärente Ideen, die mit Parabeln verschleiert werden.[30]

Tristan wollte eine unumstößliche Wahrheit, eine absolute Aufrichtigkeit.

Er würde die Fatalität des Dandys erklären und wie er seine Lektionen von einem großen Meister nimmt: dem Leiden. Außerdem besitzt er eine höchste Gabe: die Wahrheit mit voller Offenheit zu sagen, ahistorisch, unsympathisch, und zwar egal, was sie ist und zum unpassendsten Zeitpunkt.

---

[30] Es gibt viel über das klinische Panorama von Christus zu sagen, das allein die gesamte Psychopathologie zusammenfasst. Dies wird in meinen anderen Büchern behandelt, insbesondere: "Auschwitz: Das Ende von Iechou, Rothschild und Marx".

Er kann nicht anders, denn die Wahrheit erstickt ihn, sie muss sich entfalten.

Diese physische und moralische Verwandtschaft mit den romantischen Dichtern und Musikern führte ihn zu mittlerweile offensichtlichen Vorstellungen. Diese langgestreckte, ästhetische, phantasievolle und intuitive Vorherrschaft, die für einen Menschen durchaus typisch ist, veranlasste ihn, nach Gruppen unterschiedlicher Typen zu suchen.

Er beobachtete beim Militär, insbesondere bei Fallschirmjägern und Schocktruppen, eine sehr ausgeprägte Kategorie, die er auch bei Ringkämpfern, Rugbyspielern und insbesondere bei marxistischen Diktatoren fand.

Dieser brutale Typ mit der vulgären Stimme und dem Stierhals war im Wesentlichen materialistisch. Seine Werte waren körperliche Stärke,[31] die Gruppe und die Familie. Was Tristan verblüffte, war, dass sie ohne die Zustimmung der weiblichen Partnerin kopulieren konnten, was diese Menschengruppe zu einer der endemischen Vergewaltiger machte.[32]

Die Präsenz dieser Diktatoren in der modernen Welt war leicht zu verstehen. Der Mensch kann nur von zwei Autoritäten regiert werden: von der Intelligenz in einem harmonischen und hierarchischen Regime oder von der reduktionistischen brutalen Gewalt in einer chaotischen Konjunktur.

Wenn das politische Regime alle Werte geistiger, moralischer, ästhetischer, d. h. genuin intellektueller Art eliminiert, dann werden Spekulation und Demagogie zwangsläufig alles in Anarchie auflösen.

Um das Problem der Anarchie bei ihrer Entstehung zu lösen, sind höhere Intelligenzen umso unwirksamer, als niemand sie mehr verstehen kann, da die pyramidenförmige Wiederherstellung der natürlichen Ordnung viel Zeit in Anspruch nimmt. Damit die Macht - und nur die Macht - sofort eine künstliche und reduktionistische Ordnung herstellen kann, wird die Gesellschaft diesen "adrenalen" Typus hervorbringen, der von einer vereinfachten Ideologie geleitet wird, die seinem objektiven und bodenständigen Verstand entspricht. Die Pseudodemokratie bringt also alle Formen von Linksdiktaturen

---

[31] Stalin, der, wie wir sehen werden, Adrenaliniker war und somit zu dieser Gruppe gehörte, sagte, als er über den Vatikan sprach: "Wie viele Divisionen".
[32] Vergewaltiger haben also alle hyperaktive Nebennieren, ohne diese endokrine Qualität ist keine Vergewaltigung möglich.
Der Schilddrüsenmann bekommt nur mit einer klaren und willigen Partnerin eine Erektion. Er ist unfähig zur Vergewaltigung.

hervor. Rechte Diktaturen können nur entstehen, wenn die Massen noch ein Mindestmaß an Bewusstsein haben. In diesem Fall werden die Diktatoren Adrenalinjunkies sein, die jedoch mit Moral und Verstand ausgestattet sind (Mussolini, Hitler).[33] Der Säkularismus rottet jedes intellektuelle und moralische Bewusstsein mit der Wurzel aus. Das daraus resultierende Chaos wird Diktaturen unvermeidlich machen, von denen der Globalismus die schlimmste ist. Die zusammengebrochenen Religionen werden sie ebenso vorantreiben wie der Marxismus.

Daher ist es heute unmöglich, einen Führer, einen synthetischen Intellektuellen, zu konzipieren, da er von den zombifizierten Massen missverstanden und bekämpft werden würde.

Er wird es notwendigerweise sein, wenn er ein umfassender Geist ist, der die menschliche Einheit innerhalb der Natur berücksichtigt, der alle Aspekte des Lebens berücksichtigt, der höhere Geister mit unterschiedlichen Fähigkeiten als Mitarbeiter hat, die aber alle einen Geist haben, der auf Synthese und Universalität zuläuft, d. h. die radikale und absolute Antithese zur heute herrschenden jüdischen Spekulation.

Jeder echte Führer, der auf die Wiederherstellung der grundlegenden Tradition abzielt, ist daher zum Scheitern verurteilt. Jeder Diktator, der sich auf vereinfachende, materialistische Ideologien ("Der Pflug macht den Menschen") stützt, die den Massen, die sie zu Millionen ausrotten werden, nur Elend und Knechtschaft , bringen werden, hat jede Chance, sich gegen eine galoppierende Degeneration durchzusetzen.

Tristan hatte auch unter seinen Kollegen an Universitäten, Hochschulen und Krankenhäusern einen sehr deutlichen Typus beobachtet.

Eher quadratische Gesichter und Hände, sportliches Aussehen, große körperliche Belastbarkeit, erstaunliche Assimilations- und Gedächtnisfähigkeiten, keine Beobachtungsgabe, geringe Sensibilität, rationaler Verstand im Hier und Jetzt, der im Übrigen komisch ist, weil er sich nur auf das Nebensächliche stützt, eigentlich Psychologie von oft bemerkenswerten Spezialisten. Hinzu kamen Selbstbeherrschung, Kaltblütigkeit und ein Mangel an emotionalem Potenzial. Ob jemand Geschichte, Philosophie oder Medizin studiert hatte, war für Tristans Beobachtung unerheblich. Er war fasziniert von der Analogie ihrer Reaktionen, ihrer Identität, ihrem Mangel an Persönlichkeit, ihrer

---

[33] Nebenbei sei erwähnt, dass Hitler mit starken Nebennieren sehr schilddrüsenkrank war.

radikalen Unfähigkeit, in Analogien und Synthesen zu denken. Wenn sie ein offizielles Auswahlverfahren bestanden hatten, erschienen sie Tristan wie aus einem Guss.

Er erkannte, dass das pseudodemokratische System der Wettbewerbe am entgegengesetzten Ende des genialen Konzepts lag. Im Extremfall ist die höhere Intelligenz Einzigartigkeit. Der geniale Mensch ist derjenige, der gegen alle Konformitäten Recht hat und sich in einer Reihe mit den großen Belebern der Menschheit befindet.

Semmelweis wurde von allen Universitäten der Welt verspottet, von seinen Kollegen, die als letzte den Begriff der Identität verstanden, der ihn zu seiner Entdeckung geführt hatte. Er hatte gegen alle Recht und ohne ihn gäbe es keine Asepsis, keine Geburtshilfe und keine echte Chirurgie. So rekrutierte das Universitätssystem geformte Wesen.

Um sich dieser Verzerrung hingeben zu können, mussten sie daher wenig Persönlichkeit besitzen und ihnen fehlten die Gaben, die ein Genie ausmachen. Und noch mehr die Fähigkeiten, die notwendig sind, um ein Genie zu erkennen und zu verstehen. Die Universität war daher das erste Mittel zur Entmenschlichung. Sie sollte in einer Art weichem Marxismus versinken. Die Habilitanden und Internisten, die bis zu ihrem fünfunddreißigsten oder vierzigsten Lebensjahr dem Gedächtnis und der Analyse verpflichtet sind, einer regelrechten mnemonisch-analytischen intellektuellen Masturbation, können unter keinen Umständen die "jüdisch-kartesianischen" Spurrillen verlassen. Sie können also kein einziges synthetisches Konzept durchdringen. Sie verlieren sich im Labyrinth der Nuancen und alles, was aus dem analytischen Konformismus herausfällt, ist für sie "esoterisch".[34]

Meditation ist für sie ein Ding der Unmöglichkeit. Sie denken wie Pantoffeln, weil sie im Kleinen gut argumentieren. Sie haben sich auf Raketen, Atombomben, Computer und Tiefkühltruhen zubewegt, aber sie machen umgekehrt Fortschritte in der Menschenkenntnis. Man kann sagen, dass der allgemeine Cartesianismus, den Tristan als Judäo-Cartesianismus bezeichnete, eine völlige Lähmung in Richtung Menschenkenntnis war.[35]

---

[34] Es ist zu beachten, dass alles wahre Wissen "esoterisch" ist, was bedeutet, dass es nur für synthetische Geister zugänglich ist, denen die Offizialität radikal vorenthalten wird.
[35] Descartes hätte diesen Cartesianismus verstoßen, so wie Pasteur auf seinem Sterbebett den Pasteurismus verstoßen hat:

Krankenhausärzte unterliegen einer Denkweise, die mit dem normalen Zweck der Medizin völlig unvereinbar ist: den ganzen Menschen zu verstehen, um Krankheiten vorzubeugen und ihn gesund zu erhalten. Sie suchen nach ihrem unglücklichen Syndrom und vervielfachen ihre Analysen. Sie sind nicht in der Lage, synthetische Entdeckungen über den ganzen Menschen zu machen. Sie wenden ihre Argumentationen und Messgeräte an, was ihrem Verständnis zugänglich ist. Sie verlängern die unerschöpfliche Liste der empirischen Verfahren, der Verzweiflungslösungen und der chemischen Medikamente, die Krankheiten hervorrufen, die schlimmer sind als die, die sie zu heilen vorgeben. Sie bedienen sich der Chirurgie mit ihren spektakulären technischen Fortschritten, die jedoch kaum genutzt würde, wenn es eine Präventionsmedizin gäbe. Sie können also nur in die Medizintechnik münden und niemals in die Gesundheit. Im Gegenteil, je weiter diese Art von Medizin fortschreitet, desto kränker wird die Menschheit.

Tristan sah das Schicksal, das diese Wesen beherrschte, die ihn übrigens nicht verstanden. Er wusste, warum, sie nicht. *

Es gab auch eine andere Art von Männern, die man nur selten traf.

Er war der einzige, der einen umfassenden Kontakt anbot. Genauso offen für Initiationswissen wie Astrologie[36] wie für die sogenannten kartesianischen Perspektiven. Sie nutzten Verstand und Intuition in einer perfekten geistigen Symbiose.

Die Stirn war breit, die Augen offen, lachend und oft optimistisch, obwohl sie auch ziemlich tief und traurig waren. Die Körpergröße betrug höchstens 1,70 m. Er war ein Feinschmecker und voller Selbstbeherrschung. Es gab bei ihnen ein breites und allgemeines Verständnis. Ihre Augen waren, zumindest bei denen, denen er begegnet war, reizbar.

Er war sich also vier menschlicher Archetypen bewusst geworden: Chopin, ein Medizinprofessor, Stalin und Alexis Carrel.

Die meisten Menschen waren zusammengesetzt, manchmal mit einer leichten "hormonellen" Vorherrschaft, die sofort auffiel.

Claude Bernard hat Recht: "Die Mikrobe ist nichts, das Terrain ist alles". Die Impfung ist eine weltweite degenerative und pathogene Geißel (Krebs, Herz-Kreislauf- und Geisteskrankheiten).

[36] Die Astrologie ist den "Hypophysären", die wir gerade beschrieben haben und die wir im Kapitel "Der Schlüssel" besprechen werden, radikal verschlossen.

Tristan stellte fest, wie plastisch diese Wesen in Abhängigkeit von den politischen Umständen sein konnten. Sie konnten von einem Pharao, Thomas von Aquin, Rothschild oder Karl Marx beeinflusst oder manipuliert werden.

Das Durchschnittswesen hat nur Zugang zu einem reduzierten analytischen Denken. Er hat keinen Zugang zu Analogie, Synthese und der Möglichkeit, zu verallgemeinern, wie das Genie.

Es war leicht zu verstehen, wie die spektakuläre jüdische Spekulation einen Damm zwischen der Masse und dem Transzendenten errichten konnte. So wurden alle Betrügereien von der mystifizierten Masse für ein gutes Brot gehalten.

Daher die Welt der Händler und Sklaven, in der wir uns selbst überleben.

Es musste also einen physiologischen Faktor geben, der die vier menschlichen Archetypen bestimmte: intuitive, materialistische, eng diskursive, synthetische Vorherrschaft.

Tristan dachte an endokrine Drüsen.

Dies fiel ihm umso leichter, als er aus Erfahrung wusste, dass der Künstler offensichtlich an Funktionsschwankungen seiner Schilddrüse litt, da diese medizinischen Begriffe allgemein bekannt waren.

Tristan hatte noch etwas unendlich Wichtiges begriffen: Die medizinische Offizialität hatte die funktionelle Vorrangstellung des Hormonsystems vor dem Nervensystem nicht verstanden. Sie hatte nicht verstanden, dass das Hormonsystem das Nervensystem und das Wesen im Allgemeinen beherrscht.

Der Neuronale war zwanghaft.

Eines Tages entdeckte er einen Artikel eines Endokrinologen, der nicht wie seine Kollegen Opfer der Analysomanie war. Er entdeckte dort die hormonelle Übersetzung seiner archetypischen Beobachtung: *Chopin, Schilddrüse, Stalin, Nebenniere, de Gaulle,*[37] *Hypophyse, Carrel, Genitalien, Interstitium.*

Die biologische Determinante war also hormonell.

Tristan war also tatsächlich eine Schilddrüse, d. h. eine *physiologische Hyperthyreose.* Nun ist dies für die Mehrheit der Hypophysären

---

[37] De Gaulle, ist der Archetyp des Hypophysären, mit der Größe sogar, denn der Archetyp ist sehr groß, kann bis zu zwei Meter groß werden, wie einige Bauern am Nil.

unverständlich. Sie können nicht verstehen, dass zwei antinomische Konzepte in einer perfekten Symbiose zu einem neuen Konzept verschmelzen: in diesem Fall zu dem der Drüsentypen.

Er hatte sich oft gefragt, warum thyreoidale Künstler und Frauen einen leichten konvergenten oder divergenten Strabismus aufweisen. Es ist leicht zu verstehen, dass eine Schilddrüsennatur mit Hypertonietendenz einen leichten Exophthalmus aufweist, der die Sehachse beeinträchtigt.

Zwischen der Basedowschen Hyperthyreose und der Thyreose bestand der Unterschied zwischen dem Pathologischen und dem Physiologischen. Auf der einen Seite ein Demenzkranker durch Schilddrüsenbrause und auf der anderen Seite ein intuitiv nervöser Mensch mit großer geistiger Anfälligkeit.

"Dandytum ist eine degradierte Form der Askese", sagte Albert Camus.

Das ließ sich physiologisch nachweisen: Als sich die Schilddrüsen von Franz von Assisi, La Fontaine und Liszt beruhigt hatten, tendierten sie zur Askese.

Tristan erkannte mühelos, dass er zu diesem Typus gehörte. Alle romantischen Künstler wie Chopin, Musset, Lamartine, Goethe, Weber und Mendelssohn gehörten ebenfalls zu diesem Typus. Am Anfang der romantischen Psychologie stand also eine angeborene leichte Hyperthyreose, die diese phantasievolle, intuitive, spiritualistische, egozentrische, ästhetische Psychologie bestimmte.

Die übersinnliche Hand!

Der Dichter, der Visionär, der Musiker, der Mystiker: All das war für ihn selbstverständlich.

Der wahre Intellektuelle muss also notwendigerweise ausreichend thyreoidal sein, sonst wäre er auf das Diskursive, auf die Immanenz beschränkt und könnte niemals etwas von François d'Assises oder der Astrologie verstehen.

Ein Schilddrüsenpatient mit ausreichender Hypophysenfunktion hatte Zugang zur Mathematik. Ein banales Wesen, das kaum eine Drüse besaß, wurde zwangsläufig von Konformismen absorbiert, egal welcher Art, selbst wenn sie sich zu den Hymalayas der zeitgenössischen Perversitäten und Dummheiten bekannten.

Was die Dominanz des Hormonsystems über das Nervensystem betrifft, so war sie offensichtlich: Der Nerv kann einen Muskel und *sogar eine Drüse* in Aktion setzen.

Aber es ist unsere hormonelle Natur, die die Qualität der vom Nervensystem induzierten Handlungen bestimmen wird. Die Schilddrüse ist an ihr intuitives und ästhetisches Universum gekettet, die Nebenniere an ihr Universum der Objektivität und des Materialismus, die Hypophyse an die Analyse und das innere Genitale an die harmonische menschliche Synthese.

Genitalverstümmelung hat zwangsläufig sehr starke hormonelle und psychische Auswirkungen, die sich auf die körperliche und geistige Verfassung auswirken.

Was für eine Revolution in der Menschenkenntnis!

KAPITEL XIII

"Große Liebe lebt von Verhinderung" (Giraudoux)

Tristan hatte das Gefühl, auf einem übermenschlichen Weg bis zur Erschöpfung zu gehen. Das Leben ging schwer und belastend weiter. Tristan bereitete sich fieberhaft auf seinen letzten Bachelor-Abschluss vor, den er regelmäßig um ein Jota verfehlte.

In dieser Zeit lernte er einen Freund kennen, der in Ägypten Französischlehrer gewesen war und um einiges älter war als er. Er war nach Frankreich gekommen, um seinen Bachelor-Abschluss, den er während des Krieges in Ägypten gemacht hatte, offiziell zu machen und anschließend einen Doktortitel in Geschichte anzustreben. Er war ein Pädagoge, kühl, räsonierend, sarkastisch, aber offen. Tristan verdankte ihm viele Stunden des Austauschs, der beruhigend und bereichernd war. Victor, so sein Vorname, war eine Art Dilettant, der maßvolle Arbeit, Freiheit und Frieden liebte. Seine Eloquenz war ziemlich schön und er hatte einen gewissen Sinn für Autorität. Ihre gegenseitige Verfügbarkeit war eine reiche Quelle.

Eines Abends ging Tristan zu Victor in sein Zimmer im Studentenwohnheim. Er war traurig, entmutigt und pleite. Victor empfing ihn wie immer, seine goldgerahmte Brille etwas weiter vorne auf der Nase, den Kopf gesenkt, um besser darüber hinwegsehen zu können, die rechte Augenbraue höher als die linke, die Sprache leicht.

— Du musst dich aufrappeln, du musst dich schütteln", sagte er unmissverständlich.

An diesem Abend fand im Pavillon der französischen Provinzen, wo Victor wohnte, ein Ball statt. Sie mussten dorthin gehen und gingen zusammen.

Tristan konnte nichts sehen, all diese unbedeutenden Mädchen ... Er machte sich bereit, nach draußen zu gehen, denn er hatte Mühe, sich in diesem Torfboden vorwärts zu bewegen. Gerade als er den ersten Schritt zum Ausgang machen wollte, packte ihn Victor:

— Dreh dich um und sieh dir dort das Mädchen an, es sieht aus wie deine Nachbildung.

Skeptisch drehte sich Tristan um und war geblendet.

Sie war groß, schlank und schön, von jener rassigen Schönheit, die Tristan überaus schätzte.

Sie war ein wunderbarer Typ einer slawischen Tänzerin.

Sie war nicht wirklich elegant gekleidet, aber man konnte anhand ihrer besonders vollendeten Formen erahnen, dass sie es mühelos sein konnte. Ihr Teint war hell, ihr blondes Haar schimmerte in der Sonne und ihr Mund war sinnlich. Aber es gab etwas an ihr, das Tristan erschreckte. Ihr Gesicht war von eisiger Schönheit, ihr harter Ausdruck, die leicht exophthalmitischen Augen verrieten eine leicht pathologische und nicht nur typologische Neigung zur Hyperthyreose.

Er ahnte eine ganze Zukunft voller Schmerz. Er fühlte sich angezogen, aber er belog sich selbst. Alles an ihr stimulierte Tristans inneres Wesen, alles trieb ihn zu ihr. Ein Schrei schrie jedoch danach, sich loszureißen, doch er wollte ihn nicht hören.

Sie stand an einem Fenster und tanzte nicht. Ein Junge lud sie ein, aber sie lehnte ab. Dann bot sich Tristan an und sie nahm an. Sie hatte eine Stimme, die ihm durch die Seele ging, eine kleine, sanfte Stimme, die Stimme eines Kindes. Er konnte nicht tanzen, er hatte nie die Zeit gehabt, es zu lernen, aber er hatte den Mut, zu tun, was er konnte. Sie tanzten eine Weile im Kellerraum, der nicht so überfüllt mit Menschen war. Sie gingen nach draußen. Sie küssten sich. Seine Zunge glitt über perfektes Elfenbein und biss in ihre. Sie erwiderte sie. Ihre leidenschaftlichen Küsse verschmolzen in ihrem gegenseitigen Fieber. Ihre Hände wanderten zu ihren Geschlechtern. Tristan war wahnsinnig verliebt. Ihre Küsse, ihre Umarmung, versetzten ihn in ein heißes Rauschfieber, von dem man nicht geheilt werden konnte.

Sie machten sich auf den Weg zur U-Bahn-Station. Dort gab es ein kleines Café. Sie nahmen dort Platz, maßlos verliebt. Tristan fühlte sich aktiv. Bis zu diesem Tag hatte er die Frau mit Verachtung, Gleichgültigkeit und sogar Zynismus behandelt. Schlimmer noch, wie ein Kind hatte er sich lieben lassen. Er brauchte die Liebe, die Leidenschaft. Sanft gab sie sich seinen Küssen hin, die wie Perlen auf ihre Schönheit tropften.

Sicherlich war der Ausdruck ihres Blicks nicht der aus Tristans Träumen. Sie war weit entfernt von der Venus von Botticelli. Ihre Stirn war etwas niedrig, das Daumengelenk zu stark ausgeprägt, aber sie sah aus wie in seinem Gedicht aus London und Tristans Fantasie fügte ihr das Fehlende hinzu.

Er sagt ihm sein Gedicht auf Französisch vor:

Ich liebe ein Mädchen. Ein richtiges.

Er sprach mit ihr weder über sich noch über seine Vergangenheit. Er liebte dieses schöne junge Mädchen. Sein Wahnsinn erreichte plötzlich seinen Höhepunkt. Er stellte ihr eine abrupte, wahnsinnige Frage:

— Würden Sie mich auf der Stelle heiraten?

— Ja, hatte sie geantwortet.

Sie waren entschieden genauso verrückt wie der andere, dieser Blondschopf und die hellhäutige Blondine, groß, schlank, mit langen Haaren, die über ihre statuenhaften Schultern wippten...

An diesem Abend mussten sie sich trennen.

Biche, so wollte Tristan sie nennen, begann Tristan zu quälen.

Bei einer Verabredung erschien sie nicht. Er bedrängte sie mit Fragen, aber sie antwortete nicht. Je mehr Tristans inneres Wesen in Aufruhr geriet, desto weniger äußerte sie sich. Sie gestand ihm, dass sie zu einem Jungen gegangen war, der sie eingesperrt hatte, damit sie sich nicht mit ihm treffen konnte.

Er hatte Schmerzen, körperliche Schmerzen. Ein Gedicht sprudelte hervor:

Meine Liebe ist ein Kristallbecher Mit klarem Klang.

Zu der ich lange Schlucke des Himmels trinke. Meine Liebe ist rein wie ein Traum von Gott. Vor der Schöpfung.

Meine Liebe ist traurig.

Wie das erste Nocturne von Chopin. Gespielt an einem Herbstabend.

Meine Liebe ist glücklich und verzweifelt. Wie ein Lied vom Leben und vom Tod

Zwei Freunde Tristans, denen er sich anvertraut hatte, warnten ihn. Beide waren Psychiater.

— Du bist auf dem falschen Weg, du projizierst deine Liebe in die Ewigkeit, du machst es wie der Tristan aus der Legende, lebe es wie eine Leidenschaft: Vor allem heirate sie nicht. Ich habe sie auf dem Ball beobachtet, wo ich auch an dem Abend war, als du sie kennengelernt hast. Sie ist das letzte Mädchen, in das du dich verlieben solltest, das steht ihr ins Gesicht geschrieben. Du wirst nicht mehr essen, nicht mehr schlafen, sie wird dich ins Sanatorium oder nach St. Anne bringen.

Der Mitbruder unterbrach:

— Das sagst du ihm, während ich mit meinen vierzig Jahren gerade noch einen Blowjob bekommen habe. Tristan, Sie sind ein Dichter, offen wie ein Buch. Sie werden eine Schöpfung aus Ihren Leiden ziehen, wenn sie Sie nicht umbringen", fügte er mit einem sympathischen Lachen hinzu.

Da sie gesundheitlich angeschlagen war, fuhr Biche in den Osterferien aufs Land. Von dort aus schrieb sie ihm erstaunlich leere Briefe. Er traf sie einige Kilometer außerhalb von Paris. Er sprach nicht mit ihr über seine Vergangenheit. Er wollte sich für sie scheiden lassen, da er seit langem moralisch von seiner Frau getrennt war, der sein Unterbewusstsein niemals den schrecklichen Rotschopf mit den Mörderhänden verzeihen könnte...

Er würde die Kinder nie verlassen. Das würde er Biche sagen. Er war glücklich, sie in seinen Armen zu halten.

Als er nach Paris zurückkehrte, kritzelte er ihr eine Nachricht, obwohl sie erst einige Tage später nach Hause kommen sollte.

"Mein nächtlicher Liebling.

Wie weh es tat, als ich dich verließ, und wie sehr ich es liebe, wenn es weh tut, wenn ich dich verlasse. Gestern war es ein Zauber. Je mehr ich spüre, wie sehr ich dich liebe, desto mehr Vertrauen habe ich.

Ohne sie würde er vor sich hin dümpeln. Die Vorstellung, sie zu verlieren, gab ihm das Gefühl eines schwindelerregenden, erstickenden Absturzes. Der Sonntag kam, sie war am Vortag nach Hause gekommen. Von Biche war nichts zu hören.

Er wanderte umher. Er lernte Jean kennen, einen der beiden befreundeten Psychiater.

- Ich ahne, was mit dir los ist", sagte er zu ihr, "mach keine Dummheiten, vor allem heirate sie nicht. Sie ist verdammt", betonte er. Gestern habe ich sie auf dem Ball der Stadt gesehen, sie hat mit einem Zebra getanzt. Sie hat mich quasi verspottet, weil sie weiß, dass ich dein Freund bin. Sie ist eine Messalina: Das ist wirklich nicht das, was du brauchst. Du brauchst eine Clara Schumann. Du bist ein Poet, man sollte alle Poeten einsperren.

Aber für Tristan gab es auf der Welt nur Biche. Sie war in der Form einer zerbrechlichen Schönheit das Symbol der anbetungswürdigen Ohnmacht, die in der Schöpfung vergraben war.

Er hatte sich für eine unmögliche Liebe entschieden und würde dafür bezahlen.

Er wusste, dass sie abends in der Rue Notre Dame des Champs in der Schule von Janine Solane Tanz lernte. Er ging dorthin und wartete auf sie.

Sie kam zu Tristan, weinte leise und gestand ihm, dass sie vor einigen Monaten Liebeskummer gehabt hatte und sich betäubt hatte.

Tristan lauschte ihrer kleinen, sanften Stimme und sein Herz schmolz, als er sie ansah. Er träumte von der Fülle ihrer Liebe, von der Einheit, die ihre beiden Seelen bilden würden. Beide würden inmitten der erloschenen Massen ein mehr als menschliches Glück erreichen. Er liebte ihre Gedanken, ihr Zögern, ihre Lippen, ihre Schwächen.

Der Gedanke, ihr untreu zu sein, war ihm zuwider. Er spürte, dass, wenn seine Liebe ein Hirngespinst wäre, sein Universum in Nichts explodieren würde.

Am Abend sah er sie. Manchmal war sie mürrisch, ohne ein zärtliches Wort. Ihr Gesicht schien wie mit einer Wachsmaske versiegelt. Er wartete vergeblich auf den beruhigenden Duft. Ob er sie für eine Stunde oder einen Tag verließ, er schickte ihr Briefe und Gedichte, die sein Herz erleichterten und sie wieder präsent machten. Seine Liebe schien sich auszubreiten, sich aufzulösen, in einer Wüste ohne Oasen. Er machte sich Sorgen über ihre seltsamen Launen, ihre Brutalität, sie antwortete nicht. Sie wurde krank. Die Trennung, die Angst, ein halber Tod.

Mein geliebter Nocturne.

Wir werden eine unauflösliche Mischung aus einander sein. Ich warte auf deine Briefe, wie das Gras auf den Morgentau, ich liebe dich, wie das Gras auf den Tau wartet. Ich wünschte, deine Liebe würde mich alle Wunden vergessen lassen. Du hast mir am Telefon gesagt, dass du singst, wenn du meine Briefe erhältst. Ich möchte dich singen hören. Ein kleiner Nachtmahr muss so schön singen.

Wenn ich daran denke, dass ich dich küsse, kommt mein Herz auf meine Lippen.

Konvaleszenz.

Seine Eltern waren nicht zu Hause, und Tristan besuchte ihn. Kurze, unaussprechliche Freude. Die Nacht verging voller Spuren von Biche. Am Morgen musste er den Klang ihrer Stimme hören. Am Telefon sprach sie auf eine seltsam fröhliche Art und Weise, die ihm weh tat. Er suchte nach Erklärungen: Sie hatte Besuch.

Verblüfft legte Tristan auf und stürzte sich auf sein Papier.

Mein nächtlicher Liebling.

Ich fühle mich immer noch vom Besuch dieses Mitschülers betroffen. Ich weiß, dass ich vielleicht dumm bin, aber ich werde das Gefühl nicht los, dass es sich um einen früheren Flirt handelt, und das verletzt mich. Ich bin nicht eifersüchtig. Ich bin einfach nur traurig. Schatz, schick diese Art von Beziehung zum Teufel. Du bist schlau genug, einen Vorwand zu liefern. Entweder wollen diese Jungs mit dir flirten, oder sie lieben dich, und in beiden Fällen bin ich unglücklich. Ich denke, dass ich dich zu sehr liebe, dass ich dich zu sehr idealisiert habe. Ich bin meiner Qualen überdrüssig. Ich weiß, dass du mich wirklich liebst und dass ich nur dich will. Dass ich wegen dir unglücklich bin, ist das nicht der Beweis dafür, dass ich dich zu sehr liebe? Ich sehne mich sehr danach, dich in meinen Armen zu halten: Meine Liebe wächst mit jedem Tag.

Ich habe kaum Mut zur Arbeit, so sehr sorge ich mich um dich. Ich möchte in deinem hübschen Kopf sein, um zu wissen, wie sehr du mich liebst! Dann hätte ich vielleicht eine Fülle von süßer Ruhe. Ich dachte, ich sei unfähig zu lieben, und plötzlich bist du mir erschienen, und mein Herz ist so müde vom Schlagen, dass ich ersticke. Wäre es nicht besser, gegen diese schreckliche Krankheit immun zu sein? Hat Shakespeare nicht gesagt, dass "der Lauf der wahren Liebe niemals heiter fließt"?[38]

---

[38] "The course of true love never did run smooth" (Shakespeare).

Als ich dich anrief, hattest du diesen fröhlichen Gesichtsausdruck, den ich hasse, und ich war mir sicher, dass dich ein Junge besucht hatte. Schreibe mir einen langen Brief, der mir so viel Freude bereitet wie Worte. Wie konnte der Besuch dieses Jungen dich so schrecklich fröhlich machen? Warum musst du von einem "*nicht schlecht gebauten Kerl*" sprechen, während ich eine Frau als schön, hübsch, rassig, beliebig oder unbedeutend bezeichnen würde? Das Hausmädchen meines Onkels und meiner Tante sagte, wenn sie von einem Vertretungsarzt sprach:

"Er ist ein gut aussehender, nicht schlecht gebauter Kerl. Er war ein dicker, kantiger, vulgärer Schläger.

Schreib mir schnell, ich werde mir immer Sorgen um dich machen, das liegt in deiner und meiner Natur. Samstagabend :

Deine Fröhlichkeit gestern hat mir eine schlaflose Nacht beschert. Liebst du mich? Vermisst du mich? Vernichte diesen Brief mit dem Brief, den du mir schreibst.

Biches Antwort war eine Erleichterung für Tristans gequältes Herz:

Mein Liebling.

Dein Brief hat mich erstaunt und betrübt. Wenn du meinst, was du schreibst, beweist das, dass du nicht viel von mir hältst.

Ich müsste eine harte Lügnerin und Schauspielerin sein, um dir in allen Tonlagen zu schreiben, dass ich dich liebe und dich vermisse, und mich gleichzeitig jedem Jungen, der hierher kommt, in die Arme zu werfen. Wenn es Eifersucht wäre, würde ich es verstehen, aber wenn es das nicht ist, könntest du es besser sehen. Ich dachte wirklich, dass wir über das Stadium des Misstrauens hinaus sind. Weißt du, wenn ich kein großes Vertrauen in dich hätte, wäre ich während meiner Krankheit vor Angst gestorben. "Die Liebe soll Liebe sein, das heißt, sie soll Frieden sein", sagte Montherlant. Mein Schatz, unsere Liebe muss stark sein, das heißt, sie darf nie durch kleine Geschichten erschüttert werden.

Ich habe einen Schlussstrich gezogen, weil ich denke, dass diese Geschichte erledigt ist. Ich möchte die guten Dinge nicht mit den schlechten vermischen.

Ich hoffe, du kannst dir leicht vorstellen, wie glücklich du dich über deinen etwas zu kurzen Besuch gefühlt hast. Ich habe dir natürlich nicht ein Viertel meiner Gefühle mitgeteilt, aber du kennst ja die außerordentlichen Schwierigkeiten, die ich habe, mich zu äußern.

Zum Glück habe ich einen Verlobten, der intelligent genug ist, um zu verstehen, ohne dass ich etwas sage. Ich habe bei Bernanos gelesen: "Es ist eine der unverständlichsten Schandtaten des Menschen, dass er das Wertvollste, was er hat, etwas so Unbeständigem und Plastischem wie dem Wort anvertrauen muss. Das Wertvollste von uns selbst ist das, was informell bleibt".

Ich schreibe dir diesen Satz, damit du erkennst, dass ich nicht völlig leer bin. Die Tiefe meiner Gefühle für dich lässt mich zögern, nach Worten zu suchen, um sie zu übersetzen... Du verstehst auch, warum ich so leicht rede, wenn es um Dummheiten geht.

Ich küsse dich, ich liebe dich.

Mein geliebter Nocturne.

Wenn du wüsstest, mit welcher Ungeduld ich auf deinen Brief gewartet habe: Du hast Recht, ich liebe dich und ich vertraue dir. Dieser Satz ist ein schöner Abschluss: "Möge unsere Liebe Frieden sein". Aber du kennst meine Natur, ein Atemzug wirft mich um. Aber die Zeit wird mir beweisen, dass ich keinen Grund zur Sorge habe, auch nicht über den Schatten, der dich streichelt. Siehst du, du kannst nicht besorgt sein, weil ich zu sehr nach außen gehe. Wenn ich so wäre wie du, würdest du sehen, dass es schwer ist. Ich mag deinen Satz: *"Die Tiefe meines Gefühls für dich lässt mich zögern, nach Worten zu suchen, um es auszudrücken"*. Siehst du diesen Satz, es sind die Worte, nach denen du suchst, und hier hast du dich perfekt ausgedrückt...

Biche musste wegen ihrer Gesundheit noch aufs Land fahren. Dort stieß Tristan zu ihr und nahm sie in den Arm. Ein kleines Hotel in einem Weiler. Dort blieben sie beide vierzehn Sommertage lang. Er hätte sie mitnehmen können, aber er tat es nicht. In seinem Zimmer oder im kühlen Schatten der umliegenden Wälder streichelte er sie liebevoll. Manchmal lag sie einfach nur da, war abwesend und reagierte nicht. Die Angst schwoll in ihm an, er spürte ihre Liebe nicht, obwohl er sie doch so sehr liebte.

Meine Liebe.

Wenn ich zittere, wenn ich an dich denke. Das liegt daran, dass ich dich liebe.

Wenn ich oft unruhig und neidisch bin Auf alles und nichts.

Es ist, dass ich dich liebe.

Wenn mein Herz schlägt, wenn du ungeschickt bist. Wenn es blutet, wenn du schweigst.

Und dass du deine kindliche Revolte meiner Liebe vorziehst.

Es ist, dass ich dich liebe.

Wenn ich alles für dich vergesse

Wenn ich für dich auf alles verzichten kann. Das liegt daran, dass ich dich liebe.

Wenn die Tage ohne dich so lang sind. Wenn ich eine Minute gewinnen will.

Über die unerbittliche Zeit

Um dich zu sehen und dich in meiner Nähe zu spüren. Das ist so, weil ich dich liebe.

Wenn ich das reine Wasser, das aus deiner Quelle fließt, sehen muss.

Und nicht daran zu glauben, ohne sie zu sehen. Es geht darum, dass ich dich liebe.

Wenn ich an den blauen Himmel denke, an die Lilien, an den Kristall Wenn ich an dich denke.

Es ist, dass ich dich liebe

Biches Eltern nahmen ihre Tochter der Gesundheit zuliebe mit in die Bretagne, um dort zwei Monate Urlaub zu machen.

Zwei Monate ohne Biche. Er wurde schwächer und zerriss. Ihm wurden zwei Monate in einem Pflegeheim auferlegt. Ein äußerer Abszess brach an der Kehle aus. Er strahlte in die Brust aus. Er hatte an Biche geschrieben. Vierzehn Tage waren vergangen. Nichts von ihr. Tristan wurde ins Krankenhaus gebracht. Er konnte nicht schlafen und krümmte sich auf dem Bett. Antibiotika, Schocktherapie, Stärke ... nichts.

Keine Neuigkeiten von Biche.

Überall in der Umgebung spürte er, wie das Leiden zitterte. Eine ältere Frau mit abgetrennten Beinen lag im Sterben, weil sie an diabetischem Wundbrand litt...

Die *geliebte Großmutter* sprudelte aus den Verlassenheiten und Verzweiflungen heraus.

Er hatte ein schreckliches Gedicht geschrieben, das er zerrissen hatte und das folgendermaßen begann:

Urinfarbiger Abschaum, vipernartiges Gesicht Weibliche Puppe mit großer Nase ...

Nein, er konnte dieses Gedicht des verdienten Hasses nicht zitieren, das so endete:

...Großmutter, ich sterbe.

Siebzehn Tage waren vergangen, endlich kam ein Brief von Biche.

"Mein Liebling.

Ich war wirklich verzweifelt, als ich dich neulich Abend verlassen habe.

Das Leben ist wirklich unglaublich rosig. Mein Schatz, es muss das letzte Mal sein, dass wir so lange getrennt sind.

Die Reise in die Bretagne verlief ohne nennenswerte Zwischenfälle, lediglich mit starken Ausdünstungen von Wurst, Käse und allem, was du dir vorstellen kannst. Ich weiß nicht, ob es an meiner Stimmung liegt, aber alles ekelt mich derzeit an. Alles ist schlecht. Es regnet ständig und ich habe eine starke Infektion am Fuß dank der wunderbaren Schuhe, die ich besitze und die mit Nägeln gefüllt sind. Ich habe heute Nacht Fieber bekommen und Mama will, dass ich zum Arzt gehe, um die Infektion zu stoppen.

Ich habe es satt, aber das hindert mich nicht daran, dich zu lieben. Schreib mir, ob du in diesem Pflegeheim bleibst. Ich habe mich etwa zehnmal mit meinem Vater gestritten.

Ich küsse dich überall".

Dieser Brief war ein Keulenschlag auf die Taube einer Liebe, deren Flügel sich in einem totalen Schwung auf sie zu entfaltete.

Aber verlangte Tristan nicht von den Menschen etwas, was sie ihm nicht geben konnten?

Aus dem Pflegeheim "*Die Windmühle*", in dem er sich seit seiner Entlassung aus dem Krankenhaus befand, antwortete er Biche:

"Mein nächtlicher Liebling.

Du bist nicht hier. Ich fühle dich weit weg, so weit weg, dass ich sterben möchte. Mein Herz ist mit Sturm und Schluchzen beladen. Wenn du wüsstest, wie sehr ich dich liebe. Dein Bild ist mir gegenwärtig, verzweifelt. Deine Abwesenheit macht mich leer und chaotisch. Deine Gegenwart erfüllt mich und versetzt mich in Ekstase. Du kannst mich machen oder mich zerstören, denn ich gehöre dir mit Leib und Seele, aber ich will nicht das Spielzeug einer launischen Fee sein. Ich habe Angst und ich liebe dich. Wir werden in die Sonne und ins Leben gehen.

Mitternacht: Ich fühle mich ohne dich verloren. Ich liebe dich so sehr, dass mein Herz zerspringen wird.

Tristans Briefe folgten wie brechende Wellen aufeinander. Briefe und Gedichte der absoluten Liebe. Eine erhabene Illusion. Er wartete vergeblich, aufgeblasen von einer zitternden Hoffnung, auf ein wenig von der Selbsthingabe, die in ihrem Eifer die wahre Liebe signalisiert.

O die erstaunliche Leere ihrer Briefe an sie!

"Meine Eltern beobachten mich und fragen mich, wem ich schreibe. Ich kann nicht schreiben. Ich habe keine Zeit, ich gehe baden, spiele Tennis und mache Spaziergänge.

Inmitten dieser dunklen Windungen kamen Madame de Gastine und Laure, um Tristan in der *Moulin à Vent* zu besuchen.

Er hatte seiner Mutter nichts erzählt, obwohl er wusste, dass ihr Urteil unfehlbar war, vor allem, wenn sie keinen persönlichen Kontakt zu den Menschen hatte, die sie nur durch ihre bewundernswerte Beobachtungsgabe einschätzen konnte. Er wünschte sich, dass die Klarheit seiner Mutter seiner eigenen entgegenwirken würde.

Er legte ihr eine ganz neue Fotografie von Biche vor. Madame de Gastine legte eilig ihre Hand an seine Wange:

— Mein Gott", sagte sie, "wie ungern würde ich mit einer solchen Frau zusammenleben. Sie ist sehr sensibel, aber sie hat kein Mitleid. Sie ist verschlossen, definitiv verschlossen. Sie wird sich nie weiterentwickeln. Sie ist eine Mauer. Ihre Anpassungsfähigkeit ist gleich null. Sie ist eine Mauer, die dich in den Selbstmord, in den Wahnsinn oder in die Tuberkulose treibt (Tristan erinnerte sich an die Warnung seiner psychiatrischen Freunde). Sie ist empfindlich für Stimmungen, durch und durch kompliziert und unzufrieden. Sie wird dich nur aus Laune und Stolz heiraten. Du bist überhaupt nicht der Typ Mann, den sie braucht. Sie braucht einen ruhigen Bürgerlichen. Wenn die Schwierigkeiten zu groß sind, wird sie keine Gefühle für dich haben. Sie wird weder Sorgen noch Widersprüche ertragen. Sie wird sich lieben lassen. Sie wird dir wahrscheinlich körperliche Befriedigung bieten, aber sie wird dir an dem Tag untreu sein, an dem sie genug hat, an dem Tag, an dem du nicht mehr wegen ihr leidest. Sie hat keine moralischen oder metaphysischen Bedenken und an dem Tag, an dem ihr getrennt seid, wirst du nichts mehr von ihr hören. Körperlich weiß ich nicht, aus welchem Milieu sie kommt, aber sie hat Rasse.

— "Mein armer Kleiner", fügte Frau de Gastine hinzu und gab ihrem Sohn das Foto zurück.

Tristan wusste nicht nur, wie wahr das alles war, sondern alles bewahrheitete sich auch in der Zukunft.

Bald würde ihre Mutter Biche's große Freundin werden, um Tristan zu quälen. Sie hatte alles über sein außergewöhnliches Urteil vergessen. Es war wahr, dass ihre Mutter es nie versäumt hatte, Verbündete gegen ihren Sohn zu gewinnen.

Seine Beurteilung von Biche musste die entgegengesetzte Farbe angenommen haben, das war fatal, das wusste Tristan.

Dieser Aufenthalt hatte ihn weiter geschwächt. Allein und von seinen Gedanken gequält, ohne eine Seele, der er sich anvertrauen konnte.

All diese Prüfungen hatten ihn aufgelöst.

Wie kann man diesen stürmischen mystischen Impuls, diese emotionale Flutwelle, die sich auf ein Wesen konzentriert, heilen, wenn eine solche Liebe, die auf Gott gerichtet ist, ihm einen heiteren Frieden gebracht hätte?

Biche war noch schöner aus dem Urlaub zurückgekehrt. Goldblondes Haar, voll von Sonne und Meer. Tristan hatte sich eine provisorische Unterkunft genommen, ein Zimmer bei einer hysterischen alten Frau mit vielen Katzen, die eifersüchtig auf Biche's Besuche war. Das verbesserte die Bedingungen für seinen Aufstieg aus den Abgründen, in denen er steckte, nicht.

Die Kinder waren immer auf dem Land. Ihre Mutter arbeitete in dem Geschäft, für das sie begabt war. Tristan hatte sie in großer Verwirrung zurückgelassen, aber sie war die Ursache dafür. Das Verfahren für ihre Scheidung hatte begonnen.

Jahre später verstand Tristan. Wie waren solche Situationen möglich? Eine Scheidung kann es nur geben, wenn alles, was ihr vorausgeht, fehlerhaft ist. Weder der Staat, noch die Kirche, noch die Eltern, noch die nicht vorhandene geistige und moralische Erziehung funktionieren in Symbiose, um dafür zu sorgen, dass starke Paare entstehen und in Liebe zusammenbleiben, im besten Interesse der Kinder, die nach der Vereinigung des Paares das einzige Ideal, die Realität sein sollten, die es zu beleben galt. Die sogenannte Freiheit des Paares wie auch die sexuelle Freiheit sind nichts anderes als ein gigantischer Betrug, der in Chaos und Verbrechen gipfelt. Wäre das Paar biologisch, geistig und spirituell gefestigt, würden wir heute nicht im Namen einer betrügerischen Freiheit Millionen von Hörern pathogener und kriminogener Musik, massenhaft Straftäter, Degenerierte aller Art, biologisch und psychologisch Unterversorgte, Mörder alter Menschen, Kindermörder und Pädophile kennen. All dieses kriminelle Magma entstammt Geisterpaaren, die geschieden sind oder deren Mütter außer Haus arbeiten. Die elementaren Statistiken sind formal, aber der gesunde Menschenverstand reicht aus, um das auch ohne jede Statistik zu verstehen.

Geliebt zu werden, war Biche's Glück. Tristan bekam nichts. Biche's Nicht-Lieben war überwältigend. Sie brachte ihren Körper, er flehte um ihre Seele. Alle seine Kräfte flossen ins Leere und zerstreuten sich.

Dieses Spiel forderte sein ganzes Wesen heraus. Es war eine letzte Prüfung für ihn, nachdem er ein Leben lang übermenschliche Anstrengungen unternommen hatte.

Er liebte sie zu sehr, mit dieser unersättlichen Kraft der Leidenschaft, die so wenig liebt, dass sie sogar so weit gehen kann, ihr Objekt zu zerstören.

Am Abend kam Biche zu ihm in die Wohnung der hysterischen alten Vermieterin, die durch eine verlängerte Jungfräulichkeit, für die sie keine Berufung hatte, aus dem Gleichgewicht geraten war. Und vor allem noch mehr, durch den Mangel an einem Wesen, das man lieben kann, wie diese Fülle an Katzen bewies.

Biche war hart und brutal. Je sanfter, zarter, verständnisvoller und transparenter er war, desto undurchsichtiger war sie.

Arme Liebe! In Anbetracht dessen, was sie war, verlangte Tristan zu viel von ihr. Zu seinem Geburtstag schenkte ihm Biche ein Geschenk.

Sie versuchte, zärtlich zu sein, aber sie konnte es nicht. Tristan war ihr keine Hilfe: Die Leidenschaft, die er für sie empfand, konnte Biche nur ersticken.

Sie bot sich ihm an.

Schwindelerregende sinnliche Hölle, eine Mischung aus Himmel und Hölle, die kein menschliches Wort übersetzen kann. Dann hatte Tristan das unerhörte Gefühl, eine zarte Hure zu sein, die mit dem Höhlenmenschen geschlafen hätte ...

Er war nicht mehr Herr über sich selbst und über nichts mehr. Er verkrampfte sich, um vernünftige Handlungen automatisch auszuführen. Die Unterdrückung des Künstler-Ichs behinderte seine Entfaltung bis an den Rand des Selbstmords.

Und diese Liebe gab ihm keinen Frieden. Er versuchte, seine akademische Arbeit in Richtung eines Auswahlverfahrens für eine Festanstellung fortzusetzen. Er unterrichtete...

Jedes Jahr beobachtete er, wie seine Schüler vertikal ins Pathologische abrutschten und schließlich das Hässliche erreichten. In naher Zukunft konnte er sich vorstellen, dass sie Lehrer und Mitschüler verprügeln oder töten und für ein paar Francs morden würden. Der Laizismus mit seinem religiösen und moralischen Mangel führte dazu, dass sie jedes Jahr mehr und mehr von ihrer Seele verloren. Selbst die grundlegenden intellektuellen Fähigkeiten in der Schule nahmen rapide ab.

Sie wurden offensichtlich zu reinen physikalisch-chemischen Amalgamen, die von der demokratischen Gewinn- und Verlustkasse regiert wurden und reif für eine dritte Weltschlachtung waren.

Die armen Kinder, entmündigt, völlig atonal, plastisch für jede Form von Mode, kollektiver Hysterie und Vulgarität. Er konnte sich vorstellen, dass sie in naher Zukunft in eine Art Uniform des internationalen Schwachsinns gekleidet[39] und "frei" gewählt werden, Mädchen und Jungen, die von einer idiotischen Mode gleich gestylt werden, Drogen, Pornografie, schändlicher, krankmachender und

---

[39] Dies wurde dreißig Jahre vor dem Aufkommen der **Levis-Bluejeans** geschrieben. Alles, was dort angekündigt wird, ist heute Wirklichkeit geworden, und der ganze Horror ist nicht einmal erschöpfend beschrieben.

kriminogener Musik, die die Seele und das Nervensystem tötet, ausgeliefert sind. Er sah, dass sie immer kränker, krebs- und leukämiekranker wurden. Bald würden Viruskrankheiten Millionen von Menschen töten, die es nicht wert waren, zu leben. Letztendlich würde man die Prüfungen abschaffen, die dann niemand mehr ablegen könnte. Er sah, dass sie sich auf alle Formen der Kriminalität und des Verbrechens verlegen würden, von denen die schlimmsten nicht nur begünstigt, sondern auch offiziell gemacht würden. Die chemische Ernährung und der Mangel an Vitamin E würden eine Fülle von impotenten Männern, frigiden Frauen, Homosexuellen und Pädophilen hervorbringen...

Wir würden sie dazu bringen, die Clowns, die uns regieren, zu wählen, die von der Hochfinanz meiner Mitmenschen manipuliert werden...

Biche gab ihm keinen Frieden. Manchmal weinte er nachts bis zur Erschöpfung. Er wusste nicht mehr weiter. Dennoch erkannte er den pathologischen Charakter einer solch übertriebenen Liebe, aber er konnte nichts gegen sich selbst, nichts gegen seine Leidenschaft tun.

Der Gedanke an seine beiden Kinder diente ihm als Vormund. Er liebte seine Kinder, trotz des Sturms dieser verrückten Leidenschaft. Auf dem Höhepunkt der Angst wandte er sich dem verzweifelten Bild seiner Mutter zu. Es durfte nicht sein, es durfte nicht sein, er wusste es. Er schrieb ihr, sie kam.

War sie gekommen, um ihm zu helfen, oder wie eine Hyäne, die sich an den Überresten einer Leiche gütlich tut?

Er lag am Boden des Abgrunds, er wusste, dass Madame de Gastine ihm nur Schaden zufügen würde. Dennoch sehnte er sich nach ihrer Illusion, nach ihrem Balsam. Was war sein Balsam? Ein mit Schwefelsäure getränkter Tupfer auf einer klaffenden Wunde.

Er drückte ihr eine weitere Fotografie von Biche in die Hand. Sie soll ihm noch einmal von ihr erzählen, ein paar Züge ausgraben, einen einzigen Zug, der ihm Hoffnung macht. Sie sagte ihm dieselben Dinge noch einmal. Beide waren zweifellos in einer typologischen Analogie enthalten, aber sie waren im Wesentlichen verschieden.

Tristan hatte seine Mutter zu einer Beschwichtigung eingeladen. Sie erkundigte sich nach den Kindern:

— Bist du sicher, dass Patrice von dir ist? Außerdem hast du die Verantwortung für ihn", fügte sie gallig hinzu.

Ein Schlag mit der Keule. Er hatte es Biche erzählt, ohne es zu kommentieren, in all seiner schlichten Schrecklichkeit.

— Natürlich", hatte sie gesagt, "das ist das Erste, woran ich gedacht hätte. Tristan hatte ihr seine Vergangenheit erzählt, ohne ihr etwas zu verheimlichen.

Tristan war allein. Er wollte seine Kleinen mit ihrer Mutter besuchen. Es war vereinbart, ihnen zu sagen, dass sie beide arbeiteten, und sie so oft wie möglich gemeinsam zu besuchen. Grausame Freude, sie zu umarmen. Ihr Gedanke war für Tristan ein Anker in diesem Meer der Wut.

Tristan lernte die Eltern von Biche kennen. Sie waren charmante, beschränkte Menschen, die sich ganz ihrer rätselhaften Tochter widmeten. Sie strahlten eine beruhigende Ruhe aus.

Tristan bezog ein Zimmer nicht weit von der Wohnung von Biche's Eltern. Biche kam abends zu ihm.

Alles, was Biche daran erinnerte, dass Tristan verheiratet gewesen war und Kinder hatte, stürzte sie in einen Zustand verhängnisvoller Bosheit. Sie wollte Tristan in der Vergangenheit, in der Gegenwart und in der Zukunft ganz für sich allein haben. Diese Haltung trieb Tristan zu seinen Kindern und prägte in ihm starke Gewissensbisse.

Für Tristans Seele war der größte Schrecken der Anblick der Bosheit für das, was wehrlos ist. Einem solchen Anblick zog er den Tod vor. Biche wäre froh gewesen, wenn Tristan ihre Kinder verlassen hätte. Er empfand dies mit Gewissheit und Abscheu.

Ihre Gesundheit nahm weiter ab und ihre Leidenschaft hielt sie in der Zerrissenheit gefangen.

Wenn meine Liebe wollte Dass wir glücklich sind.

Es gäbe nicht, Schatz, in dir. Zwei so unterschiedliche Wesen.

Es gäbe nur mein Reh. Mein geliebtes Reh

Die sich an mein Herz schmiegt Mit großen Augen.

An den süßen kleinen Rosenmund. An die süße, so süße Stimme.

Sie soll in meiner Seele klingen wie ein Satz von Chopin. Es gäbe dich, mein Schatz.

Der dich an mein Herz schmiegt. Um dort Streicheleinheiten und Küsse zu empfangen. Schutz und Liebe.

Mein geliebtes Reh, das mir zuhört. Und mich liebt, ohne mehr.

Mit Vertrauen, Hingabe.

Für immer, wer sich lieben lässt. Für immer.

Ohne Frage, Hier ist es. Wenn meine Liebe wollte

Dass wir glücklich sind

Ein Brief aus der Rue Dehodencq.

Seit dem verhängnisvollen Brief, den er in England an die *geliebte Oma* geschrieben hatte, hatte er keine Nachricht von der Familie erhalten.

Tristan war entschlossen, sich zumindest praktisch zu trennen, denn der Geist kann sich nicht so leicht von den Wesen trennen.

Es war Tante Denise, die ihn sehen wollte. Er ging hin.

Die Tante nahm sie im Salmson der *geliebten Oma* mit zum Bois de Boulogne, um mit den Pudeln spazieren zu gehen.

Das Auto glitt auf den Waldrand zu. Die Tante begann ein Gespräch.

— Welches Bedürfnis hattest du, diesen Brief an Großmutter zu schreiben? Wozu dient er dir?

— Es dauerte zehn Jahre, zehn Jahre, in denen ich keuchend und geschunden wartete und auf ein wenig Hilfe hoffte, bevor ich es schrieb.

— Du bist ein Egoist, du denkst nicht daran, wie sehr du Oma wehgetan hast und dann hast du sie erschossen.

Einige Sekunden lang herrschte Schweigen, dann fuhr sie fort:

— Du bist ein bisschen verrückt, mein Junge, und außerdem bist du dumm, ich hätte dich zu Hause aufgedrängt, ich hätte dich aufgedrängt.

Eine weitere Stille folgte. Tristan dachte nach. Es stimmte, dass er ein bisschen verrückt war.

Diese Spontaneität, diese Aufrichtigkeit, dieser Wahrheitswahn in allen Bereichen, dieser Lyrismus - all das war nicht normal. Er war das Gegenteil von ihnen. Sie handelten nur aus ständiger, machiavellistischer Berechnung und maßen immer die Dummheit und Schwäche der anderen, ihre Eitelkeit. Tristan fühlte sich als ihre Antithese.

Die Tante fügte hinzu:

- Dein Brief zeigt niedrige Instinkte für Forderungen.

Ja, dachte Tristan, wie die Kinder, die zu Beginn von Rothschilds Manchester-Maschinen in den Minen arbeiteten: Sie forderten nicht, sie krepierten.

Er antwortete seiner Tante, während in seinem Kopf ein Pudel und ein durchlöchertes U-Bahn-Ticket tanzten:

- Weißt du, was es bedeuten kann, wenn man nicht weiß, wie man für seine Lieben sorgen soll, tausendfünfhundert Francs für die Schur eines Pudels zu geben?

— Ja, das verstehe ich, das verstehe ich.

— Es hat Ihnen gefehlt, ein paar Jahre lang zu malochen.

— Wir haben das während des Krieges erlebt.

— Ja, in der Freien Zone, unter dem Schutz von Pétain, wie so viele andere Juden, und mit Onkel Paul, der es euch nie an etwas fehlen ließ.

Der Wagen hielt vor dem Privathaus der *geliebten Oma*.

- Was kann ich für dich tun? Sagte die Tante.

Tristan empfand das als echten guten Willen, denn seine Tante war geizig. Aber sie hatte ihren Neffen großgezogen und sich viel mehr um ihn gekümmert als seine eigene Mutter. Sie war auch viel besser als seine Mutter, dieses alte, endgültige Kamel.

Tristan empfand Zuneigung und Dankbarkeit für seine Tante. Sie hatte ihm geschrieben, um mit ihm zu sprechen und ihm zu helfen.

Das war ein deutliches Zeichen für ein Bemühen, das umso liebevoller war, als sie vor nicht allzu langer Zeit gesagt hatte: "Wir schulden Ihnen nichts".

Sie gingen hinein. Die Tante verband Tristans linken Arm, der wegen einer Eiterbeule doppelt so groß geworden war. Er schuldete der Tante ein erstaunliches Gleichgewicht, wenn man bedenkt, was er seit seiner frühen Kindheit und der anschließenden Vernachlässigung erlebt hatte. Die Tante überreichte ihm eintausendfünfhundert Francs und wies ihn an, einen Monat lang nicht zu arbeiten. Sie würde in diesem Monat den Unterhalt für die Kinder zahlen: fünfzehntausend Franken.

Am Abend rief Tristan sie an, um sich bei ihr zu bedanken.

— Hast du alles gekauft, was du brauchst? sagte seine Tante.

— Ja, Medizin, Obst, ich habe nichts mehr übrig.

— Gib nicht alles aus, man darf nicht übertreiben", schloss sie.

Die Tante schickte Jacqueline einen durchgestrichenen Scheck, den niemand berühren durfte. Jacqueline ging in die Rue Dehodencq, um den Scheck gegen Geldscheine einzutauschen. Sie war so dreist, die Scheine zu zählen, aber einer fehlte. Die Tante fügte einen weiteren hinzu und flüsterte Jacqueline zu:

— Ich habe mich sehr angestrengt, um Tristan zu helfen, und musste von meinem Kapital abzweigen.

Auf Anregung seiner Tante hatte er seinen Onkel besucht, der Chefarzt im Laennec-Krankenhaus war. Dieser lud ihn zum Mittagessen ein.

Tristan hatte Lust zu reden, und war Onkel Etienne nicht der am wenigsten unmenschliche der Familie?

— Warum hat Oma uns verlassen? Fragte Tristan.

— Ich kenne ihre Situation, sie ist schwierig", antwortete der Onkel.

— Warum erklärt sie es uns dann nicht?

— Ich würde nicht zulassen, dass meine Kinder mich zur Rechenschaft ziehen, und außerdem hättest du diesen Brief nicht schreiben müssen, *manche Dinge schreibt* man *nicht.*

— Ich verstehe, was Mama von Oma trennt, aber wir Enkelkinder sind nicht dafür verantwortlich. Es ist sicher, dass ich diesen Brief an Oma geschrieben habe, aber Laure hat nie so etwas geschrieben, und trotzdem ist sie völlig verwahrlost.

— Wir sehen Laure nie und sie kommt nie zu uns.

— Glaubst du, dass sie Zeit und Lust hat, dich in der Not, in der sie liegt und in der du sie zurücklässt, zu besuchen?

— Ich kann dir nur eines sagen", sagte der Onkel schließlich, "sie haben die grünen Trauben gegessen und werden bis zur N. Generation darunter leiden".

Die Krankenschwestern des Onkels verabreichten Tristan alle möglichen Impfungen, Bakteriophagen und Antibiotika, ohne dass seine schreckliche Furunkulose auch nur im Geringsten geheilt wurde. Keine Besserung.

Tristan wusste heute, dass der Frieden von Herz und Seele, eine gesunde, maßvolle Ernährung mit möglichst wenig Fleisch und gekochter Stärke, viel Gemüse und Obst, wenig Eiern und Käse ihn völlig geheilt hätten. Seit Jahrhunderten aßen alle Menschen zu viel, unter Angst und vor allem alles. Seit dem letzten Weltkrieg hatte sich diese Anarchie noch verschlimmert und die Menschen aßen alles, was sie brauchten, um in eine massive Degeneration zu konvergieren, mit einer Fülle von Krebs, Herz-Kreislauf- und Geisteskrankheiten als Bonus. Systematische Impfungen, bei denen dem Körper faulende Produkte zugeführt wurden, trugen wesentlich zum biologischen und mentalen Zusammenbruch der Menschen bei.

Trotz seiner angeschlagenen Gesundheit fand seine Verlobung mit Biche in der Wohnung seiner zukünftigen Schwägerin statt. An diesem Tag in der Rue du Ranelagh lagen Tristans Nerven blank. Eine Menschenmenge aus faden Kleinbürgern mit vegetativen Gesprächen.

Einen Kilometer von Vézelay und seinem romanischen Juwel entfernt heirateten sie.

Sie zogen dann in ein Zimmer gegenüber der Wohnung von Biche's Eltern.

Sie nahmen ihre Mahlzeiten mit der Familie ein, was viele materielle Schwierigkeiten verhinderte.

Biches Brutalität wurde noch schlimmer.

Er konnte nichts mehr schlucken. Jede Geste von Biche löste in ihm Herzklopfen aus. Sie knallte die Tür zu und blieb mit starrem Gesicht zurück, ohne ein Wort zu sagen. Sie drehte das glühende Eisen der Kinder in Tristans Herz um. Darin lag eine extreme Fatalität. Es schien, als hätte Tristans Natur die Gabe, das Schlimmste in ihr zum Vorschein zu bringen.

Es war ein ständiger Konflikt zwischen der friedlichen, ja glücklichen Haltung, die er seinen Kindern schuldete, und seiner sinnlosen Liebe, die ihn verstümmelte und dazu führte, dass er auch noch Biches eigenes Leid auf sich nahm.

Von welcher Seite er auch blickte, Tristans Herz war erdrückt. Da wuchs in ihm eine Art übergroßer Stolz, eine Angst vor dem Menschsein.

Ein Staubkorn genügte, um ihn verrückt zu machen.

Ein anhaltendes Fieber brach aus. Ein Wort von Biche reichte aus, um es zu steigern. Sein Wille war tot. Sein Gehirn lag in einem sprudelnden

Chaos. Er bewegte keine schmerzhaften Gedanken, war benommen, fast kataleptisch.

Er war hilflos und lag im Bett. Seine Schwiegereltern riefen Onkel Etienne an. Acht Tage vergingen. Dann kam er. Er untersuchte, fand nichts, ließ einen Hustensaft da, ein gewöhnliches Medikament.

Das Fieber blieb bestehen.

Drei Wochen vergingen. Wir hatten angerufen, aber er war nicht gekommen. In den Stunden des äußersten Niederwerfens steigerte sich Biche's Grausamkeit.

In ihrer Verzweiflung schlugen die Schwiegereltern vor, "vielleicht die Kleinigkeiten?". Nein, hatte der Onkel gesagt, in dieser Hinsicht gab es nichts. Onkel Jacques holte Tristan ab, um ihn zu röntgen: Er fand nichts.

Tristan fuhr mit Biche, die ihn begleitet hatte, mit der U-Bahn zurück.

Als er die Treppe zur Halle hinunterging, hatte er den pergamentartigen, weißhaarigen Geist der *geliebten Großmutter* erblickt.

Trotz der kostenlosen und familiären Prognosen wurden Untersuchungen veranlasst, bei denen Hämatome, eitrige Spuren und Kolibakterien nachgewiesen wurden.

Die Schwiegereltern teilten der Familie dieses Ergebnis mit. Die Tage vergingen, ohne dass Onkel Etienne ein Lebenszeichen von sich gab.

In einem Anflug von Vitalität, die inmitten des Kniefalls noch vorhanden ist, schrieb Tristan eine kurze Notiz, deren Wortlaut er in seinem Zustand nicht kontrollieren konnte.

Er erinnerte sich, dass er jammernd und pathologisch gewesen war :

"Onkel Etienne kommt nicht, meine Schwiegerfamilie ist empört über eure Sorglosigkeit. Wenn du willst, dass ich noch eine Chance habe, gesund zu werden, dann zeige Onkel Etienne diesen Brief nicht, denn du kennst kein Mitleid und keine Liebe, obwohl du so empfindlich bist, dass ein Staubkorn dich verletzen kann. Solange ich kann, werde ich mich um meine Kinder kümmern, wenn ich verschwinde, tun Sie für sie, was Sie für mich nicht getan haben. Das wird mein Trost sein.

Zwei Tage vergingen. Das Telefon klingelte. "Endlich", hatte der Schwiegervater geflüstert.

Nein, es war nicht Tristans Gesundheit, um die sie sich sorgten: Tante Denise hatte den Brief gezeigt.

Er hat sie nie wieder gesehen.

Die geliebte Großmutter war einige Jahre später im Alter von sechsundachtzig Jahren gestorben. Tristan war nicht zur Beerdigung gegangen. Er hatte es nicht gekonnt.

Er hatte sich vorgestellt, wie sie zu ihrem Grab gebracht wurde, wie zum Notar, zwischen zwei Gendarmen, Onkel Jacques und Tante Denise, für die er trotz allem Dankbarkeit und Zuneigung bewahrte...

KAPITEL XIV

"Wenn wir alle schuldig sind, ist die Demokratie verwirklicht" (Albert Camus)

Die Geschichte Israels ist als typische Geschichte der Verfälschung natürlicher Werte nicht zu verachten. Die Juden haben ein vitales Interesse daran, die Menschheit krank zu machen und die Vorstellung von Gut und Böse, von wahr und falsch in einem gefährlichen, verleumderischen Sinn umzukehren (Nietzsche). Die Juden, diese Handvoll Entwurzelter, hat die Entwurzelung des gesamten Erdballs verursacht (Simone Weil).

Wer hätte gedacht, dass ein Ritus so weit gehen und das Risiko eingehen könnte, alles an der Grenze der Nationen zu zerstören. (Dominique Aubier über sein Buch über die Beschneidung am achten Tag).

Seit 5000 Jahren reden wir zu viel, Worte des Todes für uns und für andere (George Steiner).

Wir manipulieren Idioten, die die Massen lenken, die wir in den Wahnsinn getrieben haben (der Finanzier in einem amerikanischen Film).

Sie handeln immer gegen jemanden oder etwas. Nie für jemanden oder etwas.

Daraus resultiert ihre ungesunde Perfektion. Sie reißen, sie geben nicht.

Sie reißen, sie verstümmeln, die Natur, den Menschen. Das ist ihr Fluch.

Sie glauben nicht an sich selbst. Deshalb setzen sie ihre ganze Energie darauf, ein nicht existierendes Wesen äußerlich zu demonstrieren.

In diesen negativen Kampf vertieft, bleibt ihnen nichts mehr übrig, um zu lieben.

Die Sorge um die Demonstration ersetzt das Geben, die Liebe, die Schöpfung und das Gebet. Da sie nicht "verwirklichen" können, zerstören, degradieren und karikieren sie.

Dann sind sie das Gegenteil von menschlich. Sie schotten sich selbst von der Menschheit ab und lassen einen blutigen Hass gegen sich aufkommen: den Antijudaismus, den sie seit 5000 Jahren mit sich herumschleppen und überall verbreiten.

Geniale und spektakuläre Faksimiles ohne Seele. In der äußeren Erscheinung echter als echt, daher die universelle Mystifizierung.

Zweifel, Unsicherheit, Zerstörung schaffen keine Liebe: Sie sind arm.

Teuflische Waffen, die ihnen diesen satanischen Erfolg außerhalb des Menschen, gegen den Menschen, ermöglichen, indem sie dem Menschen die Illusion des "für den Menschen" geben.

Sie versuchen, mit einem aggressiven Willen, einem analytischen Geist und nicht mit Liebe zum Wesen der Dinge vorzudringen.

Aus diesem Grund zeigt die jüdische Analyse für alle Ewigkeit ein Gesicht schwindelerregender Verzweiflung. Illusionäre Schöpfungen, reale Zerstörungen, weil sie ein Gleichgewicht verletzen.

Ein unermessliches Mitleid durchdringt uns mit diesen Wesen, die für alle Ewigkeit dazu gezwungen sind, jedem Wesen fremd zu bleiben und, wenn sie es erzwingen wollen, nur eine teuflische Perfektion erreichen zu können, blendend, aber... Neben...

Die Pastoralkirche hatte das große Verdienst der Nächstenliebe und der Klosterkultur, des Glanzes von Vézelay und Chartres, der Heiligkeit des Herrn Vinzenz und des Franz von Assisi.

Aber die dogmatische Kirche hat die Geschichte zu einer doktrinären Sklerose gemacht, in der die gefürchteten Begriffe Ketzerei und Anathema, die das antike Heidentum ignoriert hatte, Meere von Blut und Tränen fließen ließen.

Das Dogma, eine Herausforderung an die elementare Intelligenz und den moralischen Sinn, eine Konfitüre aus Abstrusem und Widersprüchlichem, wurde von der Synagoge mit einem exklusiven, tyrannischen und eifersüchtigen Gott geerbt, dem Selbstjustizgott der Theologen, der unter das Talionsgesetz und die Praxis des Sündenbocks fällt.

Es war fatal, dass diese Religion von Doktrinären und Theophagen, die seit 20 Jahrhunderten die psycho-diätetischen Regeln ignorieren, die den Menschen ausmachen und ihn mit dem Transzendenten vereinen, im Judäo-Cartesianismus gipfelte, d. h. in der atheistischen Rothschild-Spekulation der liberalen Finanzwelt, die alle Umweltverschmutzungen reduziert, Kriege und weltweite Hungersnöte, Marx bolschewisiert, robotisiert und vernichtet Dutzende Millionen Menschen, Einstein und die genetischen Angriffe der Kernenergie, deren Abfälle instockierbar und nicht neutralisierbar sind, Oppenheimer und seine Atombombe, Field und seine Wasserstoffbombe, S.T. Cohen und seine Neutronenbombe, von Freud und seinem pornografischen Abulismus, von Djérassi und seiner pathogenen und teratogenen Pille, von Weizenbaum und seinen Computern, die die Menschen in Karten legen werden, von Picasso und seiner Kunst des Massengrabs.

In 5000 Jahren eines bis dahin unbekannten Rassismus haben diejenigen, die die Beschneidung am achten Lebenstag praktizieren (die grundlegende Ursache für ein hormonell-psychisches Trauma, das ihren konstanten Partikularismus in Zeit und Raum erklärt), vier revolutionäre Religionen gegründet: Judentum, Islamismus, Christentum und Marxismus. Letzterer, eine atheistische Mystik, ist der endgültige und selbstmörderische Höhepunkt des Judäo-Cartesianismus, der seinerseits das Judäo-Christentum mit Krach und Wut beendete.

CHIRURGIE DER SEELE

Die Juden werden durch die Beschneidung manipuliert, die der einzige Grund für ihren Partikularismus ist.

Diese hormonelle Operation ist eine Operation an der Seele. Sie stört die 21 Tage der ersten Pubertät, die am achten Tag beginnt, und wird ihnen eine spekulativ-parasitäre Mentalität verleihen, die nicht mehr zu bremsen ist. Auf der einen Seite werden wir die hypophysären Wissenschaftler und Finanziers haben, auf der anderen Seite die virtuosen Ausführenden und die thyreoidalen Schauspieler und Romanautoren. Da das innere Genitale geschädigt ist, werden wir eine Clanmoral, aber einen Mangel an Synthese und Moral haben. *Dies ist die unumgängliche Realität, die den Antijudaismus ausschließt.*

Sie sind Opfer ihrer selbst, hypnotisiert von einem religiös motivierten Ritual, von dessen Bösartigkeit sie nichts ahnen, und sind ganz in den Fluch eingebettet.

Die Juden halten sich also für anders als die anderen, und das sind sie auch. Es ist daher fatal, dass sie immer und heute mehr als je zuvor ein Fremdkörper unter den Nationen sind.

Sie durchdrangen die Nationen wie Fremde Sie waren also ein Volk unter den Völkern, das seinen Charakter durch die Beschneidung am ersten Tag der Pubertät und durch strenge und präzise Riten bewahrte, auch durch Gesetze, die sie fern hielten und verewigten. Sie traten nicht als bescheidene Gäste, sondern als Eroberer in die Gesellschaften ein. Sie dann den Handel und die Finanzwelt, aber nicht so radikal und absolut wie im Jahr 2000. Sie haben einen Überlegenheitsgeist und eine Geldgier, die sie zum Wucher treiben epizentrische Quelle des Antijudaismus aller Zeiten und aller Orte. Sie werden zunächst ohne Vorurteile aufgenommen und erhalten sogar Vorzugsbehandlungen, die ihre Position festigen. Ihr Prestige im Reichtum, den sie auf Kosten derer, die sie aufnehmen, erworben haben, ruft tiefe Abneigung hervor, und das Volk äußert sich dann in Pogromen und Vertreibung aus dem Gastland. Dies war überall und ohne Ausnahme der Verlauf der jüdischen Geschichte. Heute ist die Situation noch viel schlimmer, da die Völker durch die totale Hegemonie der Juden in Elend und Degeneration getrieben werden.

Baruch Levy schrieb in einem Brief an Karl Marx: "In einer neuen Organisation der Menschheit werden die über die ganze Welt verstreuten Söhne Israels überall ohne den geringsten Widerstand zum führenden Element werden, vor allem, wenn es ihnen gelingt, den Arbeitermassen die Führung eines Juden aufzuzwingen.

Mit dem Sieg des Proletariats werden die Regierungen der Republik leicht in jüdische Hände übergehen. Das Privateigentum kann von den jüdischen Führern, die den öffentlichen Reichtum verwalten werden, leicht abgeschafft werden. So werden sich die Versprechungen des Talmuds erfüllen, dass die Juden die Reichtümer aller Völker der Welt besitzen werden. Der Sozialismus ist also eine riesige jüdische Mystifikation, denn er zielt nicht auf die Erhebung des Proletariats und die Milderung sozialer Ungerechtigkeiten ab, sondern auf die jüdische Weltherrschaft: Das ist es, was man im Jahr 2000 als Globalismus bezeichnet. Zwei scheinbar antinomische Parameter ergänzen sich in Wirklichkeit: zum einen das jüdische Geld und zum anderen der jüdische Sozialkommunismus. Die Juden waren die Begründer des Industrie- und Finanzkapitalismus und arbeiten systematisch an der extremen Zentralisierung des Kapitals mit, die seine Sozialisierung erleichtern soll. Auf der anderen Seite sind sie die schärfsten Gegner des Kapitals. Es gibt den golddrapierenden Juden und den revolutionären Juden. Rothschild gegen Marx, Marx gegen Rothschild - eine geniale Dialektik der feindlichen Brüder, die die Bewegungen der Geschichte hervorbringt. Ausgehend von der jüdischen und nicht der französischen Revolution wurden sie zu den Herren des Geldes und durch das Geld zu den Herren der Welt. Die meisten Meister des Bolschewismus waren Juden, einschließlich Lenin, der eine jüdische

Mutter hatte: Trotzki, Sverdloff, Sinowjew, Kameneff, Uritski, Sokolnikoff usw. Die meisten von ihnen waren Juden. In Deutschland sind die Führer des Spartakismus Juden: Liebknecht, Rose Luxemburg, Kurth Eisner, Eugène Levine. In Frankreich ist Léon Blum Jude. In Spanien ist der uneingeschränkte Herrscher über das vom Bürgerkrieg verwüstete Madrid Heinz Neumann, ein deutscher Jude. Im Gegensatz zu dem, was man annehmen könnte, sind die superkapitalistische und die sozialistische Mentalität in ihrem Wesen keineswegs gegensätzlich: *Beide basieren auf einer ökonomisch-materialistischen Weltanschauung.*

Man muss in der Tat zwischen dem Besitzer von Land oder Industrie und dem Finanzier, der von Spekulationen lebt, unterscheiden. Die Revolution war für die ersteren tödlich, was zum schnellen Zerfall der Menschheit führte, aber sie verhalf den letzteren zu einem kolossalen Vermögen, einem künstlichen, gigantischen und nekrotisierenden Vermögen. Der Sozialismus ist nicht das Ziel der Revolution, sondern ein Mittel zur Zerstörung, das die internationale jüdische Finanzwelt begünstigt. Die Juden haben ein anderes Vermögen als die Nichtjuden. Sie haben keine Angst vor dem Kommunismus, sondern profitieren von ihm. Sie sind moderne Kapitalisten, d. h. Spekulanten und Geldhändler.

Der Prototyp ist also der Banker mit seinem Tresor und seiner Brieftasche. Für das Judentum ist das sicherste Mittel zur Erlangung der Weltherrschaft der Sozialkommunismus, der, indem er den Gojim das Eigentum wegnimmt und es in den Händen der von Juden geführten Partei zentralisiert, den talmudischen Plan verwirklichen wird, den Juden zum König und Priester der Welt zu machen. Die Regierungen werden also durch den Sieg des Proletariats in jüdische Hände übergehen. Das individuelle Eigentum kann durch jüdische Gouverneure abgeschafft werden, die überall das öffentliche Vermögen verwalten werden. Die Arbeiter sind also das Instrument, das den Juden, den potenziellen Herren der Welt, dient. Die sozialistische oder kommunistische Revolution ist der kürzeste und sicherste Weg zur totalen Konzentration des Kapitals in jüdischen Händen: Es wird ein staatlicher Superkapitalismus entstehen.

Dann wird sich die Prophezeiung des Talmuds erfüllen:

"Alle Völker der Erde werden nach einem grausamen Weltkrieg, in dem drei Viertel der Bevölkerung dezimiert werden, an den Thron Israels gekettet sein. Es wird dreihundert Eselinnen brauchen, um die Schlüssel zum Schatz zu tragen".

Seit etwa vierzig Jahren sind alle Menschen vom 6-Millionen-Gaskammern-Dogma hypnotisiert. Niemand hat darüber nachgedacht, niemand hat es in Frage gestellt.

Die Affäre Faurisson wurde 1979 in der Zeitung *Le Monde* bekannt. Einige beginnen nachzudenken. Man stellt zur allgemeinen Verblüffung fest, dass der Professor kein Recht hat, seine Meinung zu äußern. Ihm drohen schwere strafrechtliche Sanktionen, Tränengas und ein gescheiterter Mordversuch. Ein merkwürdiges demokratisches System und eine merkwürdige Anwendung des in den Menschenrechten verankerten Rechts auf freie Meinungsäußerung!

Jeder kann verstehen, dass man ihm, wenn er sich geirrt hätte, erlaubt hätte, sich frei zu äußern, und sei es nur, um ihn im Fernsehen, in der Presse, im Radio und im Verlagswesen in jüdischen Händen zu zerquetschen. Auch ohne sich mit dem Problem zu befassen, versteht man, dass es sich um einen Schwindel handelt, den wir durch das Verhalten gegenüber Faurisson und allen sogenannten "revisionistischen" Historikern neunfach beweisen können.

Das ist also bereits der unerbittliche psychologische Aspekt des Problems: Es gibt totalitäre, stalinistische Gesetze, um Historiker zum Schweigen zu bringen! Tristans Schlussfolgerung war peremptorisch, bevor er auch nur den Schatten des Schattens des technischen Aspekts des Problems untersuchte.

Dennoch führte ihn die Neugierde dazu, seine Nase in diesen technischen Aspekt zu stecken.

Das *American Jewish Year book* stellt auf Seite 666 seiner Ausgabe 43 unmissverständlich fest, dass die Zahl der Juden im besetzten Europa 3300000 betrug!

Ab 1941 gingen Tausende von Juden in die Zone Libre (Frauen und Kinder) und nach Spanien (Männer). Tristan, seine ganze Familie und seine Bekannten gehörten zu diesen Menschen.

Die Einäscherung von vier Millionen Juden unter der Annahme, dass zwei Millionen durch Kriegshandlungen gestorben sind (was im Übrigen übertrieben ist), obwohl die Dauer der Einäscherung und die Anzahl der Krematorien bekannt sind, ist absurd. Im Übrigen wurden die perfektionierten Krematorien erst Ende 1943 installiert! Vor diesem Zeitpunkt waren die Einäscherungen technisch unzureichend. Unter diesen Bedingungen hätten sie in ganz Europa Typhusepidemien ausgelöst. Es wären also Millionen von Menschen in etwa einem Jahr vernichtet worden, was lächerlich unmöglich ist. Die Juden, die gingen, waren so zahlreich, dass Hitler vorschlug, eine Million Juden in den USA gegen fünfzehntausend Lastwagen einzutauschen: Die Juden in den USA zogen es vor, sie an Hunger und Typhus sterben zu lassen, um das lukrative Geschäft des Holocausts auszuhecken und es für ihre weltweite Hegemonie und die Ermordung der Palästinenser zu nutzen. Ergo ist die Vernichtung eines Landes wie der Schweiz in sieben Konzentrationslagern - von denen einige offiziell nie über Gaskammern verfügten - ein arithmetischer Unsinn.

Cyclon B ist Blausäure. Nun schrieb kürzlich ein Vorstandsvorsitzender der größten Blausäurefabrik an einen unglücklichen Geschichtslehrer, der aus dem Schuldienst entlassen wurde, weil er seinen Schülern erzählt hatte, dass es eine revisionistische Schule gibt:

- Ich war Direktor der Fabrik in Saint Avold, die 1970 mit einer Produktion von vierzig Tonnen Cyanidionen *pro Tag die größte der Welt war. Diese Produktion hätte es theoretisch ermöglicht, an einem Tag 500 Millionen Menschen tödlich zu vergiften. Das heißt, ich kenne die Probleme im Zusammenhang mit dem Umgang mit Blausäure. Ich behaupte, dass alle Berichte, die ich über Gaskammern gelesen oder gehört habe, in denen 2 bis 3.000 Menschen eingesperrt wurden, völlig aus der Luft gegriffen sind.*[40]

Es wäre nicht sinnvoll, weiter zu gehen, um den Schwindel festzustellen. Aber tun wir es aus Neugierde.

Die Hunderte von Fotos, die von den Amerikanern während der angeblichen Zeit des Holocausts aufgenommen wurden, zeigen keinen der riesigen Kohlehaufen, die dafür nötig waren, und auch keine Schwaden dichten schwarzen Rauchs, die für solche Einäscherungen dauerhaft hätten sein müssen.

Wir wissen genau, was eine Blausäuregaskammer ist: So richten die Amerikaner ihre zum Tode Verurteilten hin.

Es handelt sich um ein Zimmer für einen (maximal zwei) verurteilten Straftäter. Diese Kammer ist von unerhörter Komplexität und Kosten. Eine solche Kammer für 2000 Opfer war nicht nur finanziell unmöglich, sondern hätte auch beträchtliche Spuren hinterlassen, die unmöglich auszumerzen wären. Sie hätten hinterlassen: Befehle, Dokumente, Archive. Von all dem sagt Raymond Aron selbst, dass man nie etwas gefunden habe, obwohl alle Krematorien noch intakt sind.

---

[40] Gérard Roubeix, CEO , Ingénieur des Arts et Manufactures.

Was Zyklon B betrifft, so wurde es in Deutschland seit 1920 von den Hygienebehörden verwendet. Es wurde tatsächlich zum Entlausen von Kleidung verwendet. In einigen Lagern, in denen es offiziell hieß, dass nie eine Vergasung stattgefunden habe, wurden Tonnen von Cyclon B gefunden.

Herr Leuchter, der die Gaskammern für zum Tode Verurteilte leitet und verkauft, ist nach Deutschland gereist, um das Problem zu untersuchen. Sein berühmter Bericht kommt zu dem Schluss, dass solche Vergasungen unmöglich sind. Zwei hochrangige Spezialisten sind sich über den Schwindel einig. Der unglückliche Leuchter bezahlte die Ehrlichkeit seiner Arbeit mit dem völligen Ruin. Ein weiterer Beweis durch neun für den Schwindel. Die in den Menschenrechten verankerte demokratische Meinungsfreiheit ist nur dann gültig, wenn das, was man sagt, den Juden gefällt. Andernfalls wird man von versklavten Richtern in den Ruin getrieben.

Eine Doktorarbeit über den Gerstein-Bericht (der die Ermordung der Juden auf so groteske Weise anprangerte, dass das Nürnberger Tribunal seine Aussage nicht verwerten konnte, und der kurioserweise als "Selbstmörder" endete) wurde vom jüdischen Willen gegen die Kompetenz von Universitätsprofessoren unter einem fadenscheinigen Vorwand annulliert.

Und dieses Dogma wird weiterhin von den marx merdia und der atheistischen levy sion durchgesetzt. Die globalen Massen haben es phagozytiert.

Trotz dieser strahlenden Realitäten geht die komatöse und hypnotische Einschläferung der durch Rock, Techno, Fußball, Drogen und Alkohol verblödeten Massen weiter.

Big brother Rothschild Marx lässt alle, die die Absurdität des Dogmas anprangern, gerichtlich verurteilen. In Deutschland bedeutet Zweifel Gefängnis.

Als ob all das nicht den Schwindel in einer sogenannten Demokratie beweisen würde.

Die beschnittenen amerikanischen Milliardäre, die ebenso rot wie beschnitten waren, finanzierten den Bolschewismus.

Hammer hat ein fleischiges Gesicht und ist 20 Millionen Dollar schwer. Er allein besaß während des Zweiten Weltkrigs so viel Öl wie die drei Achsenmächte. (Japan, Deutschland, Italien).

Seine Telefonrechnung in Los Angeles übersteigt jährlich eine Milliarde Cent. (Zehn Millionen schwere Francs)

Sein Imperium ist eines der mächtigsten der Welt. Er trifft sich ständig mit Staatsoberhäuptern. Von seiner Wohnung gegenüber dem Weißen Haus und der gegenüber dem Kreml reist er mit dem Flugzeug und wird wie ein Staatsoberhaupt empfangen. Seit 1917 war er der bevorzugte Gesprächspartner des Kremls. Er kannte alle sieben Generalsekretäre der Kommunistischen Partei und alle dreizehn Präsidenten der USA.

Rockfeller (Steinhauer), ein weiterer beschnittener roter Milliardär, besitzt die mächtigste Ölgesellschaft der Welt. Mit Hammer verhandelten sie über die Gründung einer sowjetisch-amerikanischen Handelskammer, die den Export von Werkzeugmaschinen in die UdSSR erleichtert, ohne die die die Welt bedrohende Sowjetarmee nicht existiert hätte.

Die beschnittenen Bankiers Kuhn, Loeb und Warburg transferierten zwischen 1918 und 1922 sechshundert Millionen Rubel. Hammers Vater war der König der heimlichen Geldtransfers für die subversiven Aktivitäten des Kominterm. Für dieses Vergehen wurde er 1920 sogar im Sing-Sing-Gefängnis inhaftiert. Sein Sohn Armand übernimmt die Nachfolge. 1922 gelingt es Hammer, das antikommunistische Ford davon zu überzeugen, Fabriken in der UdSSR einzurichten. Kommunistische Experten kommen in die Ford-Werke, um sich einarbeiten zu lassen.

In einem Bericht des amerikanischen Botschafters in Moskau, der für Roosevelt bestimmt war, heißt es:

"Stalin gibt zu, dass 2/3 der größten sowjetischen Unternehmen mit Hilfe amerikanischer Finanziers aufgebaut wurden".

Es ist verständlich, dass Hammer in Moskau wie ein Staatsoberhaupt empfangen wird.

1960 zog er die mächtigsten westlichen Geschäftsleute in seinen Bann, um sie auf den Weg des Ost-West-Wirtschaftsaustauschs zu bringen.

Die umfangreiche Ansiedlung von Unternehmen im Osten, die Anfang der 1970er Jahre begann, wird von Fabrikschließungen im Westen, Arbeitslosigkeit und Steuermanipulationen begleitet. Die kommunistischen Führer hofften, dass sie durch die Aufnahme multinationaler Konzerne ihre Macht festigen und die Rückstände ihrer Industrien aufholen würden.

Hatte der damalige Direktor des KGB nicht erklärt:

- *Wir bauen mit Ihrem Know-how eine kommunistische Gesellschaft auf, wir werden unser System und unsere Regeln mit Ihrer Hilfe aufrechterhalten.*

Hammers Privatflugzeug fliegt ohne Formalitäten von seiner Wohnung im Weißen Haus zu der im Kreml.

Es sind Lastwagen, die von Ford an der Wolga gebaut werden und später in Afghanistan stehen.

Als symbolisches Beispiel unterzeichnete Hammer die beiden größten Wirtschaftsverträge, die je zwischen dem Westen und der UdSSR ausgehandelt wurden. Zwanzig Milliarden Dollar und die Lieferung von Düngemitteln an die UdSSR für zwanzig Jahre. Acht Milliarden Dollar für die Versorgung der Westküste der USA und Japans mit sibirischem Öl und Gas, das von Hammers Unternehmen gefördert wird.

Natürlich erhält die UdSSR für alle Abkommen lächerlich niedrige westliche Kredite, die von den westlichen Steuerzahlern finanziert werden.

Der Eiserne Vorhang ist eine durchsichtige Scheibe für jüdisch-amerikanische Bankiers und die in ihren Sog gezogenen Gojim.

Die viel zitierte "Entspannung" war vor allem eine Zeit intensiver Wirtschafts- und Technologiespionage.

Während der russischen Invasion in Afghanistan wird das Treffen Hammer-Breschnew mit folgender Aussage des Milliardärs enden:

- " *DAS' fghanistan ist Teil der sowjetischen Einflusssphäre"*.

Als er Pakistan dann vorschlug, in Öl zu investieren, sorgte er dafür, dass die versprochenen Ölexplorationen die pakistanische Grenze abriegelten, die ein möglicher Durchgangsort für Hilfslieferungen und Nachschub für den afghanischen Widerstand war.

Kein amerikanischer Präsident, von Roosevelt bis Regan, wurde ohne Hammers Wahlkampfbeitrag gewählt, Demokraten wie Republikaner gleichermaßen.

Dieser Bericht hatte nur einen Zweck: jeden Präsidenten davon abzuhalten, mit Hammer zu verhandeln.

Es war den am achten Tag beschnittenen amerikanischen Milliardären zu verdanken, dass die Industrie und das Militär der UdSSR existierten und funktionierten.

Kein Bolschewismus ohne den beschnittenen amerikanischen Kapitalismus.

Dieser Prototyp der roten Milliardäre ist unverrückbar und unangreifbar. Sie sind die wahren Könige der Welt.

Es ist die absolute Herrschaft ähnlicher Despoten, die die als "demokratisch" bezeichnete Welt bolschewisiert.

Hammer bleibt der Anführer der anderen beschnittenen roten Milliardäre und einiger unbeschnittener. Seine speziell ausgestattete Boeing 727 war das einzige Privatflugzeug, das ständig in den sowjetischen Luftraum einflog.

Lenin sagte: "Die Kapitalisten werden uns den Strick verkaufen, um sie zu hängen. Sie liefern auch den Galgen.

Es ist nicht uninteressant, symbolisch einen anderen jüdischen Milliardär, Klimrod, zu beschreiben.

Es wurde gesagt, dass er zusammen mit Hammer der reichste jüdische Geschäftsmann der Welt sei. Dies ist jedoch nicht von Bedeutung, da man dies von vielen jüdischen Finanziers sagen könnte. Sein Vermögen beläuft sich auf mehrere Milliarden Dollar.

Im Jahr 1945 wird er in einer Grube voller Leichen in einem deutschen Konzentrationslager gefunden. Er war noch am Leben. Er wurde Terrorist in Israel und "Anti-Nazi-Bürgerwehr". Er ging nach Tanger, wo er mit Zigarettenschmuggel Geld verdiente. Im Alter von 22 Jahren kam er in Turnschuhen in die USA und stand zwei Monate später an der Spitze von 60 Unternehmen.

Im Jahr 1980 besitzt er 1687 Firmen. Sie decken alles ab, was man verkaufen kann: Lebensmittel, Restaurants, Presse, Fernsehen, Verkauf von Waren aller Art an die UdSSR, einschließlich schlüsselfertiger Fabriken.

Da er im Schatten bleibt, umgeht er alle Kartellgesetze und setzt in allen Regierungen eigene Leute ein.

Was bedeutet ein winziger Präsident der USA, der Erdnusshändler oder Filmschauspieler ist, der übrigens alle vier Jahre weggefegt wird und von einem Kongress und einer Masse in den Händen der Hochfinanz eingesetzt wird, im Vergleich zu einer solch okkulten Macht mit absoluter Dauerhaftigkeit, die Regierungen nach Belieben manipulieren kann?

Welches Potenzial an organischer, mentaler, ökologischer und moralischer Zerstörung steckt in einer solchen spekulativen Macht, die von allen wahren Gesetzen des Lebens isoliert ist, die nur die Vorsehungseliten und die Weisen kennen?

Es ist für die meisten Menschen nahezu unmöglich, sich der gigantischen Perversität der jüdisch-kartesischen Spekulation bewusst zu werden.

Sie können die destruktive Synthese von Finanziers, Marx, Freud, Oppenheimer, S.T. Cohen, Djerassi, der pathogenen und teratogenen, materialistischen physikalisch-chemischen Medizin, der unerhörten Lüge vom Fortschritt und der Demokratie, die nichts anderes ist als ihre absolute Diktatur über die Massen und deren allmähliche und unerbittliche Degradierung.

Und doch werden unter der Ägide dieser Demokratie die Menschenrechte, von denen sie den Mund voll haben, in jedem Land der Welt mit Füßen getreten, nur nicht bei ihnen selbst. Außerdem hungern zwei Drittel der Menschheit.

Das materielle und geistige Elend erreicht seinen Höhepunkt unter der umweltverschmutzenden Tyrannei der rothschildo-marxistischen Politik, die auf Körper und Seelen ausgeübt wird, wie auch auf den Boden des Planeten, der durch Chemie sterilisiert und durch Abholzung gestört wird.

All dies ist der Mehrheit der Menschen verborgen, die ihre synthetische Intelligenz verloren haben und in einem scheinbar absoluten und kosmischen Determinismus alles akzeptieren, was faul ist, solange es offiziell ist und von den Medien verbreitet wird.

Jede ihrer Gesten, ihre geistige Form des Ausdrucks und ihre Ziele haben etwas seltsam Unmenschliches an sich. Sie sind obszön.

In einem universellen Bad der Lüge führen sie die Autopsie der ganzen Welt durch. Ihre physische Erscheinung, die so verschwenderisch den symbolischen Darstellungen Satans in allen religiösen Traditionen nachempfunden ist, ist von fulminanter Bedeutung: *Mendès-France, Olivenstein, Hammer, Raymond Aron, Gainsbourg usw. perfekte Wasserspeier. Nichts zu retuschieren.*

Geliebte Oma und ihre unmittelbare destruktive Bedeutung. Hammer, Oppenheimer, Freud, Marx und ihre universelle Zerstörung. *Marx und der Hass. Von Hammer, Marx bis S.T. Cohen, alle ihre Analysen töten.*

Ihre im Hier und Jetzt funkelnden Fähigkeiten, ihre Spekulationen, die der Masse positiv, genial erscheinen, die ihnen daher die Bewunderung der meisten Menschen verleiht.

Laurent Schwarz, trotzkistischer Mathematiker, intelligent?

S.T. Cohen Erfinder der Neutronenbombe, intelligent?

Hammer, ein roter Milliardär, der aktiv die Bolschewisierung der Welt und den dritten Weltkrieg vorbereitet, intelligent? Höchste Selbstironie und Mystifikation. *"Sie haben nie die bescheidene Aufmerksamkeit, die der wahren Intelligenz eigen ist"*, sagte Simone Weil.

Wahre Intelligenz ist nicht so zu erkennen und alles ist so organisiert, dass sie in den Augen einer degenerierten Masse, die nur ihre Henker anbeten kann, wie ein Schwindel wirkt.

Universelles Bluten und Verrotten.

Blutige Farce des Ost-West-Antagonismus, während die rote Milliardärsclique den Bolschewismus verbreitet, während die UdSSR seit 1917[41] nahtlos von den jüdischen Bankiers der USA unterstützt wird.

Sie haben keinen Glauben, keine Hoffnung und keine Nächstenliebe. Hat man je ein jüdisches Auge gesehen, das einen Tropfen grundloser Zärtlichkeit enthält? Sehen Sie sich diese Augen an, die zu hell sind oder zu matt, die mit einer falschen Sanftheit bekleidet sind, aus der das Herz fehlt.

Ihre Augen haben keine tiefen Gefühle, keine Seele. Wie alle Neurotiker haben sie kein Herz, aber sie haben eine para-hysterische Anhänglichkeit an ihre Mutter. Sie zermalmen alles durch die Materie, um der Materie willen. Gold liebt nur Gold. Ihre Spekulationen, selbst wenn sie uneigennützig sind, wirken wie eine Neurose, eine Krankheit, aus der jede menschliche Synthese ausgeschlossen ist.

Warum diese metaphysische Verurteilung durch den lächerlichen Trick der Beschneidung am achten Tag?

Warum kann ihre neurotische Intelligenz nicht aufhören zu funktionieren? Warum sind sie dazu verdammt, auf so fatale Weise zu zerstören?

Ihre Gedanken haben das Gesicht ihrer Gesichter.

---

[41] In Wirklichkeit bereitete die jüdische Finanzwelt der USA die Bolschewistische Revolution durch Finanzierungen in den 1900er Jahren vor. Die Revolution brach 1917 nicht einfach so aus: Sie bedurfte einer langen, finanzierten Vorbereitung.

Die Ausbeutung des demokratischen Mythos, die Lüge vom Fortschritt, der Kapitalismus, der Kommunismus, alle *Ismen*. Der dritte wirklich letzte Weltkrieg.

Die Verantwortung des Durchschnittsmenschen in dieser *enauralen*[42] demokratischen Mystifikation! null, das ist das Absurde...

Léon Blum gegen Citroën, Marx gegen Rothschild.

Sagen Sie den Menschen "Ich werde euch die Freiheit geben" und versklaven Sie sie, dann werden sie in Scharen kommen. Sagt ihnen, dass ihr sie zwingen werdet, und gebt ihnen die wahre Freiheit, und sie werden nicht kommen, es sei denn natürlich, es gibt sechs Millionen Arbeitslose auf dem Staatsgebiet. Im Jahr 2000 ist die menschliche Auszehrung so total, dass selbst sechs Millionen Arbeitslose sie nicht davon abhalten werden, demokratisch zu wählen! Sie ernähren sich lieber von Demagogie, Etiketten, Illusionen, Fußball, regressiver, ignoranter und pathogener Musik, Drogen, Pornografie und idiotischen Shows. Es reicht, wenn all das glänzt und sich bewegt.

Rockefeller "Der Mann, der die Felsen zum Einsturz bringt" und sich nicht darum kümmert, was um ihn herum ist.

Es ist die Judenmonarchie, die die Revolution zugunsten der Finanziers, die sogenannte "französische" Revolution, durchführt.

Es ist der jüdische Sozialismus, der uns zum jüdischen Kommunismus, zum jüdischen Globalismus führt.

Satan wird am achten Tag beschnitten.

Sie befinden sich in einem Teufelskreis, aus dem sie nicht ausbrechen können und in den sie uns hineinziehen. Sie sind Psychopathen, sie reden schnell und mit Gesten, sie reden sehr viel und ein Dialog mit ihnen ist eine Tour de Force. Sie haben keine intellektuelle Redlichkeit. Sie verführen die Massen. Sie schmeicheln und nutzen die Dummheit, Eitelkeit, Schwäche und Vulgarität der Männer und vor allem der Frauen aus. Sie bleiben nicht eine Minute an Ort und Stelle. Sie kommen zu Ihnen - wenn sie Sie brauchen. Sie sind nicht glücklich. Sie zeigen wegen jeder Kleinigkeit stumpfen Hass, denn die Lüge ist für sie so überlebenswichtig wie das Blatt für die Schnecke.

Weisen Sie sie auf die jüdischen Namen der Weimarer Fäulnis hin, auf die Tatsache, dass diese Fäulnis mit dem Aufstieg Hitlers verschwand, auf die Namen der jüdischen Gefängnis- und KZ-Henker in der UdSSR,

---

[42] "*Énaurme*" erinnert an "*König Ubu*": "Wenn ich die gesamte Finanzwelt eingenommen habe, werde ich alle töten und dann verschwinden."

die Dutzende Millionen Gojim ausrotteten, und Sie werden sie nie wieder sehen.

Sie ertragen keine Wahrheit über sich selbst, sondern verkünden die zur Wahrheit erhobenen Lügen, die ihnen dienen, wie den arithmetisch-technischen Unsinn der 6-Millionen-Gaskammern.

Ihnen fehlt die Fähigkeit, von sich selbst zu abstrahieren, die es ihnen ermöglicht, sich selbst innerhalb der Tragödie zu betrachten, sich selbst metaphysisch komisch zu finden, sich über ihre Vorherbestimmung als Satans auserwähltes Volk zu amüsieren und gegen das Schicksalhafte zu kämpfen.

Sie schwitzen ihre "Schöpfungen", ihre Grausamkeit, ihre Unterstützung, ihre Liebe, ihren Mystizismus aus, wie der Kranke einen unheilvollen Schweiß. Hyperspekulativ, (Rothschild, Marx, Freud und Konsorten) nie genial.

Alles, was sie erschaffen, wird durch Synthese zerstört und ist für den glückseligen Analytiker spektakulär.

Keine jüdischen Heiligen, Genies und großen Künstler. Mozart? Zwar kein Jude, aber aus einer Familie, die das Judentum schon vor Jahrhunderten verlassen hatte.

Picasso? Ja, natürlich: "Dieser öffentliche Clown, der die Dummheit seiner Zeitgenossen so gut wie möglich ausnutzte", wie er selbst gestand.

Sobald sie zu denken versuchen, sind sie Freud- und Marx-Mythomanen, die Endpunkte des westlichen Nihilismus. Sie sind verschlossen, radikal verschlossen gegenüber jeder Manifestation höherer Intelligenz, die von Natur aus "antijüdisch" ist, weil nichts Synthetisches in der Umlaufbahn ihrer nekrotisierenden jüdisch-kartesianischen Spekulationen aufgebaut werden kann.

Ihre auflösenden Analysen und die Zerstörung des moralischen Empfindens sind notwendig, um über eine ungebildete Masse zu herrschen. Der Säkularismus ist der Auftakt, krankmachende und kriminogene Musik, Alkohol und Drogen vollenden die universelle Zerstörung. Die Gojim werden nun wie Spielautomaten konditioniert. Sie werden alle für den notwendigen Idioten stimmen, den von Israel manipulierten Wischmop, der die Wahlen des amerikanischen Präsidenten, des französischen Präsidenten und anderer Präsidenten bezahlt.

Sie setzen ihren Rassismus im Namen des Antirassismus durch. Lassen Sie doch einen einzigen Nordafrikaner nach Israel einreisen, wo nicht einmal die Palästinenser das Recht haben, auf ihrem eigenen Boden zu leben.

Millionen untermenschlich behandelter Menschen gehen zu Fuß.

Sie haben keine Skrupel. Ihr Gebrechen ist nicht Grausamkeit und Hass in einem Ausmaß, in dem Grausamkeit und Hass so intensiv sind, dass sie das Menschliche übersteigen würden. Ihr Hass und ihre Liebe sind abstrakt, also zehnfach und höllisch. Ihre Liebe ist ein dämonischer Kunstgriff, bei dem die Vernichtung von Hunderten von Millionen Menschen einem wahren Denker potenziell erscheint. Ihr Mitleid kann im Herzen eines anderen Menschen nur zu mörderischer Erniedrigung führen. Bösartigkeit und Mitleid seltsam, denn das eine zerstört unbewusst die unbewusste Welt und das andere erzeugt eine noch zerstörerischere Verzweiflung. Sie haben ein theoretisches Herz und überschütten Sie bereitwillig mit übernatürlicher Hilfe. Die Konvertiten in der Familie ignorieren das elementare Moralempfinden und würden Sie gerne mit Knüppeln bekehren, auch wenn Sie eine Milliarde Mal "christlicher"[43] sind als sie.

Selbst wenn sie keine intellektuellen Konvertiten sind, und in diesem Fall machen sie immer noch ein gutes Geschäft, werden sie immer noch am Eingang zu dem, was im Neuen Testament gut ist, versperrt. Merkwürdige Mystiker, Scheinchristen, die in der Lage sind, den Nachbarn im Elend zurückzulassen und inbrünstig zu beten. Ein bekehrter Jude ist immer ein lebendiger Gegensatz, ein Schauspieler, der falsch spielt, weil er sich nicht in die Rolle des Charakters hineinversetzen kann. Und doch sind sie bemerkenswerte Schauspieler, Komödianten, im Theater, im Kino, ein Propagandainstrument, das ganz in ihren Händen liegt für die weltweite Verdummung der Massen.

Tristan könnte von den berühmten Priestern sprechen, die noch jüdischer sind als vor ihrer Bekehrung und die nie etwas von der Judenfrage hören wollen. In Wirklichkeit haben sie sich nicht verändert, aber es gibt den Kontrasteffekt.

All diese Pianisten mit ihrer atemberaubenden Technik, diese wunderbaren Akrobaten.

Keine Komponisten, die den Charme von Mendelssohn und Meyerbeer übertreffen. Dagegen technisches Jonglieren von seelenloser Musik.

---

[43] D. h. begabt mit einem moralischen Sinn, wie er in den Evangelien schlecht und bei Platon und im Alten Ägypten besser ausgedrückt wird (siehe vorherige Seiten).

Sie analysieren, sie wiegen, wichtig ist, dass es entweder Geld oder die neurotische Befriedigung der Spekulation einbringt. Das Ergebnis sind so falsche Idealismen wie Kapitalismus, Sozialismus und Marxismus. Spinoza trennte die Mystik von der Philosophie, zerstörte die Philosophie und bereitete den Weg für die moderne, selbstmörderische Wissenschaft.

Entweder man lebt verzweifelt, defizitär, "reduziert" in der technokratischen westlichen Hölle, wo unsere Kinder inmitten ihrer vielgestaltigen Spekulationen Drogen nehmen und Selbstmord begehen, und es ist nicht der Freudismus, der sie retten wird, weil der Verstand vor so viel Barbarei kapituliert, oder man wird seine Rettung von einer Ideologie erbitten, die uns in eine noch schlimmere Hölle stürzen wird. Die Hölle der elementaren matrikulären statistischen Einheiten und der Gulags. Unsere Feigheit im Kapitalismus wird uns in den Globalismus stürzen, der uns den Rest geben wird.

Große Triumphatoren der heutigen "hypophysären" (analytischen) Menschheit.

Sie sind auf diesem Weg so weit gegangen, wie es ihnen möglich ist. Man darf vielleicht nicht vergessen, dass sie die menschliche Synthese vorübergehend zerstören, um zu dieser Offenbarung zu gelangen. Sie sind nun überfordert, und deshalb werden sie uns mit sich selbst ausrotten.

Sie sind höhere Involvierte. Sie sind hormonell krank.

Ihre psychophysiologische Einheit beraubt sie all dessen, was den objektiven Menschen ausmacht: Herz, Intelligenz, Ausgeglichenheit.

Der nicht vorhandene moralische Sinn wird durch Prunkmoral, Pharisäertum und Stammesdenken ersetzt.

Es ist offensichtlich, dass das Klima, der geografische Ort und die Ernährungsweise die Ethnien bestimmen. Es gibt keine festen Rassen. Sowohl das Wissen der Weisen als auch die moderne Wissenschaft leugnen dieses verschwommene Konzept.

Wenn man die Schwarz-Weiß-Fotografie eines Akromegalie-Patienten, dessen Krankheit fortschreitet, genau betrachtet, stellt man fest, dass die Fotografien nach einer gewissen Zeit das Aussehen eines Negers annehmen. Das allerletzte Foto zeigt einen Neger ohne die geringste Zweideutigkeit.

Ein Neger ist demnach "ein Hypophysär mit akromegalischen Manifestationen".

Akromegalie ist eine Erkrankung der Hirnanhangdrüse, die dem Körper negroide Merkmale verleiht.

Da die Hypophyse bei den Juden aufgrund der Beschneidung am achten Tag sehr stark ausgeprägt ist, wurde lange Zeit von der Negerabstammung der Juden gesprochen. Dies geht weit am Problem vorbei.

Es ist offensichtlich, dass man niemals Neger mit der Morphologie von Chopin, Lamartine finden wird, die "thyreoidal" sind.

Auch das Foto eines Myxödematösen (pathologische Unterfunktion der Schilddrüse) bietet eine unerhörte Ähnlichkeit mit dem Foto eines Pygmäen: dieselbe Gesamtmorphologie, dieselbe Gestik. Diese Analogie zeigt, dass der Pygmäe physiologischerweise eine Schilddrüsenunterfunktion hat.

Diese Art der Verarbeitung, ohne die es kein Denken geben kann, wird an der Universität radikal ausgeschlossen. Das ist der Begriff der Identität.

Kein geografischer oder klimatischer Einfluss kann den jüdischen Partikularismus erklären, der in Zeit und Raum konstant ist, da sie sich nie 1000 Jahre am selben Ort aufgehalten haben, was für die Bildung einer Ethnie unerlässlich ist. Tag, dem ersten Tag der ersten Pubertät, die 21 Tage dauert, beschnitten werden.

Die jüdische Spekulation hat den moralischen Sinn, den Geist der Synthese, der die Grundlage der wahren Eliten bildet, ausgerottet. Ihr Partikularismus hält die gesamte Offizialität des zwanzigsten Jahrhunderts an der kurzen Leine.

Die Beschneidung erklärt das oft karikaturhafte Aussehen und die beträchtliche spekulative Macht. Sie finden sich in der Perversität von Freud und Marx und in allen, die einen zügellosen Liberalismus und eine universelle Verschmutzung befürworten. Ihr Rassismus stimuliert einen Antirassismus zu ihren Gunsten. Ihre Schilddrüsenüberfunktion erklärt gleichzeitig ihre erstaunliche Vitalität, ihre paranoide Sensibilität und ihre "jammernde" Psychologie. Ihre körperliche Empfindlichkeit ist oft abnormal, ebenso wie ihr Mangel an Anpassungsfähigkeit. Ihre spekulativen hypophysären Möglichkeiten werden von den Gojim bewundert. Sie benutzen den Clan, um sich gegenseitig zu unterstützen, mit dem hysterischen Unterton der Liebe von Müttern zu ihren Kindern und von Kindern zu ihren Müttern.

Die 21 Tage der ersten Pubertät, die am achten Tag beginnt, sind von extremer Bedeutung. Es würde genügen, die jüdische Beschneidung abzuschaffen, um zu traditionellen Werten zurückzukehren und die weltweite Geißel der jüdischen Spekulation verschwinden zu sehen. Die Gesellschaft wird nicht ohne moralischen Sinn und Synthese aufgebaut und folgt ihr nicht.

Westlicher Nihilismus und Beschneidung! Kleopatras Nase!

Die Ärzte können das alles nicht verstehen: Sie haben, zumindest in der Mehrheit, noch nicht einmal die funktionelle Vorrangstellung des Hormonsystems vor dem Nervensystem begriffen.

Warum werden sie mit diesem lächerlichen Trick der Beschneidung verurteilt, den die Kommentare der Tora noch undurchsichtiger machen, denn dort heißt es: "Die Auswirkungen der Beschneidung übersteigen das menschliche Verständnis".

Dies ist nun nicht mehr der Fall.

Der jüdisch-kartesische Rationalismus wird sich selbst zerstören durch seine Unfähigkeit, die Geheimnisse der Welt und des Menschen zu lösen, durch seine Unfähigkeit, das Martyrium und die Zerrissenheit zu beenden, die ihm durch seinen unheilbaren rothschildo-marxistischen Materialismus auferlegt wurden.

Der Mensch hat das Vertrauen in diese Wissenschaft verloren, die in Wirklichkeit nur schwarze Magie ist. Er wird in seinem regenerierten Geist die Quelle der Wahrheit suchen. Der sozialistische Mythos wird nicht die Zeit überleben, die er benötigt, um den wirtschaftlichen und moralischen Ruin zu bestimmen.

Er ist der letzte mystische Glaube des Judäo-Christentums.

Die dogmatische und sklerotische Kirche und die sozialistische Freimaurerei wären die zwei Seiten derselben Medaille gewesen, die am 8. Tag nach der Geburt am Hals der Beschnittenen hing...

OFFENER BRIEF AN ALBERT COHEN.

Sehr geehrter Herr

Nachdem ich Sie im Fernsehen gesehen und gehört hatte, geriet ich in eine schmerzhafte Meditation über unsere Determinismen und fragte mich, wie ein Mann wie Sie so weit von einem grundlegenden Bewusstsein entfernt sein kann.

Zunächst ein Detail aus Ihrer Sendung: William Harvey der englische Arzt, der Mitte des 17. Jahrhunderts starb und den Blutkreislauf entdeckte, hat nichts mit dem Schweizer Arzt und Theologen zu tun, der auf Veranlassung von Calvin verbrannt wurde.

Ich habe nur ¾ Ihrer Sendung gesehen und es ist möglich, dass, wenn ich alles gesehen und gehört hätte, ich Ihnen andere Dinge zu sagen gehabt hätte als das, was jetzt kommt, aber ich denke, dass das, was jetzt kommt, ausreicht, um ein Bewusstsein aufzurütteln.

Sie sprachen mit scheinbarem Mitgefühl über den ermordeten Pierre Laval. Dies, ohne zu unterlassen, zu sagen, dass "er ein Bastard war, der eine Kugel in den Kopf verdient hätte".

Dieser Bastard hatte nur ein Ziel: Frankreich, Europa und die Welt vor dem Bolschewismus zu retten, mit den armseligen Karten, die ihm zur Verfügung standen: ein besetztes Frankreich, ein Marschall, der sich der bolschewistischen Tragödie bewusst war. "Ich wünsche mir den Sieg Deutschlands", sagte er, "denn ohne Deutschland wird die Welt bolschewisiert".

Wenn Sie die zig Millionen Leichen in "Bolschewien", die 200 Millionen Opfer des Marxismus und die sich ausbreitenden Tentakel dieser mörderischen Ideologie kennen, fragt man sich, wie man ein solches Urteil über diesen modernen Talleyrand fällen kann, der vollkommen recht hatte, wie Solschenizyn bestätigen wird. Er hat also das Beste getan, um einen solchen Kataklysmus zu verhindern, auch wenn dies unseren Artgenossen des Liberalismus-Marxismus missfällt.

Denken Sie daran, was der Vatikan 1942 sagte: "Nazi-Deutschland kämpft für seine Freunde und für seine Feinde, denn wenn die Ostfront zusammenbricht, ist das Schicksal des Westens besiegelt". Haben Sie "*Mein Kampf*" gelesen und es mit den Jahren seit seiner Veröffentlichung in den 1920er Jahren konfrontiert? Dann können Sie die notwendigen verblendenden Schlussfolgerungen ziehen.

Wenn Hitlers Politik verfolgt worden wäre, wären wir nicht in einem solchen Ausmaß der Degeneration, des Chaos, des Verbrechens und der Kannibalisierung der Natur. In Europa wäre eine autarke und biologische Politik verfolgt worden. Eine wahnsinnige Überbevölkerung mit immer degenerierteren Wesen und die Invasion Europas durch die Dritte Welt wären unmöglich gewesen.

Und vor allem würden wir nicht unter der Diktatur der roten jüdischen Finanziers leben, und nicht alle Länder würden in den wirtschaftlichen Ruin getrieben und in unbezahlbare Schulden gestürzt. Schließlich wurde der Krieg von 1939 von uns Juden 1933 gegenüber Hitler erklärt und durch die im Versailler Vertrag, gegen den Hitler zu Recht protestierte, eingeführte Raubpolitik unvermeidlich gemacht.

Man sollte den Artikel von Rabbi Reifer lesen, in dem er eine unerbittliche Anklage gegen uns Juden erhebt und die Unvermeidbarkeit von Hitlers Aufstieg erklärt.

Diese katastrophale Weltpolitik wurde von der jüdischen Finanzwelt USA durchgesetzt, die im Übrigen gleichzeitig die Alliierten und die bolschewistische Revolution finanzierte.

Danach kamen die Warburgs 1919 als Unterhändler des Friedens, der den Zweiten Weltkrieg vorbereitete.

Amerikanische Zeitungen bezeugen die Tatsache, dass die Juden Hitler 1933 den Krieg erklärt haben. Dokumente und Zeugenaussagen belegen, dass Hitler alles getan hat, um einen Krieg zu verhindern. Das erste Zeugnis ist übrigens sein unglaublich effizientes Wirtschaftssystem, das mit der Idee eines Krieges völlig unvereinbar ist!

Hitler hatte mit Oberst beck eine perfekte Vereinbarung über Danzig, eine Autostraße mit Exterritorialität usw. getroffen. Unter dem Einfluss Englands, das von dem jüdischen Finanzier Baruch manipuliert wurde, änderte beck seine Meinung und machte den Überfall auf Polen unvermeidlich, dessen Posen von misshandelten und manchmal massakrierten Deutschen bewohnt wurde...

Schrieb Premierminister Chamberlain nicht 1939 an seine Schwester: "Es waren die Juden, die uns in den Krieg gestürzt haben..."?

All diese Tatsachen sind Realitäten, deren Beweise nicht alle durch unsere Propaganda vernichtet werden können.[44]

Dank mutiger, bitte linker Historiker versteht man nun, dass die sechs Millionen Gaskammern ein arithmetisch-technischer Unsinn sind.

Man kann nicht 4 oder 6 Millionen Menschen, ein Land wie die Schweiz, in sieben Konzentrationslagern ausrotten, von denen die meisten offiziell keine Gaskammern besaßen. Spezialisten auf höchster Ebene behaupten, dass es unmöglich sei, 2000 Menschen gleichzeitig mit Blausäure (Cyclon b) zu vergasen.

---

[44] Nach dem Tod dieses jüdischen Autors wurde Rudolf Heß im Alter von 93 Jahren in seinem Gefängnis ermordet: Es wurde bewiesen, dass es sich aus vielen konkreten und unumgänglichen Gründen auf keinen Fall um Selbstmord handeln konnte. Man kann sich in der Tat vorstellen, welche weltweite Explosion seine Enthüllungen hätten auslösen können. Das hätte man im Zeitalter der Lügen auf keinen Fall tun sollen!

Es wird auch klar, dass die Barbie-Affäre ein Konstrukt der Wiessenthals und der jüdischen Hochfinanz ist. Dieser barbie diente der CIA, d.h. der jüdisch-amerikanischen Regierung, um faschistische Regime in Südamerika zu installieren und zu festigen. Wäre barbie ein Franzose gewesen, hätte man ihm für seine Arbeit als Soldat eine Statue errichtet. Er ließ auf Befehl jüdische Kinder (in geringer Zahl) abführen? Was ist damit? Hat er ein Exklusivrecht darauf? Wer hat Buren-Kinder zu Tausenden in Konzentrationslagern in Südafrika massakriert, wenn nicht die Engländer, die einen deutsch-jüdischen Finanzier, einen portugiesisch-jüdischen Finanzier und einen englisch-jüdischen Finanzier hinter sich hatten: Lord Rothschild, wie es der Zufall will.

Jude zu sein ist Erhabenheit, haben Sie gesagt?

Abgesehen davon, dass ich noch nie eine rassistischere, größenwahnsinnigere Aussage gehört habe, möchte ich Sie fragen, woher Sie diesen Stolz nehmen?

Ich, ein Jude aus einer illustren Familie, sehe darin keine Erhabenheit.

Erstens: Sind wir eine Rasse? Nein, denn es gibt keine Rassen. Es gibt nur Ethnien, die das Ergebnis einer hormonellen Anpassung an eine feste Umgebung für mindestens 1000 Jahre sind. Wir haben diese Bedingung jedoch nie erfüllt. Unsere pathologische und brillant spekulative Besonderheit rührt ausschließlich von der Beschneidung am achten Tag her, die ein schweres hormonelles und psychisches Trauma erzeugt.

Diese hormonell gestörte Gruppe lehnte die ägyptische Offenbarung ab und bekam den fleischlichen Gott, den sie verdiente. Sie brachte einige Propheten hervor, die sie schnell abschlachtete. Sie bildete ein künstliches Volk aus entlaufenen Sklaven, das die Völker, deren Zivilisation und Fleiß sie nicht kannte, durch Massaker vernichtete, ein Volk des Monotheismus eines Stammesgottes, der nach dem Blut der Opfer gierte.

"Ich habe ihr Herz verhärtet, damit sie mein Wort nicht hören", sagte Jesaja, eines ihrer äußerst seltenen Lichter.

Ist Ihre Erhabenheit auf Ihre "hormonelle" Verwandtschaft zurückzuführen?

Mit den roten Milliardären, Rothschild, Hammer, Rockefeller, Warburg, Schiff, Sassoon, Oppenheimer und anderen?

Mit Marx und seinen 200 Millionen Leichen, die von Gefängnis- und KZ-Henkern wie Kaganowitsch, Frenkel, Yagoda, Jejoff, Abramovici, Firine, Appeter, Rappaport usw. exekutiert wurden.

Freud? Und seine weltweite Pornografie und Fäulnis, seine Zerstörung der Familie und all der zärtlichen Gefühle, die das Wesen des Lebens ausmachen und für deren rauchige Theorie es keine Grundlage gibt.

Picasso? Und sein ästhetischer Verfall, den er übrigens demütig eingestand? Einstein und die Kernspaltung?

Oppenheimer und seine Atombombe? Field und seine Wasserstoffbombe?

S.T. Cohen und seine Neutronenbombe? Meyer-Lanski, Pate der Maffia?

Flato-Sharon internationaler Betrüger und Wahlbetrüger?

Mit einem Wort alle Tyrannen der demokratischen Diktatur, die von gut gemästeten politischen Mopps aller Parteien bedient werden, diese unerbittlichen Schwachsinnigen, die uns zum Schlimmsten führen?

Nein, mein lieber Herr, jeder anständige Mensch kann sich nur dafür schämen, zu dieser Clique von Schwerverbrechern zu gehören, die alle Fäden in der Hand halten und dabei sind, den Menschen und den Planeten zu liquidieren.

Unser Mitstreiter George Steiner hat alles sehr gut zusammengefasst:

"Seit 5000 Jahren reden wir zu viel, Wort des Todes für uns und für andere". Glauben Sie an meine guten Gefühle.

KAPITEL XV

Tristans Fieber hielt an. Er lag in einem Chaos aus sprudelnden Schmerzen.

Er war im Delirium.

Ich liebe, um zu lieben.

Das ist meine Stärke und meine Schwäche. Mein enormer Kampf gegen das Unmögliche.

Die Präsenz eines nackten Herzens vor dem nihilisierenden Zynismus, dem Tod jedes echten Gefühls.

Keine Güte mehr, keine Strenge, nichts mehr.

Hoffnung, wenn es keine Hoffnung mehr gibt. Meine Präsenz angesichts der totalen Feindseligkeit.

Aggregierte sehen konsequent im Kleinen, sie leicht ihre Ideen verengt.

Nietzsche, Pascal hatte eine aphoristische Tendenz.

Angesichts der schmerzhaften Gedanken, die das Chaos ausgießt, gibt es kaum Platz für Ordnung, und es wird immer weniger davon geben.

Es gibt viele Humanoide, für die das Offensichtliche eine Theorie und die Wahrheit ein System ist.

Gott, gib mir Frieden. Satan, gib mir Frieden von der lethargischen Glückseligkeit des Zuschauers von Fußballspielen. Millionen, Millionen.

Problemlosigkeit durch Nivellierung, endgültige Betäubung durch die Neutronenbombe.

Geliebte Großmutter? Biche? Ich habe noch Chopin und die Kleinen.

Wir leiden unter dem, was in uns falsch ist. Zuerst moralisch, dann physiologisch. Physiologisch und dann wieder moralisch. Und wieder physiologisch.

Abwärtsspirale der menschlichen Desintegration. Endlose psychosomatische und somatopsychische Krankheiten. Der Mensch wird zu einem Homunkulus, der inmitten von Musik gestikuliert, die Affen in die Flucht schlagen würde. Man muss sich die Totenkopfgesichter mancher Rocksänger oder anderer Betrüger ansehen, die mit dumpfen und hässlichen Beats skandiert werden.

Ein angeborener Defekt, der auf unsere Degeneration seit unserem Fall zurückzuführen ist. Seit der Entfremdung vom ursprünglichen Glück, das wir vielleicht hatten. Es gibt Völker, die zu leben verstehen, die weder Krankheit noch Wahnsinn kennen und nur einen späten Tod im Alter von hundertzwanzig oder hunderfünfzig Jahren.[45]

Wenn wir die Gesetze des Lebens befolgen würden, könnten wir hier unten das Glück erleben, einen sanften und akzeptierten Tod, um ein Leben in Fülle zu beenden.

Die verschiedenen Klimazonen, die Nahrung, die nicht unserer Natur entspricht und die in diesem Jahrhundert durch die Chemie noch schädlicher wird, degenerieren uns allmählich. Wir sterben fast alle an Krebs oder Herz-Kreislauf-Erkrankungen, was vor allem auf die Ungereimtheiten unserer Nahrung zurückzuführen ist.

Wenn ich Gesichter sehe, spüre ich, dass sie nicht normal sind, oft sind sie sehr hässlich, so wie sie sind, ich stelle sie mir schön vor, so wie sie sein sollten. Wenn die Wesen ihr organisches und geistiges Gleichgewicht wiederfinden würden, hätten sie ein herrliches Gesicht. Gott hat zugelassen, dass wir mit unserem Glück auch unsere Gesichter verlieren.

Er hat akzeptiert, dass wir seine Gesetze aus Dummheit und Unwissenheit ignorieren. Degenerierte Gesichter. Unsere Sicherheit war ihm nicht genug. Er wollte uns im Instabilen, um uns zappeln und ertrinken zu sehen. Wir haben weder ihn noch uns selbst verstanden.

Und nun gehen wir an der jüdisch-kartesischen Sense zugrunde. Warum ist das so? Echter Friede ist Nicht-Leiden, Nicht-Freude, Nicht-Existenz.

Ich möchte mit meinen beiden Kleinen ins Nichts zurückkehren.

Ich war glücklich, bevor ich geboren wurde, ich kann mich nicht einmal daran erinnern. Sich nicht zu erinnern ist auch eine Form von Glück. Wir sind alle Krüppel: Denken und Genialität sind Makel, die aus Verzweiflung entstehen. Der Mann im Paradies ähnelte eher einem Sünder an der Angel als Nietzsche.

Er war nicht gezwungen, durch seine Intelligenz Probleme zu graben und durch sein Genie seinen Schmerz herauszuschreien.

---

[45] Anspielung auf die Hounzas in Nordindien. Hauptsächlich Fruchtfresser.

Der Schauspieler ist auch ein armes Monster. Ich habe im Theater Marionetten gesehen, die Gefühle und Leidenschaften spielten, die nicht zu ihnen gehörten.

Der Schauspieler ist alles, außer sich selbst: Er ist, nichts zu sein.

Ich liebe, um zu lieben. Mein Reh.

Ist es nicht aufgefallen, dass Rehe immer weinen?

Das liegt daran, dass sie leiden. Die Hirschkuh wäre eine Tänzerin, wenn sie eine Frau wäre, wie der Windhund, das Vollblut, die Gazelle.

Mein Reh ist Frau, Reh und ein bisschen Katze. Sie schweigt sich aus. Sie ist ein kleines Monster, das ich lieben möchte, weil es Liebe braucht und sie über die Erschöpfung hinaus nimmt. Wer sagt, dass wir in der Liebe alle Masochisten sind? Da ist etwas Wahres dran.

Sie lässt sich lieben. Ich liebe, um zu lieben. Ich habe ihr alles übergeben, mein ganzes Herz.

Meine ganze Not. In der Liebe wählt man das, was am meisten von einem verlangt. Man wählt das, was einem am meisten schadet. Ich habe Biche gegen meinen Willen gewählt, weil ich wusste, dass sie mich vielleicht auflösen, mich vernichten würde. Ich blickte zurück, meine Augen füllten sich mit Tränen und von meiner Leidenschaft verzaubert, setzte ich mich in Bewegung. Ich streifte Leben ab, die mir nicht gehörten und deren Sicherheit mir lieb und teuer war.

Ich liebe seine Schwäche.

Ich habe nichts mehr, nicht einmal meine Würde.

Sie ist schön, aber sie kann sich nicht vorstellen, dass es für mich etwas anderes auf der Welt gibt als sie, sie ganz allein.

- Ich habe einen kleinen Rehkopf", sagte sie einmal zu mir, "keinen großen Elefantenkopf.

Ja, sie hat ein entzückendes kleines Rehköpfchen, unter dem ich so leide. Ich kann ihr nicht viel erklären. Aber was soll ich tun?

Sie wurde mit der Gabe des Tanzes geboren. Der Tanz war ihre Lebensfreude. Ihre Eltern konnten das nicht erkennen, sie wurde keine Tänzerin, aber sie wird immer eine Tänzerin sein, so wie ich *im Wesentlichen* immer ein Pianist sein werde.

Eine Tänzerin ohne Tanz, ein Pianist ohne Klavier.

Verloren in der modernen Welt. Wir können unsere Essenzen nicht ändern, diese brutale Welt kann uns töten, das ist alles.

Sie traf auf meine Leidenschaft und brauchte diese. Sie wollte mich mit Leib und Seele aufsaugen, sie wollte mein stummes Idol sein. Sie lässt nichts anderes in meinem Kopf zu als sich selbst, sie kann meine beiden Kinder nicht ertragen.

Wenn sie entdecken könnte, dass zwei Kinder heilig sind... Wenn sie verstehen könnte, dass diese beiden kleinen Wesen nicht zwischen ihr und mir, zwischen meiner Liebe und ihr stehen.

Ich kann in diesem Halbdunkel eines Verurteilten nicht mehr klar sehen.

Würde ich sie auch so leidenschaftlich lieben, wenn sie mit mir in meiner Pflicht als Vater und Künstler kommunizieren würde? Voire!

Wäre sie in mir nicht auf ausgeschaltete Weise unterschwellig vorhanden? Wären wir nicht ein ruhiges Ganzes? Aber wären wir dann nicht völlig verschieden?

Wenn ich Klavier studiert hätte, hätte ich nicht denken müssen. Ich war nicht zum Denken geschaffen. Ich werde immer wie ein Kind denken. Von einem kindlichen Gehirn kann man nicht so viel verlangen.

Der Dandy ist das Kind schlechthin. Also Mitleid mit uns. Man gebe ihm das Tanzen, man gebe mir ein Klavier, denn ich liebe und kann nicht mehr lieben.

Mein Reh, eifersüchtig auf zwei Kinder...

Herr sollten wir dich nicht dafür hassen, dass *wir von dir nicht immer über die Gesetze des Lebens informiert werden, die Glück verleihen?*

WEIHNACHTEN

Aus irgendeinem Grund besuchte die *liebe Oma* zum ersten Mal Tristans Kinder. Sie hatte der Amme einen Plüschbären und einen kleinen Geldschein geschenkt. Sie hatte gerufen:

"Was soll ich sagen, es liegt nicht daran, dass ihr Vater ein Monster und ein Undankbarer ist. Wenn ich daran denke, was ich alles für ihn getan habe! Welche Schlange habe ich in meinem Schoß erwärmt!".

Und das Parkett in ihrem Salon hatte ihr durch Nicken zu verstehen gegeben, dass sie eine Art Heilige sei.

Fieber, immer noch Fieber. Bettlägerig, klar, vernichtet.

Einige Tage später musste er sich den letzten Prüfungen für seine Lizenz unterziehen.

André, der befreundete Psychiater, besuchte Tristan und entschied, dass es klüger wäre, wenn er in ein Krankenhaus eintreten würde.

Die Sulfonamide hatten die Kolibakterien zum Verschwinden gebracht, aber die eitrigen Spuren blieben bestehen.

Der Chefarzt des Hôtel Dieu, in dem er sich befand, war der Schwiegersohn eines mit seinem Vater und seiner Mutter befreundeten Arztes, der Tristan zur Welt gebracht hatte, und wurde als "Wunderprofessor" bezeichnet. Er hatte nämlich einen Kranken mit Leberzirrhose, zerebrospinaler Meningitis und anderen katastrophalen Krankheiten geheilt. Er hatte das Krankenhaus jedenfalls auf zwei Beinen verlassen, aber niemand wusste, ob er einen Monat später noch am Leben war.

Die Haltung und das Aussehen des Arztes fielen Tristan seltsam auf. Er war quadratisch, sportlich und hatte ein gutes Gedächtnis, das man leicht beobachten konnte, wenn er morgens mit seinen Studenten die Kranken untersuchte. Der Assistenzarzt, der ihm folgte, hatte genau denselben Typ, so dass man sie leicht für Vater und Sohn hätte halten können. Sie waren beide perfekte Hypophysenpatienten.

Tristan hatte, wie er sagte, die Häufigkeit dieses Typs bei den Aggregierten, den Internen festgestellt, lange bevor er ihnen eine "Drüsenbezeichnung" gab.

Ihm war klar, dass diese Beobachtung jedem entgangen wäre, denn im Detail waren sie unterschiedlich, aber gerade das Detail ist es, das der gewöhnliche Mensch zu beobachten weiß.

Für Tristan war ihre Ähnlichkeit so auffällig wie die von Chopin Musset, Liszt, Goethe, Disraeli und den langhaarigen Romantikern im Allgemeinen.

Der Lehrer beobachtete nichts. Er stellte keine Fragen. Seine einzige Perspektive war *die Suche nach dem Syndrom*. Messgeräte, Materialuntersuchungen, Röntgenaufnahmen der Lunge und der Nieren, Albuminspiegel, induzierte Hyperglykämie, verschiedene Bluttests, Grundumsatz...

Da die eitrigen Spuren gerade verschwunden waren, kam der Lehrer zu dem Schluss: "Physiologisches Fieber".

Tristan wurde ein Nervenberuhigungsmittel verabreicht, das ihn in einen so starken Erstickungszustand stürzte, dass er es aufgeben musste.

Tristan dachte über eine echte Medizin nach. Sie erschien ihm so abwegig, dass er nicht verstehen konnte, wie man ernsthaft an sie glauben und sie systematisch anwenden konnte. Nur die ernährungsbedingten und psychologischen Ursachen konnten zu den Ursprüngen einer Krankheit führen.

Reh war gekommen. Das Fieber war gestiegen. Aber *waren* dieses Fieber, dieser Eiter, diese Mikroben *nicht der physische Ausdruck dafür, dass ihr die Seele aus dem Leib gerissen wurde?*

Schwankend verließ er das Hôtel Dieu, um an der Sorbonne seine letzte Lizenzprüfung abzulegen. Er schrieb in einem Halbnebel, bestand die mündliche Prüfung und wurde mit Auszeichnung bestanden.

Bereits seit zehn Jahren unterrichtete er.

Trotz dieser langen Betriebszugehörigkeit konnten viele seiner Kollegen, die ebenfalls Bachelor of Arts waren, keine Festanstellung erhalten: Sie benötigten einen Wettbewerb, CAPES oder agrégation.

Ihre Gehälter blieben lächerlich gering und statisch. Eines Tages hatte sich unter den nicht festangestellten Lehrern ein Komitee gebildet und sie hatten sich mit einer sehr großen Gewerkschaft beraten. An der Spitze dieser Organisation stand Fräulein Abraham, die ihnen antwortete:

- Wir sind eine Gewerkschaft für fest angestellte Lehrer, das Problem der nicht fest angestellten Lehrer interessiert uns nicht.

Dann stand ein Kollege auf, um die Interessen der nicht verbeamteten und entlassenen Lehrer zu bündeln und zu vertreten. Er war Kommunist.

Niemand hatte die Wahl, einen anderen zu wählen, da niemand für die Verteidigung ihrer elementaren Interessen kandidierte. Das Dilemma war einfach: entweder von einem Kommunisten verteidigt zu werden oder gar nicht verteidigt zu werden.

War dies nicht ein grundlegender Aspekt der modernen Welt. Nationen, deren Tradition dem Marxismus entgegengesetzt ist, finden schließlich nur noch einen scheinbaren Beschützer, den Marxismus.

Er wird es nicht richten, aber es gibt nur ihn.

Eines Tages wird er die ganze Welt verschlingen und vom Kapitalismus nur noch die Finanziers übrig lassen, die ihn finanzieren werden, so wie sie den Bolschewismus in Russland finanziert haben: Das wird die globalistische Hölle sein.

Diese Überprimaner der Universität hatten nichts von seiner syndromlosen Agonie verstanden.

Biche blieb jähzornig und nervös, sie schuf in ihm wahnsinnige Konflikte. Die Existenz der Kinder empörte sie. Er blutete, wenn er daran dachte, dass die beiden Kleinen so wenig für sie bedeuteten. Er war zerrissen zwischen seiner Leidenschaft und seiner Pflicht.

An einem Donnerstag musste er nach seinen Jungen sehen.

Biche litt so sehr. Sie war nur böse, weil sie litt. Tristan nahm nicht den Zug in die Vorstadt.

Er hatte dort neben ihr gestanden und ihr Leid gespürt. Verzweifelt, geschwächt, verrückt vor Leidenschaft und gequält.

Die Gesichter seiner beiden Kinder vor ihm.

Nein, es ist nicht die Liebe, diese schändliche Sklaverei, an der wir sterben.

Er konnte nicht mehr wollen. Neunundzwanzig Jahre lang hatte er seinen schwachen Willen in einem zermürbenden Kampf eingesetzt, um sich selbst zu verleugnen, seine Berufung als Pianist, Denker und Künstler zu verleugnen, um sich fast gegen seinen Willen das Recht zu erkaufen, zu existieren. Alles, was er aufgebaut hatte, brach aufgrund einer Leidenschaft zusammen, der sich sein Verstand widersetzte, zu der er schicksalhaft hingezogen wurde und gegen die er nichts ausrichten konnte.

Er spürte, dass Tuberkulose und Wahnsinn ihn bedrohten. Die *materialistischen* Ärzte konnten ihm nicht helfen.

Die Vorsehung, man kann es nicht anders ausdrücken, legte ihm einen medizinischen Artikel vor, der die endokrinologische Übersetzung der vier menschlichen Archetypen, die er beobachtet hatte, formulierte. Der Ringkämpfer, Stalin und Chruschtschow waren *Nebennieren-Typen*.

Assistenzärzte und *Hypophysen-Aggregate*.

Romantische Künstler wie Chopin, Musset, Liszt und er selbst, *Schilddrüsenerkrankungen*.

Dr. Alexis Carrel entsprach perfekt dem *inneren genitalen oder interstitiellen* Typ.

Er nahm daraufhin Briefkontakt mit dem Arzt auf, der diesen fulminanten Artikel verfasst hatte, dessen Hintergründe er sofort verstanden hatte.

Dieser Arzt aus Bordeaux, Dr. Jean Gautier, hatte die wichtigste Entdeckung des Jahrhunderts in Bezug auf das Wissen über den Menschen gemacht: *den funktionellen Vorrang des Hormonsystems vor dem Nervensystem und dem Wesen im Allgemeinen.*

Da ihr erster Kontakt einen dringenden Charakter hatte, schrieb er ihr einen chaotischen Brief, in dem sich die Wunden seiner Vergangenheit, seine Ehe, seine Leidenschaft für Biche, seine Kinder und die Apologie des vom Fortschritt zum Tode verurteilten Ästheten vermischten.

Die Antwort des Arztes kam schnell:

Mein lieber Herr.

Verzweifeln Sie nicht. Sie analysieren Ihre Situation mit viel zu viel Klarheit, Vernunft und Menschenverstand, um nicht zu genesen und sich zusammenzureißen. Sie haben ein Ideal, das Klavier, eine Pflicht, Ihre Kinder, und das Leben eines intelligenten und gefühlvollen Menschen mit Herz.

Ich werde Ihnen helfen. Sie haben einen sehr bemerkenswerten Essay über den Dandyismus geschrieben.

Ihr beigefügtes Foto zeigt deutlich meinen "Schilddrüsentyp". Sie haben sich fatalerweise eine Frau ausgesucht, deren Drüsentyp eine gewisse Affinität zu Ihrem hat. Allerdings fehlt ihr das innere Genitale, was ihr einen großen Egoismus verleiht. Diese Menschen sind unzufrieden, suchen nach Sensationen und sind eifersüchtig.

Mit George Sand geht es Ihnen wie Chopin und Musset: Sie zeigen ihr zu sehr, dass Sie sie lieben. Aber Sand war eine genitale Reproduzentin, was ihr erlaubte, untreu zu sein, aber mit einer gewissen Güte.

Befolgen Sie die beiden Hormonrezepte, die ich für Sie und Ihre Frau ausstelle. Wenn Sie wieder gesund sind, kommen Sie zu mir und wir werden ein langes Gespräch führen ...

Tristan und Biche nahmen die Hormone und hörten auf, sich zu zerfleischen.

Leider waren die Hormone sehr teuer und sie konnten es sich nicht leisten, sie zu erneuern.

Dann nahm Biche wegen tausend Nichtigkeiten ihre Maske wieder auf. Er versuchte, sich dem Rätsel seines Charakters zu beugen. Sie suchten nach Worten, um ihn zu besänftigen. Alles missfiel ihm. In der Gegenwart von Freunden konnte er nicht sprechen. Biche lähmte ihn. Ein einziges Wort konnte sie aus der Fassung bringen, sie verletzen, ihr die Haut abziehen.

Tristan hatte gesagt, sie würde ihn zerstören.

"Das würde mir sehr gelegen kommen", hatte sie geantwortet.

Ein Brief, sein Sohn war krank.

Vierzig Grad Fieber. Er behielt seine Sorge für sich. Biche hatte den Umschlag gesehen: "Wenn du deine Kinder liebst, dann bleib nicht hier, sondern geh zu ihnen", hatte sie hingeworfen.

Und dann Tristan siezen:

— "Was machen Sie hier"?

Diese Szene hatte Tristan in einen Zustand der Benommenheit versetzt. Während des Mittagessens würde sie vor ihren Eltern die Rolle der Gelassenheit spielen. Er konnte das nicht. Also zog sie ihn beiseite ins Wohnzimmer und gab ihm irgendeine Illusion von Zärtlichkeit, damit er auch vor den Eltern eine relative Komödie des Glücks spielen konnte.

Nach dem Essen waren sie allein.

— "Wir müssen nur Bruder und Schwester sein", sagt sie. "Außerdem will ich eine Stelle als Model annehmen, die man mir in der Schweiz anbietet". Dann :

— "Ich möchte tun, was ich möchte".

Schließlich fügte sie den unerhörten Satz hinzu: "Ich will nicht allein verdammt werden".

Sie verschwand den ganzen Nachmittag.

Er fragte sie, wo sie gewesen sei. "Ich habe ein Hotel gesucht", hatte sie geantwortet. Am Abend in ihrem Zimmer bestand er darauf, dass er gehen sollte.

Sie wollte, dass er ging. Er musste einfach nur weggehen.

Er hatte sich auf die Bettkante gesetzt, ihm tat es um sie beide weh. Ihre beiden Leiden waren antagonistisch: Sie hatte nur ihr eigenes, er lebte beide.

Dann hatte er endlos lange geredet. Er erklärte ihr, dass sie aufgrund einer Laune der Natur Dinge nicht verstehen würde, dass sie es versuchen müsse und dass die Kinder nicht zwischen ihr und ihm stünden.

Dass sie ein eifersüchtiges Reh mit zwei Kindern sei.

Sie hatte sich beruhigt und in Tristans Armen geweint. "Es ist nicht meine Schuld", hatte sie gewimmert, "verlass mich nie".

Tristan wusste das. Arme kleine Gewächshausblume, wie er sie liebte. Er musste wieder Hormone kaufen, er musste, er kaufte sie wieder.

Zwei Wochen vergingen. Er wagte es, ihr von seinen Plänen für die Schweiz zu erzählen. "Aber ich will doch kein Model sein, warum willst du denn, dass ich ein Model bin", hatte sie geantwortet.

Biche wurde schwanger.

In den nächsten Wochen begann ihre kleine Hirschkuh, hübsche Dinge für das kleine Rehkitz zu stricken, das bald geboren wurde. Es gab einen kleinen rosafarbenen Mantel mit Kapuze, winzige weiße Fäustlinge...

Wie schön das doch alles war!

Wenn man wüsste, wie hübsch ein kleines strickendes Reh ist. Ihre kleine Treibhausblume

An diesem Tag hatte Tristan keine Schmerzen mehr. Er will keine Schmerzen mehr haben. Wenn er noch Schmerzen hätte, würde er es seinem Klavier sagen ...

KAPITEL XVI

"Das Leben ist Einheit in der Vielfalt" (Thomas von Aquin)

"Leiden, Geburtshelferin des inneren Menschen" (Prinz Paul Scortesco)

Tristan nutzte die langen Schulsommerferien, um den Physiologen, Endokrinologen und Arzt zu besuchen, der ihm geholfen hatte.

Dieser Mann hatte einen grundlegenden Schlüssel zur menschlichen Natur entdeckt: die Allmacht der endokrinen Drüsen. Er hatte festgestellt, dass der "Schilddrüsentyp", dem er angehörte, der Apollonier der Astrologie und der Phosphorus der Homöopathie war. Die venusianischen Aussichten passten auch in die Charakterologie der Schilddrüse, wie die marsianischen Daten in die der Nebenniere. Er spürte, dass diese Daten von einer materialistischen, primären Gesellschaft vor dem Zusammenbruch des Materialismus nicht wahrgenommen werden würden.

Selbst die funktionelle Vorgeschichte des Hormonsystems wurde im zwanzigsten Jahrhundert noch nicht verstanden. Es wird noch lange dauern, bis dieses neue Wissen in das kollektive Bewusstsein eindringt.

Er ahnte, dass dieser Meinungsaustausch für ihn eine riesige Öffnung zum Wissen sein würde.

Man musste aus all diesen jüdisch-kartesischen Pseudophilosophien ausbrechen, die nur das Nichts des rationalistischen Intellekts hervorbringen konnten.

Die synthetische Intelligenz und die Intuition hatten den Menschen unter dem Einfluss der absoluten Diktatur eines gnadenlosen, sich selbst überlassenen Intellekts verlassen. Er hatte logischerweise nur die materialistische Dummheit und ihren lächerlichen Stolz hervorgebracht, die zum Selbstmord von Körpern, Seelen und des Planeten führten.

Der Doktor hatte Ähnlichkeit mit Montaigne und vor allem mit General Chiang Kai-Chek. Tristan erinnerte sich: Dieser nationalistische General war bereit, mit der Hilfe von General Mac Arthur den Aufstieg Mao Tse Tungs und des Kommunismus in China zu verhindern. Der Erfolg war sicher, aber die "amerikanische" Regierung hinderte Mac Arthur daran, seine Streitkräfte mit denen Chiang Kai-Sheks zu vereinen und wurde in die USA zurückgerufen, während der nationalistische General nach Formosa verbannt wurde... *Sicherlich hätte Mac Arthurs Eingreifen den Aufstieg des Kommunismus in China verhindert: wer hat daraus den chinesischen Kommunismus gemacht*????

Der Wissenschaftler erzählte Tristan, dass er selbst vormongolisch gewesen war, sich aber dank seines Verständnisses für den hormonellen Menschen aus diesem Zustand befreit hatte. Er hatte es auch immer wieder geschafft, aus kleinen Mongoloiden Kleinhändler und Angestellte zu machen und ihnen eine körperliche Erscheinung zu geben, die nur mongoloide Spuren aufwies. Wenn diese ehemaligen Mongoloiden nach Jahren den Arzt aufsuchten, der ihren Mongolismus diagnostiziert hatte, zogen es diese ausnahmslos vor, sich selbst einer Fehldiagnose zu bezichtigen, anstatt die therapeutische Wirksamkeit von Dr. Gautier anzuerkennen.

Bei Dr. Gautier gab es übrigens noch ein asiatisches Überbleibsel, das bereits erwähnt wurde, da es Chiang Kai-Shek ähnelte.

Zwischen ihnen sollte sich ein langer, spannender, weltweit einzigartiger Dialog entwickeln.

— Mein lieber Tristan, Sie sind abnorm sensibel, emotional und sehr sentimental. Sie sind so gut wie in der Lage, alles zu verstehen, und sei es auch nur intuitiv. Daher kann nichts dagegen sprechen, eine Art Klarstellung aller allgemeinen und persönlichen Probleme vorzunehmen, die Sie beschäftigen und belasten. Lassen Sie uns zunächst über Ihre Ehe mit der Frau sprechen, die Sie "Reh" nennen. Es ist sehr schwierig, dass Sie sich an Ihre Frau anpassen, geschweige denn, dass sie sich an Sie anpasst. Sie ist nicht nur vom Typ her schilddrüsenkrank, sondern hat auch eine leichte pathologische Hyperthyreosetendenz. Das bedeutet, dass ein Zusammenleben zwischen Ihnen beiden unmöglich ist. Sie braucht einen ruhigen, unproblematischen Hypophysen-Typen ohne ein überbordendes intellektuelles und emotionales Leben wie Sie. Seine pathologische Hyperthyreosetendenz ist für mich durch eine einfache Fotografie ohne Laboruntersuchung ebenso offensichtlich wie für mich die violetten Lippen Ihrer Großmutter, die ich nicht kenne, offensichtlich sind.

Tristan war verblüfft.

— Wie können Sie all das wissen?

— Es ist ganz einfach. Ihre Großmutter gehört zu einer bestimmten Art von Schilddrüsenpatientin, die häufig in der Sekte der am achten Tag Beschnittenen vorkommt, weil der Hormonhaushalt aufgrund der Beschneidung am achten Tag bei Männern aus dem Gleichgewicht geraten ist. Wir werden später noch ausführlich darauf eingehen. Dieses Detail ist ab einem bestimmten Alter typisch für sie, und ich kann Ihnen sagen, dass Ihre Mutter, die auch zu diesem Typ gehört, diese Lippen haben wird, wenn sie ein hohes Alter erreicht. Ich kann noch hinzufügen, dass sie beide Durchblutungsstörungen in den Beinen haben und zu Herzklopfen neigen.

Tristans Neugier wurde durch seine angeborene Ungeduld geweckt. In seinem Kopf raste ein Chaos, ein Universum von Fragen, die er stellen wollte, aber der Arzt fuhr fort.

— Zwischen Ihnen und Ihrer Frau besteht eine hormonelle Zwangsläufigkeit, gegen die man nicht viel ausrichten kann, vor allem nicht unter den heutigen Lebensbedingungen. Sie müssen sich trennen, bevor Sie gezwungen sind, monatelang zu pausieren oder schwer zu erkranken, insbesondere bei Ihnen beiden an Schilddrüsen- und Lungenkrankheiten.

— Aber ich liebe meine Frau!

— Ich bin davon überzeugt und sogar maßlos überzeugt. Ich werde Ihnen helfen, diese schwere Prüfung zu ertragen, indem ich Ihnen zunächst einmal alles erkläre. Wir werden die Menschheit betrachten und versuchen, etwas zu verstehen, von dem noch niemand eine Ahnung hat. Ich weiß, dass sich Ihr Herzschlag beschleunigt, weil Ihre Schilddrüse durch den neuen, oppositionellen Aspekt all dessen, was ich Ihnen darlege, angeregt wird. Ich werde Ihnen also neue Konzeptionen erklären, die den Menschen betreffen und die derzeit niemand außer einigen Schilddrüsentypen des höheren Typs und den "Interstitiellen" verstehen wird. Es stimmt, dass diese beiden Kategorien von Wesen praktisch ausgestorben sind.

— Können manche Verrückte unter "Schilddrüsenblitzen" nicht etwas anderes verstehen, denn es ist offensichtlich, dass Demenzkranke, die einen zu dynamischen Charakter haben, eine überaktive Schilddrüse haben.

— Was Sie sagen, ist wahr und wird gut beobachtet und verstanden. Sie können manchmal vieles verstehen, aber sie können es nicht für sich nutzen. Das Chaos in ihrem Verstand ist nicht konstruktiv. Außerdem werden sie dazu neigen, die Realitäten, die wir darlegen werden, zu verzerren, um ihre Instinkte, ihre Marotten, ihre Interessen und ihren Wahnsinn zu befriedigen. Sie können nicht auf die Abstraktion zugreifen, die unabhängig von ihren Ideen, persönlichen Gefühlen, Konditionierungen und Vorlieben ist. Das Genie hingegen findet Zugang zur Wahrheit, auch wenn sie ihm subjektiv sehr unangenehm ist. Er ignoriert seine Vorlieben und beachtet nur die Fakten und Argumente, über die er tief nachgedacht hat. Der Verrückte kann nichts von all dem. Man also ein Minimum an hormonellem Schilddrüsen- und interstitiellem Substrat, um all das zu verstehen.

— Was ist Interstitial?

Tristan trank.

— Sie ist ein Drüsenteil, der beim Mann in die Gonaden und bei der Frau in die Ovarien integriert ist. Er bildet das Gegenstück zum "reproduktiven Genitale". Der "interstitielle" und der "reproduktive" Genitalteil bilden die Genitaldrüse. Die interstitielle oder "innere Genitaldrüse" ist bei Demenzkranken verkümmert. Dies ist also das konstante Zeichen des Wahnsinns bei einem normal entwickelten Wesen. (Denn ein abnormer Geisteszustand ist natürlich bei angeborenen Fehlbildungen wie Mikrozephalen, Anenzephalen usw.) Sagt Ihnen das nichts?

— natürlich ist es das. Das Interstitial muss die Drüse für geistige Gesundheit, Moral, Mut, höhere intellektuelle Fähigkeiten wie Identitätsgefühl und Synthese sein, alles Möglichkeiten, die Verrückten verwehrt sind. All dies und der Wille bilden die wahre Intelligenz, die den Wahnsinnigen fehlt. Im Volksmund sagt man übrigens von einem Mann ohne Mut, dass er keine Hoden hat. Der Volksmund hat durch säkulare Beobachtung die innere Keimdrüse entdeckt, ohne es zu wissen.

— Genau "der Interstitialist" ist also ein Mensch, der mit einer interstitiellen Kraft begabt ist, die ihm die Kontrolle über seine Gedanken und Handlungen verleiht.

— Diese Drüse dürfte derzeit kaum entwickelt sein.

— Nein, sie ist in der heutigen Menschheit kümmerlich und nimmt aufgrund der allgemeinen Bedingungen des modernen Lebens immer mehr ab: hektische Betriebsamkeit, Chemisierung des Bodens, der Nahrung, der Therapie, systematische Impfungen,[46] alles Dinge, die ein Mord an dieser grundlegenden Drüse sind. Diese Drüse ist die Drüse der menschlichen Finalität. Sehen Sie, Tristan, die grundlegende Basis dieser neuen Entdeckungen ist, dass wir funktionell von unserem Hormonsystem gesteuert werden und nicht von unserem Nervensystem, wie die meisten Ärzte immer noch glauben.[47] alles in unserem Wesen wird sowohl vom Geist als auch vom Körper durch das Hormonsystem beeinflusst. Sie werden verstehen, dass jahrtausendealte Techniken wie das Atmen oder kontrollierte Atmen durch die perfekte Kontrolle des Hormonsystems psychosomatische Krankheiten verhindern können.

Ich kann mir die Bedeutung des Hormonsystems sehr gut vorstellen, wenn ich bei mir selbst feststelle, wie wichtig die Schilddrüse für alle meine Reaktionen ist.

— Es ist natürlich, dass Sie direkt auf diese Daten zugreifen, aber es gibt noch Unmengen anderer zugänglicher Beweise.

— Welche?

— Wenn man bei einem Hund alle Nerven durchtrennt, die zu den Sexualorganen führen, wird weder die Brunft noch der normale Fortpflanzungsvorgang dieser Organe unterbrochen. Die Resektion des gesamten sympathischen Systems ändert nichts an den Lebensäußerungen, Emotionen und sexuellen Aktivitäten eines so operierten Hundes. Aber die Entfernung nur einer der vier endokrinen Organe verhindert bei diesem Tier das Auftreten des Sexualinstinkts und führt zur Degeneration der Fortpflanzungsorgane.

— All das ist mir seit langem vollkommen klar. Ich verstehe nicht einmal die Notwendigkeit dieser Demonstrationen! Wenn die Endokrine, wie Carrel 1937 sagte, uns unsere körperlichen und geistigen Eigenschaften verleihen, dann ist es offensichtlich, dass das Hormonsystem uns funktionell steuert. *Unser Nervensystem lässt uns nur auf der Grundlage dessen handeln, was wir hormonell sind. Es ist also offensichtlich, dass unser Hormonsystem unser Nervensystem steuert.*

---

[46] Etwa zwanzig Injektionen von fauligen Produkten in den Körper mit gefährlichen Metallen wie Aluminium. Die Impfung führt zu Krebs, Herz-Kreislauf-Erkrankungen und Geisteskrankheiten... Im Jahr 2000 führte die Hepatitis-B-Impfung beispielsweise zu Multipler Sklerose und Morbus Bechterew...

[47] Viele Homöopathen und Naturheilkundler haben diese funktionelle Vorgeschichte vollkommen verstanden.

— Diese Argumentation ist für Sie elementar, aber Sie kennen "die Aggregierten" und "die Internen" gut genug, um zu wissen, dass es für sie überhaupt nicht einleuchtend ist. Wir werden später noch sehen, *warum sie es nicht verstehen können.* Wir besitzen vier organische Endokrine: *die Nebennieren, die Hypophyse, die Schilddrüse und die Genitalien.* Jede von ihnen bestimmt, wenn sie physiologisch überaktiv ist und die anderen sich im Normalzustand befinden, einen der vier menschlichen Prototypen. Wenn Sie ein symbolisches Bild wollen, wäre der Nebennierenmensch ein Ringkämpfer oder Stalin, der materialistische Typ, der am wenigsten entwickelt ist. Sein Aussehen erinnert an das eines Orang-Utans, von dem er Mimik und Gestik übernimmt. Jeder erinnert sich daran, wie Chruschtschow bei einer UNO-Sitzung mit seinem Schuh auf sein Pult klopfte. Ein Großbauer vom oberen Nil stellt perfekt den hypophysären Typ dar, und General de Gaulle ist ein Dominator dieses Typs. Sie repräsentieren perfekt den thyreoidalen Typ wie Chopin, Goethe, Chateaubriand etc. Ein großer Heiliger wäre ein interstitieller Thyreoidist, Sie "Dandy" sind ein weniger interstitieller Thyreoidist, was Sie anfällig für Leidenschaft macht. Sie haben eine interstitielle Thyreoidea, denn sonst würde es bei Ihnen kein Streben nach Wahrheit, Synthese und Schönheit geben. Sie wirkt jedoch eher auf Ihr Gehirn als auf Ihre Somatik. Sie können auch den Satz von Camus verstehen: "Dandytum ist eine degradierte Form der Askese". Mit anderen Worten könnte man sagen, dass der Dandy eine Art degenerierter Heiliger ist, was durch die Endokrinologie perfekt bestätigt werden kann. Es ist nicht unmöglich, dass ein Schilddrüsenpatient zum Asketen wird, was er in einer traditionellen, nicht pathogenen Gesellschaft wie der unsrigen wäre. Der Dandy wird sogar in unserer Gesellschaft zum Asketen, zumindest in den letzten Jahrhunderten, denn La Fontaine, ein Dandy avant la lettre, Liszt, wurden zu Asketen, als das Alter kam. La Fontaine trug Silizium und Liszt wurde zum Domherrn Liszt. François d'Assises war in diesem Fall auch dabei. Alle drei waren Wüstlinge. Als die Schilddrüse altersbedingt müde wurde, übernahm die Zwischenrippe die Oberhand, daher diese Entwicklung hin zu den spirituellen Qualitäten der Zwischenrippe. Leider sind Sie noch nicht an diesem Punkt angelangt. Jede charmante Frau versetzt Ihre Schilddrüse in Trance und übt eine Art fatale Faszination auf Sie aus. Um das zu heilen, gibt es nur vegetarisches Essen, kontrolliertes Atmen und aktives, d. h. nicht bettelndes Gebet. Die Exazerbation der Schilddrüse führt zu einem großen Gebrauch der reproduktiven Genitalien, was die Aktivität der inneren Genitalien verringern wird. Ich werde Ihnen ein erstaunliches Phänomen aufzeigen: Der primitive Mensch war adrenalinabhängig, er war der große Tyrann. Der darauf folgende war der Cro Magnon-

Mensch, der Höhlenkünstler, er war thyreoidal. Die heutige Menschheit ist hypophysär, analytisch, ideologisch. Nun ist es so, dass der Baby-Mensch adrenalinabhängig ist, was ihm ermöglicht, seinen kleinen Arm eine Dreiviertelstunde lang im rechten Winkel in die Luft zu halten, was wir nicht könnten. Nach einer Pubertät, es gibt drei, (und nicht nur die zweite, die jeder kennt und "die Pubertät" nennt), wird er schilddrüsenartig, er zwitschert, spricht, macht auf Dichter und erschafft Neologismen. Dann, mit etwa 18 Jahren, dem Alter der letzten Pubertät, wird es interstitiell, d. h. es ist im vollen Besitz dessen, was ihm an freiem Willen zusteht. Sie verstehen übrigens die Notwendigkeit einer strengen Erziehung, um die Interstitialität zu entwickeln und eine Art Mentoren zu schaffen, die durch die richtigen Automatismen, die sie sich aneignet, helfen, sie zu stärken.

— Wenn ich es richtig verstehe, entwickelt sich die Menschheit genau wie ein Kind und wenn man sie vergleicht, stünde sie kurz vor ihrem 18. Geburtstag, ihrer letzten Pubertät. Das ist es, was Astrologen als das Zeitalter des Wassermanns bezeichnen.

— Ja, das Ende der hypophysären Menschheit ist nahe. Wir werden nach unserem Selbstmord unsere letzte Pubertät erreichen: Die Menschheit wird volljährig, sie wird ihr achtzehntes Lebensjahr vollendet haben.

— All das ist klar.

— Für Sie, Tristan, aber nicht für einen Hypophysär, der jeden Sinn für das Heilige, das authentisch Religiöse, die Schönheit, die Synthese, kurzum alle wesentlichen Komponenten des Verstandes verloren hat, die es ermöglichen, auf dieser Ebene des Denkens zu verstehen. Der analytische Intellekt, der in einer selbstmörderischen Offizialität allein Gültigkeit hat, erlaubt es nur, sich an selbstmörderische Trugbilder zu halten. Dennoch zeigt die elementare analytische Beobachtung, dass die Wissenschaft selbstmörderisch ist. Und doch sind die Wissenschaftler dieser Zeit weiterhin das Spielzeug des Erfinderrausches. Was sollen Hypophysäre verstehen, die in der Lage sind, Schreckliches wie den Eiffelturm, das Centre Pompidou, die synthetische Chemie als Gesundheitsprinzip und Impfungen zu entwickeln und Freud und Marx für Genies zu halten?

Tristan blieb verträumt stehen. Der Arzt fuhr fort:

— Sie sind Tristan, der direkte Nachkomme dieses Vorfahren des Cro-Magnon. Er war hochgewachsen, hatte eine katzenhafte Geschmeidigkeit, lange Muskeln und war kokett. Er schmückte seinen

Körper mit Tierhäuten, bunten Farben und Tätowierungen. Er war ein Zauberer und Dichter Er war bereits aufgrund seiner Schilddrüsenkraft ein Visionär und Dichter. Von ihm hat der Mensch die Erweiterung und den Umfang seines ganz und gar verblüffenden Wortschatzes. Die Romantik bietet uns die repräsentativsten Beispiele dieses Typs: Chopin, Musset, Liszt, Chateaubriand, Weber, Lamartine, Disraeli, Goethe ... Sie haben dieses langgestreckte Aussehen, den eiförmigen Kopf, die gut und weit geöffneten Augen, die sehr ausdrucksstark und beweglich sind. Denken Sie daran, dass die pathologische Hyperthyreose exophthalmierte Augen hat. Ihre Physiognomie ist rassig, ihre beweglichen Züge geben ihre Eindrücke, ihre Gefühle getreu wieder. Ihre Sprache ist leicht, manchmal gesucht, und sie wissen instinktiv, welche Kleidung ihnen schmeichelt. Sie sind sentimentale Hermaphroditen. Sie sind durchaus Männer, aber mit etwas Weiblichem in ihren Gesten, der Sanftheit des Blicks und des Ausdrucks. Was die Gefühle betrifft, sind sie oft weiblicher als die Frau selbst, denn sie sind zu keiner der Bosheiten und Kleinlichkeiten fähig, die für die weibliche Psychologie charakteristisch sind. Ihre Sensibilität ist lebhaft, geschärft und spürt die kleinsten Empfindungen, die geringsten Beeinträchtigungen. Eine noch so kleine Empfindung zieht sie in sich zusammen wie die geringste ärgerliche Kraft. Sie werden von ihren Gefühlen mitgerissen wie ein Strom, dessen Fluten sich an einem Felsen brechen und schäumend weiß werden. Wir Menschen verstehen sie nicht, was ihren Ehestand nicht gerade erleichtert. Wir verstehen die Menschen auch nicht. Wir fühlen sie, wir kennen sie, aber wir können sie nicht verstehen, weil sie so weit von unserer Mentalität entfernt sind. Ich kann sogar sagen, dass wir sie umso weniger verstehen, je besser wir sie kennen. Sie erscheinen uns herzlos, unbedeutend, nichtig, lächerlich und meist an Uninteressantem interessiert. Dies gilt umso mehr in unserer Zeit der allgemeinen Dummheit und Hässlichkeit, die sie in Erstaunen versetzt. Warum sind wir so schmerzempfindlich?

Nun, im Allgemeinen, denn das war bei dem stark adrenalinabhängigen Goethe nicht der Fall, haben sie physiologisch schwache Nebennieren. Ihre extrem feine Hand, die Chirologen als "psychische Hand" bezeichnen, ist die Antithese zur dicken materialistischen Pfote des Nebennierenmenschen. Die Nebenniere verleiht männliche Eigenheiten: eine relative Schmerzunempfindlichkeit, die es ermöglicht zu kämpfen, eine Muskelkraft, die am gleichen Zweck teilhat. Sie verleiht eine Brutalität, die dazu führt, dass das Weibliche gezwungen und genötigt wird. Doch während der Nebennierenmensch, wenn er Schmerzen ausgesetzt ist, eine Freude empfindet, die an Masochismus grenzt, leidet der Schilddrüsen-Dandy darunter und beschwert sich darüber. Er genießt den Schmerz nur, weil er seine Schilddrüse, d. h.

seine Intelligenz und seine Vorstellungskraft, anregt. Die Schilddrüse mit schwachen Nebennieren bestimmt die Angst, die Kierkegaard, ein Schilddrüsenpatient, als "Splitter im Fleisch" bezeichnete.

— So erklären Sie also in einem wesentlichen Aspekt, meine Ehe mit biche?

— Ja, denn Sie haben sie nicht nur geheiratet, weil sie schön war. Sie entsprach zwar einer Visualisierung, die Sie schon lange in Ihrem Geist gehegt hatten, denn es ist normal, dass sich ein großer, blonder und schlanker Schilddrüsenmann in eine Schilddrüsenfrau mit ähnlichem Typ verliebt, aber sie löste einen leidenschaftlichen Zustand der Liebe aus. Was geschah dann? Eine günstige psychologische Erregung bestimmte eine Erregung der Schilddrüse, die daraus resultierende Sekretion wirkte auf Ihre Sexualität und deren Erregungszustand auf dieselbe Drüse, die ihrerseits auf das Gehirn einwirkte und dort erotische Fantasievorstellungen hervorrief. Diese wiederum steigerten die sexuelle Erregung, was sich wiederum auf Ihre Schilddrüse auswirkte: *entstand ein funktionaler Teufelskreis*, der zu einem lebenswichtigen Element für die Aufrechterhaltung der Oxidation, d. h. des Lebens, wurde. So gibt es beim Dandy eine schilddrüsenphysiologische Suche nach Schmerz, was paradox erscheint, sich aber sehr gut erklären lässt, wenn man die verschiedenen Funktionen kennt, die in ihm ablaufen. Diese Tendenz zur Traurigkeit ist in Chopins Musik unverkennbar. Die Polonaise in As ist fast schwermütig, es ist kein fröhlicher Tanz, kein strahlender Marsch, wie es Harmonie und Rhythmus zu wünschen scheinen. Es ist sicher, dass der funktionelle Zustand der Überempfindlichkeit, der beim normalen Menschen visuelle und auditive Empfindungen in Freude verwandelt, beim romantischen Dandy in eine Empfindung umgewandelt wird, die bis zu einer bestimmten Grenze oder Intensität Freude bereitet und darüber hinaus einen schmerzhaften und schmerzhaften Eindruck hinterlässt. Da der Romantiker auf der Suche nach heftigen Empfindungen ist, um seine Schilddrüse zu beleben, die schnell ermüdet, weil sie von den Nebennieren und dem inneren Genitale nicht ausreichend unterstützt wird, kommt es unter fast allen Umständen, sei es durch die Intensität oder die Dauer, zu Müdigkeit, Kummer und Schmerz. In einer traditionellen Zivilisation hätten ihn Vegetarismus, spirituelle Erziehung und Atmung vor diesem Zustand bewahrt. Er würde zur Klasse der Priester und führenden Kleriker gehören. Man darf nicht vergessen, dass die Schilddrüse die Drüse der Sexualität ist, was bedeutet, dass das, was nicht oben herauskommt, unten herauskommt! Die Schilddrüsenhormone werden entweder für hohe Intellektualität oder für Sexualität verwendet. Je nach dem soziologischen Kontext, in dem er sich befindet, wird der Schilddrüsen-Typ grundsätzlich entweder ein hochintellektueller oder ein erotischer sein. So entwickelt sich der Romantiker, wellt sich, variiert von Lust bis Schmerz, mit der gleichen Art von Empfindungen, Farben, Musik, Gefühlen, reproduktiver Lust. Er wechselt ständig von einer lustvollen zu einer schmerzhaften Empfindung, mit anderen Worten von der Aktivität seiner Schilddrüse zu ihrer Unzulänglichkeit. Da die Schilddrüsenaktivität Freude bereitet, bringt ihre Unzulänglichkeit Traurigkeit, Angst und Krankheit mit sich, denn man muss wissen, dass nicht die Mikroben die Ursache von Krankheiten sind, *sondern ihre pathogenen Formen auf einem ungesunden Boden*.[48]

Die meisten Menschen, die sich mit dem Thema beschäftigen, haben keine Ahnung, was sie tun sollen, wenn sie sich mit dem Thema beschäftigen. Mit anderen Worten: Wir essen das, was unserem Körper nicht gut tut. Das ist im Grunde genommen krankheitserregend. Die Heilung von Krebs durch die Rückkehr zur Rohkost und zu den wahren Instinkten, die nach einigen Tagen der Rohkostaufnahme zurückkehren, ist mittlerweile ein bekanntes Phänomen. Wenn Mikroben die Ursache von Krankheiten wären, würden die Milliarden von Kock-Bazillen in der Pariser U-Bahn beispielsweise *alle Pariser zu Tuberkulosekranken machen, aber das ist nicht der Fall*.

Das ist also die Sensibilität des romantischen Dandys, die übertrieben ist, weil jede Empfindung bei ihm ein Leiden für die geringste Kraft, die auf ihm lastet, bestimmt, denn er ist schlecht anpassungsfähig. Wenn eine Kraft auf unser Wesen einwirkt, muss es ihr mithilfe der hormonellen Sekretion, die darauf reagiert, begegnen. Wenn die Kraft stark ist, greifen die Nebennieren ein, wodurch eine gewisse Unempfindlichkeit entsteht, die es dem Betroffenen ermöglicht, starken Lärm, intensive Beleuchtung oder ein schweres Gewicht zu ertragen. Wenn die Kraft weniger wahrnehmbar ist, wie ein schlecht beleuchtetes oder im Schatten liegendes Objekt, muss die Schilddrüse eingreifen, um dem Auge mehr Schärfe und dem Gehör mehr Feingefühl zu verleihen. Wenn eine Kraft zu lange wirkt, muss die Hypophyse eingreifen, um den gewünschten Widerstand zu leisten. Sie können die Hypophysendominanz verstehen, die für Kandidaten in offiziellen Auswahlverfahren wie der Habilitation oder der Assistenzzeit in der Medizin erforderlich ist. Wenn eine Gefahr droht, ist es die innere Genitale, die sich einmischt, um Mut und Willenskraft zu verleihen.

---

[48] Erinnern wir uns daran, dass Pasteur mit den Worten starb: "Claude Bernard hat Recht, die Mikrobe ist nichts, das Terrain ist alles".

Diese Beispiele für Anpassung ließen sich endlos vermehren, denn es gibt sie für alle möglichen und unmöglichen Fälle des Lebens.

Der romantische Künstler hingegen nutzt nicht jedes seiner Sekrete, um sich den verschiedenen Gegenkräften zu widersetzen. Er bedient sich immer seiner Schilddrüse, die für ihn zu seinem Allzwecksekret wird. Unter solchen Umständen macht ihn das Leiden, das seine Schilddrüse aktiviert, intelligent und kreativ. Wenn das Leiden oder die Opposition jedoch zu lange andauert, wird seine physiologische Hyperthyreose pathologisch: Er kann verrückt werden oder Selbstmord begehen. *Es ist wichtig zu wissen, dass Wahnsinn ein Zustand der Hyperthyreose* ist, so wie Neurasthenie ein Zustand der Hypothyreose ist . Dies ist im Labor nicht nachweisbar, weshalb analytische Geister nicht in der Lage sind, diese Wahrheiten zu erkennen.

Seine Egozentrik und sein Egoismus, die auf seine mangelnde Anpassungsfähigkeit wie auch auf seine sehr große Sensibilität zurückzuführen sind, führen dazu, dass er Schmeicheleien liebt, gerne zum Star wird und sich durch seine künstlerischen Talente, seine Redseligkeit, seine mimetische oder sentimentale Reproduktionskraft von der Masse abhebt. Daher hat er eine Neigung zum Theater, denn er ist ein unübertrefflicher Komiker. Er ist auch Redner, Vortragender, Prediger, großer Politiker (absolut nicht "Politiker", denn er kann sich nicht in die amorphen Herden und die Nichtigkeit der reglementierten politischen Parteien einfügen), er hat die passende Stimme, die Schnelligkeit des Sprechens. Die Stimme entspringt nicht dem Nervensystem, sondern dem Drüsensystem. Anenzephalen, die nicht einmal eine Protuberanz besitzen, äußern sich nicht nur durch Gesten, Affektivität, sondern auch durch Gezwitscher. Die Stimme entstammt also der Schilddrüse. Deshalb ist der Schilddrüsenmensch ein Schönredner, sobald er sich von intelligentem Verständnis, von Sympathie umgeben fühlt. Da er vom Aussehen der Dinge beeindruckt ist, hat er eine bildhafte Sprache. Da er Gefühle in ihrer Quintessenz so sehr erlebt, dass er darunter leidet, ist er vor allem ein Dichter.

Er hat die Gabe, seine Gefühle in Worten und Bildern auszudrücken. Nur thyreoidal, wird er ein mehr oder weniger dekadenter impressionistischer Dichter sein. Interstitiell neigt er zum Klassizismus, d. h. er malt Charaktere, die allen Menschen gemeinsam sind: La Fontaine, ein romantischer Dandy avant la lettre, war ein solcher Dichter.

Mit einem aktiven reproduktiven Genitale bekommen wir Alfred de Musset und mit einem defizitären Interstitial Oscar Wilde und seine Homosexualität.

Der Schilddrüsenmensch ist auch ein ausgezeichneter Musiker, Komponist, Pianist und Geiger. Er ist intelligent, geistesgegenwärtig und versteht Texte und Menschen mit halbem Wort. Er ist ein erstaunliches Wesen, das dem Leiden geweiht ist. Sie wissen, dass viele Schilddrüsenpatienten an Tuberkulose gestorben sind: Chopin, Lamartine, Keats, Schiller und andere.

Bei der Schilddrüse kann eine Erkältung, ein Herzschmerz dazu führen, dass sich eine Tuberkulose festsetzt. Eine chronische Temperatur tritt auf, wenn sie anhält, kämpft die Schilddrüse. Sie muss unterstützt werden, und das habe ich getan, als Sie mir schrieben, dass die Ärzte bei Ihnen von "physiologischem Fieber" sprechen, das auf eine leichte, nicht messbare Hyperthyreose hinweist.

Die Krankheit kann in Schüben verlaufen. Wenn die Schilddrüse über Ressourcen verfügt, wird sie wütend, gereizt und kämpft mit Fieber. So nehmen die geschundenen Krankheitserreger eine Form der Resistenz an. Sie bleiben so lange wenig virulent, wie die Schilddrüse in der Lage ist, ihre Bemühungen wieder aufzunehmen. Wenn sie jedoch durch eine neue Ursache geschwächt wird, vermehren sich die pathogenen Mikroben. Die Schilddrüse kann sie vielleicht noch abwehren, aber wenn sie müde wird und sich erschöpft, dann tötet die Infektion den Kranken. So starb Keats mit fünfundzwanzig Jahren, zermürbt von Herzschmerz, leider für eine Frau, die es kaum wert war. Dieses Drama ist typisch für unseren Morphotyp. Sehr hübsche, aber geistig unterlegene Frauen sind die tödliche Falle der Schilddrüse.

— Das bringt mich dazu, Ihnen die Frage nach dem Don-Juanismus der Schilddrüse zu stellen.

— Nun, die Schilddrüse ist die Drüse, die die häufigsten Anomalien in der männlichen Lust und dem sexuellen Verlangen verursacht. Nun haben Schilddrüsenmenschen eine starke Schilddrüse, die mit einem normalen Sexualakt nie zufrieden ist. Sie ermüdet schnell, denn wir wissen, dass sie ein Endokrin ist, das durch originelle, neuartige, unregelmäßige, variable und wechselnde Empfindungen angeregt wird. Es sind solche Empfindungen, die im Leben, bei intellektueller Aktivität und bei allem, was mit Sexualität zu tun hat, die Schilddrüse am ehesten in Aktivität versetzen und ein sehr lebhaftes Gefühl von Freude und Zufriedenheit hervorrufen. Bei immer gleichen Empfindungen, gleicher Intensität und gleichem, bekanntem Ablauf hingegen versagt die Schilddrüse und führt zu Ekel, Apathie und Trägheit, was in weniger entwickelten Fällen zu Drogen- oder Alkoholmissbrauch führen kann. So fällt es ihnen "thyreoidal" schwer, den Geschlechtsakt auf monotone Weise zu vollziehen, denn die

Gewohnheit führt bei ihnen zu einer Art Impotenz, einer hypothyreoidalen Kummerdepression, während eine neue Frau in Aussehen, Manieren, Konversation und Lebensart die Männlichkeit des Thyreoidisten wiederherstellt, indem sie seine Schilddrüse erregt. Genau das ist in Bezug auf Ihre Liebelei mit Reh geschehen. Einerseits verbot Ihnen Ihre phantasievolle Schilddrüse physiologisch regelmäßige und banale eheliche Beziehungen, andererseits wirkten sich Ihre extrem entwickelten physiologischen Gefühlsfunktionen auf Ihre Interstitialien aus und ließen Sie im Besitz eines großen Moralempfindens, das durch Ihre Leidenschaft aufgehoben wurde. Die Begegnung mit biche bestimmte einen sehr sentimentalen, leidenschaftlichen Liebeszustand. Wir haben über den physiologischen Prozess gesprochen, den funktionellen Teufelskreis, der, wenn Sie Hirschkuh verloren hätten, bei Ihnen einen Schockzustand, eine Schilddrüsenunterfunktion, Selbstmord, Wahnsinn und bronchopulmonale Erkrankungen hätte bestimmen können. *Leidenschaft ist die Insuffizienz der inneren Genitalien, die von einer überaktiven Schilddrüse dominiert wird. Die Schilddrüse, das muss man wissen, ist die Drüse der Versuchung.* In Ihnen hat sich also ein heftiger Konflikt zwischen Ihrer leidenschaftlichen Liebe und Ihrer Liebe zu Ihren Kindern entfacht, der Hirschkuh egal war.

Ist es nicht metaphysisch spannend, festzustellen, dass dieses Leiden Sie zum Nachdenken gebracht hat, Sie dazu gebracht hat, grundlegende Probleme zu betrachten, die alle Menschen betreffen. Sie haben über den hormonellen Menschen nachgedacht, der der offiziellen Welt völlig unbekannt ist, die nur mit analytischen Messungen der Hormonausschüttung und rein empirischen Beobachtungen beschäftigt ist. In Ihnen brodelte der Schmerz mit dem starken Wunsch, diese schmerzhaften Prüfungen zu überwinden.

— Was denken Sie über meine Reh-Schilddrüse in Bezug auf die hormonelle Charakterologie?

— Zweifellos steckt in Ihrer Frau ein Reh, aber Ihr Symbol entspricht viel eher einer Illusion als der Realität. Diese Art von Illusionen über Frauen ist typisch für die Schilddrüse. In ihr steckt viel mehr von einer Katze, die unter dem Einfluss der Nebennieren grausam wird, oder von einigen hochbeinigen Katzen wie dem Puma oder dem Jaguar. Ihnen war aufgefallen, dass sie ein sehr ausgeprägtes Daumengelenk hat und dass ihre Füße und Hände im Vergleich zum morphologischen Gesamtkörper leicht disproportioniert sind. Beim Puma fällt dieselbe Disproportionalität im Vergleich zu einem weichen, langgestreckten Körper auf. Sie hatte weder Ihnen noch Ihren Kindern gegenüber ein großes Herz. Sie ist eine Schilddrüsenpatientin mit interstitieller Insuffizienz und hat kaum Gefühle, die über den engen Rahmen ihrer Person hinausgehen. Ich kann Ihnen versichern, dass sie nach der Trennung von Ihnen keine Beziehung mehr zu Ihnen haben wird. Sie ist eine *körperliche* Schilddrüsenpatientin und *nicht* so *gefühlsbetont* wie Sie. Sie hat die Fähigkeit zu tanzen, die Leichtigkeit, die Geschmeidigkeit, die Automatismen. Sie ist der Typ der slawischen Tänzerin. Es gibt drei Typen von Tänzerinnen: die graziöse Schilddrüse, eine klassische Tänzerin, die hypophysäre, eine amerikanische Akrobatiktänzerin, und die genitale, eine spanische Tänzerin.

- Erzählen Sie mir etwas über das Konzept des Genies in Bezug auf die Endokrinologie.

— Der geniale Mensch muss ein starkes inneres oder interstitielles Genitale besitzen, das das funktionelle Werk der Nebennieren, der Schilddrüse und der Hypophyse zugleich gewesen ist. Er hat die außergewöhnliche Eigenschaft, die Aktivität dieser drei Drüsen nach seinem Willen zu bewirken, denn in der Physiologie sind alle Phänomene umkehrbar. Er ist also stark thyreoidal, ein Künstler, ein Sensibler, ein Altruist, ein Sentimentaler. Dank der Nebennieren stellt er seine Kraft, seine Macht in den Dienst seiner Güte. Er ist auch objektiv, praktisch, weil er die Phänomene so betrachtet, wie sie sind, und nicht nach den Launen seiner persönlichen Vorlieben, denen seines Clans oder seiner Partei: Er hat nie Angst vor der Wahrheit. Er ist auch hypophysär, analytisch, also ein vollständiger Geist. Er ist immer ein Philosoph, d. h. er ist in der Lage, menschliche Probleme unvoreingenommen und unparteiisch zu betrachten. In der offiziellen Welt gibt es keine Genies. Es gibt nur Mittelmäßige, die sich um ihre unmittelbaren Interessen sorgen und nicht einmal sehen, dass sie Selbstmord begehen, wenn sie den Imperativen ihrer allmächtigen Herren aus der Finanzwelt gehorchen. Aus diesem Grund sind physische und moralische Verschmutzung, Hungersnöte, globale und lokale Kriege und ständige Revolutionen das Ende dieser Menschheit. Der Heilige, das Genie und der Dandy sind Schilddrüsenpatienten mit unterschiedlicher interstitieller Potenz. Es ist jedoch nicht unmöglich, dass ein Dandy zum Genie wird. Das hängt von der Disziplin ab, die dem Interstitium durch Diätetik, Atmung, geistige Arbeit und insbesondere Gebet auferlegt wird.

— Um dieses Thema abzuschließen und Ihnen zu zeigen, dass ich Sie richtig verstanden habe, möchte ich zwei Bemerkungen machen: Zunächst einmal ist der normale Mensch nur innerhalb eines hormonellen Determinismus frei. Ein Lebensmittelhändler, dessen Hormonsystem im Gleichgewicht ist, wird die Freiheit haben, ein guter Lebensmittelhändler zu sein. Dasselbe gilt für einen Künstler, einen Intellektuellen oder einen Handwerker. Mir scheint jedoch, dass die Menschen in der modernen Welt, die aus einem hormonellen, nervlichen und neurovegetativen Ungleichgewicht resultieren, praktisch zum absoluten Determinismus als Konsumenten und Wähler verdammt sind. Das liegt natürlich daran, dass weder der Laizismus noch die Chemifizierung oder die systematische Impfung das Interstitielle entwickeln können. Was die Schilddrüse betrifft, so möchte ich die Endokrinologie mit der Formel von Camus übersetzen: "*Der Dandy, wenn er sich nicht umbringt oder verrückt wird, macht Karriere und posiert für die Nachwelt*". Ich werde daher Folgendes sagen: "Wenn der physiologische Hyperthyreoidist des höheren Typs sich nicht in der Phase der Hyper- oder Hypothyreose umbringt, oder wenn er unter dem Einfluss eines zu intensiven Leidens nicht in den Wahnsinn verfällt (milde Formen des erotischen, größenwahnsinnigen oder paranoiden Wahnsinns), findet er in der Verwirklichung seines Zwecks als Künstler ein physiologisches Gleichgewicht, das sein Leben möglich macht, aber meist kurz und schmerzhaft aufgrund der übertriebenen Lebensverausgabung, seiner großen Empfindlichkeit, die durch seine angeborene und betonte Hyperthyreose bestimmt wird, der Schwäche seiner Nebennieren und der Unzulänglichkeit des Interstitiums, das durch Schmerzen, Lebensschwierigkeiten, sexuelle Exzesse und mangelnde Anpassung an die Umstände hypotrophiert wird.

- Sie haben es perfekt verstanden![49]

---

[49] Dieses spannende Thema wurde in einer Doktorarbeit an der Sorbonne behandelt. Juni 1971 unter dem Titel "*étude psychophysiologique des dandys romantiques* (ou le dandysme, hyperthyroïdie physiologique)" (Psychophysiologische *Studie der romantischen* Dandys (oder Dandytum, physiologische Hyperthyreose)). Vorsitzender der Jury Dekan Raymond Las Vergnas, Doktorvater Professor Albeaux Fernet, ein bekannter Endokrinologe, der in Frankreich den berühmten Hans Selye einführte, der uns das Wort "Stress" hinterlassen hat.

KAPITEL XVII

"Sie haben nie die bescheidene Aufmerksamkeit, die der wahren Intelligenz eigen ist" (Simone Weil)

Tristans Schädel war immer noch in einem so wilden Zustand, dass es ihm schwerfiel, die ganze synthetische Kugel des Chaos, die in ihm steckte, in einem logischen Faden auszudrücken. Er wollte alles verstehen, was er so perfekt empfand.

— Tristan begann:

— Ich bin seit Jahren der Meinung, dass der einzige gemeinsame Nenner, der den jüdischen Partikularismus in Zeit und Raum wiedergeben kann, die Beschneidung am achten Tag ist.

Sie hatten vollkommen Recht, denn dies ist die einzige und wahre Ursache für ihren brillant spekulativen und parasitären Partikularismus. Aber ich werde Ihre Geduld zunächst auf die Probe stellen, denn es ist ein Vorwort erforderlich. Sie haben ohne Schwierigkeiten bemerkt, dass die moderne Welt radikal ohne Genies ist, weil es in der Offizialität keinen funktionierenden Synthesegeist gibt. Er wäre nämlich gezwungen, genau das Gegenteil von allem zu tun, was in allen Bereichen getan wird. Das Genie würde für eine qualitative und biologische Welt arbeiten. Infolgedessen können nicht nur keine Probleme gelöst werden, sondern sie können nur radikal unlösbar werden und in allen Formen der Umweltverschmutzung und einem dritten Weltkrieg gipfeln. Die Heime füllen sich mit Verrückten, und es wird immer weniger Platz geben, um sie aufzunehmen, zumal der Wahnsinn normativ werden wird. Klar denkende Verrückte, Kriminelle und Schwachsinnige werden zu Literaten oder Komponisten regressiver, pathogener und kriminogener Musik. Unausgeglichene Menschen regieren die Staaten, denn nur primitive oder dumme Akademiker, die von der Finanzwelt und dem Marxismus ferngesteuert werden, stehen an der sichtbaren Spitze der Staaten. Der Mensch unterliegt einer grausamen Sklaverei, die schlimmer ist als die Sklaverei in der Antike.

— Ja, das ist unbestreitbar.

Der Arzt stand auf und ging zu einer Schublade, aus der er zwei Fotografien herausnahm. Er reichte Tristan eines davon:

— Was ist Ihrer Meinung nach dies?

Tristan hatte zugesehen.

— Ein Nigger, nicht wahr? Aber was hat das mit den Juden zu tun, die die Welt regieren und die uns derzeit interessieren?

— Seien Sie geduldig, ich weiß, dass Sie es nicht sind, aber ich habe Ihnen gesagt, dass ich Ihnen eine wichtige Vorgeschichte darlegen muss. Nun, nein, er ist kein Neger: Er ist ein Akromegaliker, nachdem die Krankheit zehn Jahre lang fortgeschritten ist. Akromegalie ist eine Erkrankung der überfunktionierenden Hypophyse.

Der Arzt zeigte Tristan weitere Fotos des Patienten, die im Laufe der zehn Jahre, die die Krankheit andauerte, aufgenommen worden waren. Der Mann hatte ein immer negroideres Aussehen angenommen, bis er schließlich das perfekte Aussehen eines Negers annahm. Auf einer Schwarz-Weiß-Fotografie war das Phänomen noch deutlicher zu erkennen.

— Was schließen Sie daraus?

— Ganz einfach: Ich würde sagen, dass der Nigger ein normaler Akromegaliker ist.

— Sehr gut verstanden, aber schlecht ausgedrückt. Wir würden sagen, dass der Neger ein Hypophysär mit akromegalischen Manifestationen ist.

— Ich verstehe vollkommen und hatte auch verstanden, dass ein Neger niemals ein Schilddrüsenhirte wie Perikles, Chopin, Goethe, Lamartine oder Chateaubriand sein kann.

— Das ist in der Tat hormonell unmöglich, vor allem in der Nähe des Äquators. Nur die Indianer können diesen Typus haben, da ihre Zivilisation interstitielle Schilddrüsen hervorbringen konnte, die in der Lage sind, zu schweben. Ein Schilddrüsenmensch kann nicht nur nicht in der Nähe des Äquators geboren werden, sondern als Erwachsener könnte er dort auch nicht leben und würde dort sehr schnell sterben. Die Schilddrüse kann ohne Übertreibung nur in gemäßigten oder kalten Ländern leben.

— Aber ein Ghostwriter kann ein guter Fachakademiker, ein ehrlicher Romanautor und ein Jazzpianist sein.

— Zweifellos, aber niemals ein Chopin, ein Perikles oder ein Carrel.

— All das ist für mich völlig klar und offensichtlich.

— Für Sie, aber glauben Sie nicht, dass es für einen Hypophysär, von dem wir gleich noch sprechen werden, offensichtlich ist. Glauben Sie auch nicht, dass all dies kurz davor steht, in das kollektive Bewusstsein einzudringen. Es wird Jahrhunderte dauern.

Der Arzt fertigte eine weitere Fotografie an. Darauf war ein Idiot mit einem vorstehenden Bauch abgebildet. Er stand im Profil, hatte eine niedrige Stirn und dicke Lippen. Es handelte sich um einen pathologischen Hypothyreoidismus. Der Arzt machte ein weiteres Foto und legte es Tristan vor. Es ähnelte dem anderen in seiner Gesamterscheinung unendlich.

— Wissen Sie, was die Person, die Sie auf dem zweiten Foto sehen, ist?

— Nicht?

— Es handelt sich um einen Pygmäen.

— Oh! Die psychologische Ähnlichkeit ist auf dem Foto sichtbar: Sehen Sie, wie sie beide ihren linken Arm dumm angewinkelt mit hängender Hand halten. Nun wurden diese beiden so ähnlichen Fotos aber im Abstand von vielen Jahren aufgenommen und haben nichts miteinander gemein.

Diese neuen, so strahlenden Daten erzwangen einen Moment meditativer Stille für Tristan, der spürte, wie seine geistige Erregung mit dieser Erkenntnis, deren Keime bereits in ihm steckten, wuchs.

— Wissen Sie, wie die intellektuelle Verarbeitung heißt, die Sie gerade so selbstverständlich praktiziert haben und ohne die es keine echte Erkenntnis geben kann? Es ist der Begriff der Identität. Sowohl diese Ausarbeitung als auch die Synthese sind offiziellen Intellektualismus radikal ausgeschlossen. Diejenigen, die in der Lage wären, sie zu praktizieren, werden durch das absurde System technokratischer Wettbewerbe ausgeschlossen, die zudem eine pathogene Wirkung auf den Geist haben. Diese Wettbewerbe lassen nur die Analytik und die Mnemotechnik übrig und sind daher wahre Gehirnwäscher. Analyse und Gedächtnis sind zweifellos unerlässlich, aber keineswegs Kriterien für eine höhere Intellektualität. Zusammenfassend lässt sich sagen, dass die Qualitäten der wahren Elite in der Offizialität völlig fehlen.

— Offensichtlich! Aber wo ist die Frage der Beschneidung am achten Tag in all dem?

— Ich bin mir sicher, dass Sie es ahnen, aber warten Sie noch ein wenig. Ich werde Ihnen eine symbolische Anekdote erzählen, die Ihnen das Verhängnis unserer Zeit verdeutlichen wird. Ich empfange hier viele Leute, Ärzte, Anwälte, Professoren, Juden und Nichtjuden. Mein Büro ist in einem geschickten Durcheinander der notwendigen Zerstreuung. Schauen Sie auf den Kamin.

Tristan ging zum Herd und sah auf dem Marmorboden ein Buch über Kierkegaard, das in roten Buchstaben einen Streifen trug: "Gehört der Humanismus den Priestern, dem Heiligen, dem Verrückten, dem Philosophen oder dem Dandy". Diese intelligente und komische Formulierung war eine Art Schlag auf Tristans Herz. Eine in Form und Inhalt originelle Frage wurde hier an den Geist gerichtet.

Auf dem Buch befand sich eine Steinpistole aus dem 15. Jahrhundert vielleicht, aber er sah sie kaum und schob sie mit der Hand weg, um die Schockfrage besser nachlesen zu können.

Der Arzt hatte geschwiegen und fuhr fort:

- Dieser Satz hat Sie getroffen, die Pistole war für Sie ein Schatten. Nun, wenn ich einen Beschnittenen am achten Tag empfange, und selbst wenn es sich um einen einfachen Schneider handelt, macht er das Gleiche wie Sie. Die anderen Menschen, Professoren, sogar Ärzte, nehmen ausnahmslos die Pistole, betasten sie und untersuchen sie, während der Satz in Rot ihnen nichts sagt. Sie sehen also, der Beschnittene denkt. Ob er gut oder schlecht denkt, ist derzeit nicht das Problem. Aber er denkt. Sehen Sie, wie der Jude zwischen jede Synthese, jede Wahrheit und die Masse eine "Pistole" setzt, eine kleine, einfache, unbedeutende Sache, um die Aufmerksamkeit der Massen zu erlangen und mit der menschlichen Dummheit Geld zu verdienen. Denken Sie nur an die aktuelle Musik, den Fußball, das Verlagswesen, die Presse, das Fernsehen und das Radio. Die offizielle demagogische Dialektik begibt sich auf das Niveau der Massen, die immer mehr verkommen. Die Masse folgt und seit dem Zweiten Weltkrieg, der übrigens ein radikaler Wirtschaftskrieg war, stürzt sie sich auf alle Entwürdigungen und Schlächtereien. Und die Masse ist jeder außer den Heiligen, den wahren Genies, den wahren Künstlern und den Juden. Nur letztere haben seit der Revolution von 1789 derzeit offizielle

Macht. Selbst hochwürdige Pater, die konvertierte Juden sind, können sich nicht aus dem Schicksal befreien. Ein berühmter jüdischer Pater, mit dem ich mich kürzlich unterhielt, sagte mir, dass die Beschneidung die Juden nicht erkläre, - obwohl er nichts über die Endokrinologie weiß, auf die ich mich spezialisiert habe - dass die Geschichte ausreiche, um sie zu erklären, was absurd ist, da die Ghettos erst ein paar Jahrhunderte alt sind. In vielen vorchristlichen Zivilisationen, in denen sich der Antisemitismus (Antijudaismus ist genauer) ausgiebig manifestierte, waren sie in der Tat in optimalen Situationen. Eigentlich überall, wo sie sich niedergelassen haben, zu allen Zeiten in verschiedenen Ländern und Sprachen. Er sagte mir auch, dass die Freimaurerei ein Mythos sei, was selbst einen durchschnittlichen Freimaurer zum Lachen bringt, und dass es nie so viele große Künstler wie in unserer Zeit gegeben habe, dass Carrel ein oberflächlicher Geist ohne Format sei und Simone Weil ein pathologischer Fall! Mit anderen Worten, der Ehrwürdige Vater hat nur wiederholt, was mir jeder sozialistisch-kommunistische Zombie hätte sagen können. Er ist also unfähig, einem Spezialisten zuzuhören, der seit vierzig Jahren in der Endokrinologie arbeitet, Carrel und Simone Weil zu verstehen. All dies geschieht mit einer unerhörten Souveränität, Überheblichkeit und Arroganz. Simone Weil hat diesen Aspekt der jüdischen Mentalität treffend zusammengefasst: "Sie haben niemals diese bescheidene Aufmerksamkeit, die der wahren Intelligenz eigen ist. Sie verstehen, dass die Kirche mit diesen neuen Vätern in den Marxismus abrutscht, in die Verteidigung der Menschenrechte, die überall mit Füßen getreten werden und die in Wirklichkeit nur gültig sind, um die jüdische Hegemonie zu schützen. Trotz berühmter Enzykliken, die den Liberalismus und den Marxismus radikal verurteilen, da beide "von Natur aus pervers" seien und der letztere nur durch den ersteren existiere.

Wir können nun in das gefürchtetste aller Themen einsteigen.

Wir wissen, dass es keine Rassen gibt, sondern nur Ethnien, die das Ergebnis der hormonellen Anpassung an eine feste Umgebung über einen Zeitraum von etwa zehn Jahrhunderten sind. Es ist ganz klar, dass es nicht der geografische Ort, die Ernährung und das Klima sind, die die Juden erklären können, die sich nie tausend Jahre lang an einem festen Ort aufgehalten haben wie der Neger, der Eskimo oder der Pygmäe. Sie hielten sich nur sehr kurze Zeit in Palästina auf und verbreiteten sich über die ganze Erde. Sie nehmen übrigens die Eigenschaften der Länder an, in denen sie schon lange leben: Ein kleiner, schlaksiger Jude aus Südamerika sieht anders aus als ein großer, blonder, blauäugiger Jude aus Polen. Sie haben nur zwei Dinge gemeinsam: oftmals karikaturistische Züge, die Gegenstand des jahrhundertealten Spotts sind, und viele von ihnen verfügen über ein außergewöhnliches Erinnerungsvermögen und spekulative Fähigkeiten. Dadurch sind sie in der Lage, die Hauptverbrechen des Liberalismus, des Marxismus, des Freudianismus und der Wasserstoff- und Neutronenatombomben zu entwickeln. Weder die Erziehung noch das Essen Kocher, können unter keinen Umständen einen so unerbittlichen Partikularismus verleihen. Die Engländer zum Beispiel sind hypophysär vorbelastet: "Wait and see"[50] ist die Formel par excellence für ihren Empirismus. Die Deutschen haben eine adrenale Tendenz, was ihnen eine Herdenmentalität verleiht, wie die alten Assyrer, die die gleichen Stiefel trugen wie sie, das gleiche System der fünften Kolonne praktizierten, ebenfalls eine aggressive Tendenz hatten und Panzer besaßen. Kurzum, Juden, ob praktizierend oder atheistisch, alle der Beschneidung unterworfen, sind seit Jahrtausenden über den Globus verbreitet. Wie kann man den gemeinsamen Nenner finden, der ihre Besonderheit wiedergibt, da kein geografischer Ort, kein Klima und keine klimaspezifische Ernährung sie wiedergeben können? Es wurde viel über ihre religiöse Bildung gesprochen, aber sie spielt bei den Juden der gehobenen Mittelschicht, die nur aus Bequemlichkeit in die Synagoge gehen, keine Rolle. *Die Beschneidung am achten Tag ist der einzige gemeinsame Nenner, der diesen Partikularismus erklären kann.*

Diese Besonderheit ist im Jahr 2000 einfach zu definieren und zu beobachten:

Karikaturistische physische Merkmale wie Mendès France, Raymond Aron, Serge Gainsbourg, Soros, Hamer usw. und enorme spekulative Möglichkeiten auf Kosten von Moral und Synthesegeist.

Selbst die materialistische Wissenschaft hat herausgefunden, dass es ab dem 8. Tag, 21 Tage eines wichtigen biologischen Moments, der ersten Pubertät, gibt. Während dieser finden erhebliche Umwälzungen statt.[51] Die Beschneidung stört diese Umwälzungen in dem so zerbrechlichen kleinen Wesen, das das Neugeborene ist.

Diese Praxis der Beschneidung am ersten Tag der ersten Pubertät verleiht einen spekulativen Partikularismus, den die Menschen nicht konzeptualisieren können.

---

[50] Abwarten und sehen.
[51] Siehe meine "*Geheimakten des 20. Jahrhunderts*", deren erster Teil der jüdischen Beschneidung gewidmet ist.

Die Praxis der Beschneidung ist sehr alt. Sie existierte bei den Ägyptern bereits in der vorpharaonischen Zeit und bei den Sumerern im Delta von Tigris und Euphrat. Die Ägypter wussten um die drüsenartigen Eigenschaften der Schilddrüse. Sie symbolisierten sie an ihrer anatomischen Stelle mit einer Sonne, was bedeutete, *dass sie* wussten, dass *sie die Drüse des Lebens und der Intelligenz war*. Sie führten die Beschneidung am fünften Tag durch, d. h. drei Tage vor dem Beginn der Pubertät. Dies ermöglichte eine Wundheilung, die das Trauma, das dem noch nicht erwachten Zwischenzellgewebe zugefügt wurde, weniger brutal machte.

Sie taten dies, um eine moralische und intellektuelle Elite zu bilden.

Diese Beschneidung war jedoch in ihren Auswirkungen völlig anders als die jüdische Beschneidung. Die Pharaonen wurden mit Wasser getauft und am fünften Tag nach der Geburt beschnitten. Sie wurden mit Weizenkeim-Palmöl ernährt, das Vitamin E enthielt (wir erinnern uns daran, wie wichtig die Ernährung bei Bienen ist, um ihre Königin auszubilden), und praktizierten inzestuöse Inzucht, um die Nachteile dieser Beschneidung auszugleichen. Beachten wir, dass in allen anderen Fällen inzestuöse Inzucht aufgrund ihrer schwerwiegenden pathogenen und degenerativen Auswirkungen zu unterlassen ist. Sie erhielten eine strenge intellektuelle, körperliche, moralische und spirituelle Erziehung unter der Ägide der Horuspriester. So wechselten sie sich Tausende von Jahren auf dem Thron Ägyptens ab. Sie stammten aus einer kleinen Anzahl von Familien, deren Fortbestand ebenso gesichert war wie ihre Fortpflanzungsfähigkeit. Sie waren sehr intelligent, ebenso wie die Mitglieder der Priesterkaste, die unter denselben Bedingungen beschnitten wurden. Es war ihre große intellektuelle Überlegenheit, die unter anderem *die Entdeckung der phonetischen Schrift* begünstigte.

Moses, ein ägyptischer Eingeweihter, kannte die Drüsenfrage viel weniger gut als die Priester des Horus. Er beschloss, sein Volk allen anderen überlegen zu machen, indem er die bereits von Abraham vorgeschriebene Beschneidung systematisierte. Daher steht in der Bibel, dass die Beschneidung "einen Bund mit Gott symbolisiert und dass Israel das Volk sein wird, das über die Erde herrschen wird".[52]

Ein Professor für die hebräische Bibel sagte mir kürzlich, dass die Vorschrift der Beschneidung in keinem größeren Text von Moses zu finden sei, dass der Begriff "auserwähltes Volk" ein Widerspruch im

---

[52] Ich habe in den Tora-Kommentaren gelesen: "Versuche nicht, das Problem der Beschneidung zu verstehen, es übersteigt den menschlichen Verstand".

Hebräischen sei, die wahre Bedeutung laute: Mustervolk" der Weisheit und Tugend. All das ist zweifelhaft, denn warum sollten sie es praktizieren und warum diese größenwahnsinnige Überlegenheitspsychose? Wer könnte uns schon sagen, dass Rothschild, Hammer, Marx, Freud, Picasso, Oppenheimer, Field, S. T. Cohen Flato- Sharon, Djérassi, Meyer Lanski, Tordjman,[53] Bénézareff,[54] Kaganovitch,[55] Jejoff, Badinter,[56] Kouchner, Lang,[57] usw. ein Vorbild an Weisheit und Tugend sind?

Die jüdische Beschneidung unterscheidet sich also sehr stark von der pharaonischen Beschneidung und die Ergebnisse sind daher auch sehr unterschiedlich. Das Ergebnis wird sein, dass die Juden echte Karikaturen der Pharaonen sein werden. Sie sind übrigens genauso analytisch wie die Pharaonen synthetisch waren.

Die Juden glauben also an ihre rassische (obwohl es keine Rassen gibt und sie keine Ethnie sind) und moralische Überlegenheit, die es nicht gibt. *Diese allgemein bekannte Tatsache beweist, dass sie grundsätzlich rassistisch sind, was komisch ist, da sie sich überall für den Antirassismus zu ihrem strikten Vorteil einsetzen, nur um ihrem eigenen hegemonialen Rassismus zu dienen. Es ist übrigens unerhört, dass die Gojim es akzeptieren, Opfer dieser enormen Täuschung zu werden. Die jüdische Frage kann unter keinen Umständen in den von ihnen geschaffenen Mythos des Antirassismus einbezogen werden.*

Diese sexuelle Verstümmelung am 8. Tag wurde also nicht von Moses erfunden, sondern von ihm in Unkenntnis der hormonellen Realität ausgenutzt. *Diese sexuelle Verstümmelung am ersten Tag der ersten Pubertät macht die Nebennieren, die Hypophyse, die Schilddrüse und die reproduktiven Genitalien sehr aktiv, aber auf Kosten der inneren Genitalien. Das ganze Drama liegt darin.*

---

[53] Fäulniserregender Psychoanalytiker, der uns sagt, dass wir, wenn wir Pornografie nicht als normal empfinden, in irgendwelchen rückwärtsgewandten mentalen Klischees gefangen sind.
[54] König des pornografischen Films.
[55] Führte zusammen mit Stalin die UdSSR und war der Leiter des KZ-Systems, in dem Dutzende Millionen Russen vernichtet wurden.
[56] Jüdischer Jurist, der die Todesstrafe für Unschuldige einführen ließ, während er sie für Mörder abschaffte. Er sagt uns auch, dass ein guter Vater ein bisschen homosexuell und ein bisschen pädophil sein muss. Seine Frau leugnet den Mutterinstinkt.
[57] Die beiden Letzteren erzählen uns, dass Kinder ein Recht auf sexuelles Vergnügen haben... Lang war Bildungsminister: arme Kinder!

In diesem Lebensabschnitt beginnt die erste Pubertät. Alle Drüsen müssen sich aktivieren und ins Gleichgewicht bringen, um dem Kind die Möglichkeit zu geben, sich an die neue Existenz anzupassen. Tatsächlich müssen drei Drüsen, die Nebennieren, die Schilddrüse und die Hypophyse, auf Anregung der Hypophyse dazu beitragen, das Zwischenzellensystem zu wecken. Leider lässt die Beschneidung durch die Verletzung, die sie verursacht, die abgesonderten Hormone reichlich auf die äußeren Geschlechtsteile einströmen und lenkt die Sekretion der inneren Genitalien von ihrer wesentlichen Aufgabe ab: *dem Drüsenkomplex und dem Gehirn.* Die Hormone, die sich ab diesem Zeitpunkt vorzeitig an die äußeren Genitalien anlagern, werden diesen eine große Aktivität verleihen.

Die natürliche Funktion des Genitalsekrets besteht jedoch darin, die gesamte Wirtschaft und insbesondere das Nervensystem zu erreichen, um dem Wesen seine intellektuelle und moralische Überlegenheit zu verleihen. Sie wird also zweckentfremdet und kann ihre Aufgabe nicht erfüllen.

Anstatt den Menschen moralisch und intellektuell zu vervollkommnen, macht sie ihn zunächst zu einem Fortpflanzungsorgan, indem sie sich auf die Sexualorgane fixiert. Da das innere Genitale nicht sehr effizient ist, lässt sie die anderen endokrinen Organe ausufern. Aus diesem Grund gibt es bei ihnen Hypersadrenaliniker (in geringer Zahl, da die heutige Menschheit weit von der adrenalen Menschheit entfernt ist), viele Schilddrüsenpatienten und jede Menge Hypophysenpatienten (Finanzen, Physik, Chemie, Fachmedizin, Psychoanalyse, Ideologien).

Aber, und hier liegt das Epizentrum des Dramas, da sie sich nicht an der inneren Genitalien orientieren, werden sie von ihren Spekulationen auf fatale Weise mitgerissen.

Ihre Spekulationen werden daher an den Antipoden des Menschen angesiedelt sein.

Sie bringen also entmachtete Logiker (Marx), Systemträumer (Freuds Erotomanie) und Finanziers (Rothschild, Warburg) hervor. Sie sind intelligent, wach, im banalen Sinne des Wortes, aber ihnen fehlt völlig der Geist der Synthese und sie sind niemals intellektuelle oder künstlerische Verwirklicher, die die Menschheit beleben. Ihre einzigen "Genies" sind zwei Mythomanen: Freud und Marx. Diese klarsichtigen Verrückten haben in die Erotisierung des Planeten und die Ermordung von Dutzenden Millionen Menschen gemündet.

Sie scheinen also durch ihren Impuls, das Leben zu genießen, ihre geistige Wachheit, ihre wissenschaftlich-spekulativen und sogar medizinisch-hypophysären Tendenzen der menschlichen Evolution voraus zu sein, aber sie sind in einer Vervollkommnung erstarrt und können mit der Menschheit, die sich zum Interstitiellen hin entwickeln wird, nicht Schritt halten. Sie wirken bereits wie Fossilien oder geistig gestört und halten ihre Hegemonie nur durch die Macht des Geldes und Demagogie aufrecht. Es muss gesagt werden, dass einige weiterentwickelte Juden das Verhalten ihrer Mitmenschen nicht gutheißen, aber nichts sagen können. Bergson warnte die Juden in Deutschland vor ihrem eigenen Verhalten und forderte sie auf, es zu ändern, wenn sie nicht das Aufkommen einer großen antisemitischen Welle (dieser Begriff macht übrigens keinen Sinn, denn ein polnischer Jude, der seit Jahrhunderten in Polen lebt, hat nichts Semitisches an sich: es muss Antijuivismus heißen).

Zehn Jahre nach dieser Ermahnung kam der Nationalsozialismus auf, der auch von Rabbi Reifer angekündigt worden war. In einem Artikel, der 1933, im Jahr des Aufstiegs Hitlers, veröffentlicht wurde, zog er Bilanz.

— Sie werden immer unglücklicher, besorgter, ängstlicher und zahlen einen immer höheren Tribut an den Wahnsinn, wie die amerikanischen Statistiken belegen. Ihr Drama ist der Mangel an Altruismus, an "Gefühl" für andere (es geht nicht um "Gefühl", denn sie haben ein solches, das an Paranoia grenzt). Juden denken immer nur an sich selbst, an ihre Sekte, ihren Clan, ihre Familie. Sie betrachten andere Menschen als Gelegenheiten, die es auszunutzen gilt, was eine klare Erklärung für vier- oder fünftausend Jahre Antijudaismus ist. All ihre Spekulationen dienen letztlich nur ihnen selbst. Wenn der Jude an seinen Clan denkt, denkt er an sich selbst. Zwischen dem Juden und der Jüdin gibt es einen gewissen Unterschied. Die Frau ist in der Regel mit mehr Qualitäten ausgestattet und man kann behaupten, dass der Altruismus der Frau eine grundlegende Ursache für das Überleben dieser Sekte ist. Sie ist ehrlicher und mutiger. Natürlich ist die schilddrüsenkranke Jüdin wie Ihre Mutter und Ihre Großmutter anders. Sie hatte kein Herz für Sie und übrigens auch nicht für Ihre Kinder. Ihr fehlen die mütterlichen Gefühle. Dies ist bei den berühmten Schauspielerinnen Rachel und Sarah Bernard der Fall, da ihre Zwischenzellfunktion schlecht funktioniert.

— Ihre Mutter birgt die meisten Fehler der Frau, Eifersucht, den Hang, Böses zu begehen und es zu sagen, um zu erniedrigen, zu entwürdigen, wie es Ihre Großmutter tat, die vom selben Typus ist. Sie besitzt die Eigenschaften der Frau und der Schilddrüsen-Jüdin, wobei erstere vielleicht ein wenig über letztere gesiegt hat.

Moses ist zwar in hohem Maße für die Praxis der Beschneidung verantwortlich, aber er hat diese Sekte zu Besorgten, Ängstlichen und Drüsengestörten gemacht, unter denen die große Mehrheit der Neurotiker der Psychoanalyse zu finden ist. *Er hat ihnen die Idee der globalen Hegemonie eingetrichtert, die sie durch das Verschwinden der vorbestimmten Eliten, das durch die jüdische Revolution von 1789 arrangiert wurde, und durch die geistige Unterlegenheit des größten Teils der Menschen erreicht haben.* Diese sind nunmehr durch den Säkularismus und alles, was er enthält, d. h. Chemisierung des Bodens, der Nahrungsmittel, der Therapie, Alkohol, pathogene und hypnotische Musik, Drogen, systematische Impfungen, Fußball, Fernsehen, kurzum Finanzwesen, Freudismus und Marxismus, benebelt. Die schlimmsten Schrecken sind zur Normalität geworden, da man sie von Kindheit an so konditioniert hat, dass Intuition, Moral, Sinn für das Heilige, ästhetischer Sinn, d. h. alle Komponenten eines gesunden Verstandes, aus ihrem Verstand entfernt wurden. Die Juden können nun mit der Komplizenschaft der von ihnen abhängigen Politiker und Richter die schlimmsten Schrecken durchsetzen, vorausgesetzt, sie werden von den Medien und den offiziellen Stellen verbreitet. Da ihnen jeglicher kritischer Sinn abhandengekommen ist, können sie die Massen ungehindert manipulieren.

— Aber irgendwann werden sie auf andere Drüsengestörte stoßen, die Chinesen, die ihnen menschlich gesehen nahe stehen. Die Chinesen praktizieren seit Jahrtausenden die Beschneidung von Frauen, und diese Praxis hat sowohl auf spekulativer als auch auf moralischer Ebene ähnliche Auswirkungen wie die Beschneidung. Es ist zu befürchten, dass wir dann einen Krieg erleben werden, in dem unsere Zivilisation untergehen wird. Nebenbei bemerkt: Die Bankkredite, die die Existenz der furchterregenden Roten Armee ermöglicht haben, werden sich immer mehr in Richtung China öffnen, das dank der amerikanischen Hilfe eine noch furchterregendere Armee aufbauen kann. Es wäre nicht verwunderlich, wenn die USA China die Atombombe verkaufen würden.[58]

— Juden sind hypermaskulin, Chinesen hyperfeminin. Letztere können untereinander leben, während die Juden dies nicht können und zum Parasitismus gezwungen sind. China ist das einzige Land, in das die Juden außer durch die marxistische Ideologie und den beginnenden Liberalismus nicht eindringen konnten, denn der Chinese ist auch gut

---

[58] Die Sache wurde in den Fernsehnachrichten erwähnt. (TF1)

im Handel und in der Spekulation. Er ist sparsam, genügsam und ein Feind des materiellen Genusses, während der Jude genießerisch und verschwenderisch ist, um seiner selbst willen und zur Schau zu stellen. Der Finanzier Oppenheimer gab für eine seiner Partys in Südafrika die Kleinigkeit von 150 Millionen alten Francs aus. (1,5 Millionen neue Francs).

Letzterer manipuliert zusammen mit Warburg, Rockefeller, Hammer, Schiff, Loeb und vielen anderen jüdischen Finanziers die Spinnennetze der internationalen Organisationen wie Bilderberg, Trilaterale, C.F.R., in denen (freiwillig und zu ihrem Vorteil) alle Politiker aller rechten und linken Parteien (Nationalisten ausgenommen, aber die sind nicht in den Parlamenten vertreten) "eingesperrt" sind.

— Aber auch Muslime praktizieren die Beschneidung?

— Gewiss, *aber nicht am ersten Tag der ersten Pubertät*. Ihre Beschneidung hat daher keine unmittelbaren internationalen und kosmischen Auswirkungen. Es gibt vor allem mit ihrer Beschneidung (zwischen 8 und 12 Jahren) eine Verschärfung des reproduktiven Genitals. Dadurch werden sie zu einem sexuellen Volk. Die anderen Endokrinen werden nicht stimuliert, ganz im Gegenteil, daher werden sie niemals Spekulanten wie die Juden oder mehr oder weniger interstitielle Schilddrüsentypen hervorbringen. *Das Einzige, was die Menschheit retten könnte, wäre die radikale Abschaffung der Beschneidung am achten Tag*. Es scheint, dass dies nicht viel ändern könnte, denn es ist zu spät: Die liberal-marxistische Höllenmaschine wird führerlos mit hoher Geschwindigkeit auf eine Rennbahn geworfen. Sie wird ihren Sisyphuslauf in einem weltweiten Kataklysmus beenden müssen.

— Außerdem scheint es mir fraglich, ob man den Juden begreiflich machen kann, dass diese Praxis sie auf den Materialismus, den Rationalismus und das rein Spekulative festlegt, was sie ebenfalls zur Selbstzerstörung führt. Sie sind sich bewusst, dass sie die Welthegemonie erlangt haben, verstehen aber nicht, dass diese aufgrund ihrer *"Antitranszendenz"* mit der allgemeinen Zerstörung einhergeht.[59]

— Was ist mit dem Staat Israel?

— Er passt perfekt in das Programm der weltweiten Zerstörung. Man kann sagen, dass die ersten Einwanderer am wenigsten von der

---

[59] Materialistische Menschheit ohne Gott und ohne synthetisierende Elite.

jüdischen Beschneidung gezeichnet waren. Es gab viele mutige Männer ohne die auffälligen Stigmata der jüdischen Gesichter, die seit Jahrtausenden verspottet werden, die körperlich gut aussahen. Er gehörte zu den internierten Juden, von denen viele an Typhus und Hunger starben. Sie gehörten zu der Million Juden, die Hitler gegen Lastwagen austauschen wollte, aber sie zogen die Lastwagen ihren Mitmenschen vor, mit denen sie die saftige Erpressung mit dem Holocaust aushecken konnten. Die führenden Juden werden niemals nach Israel gehen: Sie nutzen Israel als Brückenkopf im Nahen Osten zu Öl und Rohstoffen.

— All das ist für mich offensichtlich, weil ich es seit Jahrzehnten jeden Tag verstehe und erlebe. Ich möchte Ihnen eine weitere Frage stellen: Zu Beginn des Jahrhunderts schrieb ein Jude namens Otto Weininger: "Wir befinden uns im Zeitalter der Frau und des Juden". Dieser Satz hat mich sehr beeindruckt, da er eine Zusammenfassung meiner Beobachtungen über die moderne Frau darstellt. Es steht fest, dass die Frau nicht genial sein kann, ein Geist der Synthese, der mit moralischem Sinn begabt ist. Es ist unmöglich, sich eine Frau vorzustellen, die somatisch Perikles, Goethe oder Carrel ähnelt. Im Übrigen hat sie ihre radikale Inkompetenz zu echtem Nonkonformismus bewiesen. Sie ist unfähig zur Abstraktion: Wenn sie zum Beispiel ein Genie liebt, wird sie ihn unterstützen, solange sie ihn liebt. Wenn sie sich von ihm trennt, bleibt ihr nichts von dem "emotionalen" Bewusstsein, das sie für ihren Partner hatte, übrig und sie schüttet das Kind mit dem Bade aus. Ein Mann hingegen kann seinen Gegner respektieren und bewundern. Anstatt sich auf die jahrhundertelangen Misshandlungen zu stützen, die ihr zugefügt wurden, um ihre Rechte als Hausfrau und Mutter ausgeglichener Kinder einzufordern, stürzt sie sich in eine Hysterie der Gleichheit mit den Humanoiden der Technokratie. Sie hat sogar den elementaren ästhetischen Sinn verloren, den ihr der Instinkt für hübsche Kleidung verliehen hatte. Sie ist hässlich geworden in der Uniform der internationalen Dummheit, der Levis-Blue-Jeans. Es steht fest, dass sich die Frauen "frei", durch schrittweise Konditionierung, in alle von den Juden geschaffenen Konformismen integriert haben. M.L.F., Vestimentarität von Hommasses, pathogene Pille, im Allgemeinen krebserregend und teratogen, Selbstbedienungsabtreibung. *Keine von ihnen hat genug Persönlichkeit, um sich außerhalb einer kretinösen Mode zu kleiden oder um "Nein" zu sagen. Was ich will, ist eine Ehefrau, eine Mutter mit einem Ehemann, der diesen Namen verdient. Wir sind dem Mann nicht gleichgestellt, sondern ergänzen ihn. Unsere Naturen sind unterschiedlich. Wir wollen Kinder, die mit Weisheit und ewiger Moral erzogen werden".* Sie hat nicht einmal genug Intelligenz, um ihren elementaren Zweck einzufordern. Seit vierzig Jahren höre ich sie ihre Versklavung mit dem in seiner Dummheit internationalen Satz ausdrücken: "Ich will nicht dein Dienstmädchen sein". Das fasst ihre Eitelkeit, ihren Stolz und ihre geistige Unzulänglichkeit zusammen.[60] Da die Frau ohne Persönlichkeit ist, was normal ist, ist sie dumm geworden, weil der Mann sie verblödet hat. (Der Mann, der ebenfalls den schwachsinnigen Mythos von der "Befreiung der Frau" geschluckt hat, die zu einem "freien Objekt" geworden ist, um pornografische Filme zu drehen). Alle weiblichen Frauen, denen Sie begegnen werden, solange es sie gibt, verabscheuen den MLF.

— Worin besteht Ihrer Meinung nach die metaphysische Rolle der Juden?

— Alle Menschheiten endeten mit einem Kataklysmus. Die adrenalin- und schilddrüsenabhängige Menschheit des Cro-Magnon (und noch andere vor dem Auftreten des Menschen: Ende der Dinosaurier zum Beispiel). Die hypophysäre Menschheit muss also der interstitiellen Menschheit weichen. Die Juden scheinen die Aufgabe zu haben, die hypophysäre Menschheit durch einen kataklysmischen Exzess zu stimulieren. Sie werden nach dem finalen Duell zwischen Rothschild und Marx, bewaffnet durch Oppenheimer und S.T., überholt. Cohen. Es wird ohne einen ganzen chinesisch-amerikanischen Krieg sein. Der hyperfeminine Chinese hat wenig Bartwuchs. Die Chinesin kann aufgrund der Beschneidung eine höhere Mathematik als achtzehn Jahre betreiben.

— Wenn es eine normale Frau gäbe, was würde sie sagen?

— Sie würde sagen, dass sie weder wie Perikles noch wie Rothschild klug sein kann. Sie wird selbstständig gedacht haben und nicht das Spielzeug schwachsinniger Propaganda sein. Sie wird wissen, dass die Frau niemals eine transzendente Initiative ergriffen hat, selbst wenn sie jahrhundertelang und in verschiedenen Zivilisationen Freizeit genoss und Musik studierte, ohne jemals einen Schubert hervorzubringen! sie kann jedoch zur Mystik gelangen. Sie wird Ihnen sagen, dass sie dazu bestimmt ist, ihren Partner zu ergänzen und Kinder zu erziehen, die nicht wie heute zu Drogen und Kriminalität verurteilt sind, kurz gesagt, um sie zu echten Männern und Frauen zu machen...

— Gibt es eine solche im Westen???

---

[60] Es gibt einige Frauen, die sich zu ihrer Weiblichkeit bekennen, aber sie werden immer seltener.

KAPITEL XVIII

Levy, Homais. Homais Levy. Internationaler Teufelskreis. Homais überbietet sich selbst. Man macht ihn zum Minister, zum Akademiker, man kann sich auf ihn verlassen, er wird seinen Herren blindlings dienen. Er ist widerlicher als Lévy, der zumindest die Entschuldigung des pathologischen Schicksals hat, das ihn zwingt, die Welt mit Kretinismus zu beglücken.

— Sind all diese Begriffe für unsere akademischen Kollegen an der Sorbonne oder der medizinischen Fakultät unwiderruflich unzugänglich?

— Zweifeln Sie nicht daran?

— Keineswegs, aber ich möchte analysieren, was für mich eine primäre Wahrheit ist.

— Lassen Sie uns das gemeinsam tun. Ich lege Ihnen hier Wissen dar, das in 5000 Seiten Text ausgedrückt ist, für die Albert Camus in seiner absoluten intellektuellen Redlichkeit ein Jahr brauchte, um sie zu absorbieren.

— Das ist egal, da ich das Wesentliche verstehe.

— Gut. Haben Sie die offiziellen medizinischen Kreise beobachtet?

— Ja, ich kenne eine Reihe von Professoren und Ärzten, und ich habe Freunde und Kameraden, die als Assistenzärzte in Krankenhäusern arbeiten. Es ist mir sogar schon passiert, dass ich im Bereitschaftsraum zu Mittag gegessen habe, mit diesen schrecklichen pornografischen Zeichnungen an den Wänden, die viel über den spirituellen und ästhetischen Entwicklungsstand der Ärzteschaft aussagen. Ich kann mir kaum vorstellen, dass die Wände der Residenzen von Priesterärzten in traditionellen Zivilisationen mit solchen Schrecken geschmückt sind.

— Dies ist sicherlich kein Ort, an dem Sie sich wohlfühlen sollten.

— Nein, aber das ist das, was ich als "meine Anpassungsübungen" bezeichne.

— Was ist Ihnen in diesem Umfeld aufgefallen?

— Die seltsame Ähnlichkeit von Assistenzärzten. Selbst wenn der eine klein und dick und der andere groß und dünn ist, sehen sie sich *ähnlich*. Wenn ihre allgemeine Morphologie analog ist, kann es vorkommen, dass ich sie verwechsle: Ihre Ähnlichkeit ist für mich so krass wie die der Romantiker des 19.

— Perfekt: Sie haben das Wesentliche entdeckt. Haben Sie noch nie einen gesehen, der wie Chopin oder Laennec aussieht?

— Nie.

— Nun, dieser Typ, den Ihr synthetischer Blick entdeckt hat, ist *vorwiegend hypophysär*.

Um das Internat zu bestehen, das eine hohe körperliche Belastbarkeit und ein gutes Gedächtnis erfordert, muss man diesem Drüsentyp angehören oder jedenfalls eine starke Hypophyse haben.

— Also würde ein Genie wie Montaigne oder Vigny diese Prüfung nicht bestehen?

— Das tun sie nie. Ihre Widerstandskraft ist gering, ihr abstraktes Gedächtnis schwachsinnig. Sie würden Tuberkulose riskieren, wenn sie dieses physiologische Kunststück durchhalten würden. Albert Camus, dessen Gedankenkraft ich in "L'homme révolté" bewundert habe, wurde auf dem Weg zur Agrégation von der Tuberkulose aufgehalten. Montaigne beklagte sich immer über sein Gedächtnis. Kennen Sie die Geschichte von Semmelweis?

— Nein

— Er war ein ungarischer Arzt, Professor und Schilddrüsentyp, der Ende des letzten Jahrhunderts in Wien lebte. Zu dieser Zeit war das Universitätssystem noch nicht so starr wie heute. Er fand durch einen "Identitätsbegriff" heraus, dass der Tod durch "Kindbettfieber" den gebärenden Frauen von Studenten und Ärzten zugefügt wurde, die sich nicht die Hände wuschen. *Ohne ihn gäbe es keine Asepsis, keine Geburtshilfe und keine Chirurgie*. Da er Professor war, konnte er sich äußern, aber er wurde international ausgelacht und wurde fatalerweise verrückt. Seitdem hat man ihm in Wien eine Statue errichtet. Wenn man studiert, wie sich die Ärzteschaft ihm gegenüber verhalten hat, ist man erstaunt über die menschliche Dummheit und Bosheit . Heute hätte er nicht einmal die Chance, sich lächerlich zu machen, weil er keine offizielle Position erlangen könnte, die es ihm erlauben würde, sich zu äußern. Er wäre höchstens ein ausgezeichneter Gemeindearzt, der zur grundlegenden Naturtherapie zurückkehrt.[61] Alle Forscher, die sich nicht auf die Achse des jüdisch-kartesianischen Analytizismus begeben, sind verwerflich und verurteilt. Das ist, wenn man so will, umso komischer, als sich der Krebs seit Beginn der offiziellen Krebsforschung in geometrischer Progression entwickelt hat. Das beweist, dass der Schwerpunkt der Forschung falsch ist. Das Krebsproblem ist in erster Linie ein Problem der Chemifizierung und des Stresses. Jede echte Forschung, die den *Geist* und nicht die Laborwaage einbezieht, wird als "esoterisch" abgestempelt, was jegliche Forschung lähmt. Die Erstickung ist also organisiert, politisch, rechtlich und verwaltungstechnisch.

— Mit anderen Worten: Es gibt nur Platz für Roboter, die sich vom offiziellen System manipulieren lassen und die Sklerose mit der Zeit verschlimmern. Dabei sind Hypophysenärzte gute Spezialisten, gute Techniker, gute Chirurgen.

— Kein Zweifel, sie haben diese Qualitäten. Der intellektuelle Arzt wäre ein mittelmäßiger Techniker und aufgrund seiner Sentimentalität ein bedauernswerter Chirurg. Seine Rolle wäre synthetisch und direktorial. Er würde die analytische Verzettelung vermeiden und die Perspektive des globalen Menschen beibehalten. Er würde dazu neigen, die Medizin in der Perspektive der Hygiene und der natürlichen Gesundheit im Allgemeinen zu halten. Leider ist die Herrschaft der von den Systemjuden ferngesteuerten Hypophysären bei ausnahmslos allen Verlegern exklusiv. Dies gilt für alle Perspektiven, folglich nicht nur für die medizinische. Daraus folgt, dass jedes zusammenfassende Werk, das notwendigerweise die jüdisch-kartesische Erstickung in Frage stellt, die Gewissheit mit sich bringt, dass es überall abgelehnt wird. Jedes geniale Werk wird also missverstanden und ausgegrenzt, im katholischen Verlag genauso, wenn nicht sogar mehr als anderswo.

---

[61] Die Zahl der Entdecker in Geschichte und Medizin, die für das Vergehen, die Wahrheit zu äußern, schwer verurteilt werden, ist unzählig. Das macht das Jahrhundert lächerlich (Faurisson, Garaudy, Beljanski, le Ribault, Solomidès, Hamer, um nur einige zu nennen).

— Ich persönlich habe in Gegenwart von Hypophysären immer das Gefühl, *dass sie das Kleinste ausschwitzen.* Es ist der Generalinspektor, der die Größe eines Geistes nicht wahrnimmt und einen Bericht über vergessene Schalen in Kopien, selbst in der Hochschulbildung, verfasst. Hypophysäre zeigen eine Unfähigkeit, anders als in einer einzigen logischen Linie zu argumentieren. Es gelingt ihnen nicht, verschiedene Ebenen, verschiedene Aspekte, eine ganze Reihe von Parametern gleichzeitig in Betracht zu ziehen. *Es entsteht der Eindruck, dass die Spezialisierung eine natürliche Form ihres Geistes ist und dass sie sie nicht mit einer Synthese in Verbindung bringen können, was sie auch gar nicht interessiert.* Sie wären im Übrigen überholt, während sie von falschen Synthesen wie dem Marxismus und dem Freudianismus begeistert sind.

— In der Tat, stellen wir uns ein kleines, spektakuläres Experiment vor. Angenommen, wir schreiben eine sehr zusammenfassende Seite über einen Aspekt des gesamten Universums des neuen Wissens, das wir gerade untersuchen. Wir legen diese Seite einer Hypophyse vor. In der Mitte platzieren wir einen riesigen Fehler, zum Beispiel, dass der große Sympathikus erst mit fünfundsiebzig Jahren gebildet wird. Nun, unser Hypophysenforscher wird von diesem Fehler fasziniert sein. Er wird nicht versuchen, das Ganze zu verstehen, egal wie genial es auch sein mag, während Sie, was Sie betrifft, das Ganze wahrgenommen und die Ungenauigkeit beiläufig korrigiert haben, ohne ihr eine andere Bedeutung beizumessen als die Notwendigkeit der Korrektur. Auf einer noch niedrigeren Hypophysenebene, wenn Sie einen spannenden Text präsentieren, wird das erste, was ihm auffallen wird, der Rechtschreibfehler sein, den Sie kaum gesehen haben.

— Ich habe diese grundlegende Psychologie im Umgang mit dem Hypophysen-Typus tausendmal festgestellt. Die Universität hat, wie ich festgestellt habe, den echten intellektuellen Typus von ihren Bänken verbannt, übrigens zugunsten von hypophysären und thyreoidalen Juden (der thyreoidale Jude hat auch eine starke Hypophyse). In der Medizin ist das so spektakulär, dass es schon obszön ist. Die Ausbildung wird im Übrigen auf allen Ebenen zum ersten Stadium der kollektiven Verdummung im Dienste eines verdeckten Totalitarismus, dessen einziges Ziel die Herstellung von freudo-marxisierten Spezialisten, Produzenten und Konsumenten ist. So wird die Universität zum Agenten aller materialistischen, chemischen, marxistischen und freudianischen Verschmutzungen. Die Geister werden radikal verblödet werden und nicht einmal mehr die elementare jüdisch-kartesische Orthodoxie aufnehmen können. Wir werden

Massen von Kindern sehen, die Analphabeten sind, und Abiturienten, die nicht in der Lage sind, drei Seiten ohne eine Unmenge von Rechtschreib-, Grammatik- und Syntaxfehlern zu verfassen.

— Fatale Entwicklung. *Doch betrachten wir das Problem der Hypophysis im Bereich der Medizin.* Sie sind dabei, die Menschheit mit systematischen Impfungen, pathogener und teratogener synthetischer Chemie zu verderben. Bedenken Sie, dass 20 bis 30 Impfstoffinjektionen mit fauligen Produkten und gefährlichen Metallen wie Aluminium und Quecksilber Krebs, Herz-Kreislauf- und Geisteskrankheiten potenzieren, ganz zu schweigen von Lähmungen, Multipler Sklerose und Morbus Bechterew. Sie zerstören alle unsere Abwehrkräfte. Schauen wir uns also die medizinische Hypophyse an, und Sie können die Synthese, die sich daraus ergibt, dann auf alle gesellschaftlichen Aspekte übertragen. Die Hypophyse ermöglicht es dem Organismus, den physikalischen und chemischen Wert des menschlichen Denkens zu beurteilen. Unsere Ideen sind in der Tat eine Art Kombination aus Hormonen und Vibrationen aus den Nervenzellen. *Nur sie kann uns also sagen, was ein Gedanke sein kann.* Sie gibt uns unsere Vernunft, unsere Fähigkeit, Ideologien zu vergleichen. Ihre Fähigkeit, Ideen zu bewerten, verleiht ihr einen gewissen Spielraum zur Abstraktion, d. h. eine Idee über die Gegenstände, die wir wahrnehmen, einfließen zu lassen. Man sieht Stühle in verschiedenen Formen, es sind Sitzgelegenheiten. Man sieht Menschen, man zählt sie, es sind Menschen. *Das ist ein Anfang der Abstraktion, eine sehr rudimentäre Abstraktion, denn sie bezieht sich nicht primär auf die Objektivität oder die betrachtete Idee, sondern auf eine Zahl.* So hat die Hypophyse mit ihren betonten ideologischen Tendenzen den Menschen dazu gebracht, zu zählen, Berechnungen anzustellen und die positiven Wissenschaften, die Mathematik, zu skizzieren. Der Mensch stieß auf viele Schwierigkeiten, um zur mathematischen Symbolik zu gelangen. In der Natur gibt es keine zwei ähnlichen Objekte. Die Primitiven beobachteten sie mit ihren Augen, ihrem Gehör und ihrem hoch entwickelten Tastsinn in ihren Details und nicht in ihren gemeinsamen Elementen. Daher entwickelten sie eine Vielzahl von Zeichen und Begriffen, um alles um sie herum zu bezeichnen. Der Mensch schaffte es, bis 3 zu zählen, wie es einige Wilde noch immer tun, und nach langer Zeit auch bis 10. Die Notwendigkeit, das überschwemmte und sehr fruchtbare Land in den Tälern von Nil und Euphrat aufzuteilen, zwang ihn dazu, Längenmaße, Zahlen und Geometrie zu verwenden. Die Astronomie trug zur mathematischen Forschung bei. Die Hindus erfanden die Zahlen als Ersatz für die Buchstaben. Das war ein deutlicher Fortschritt, denn das Rechnen, Multiplizieren und Dividieren wurde einfacher und schneller.

Dann kam die algebraische Symbolik, die es den Buchstaben ermöglichte, wieder an Bedeutung zu gewinnen. Die zunächst experimentelle Physik wurde zunehmend mathematisch. Die Natur bietet relativ langsame und meist konstante Veränderungen. So konnten die Wissenschaftler Messungen vornehmen und sich Experimente ausdenken, die einen Teil der Naturphänomene nachbilden. Sie konnten die Hauptkräfte der Natur entdecken und daraus die Anwendungen ableiten, die die Industrie nutzt.

Man hätte den Menschen auf die gleiche Weise verstehen können, wenn man an ihm so einfache Untersuchungen hätte durchführen können. Man kann vielleicht mit den materiellen Komponenten seines Körpers experimentieren, aber seine emotionalen Zustände bleiben außerhalb unserer Reichweite und unserer Messungen. Der Mensch ist in ständiger Veränderung, in ständiger Variation. Man kann zwar mit seinem Blut, seinem Urin und seinen vegetativen Funktionen experimentieren, aber man kann den Zustand der Transformation seines Geistes nicht erfassen. *Der Geist, der eine Manifestation von Drüsenphänomenen ist, hat einen großen Einfluss auf den allgemeinen Zustand der organischen Funktionen.* So löst z. B. das Schauspiel eines schweren Unfalls einen Geisteszustand *aus, der* mit einer Emotion (Angst, Traurigkeit usw.) verbunden *ist, die nur eine Veränderung des Drüsengleichgewichts darstellt, das sich auf alle funktionellen Stoffwechselvorgänge der verschiedensten vegetativen und nervösen Organe auswirkt.* Wenn sich das Gleichgewicht nicht wieder herstellt, kommt es zu einer Krankheit. Die Veränderung des Drüsengleichgewichts ist daher ein wesentliches Krankheitspotenzial für alle Krankheiten, die bei den verschiedenen Menschentypen in den unterschiedlichsten Formen auftreten: Infektionen, Funktionsstörungen des Herzens, der Lunge, des Verdauungstrakts und der Nieren usw. Die Drüsen sind also die Hauptursache für die Entstehung von Krankheiten. Drüsenstörungen führen also zu Schädigungen von Zellen und Organen insgesamt, weshalb Sie sich als Tuberkulose- und Schizophreniepatient fühlten, die beiden Krankheiten der Intellektuellen aufgrund ihrer Schwierigkeiten, sich an die materielle Welt anzupassen, und ihrer Verdrängung des Selbst. Wir sollten auch nicht vergessen zu erwähnen, dass Krankheiten auch durch die Aufnahme von Molekülen ausgelöst werden können, die nicht spezifisch für den menschlichen Biotyp sind. So kann uns der Geist wie auch die Nahrung krank machen. Sie wirkt sich erheblich auf das Hormonsystem aus, ebenso wie auf den gestörten Geist.

Nehmen wir also Ihr Beispiel: Der Hypophysenarzt konnte bei Ihnen keines der aufgelisteten Syndrome feststellen. Er schloss daher auf "physiologisches Fieber", *was absolut nichts bedeutet. Er hätte wissen müssen, dass das Fieber ein Zustand der Hyperthyreose ist.* Und das, obwohl man es nicht quantitativ messen kann und die Eigenschaften Ihres Schilddrüsenbiotyps nicht kennt.

Der Hypophysenarzt hat keine Ahnung von solchen Phänomenen: Er kann sich nicht vorstellen, dass alles im Menschen gleichzeitig auf seinen Geist und auf seinen Körper durch das Drüsensystem einwirkt.

Der Allopath weist gegenüber seinem homöopathischen Kollegen eine gewisse Überlegenheit auf. Ihm ist es gelungen, die Krankheiten zu klassifizieren, d. h. die markanten Symptome einer Krankheit zu erkennen und ihnen einen Namen zu geben. Er wählte die wesentlichen Zeichen aus und vernachlässigte die sekundären. Dem Homöopathen ist dies nicht gelungen, abgesehen von einigen Meistern wie Dr. Louis Rousseau, die wissen, dass *Phosphorus* ein Schilddrüsenmittel, *Fluorid* ein Hypophysenmittel und *Kohlensäure* ein Nebennierenmittel ist. Sie wissen nicht, dass die verschiedenen Arten von Fluorid, Kohlensäure und Phosphor, die sie für tuberkulöse oder syphilitische Vergiftungen verantwortlich machen, Drüsenzuständen entsprechen. Die Allopathen berücksichtigen nicht die funktionellen, reaktiven, individuellen Zustände, wie sie Sie während Ihres Krankenhausaufenthalts verblüfft haben. Sie glauben, alles mit synthetischer Chemie regeln zu können, die nicht nur für den Einzelnen, sondern auch für seine Nachkommenschaft Gift ist. Homöopathen berücksichtigen vor allem den individuellen Zustand, verstehen aber nichts von funktionellen Zuständen.

Die Hypophysenforscher waren aufgrund ihrer Mentalität vom Labor fasziniert, weil sie nichts über Krankheitszustände und die Möglichkeiten der Anpassung und Reaktion von Lebewesen wissen. Sie sind ins Labor gerannt und haben die Daten, die uns zum Beispiel bei Diabetes durch den Zucker und bei Albuminurie durch das Albumin zur Verfügung gestellt werden, bis ins Unendliche erweitert, missbräuchlich vergrößert und verkompliziert. Sie haben in allen Flüssigkeiten und Sekreten durch die Chemie und in den Geweben durch das Mikroskop den Zustand unserer Organe und Zellen untersucht. Daher stellten sie fest, wie viel mehr oder weniger im Vergleich zum Normalzustand erreicht wurde. *So wurden Harnstoff, Cholesterin und Bluthochdruck zu Krankheiten, obwohl sie nur Symptome waren.* Der Begriff der Krankheit entartet immer mehr, je weiter sich die eigentliche Ursache der Krankheit selbst in den Augen des Arztes entfernt. Um ein spektakuläres Beispiel zu nennen: Die moderne Frau leidet unter einer Vielzahl von Beschwerden, die sie zu allen möglichen Spezialisten führen. *Diese symptomatische Vielfalt ist auf das Syndrom der paradoxen Hyperthyreose zurückzuführen. Dieses Symptom wird nicht nur durch die allgemeine Chemisierung, Kaffee, Tabak, Alkohol und verschiedene Giftstoffe hervorgerufen, sondern vor allem dadurch, dass die moderne Frau gegen ihre Natur lebt.*

So degenerieren sie und die Kinder immer mehr und klagen immer mehr neue Krankheiten an. Die Frau wird immer hässlicher und verliert mehr und mehr ihre Ähnlichkeit mit dem ewig Weiblichen aller Traditionen, für das Botticellis Venus ein Symbol bleibt.

Bis zum letzten Krieg sah man überall bezaubernde Frauen, die mit exquisitem Geschmack gekleidet waren. Im Jahr 2000 waren sie verschwunden.

Betrachten wir zum Beispiel Diabetes. Es handelt sich um einen Überschuss an Zucker im Urin. Er entsteht durch ein Ungleichgewicht der Drüsenphänomene. Die Bauchspeicheldrüse reguliert den Anteil des gespeicherten Zuckers. Die anderen Drüsen versuchen, ihn in den Kreislauf zu bringen. Diabetes kann durch eine unzureichende Funktion der Bauchspeicheldrüse oder durch eine übermäßige Aktivität anderer Drüsen entstehen. Er kann auch beide Ursachen haben. Das Spritzen von Insulin löst das Problem nicht.

Der schwerwiegendste Fehler des Hypophysenmenschen ist, dass er nicht aus dem Unmittelbaren, dem, was er vor Augen hat, herauskommen kann. Er ist ein primärer Geist. Er kann sich nicht auf eine größere Realität beziehen, die den Schlussfolgerungen, die er aus einer unmittelbaren und gegenwärtigen Beobachtung zieht, widersprechen könnte. Er kann nicht auf den wahren Ursprung der Phänomene zugreifen.

Eine weitere Beobachtung von entscheidender Bedeutung:

Der Hypophysenforscher sieht einen Nerv, der einen Muskel antreibt. Er sieht, wie ein Mensch durch einen psychologischen Schock zum Basedow wird, und schließt daraus, dass das Nervensystem den Menschen lenkt. **Er ist jedoch Opfer einer Illusion, die durch elementare Logik gestützt wird!**

Wenn der Mensch eine Emotion erlebt, sind alle Komponenten seines Individuums involviert und betroffen. *Wenn man die funktionelle Vorrangstellung des Hormonsystems vor dem Nervensystem nicht verstanden hat*, kann man nicht verstehen, wie das Nervensystem auf alle Elemente einwirken kann, von denen einige wie die roten Blutkörperchen, deren Sauerstoffgehalt je nach Emotion variiert, nicht über die Nerven mit dem Nervensystem verbunden sind!

Die Hypophyse ist in der unmittelbaren Gegenwart festgenietet.

Daher kann er auch nichts vom Menschen verstehen, der nur Evolution, Transformation und Variation ist, und zwar aufgrund der Kräfte, die ständig auf ihn einwirken, seine Aktivität bedingen und an die er sich anpassen und denen er sich unterwerfen muss. Ein weiterer Fehler des Hypophysenarztes besteht darin, dass er im schlechten Zustand eines Organs nur eine anatomische oder rhythmische Ursache oder eine Verletzung erkennt, ohne auf die endokrinen Drüsen, ihre Wirkungsweise auf die Organe und darüber hinaus auf Lebensweise, die Ernährung und die gestörte Psyche des Patienten verweisen zu können.

Die Funktion des Herzens, der Lunge und des Verdauungstrakts wird durch Drüsensekrete bedingt. Ihre Wirkung wird in endokrinologischen Werken ausführlich beschrieben, aber weder Physiologen noch Ärzte berücksichtigen sie. Warum ist das so? Weil sie immer noch glauben, dass die endokrinen Drüsen vom Nervensystem gesteuert werden, was trotz des äußeren Anscheins völlig falsch ist.

Sie sind nie zu den Wurzeln, zu den funktionellen Ursprüngen des Menschen, zu seinem embryologischen und fötalen Zustand zurückgekehrt. Sie können nicht verstehen, dass es das erste Auftreten der Organe, ihr Alter, ist, das ihre Wirkung auf die Funktion des Menschen bestimmt. Das Drüsensystem ist das erste, das gebildet wird. Es ist also das Organ, das das Wesen und das Nervensystem funktionell steuert. Ich habe darauf hingewiesen, dass Anenzephalen, denen nur ein meist schlecht ausgebildetes Rückenmark zur Verfügung steht, mit Bewegungen, Reflexen, vor allem schmerzhaften Emotionen und einem Gezwitscher reagieren, das man erst später bei normalen Kindern findet. Die Hypophyse beschreibt den Zustand des Anencephalons, ohne in der Lage zu sein, ihn zu interpretieren. Der Hypophyse ist nicht nur, wie wir gerade gesehen haben, zu echter Aufmerksamkeit unfähig, sondern *auch für echte Abstraktion undurchlässig, da er nur nach seinen Sinnen und Messgeräten urteilt.*

Er kann sich nicht von sensorischen Ideen befreien, um sich zu einem wahren Denken zu erheben. Er kann auch nicht den Begriff der Identität und der Synthese erfassen, die die höheren psychologischen Entwicklungen sind.

Kurzum, der Hypophysenarzt kennt nur das Detail, nie das Ganze: Er ist ein reiner Analytiker. Er wird nie auf die Idee kommen, dass disparate, unterschiedliche Zeichen von ein und derselben Hormonfunktion herrühren könnten. Ebenso kann ein Zustand, der sich in ähnlichen Zeichen äußert, auf entgegengesetzte Drüsenzustände derselben Drüse oder auf zwei unterschiedliche Funktionszustände zurückzuführen sein. Das alles ist zu schwierig für sehr einfache Gehirne, obwohl die Hypophysenmenschen die Mathematik erfunden haben, die ein wenig ein Spiel ihres Geistes ist, die sie aber außerhalb der meist realen Vorstellungen verkompliziert haben.

Sie können nicht ahnen, dass Fieber, Manie und Wahnsinn Manifestationen einer Hyperthyreose sind. Dass Koma, Synkope, Melancholie und Traurigkeit mehr oder weniger ausgeprägte Zustände von Hypothyreose sind. Sie sind in der Tat intellektuell nicht in der Lage, die Ähnlichkeit dieser Zustände mit Drüsenzuständen festzustellen. Man kann zwar leicht feststellen, dass die klinischen Symptome einer Hypothyreose und einer ausgeprägten Traurigkeit *analog* sind, aber das bedeutet für sie nichts. Alles in allem kann der Hypophysenkranke nicht über das analytische Stadium der intellektuellen Ausarbeitungen hinauskommen. Er gibt sich der Illusion hin, dass er, wenn er immer gründlicher nach den Besonderheiten eines Phänomens sucht, schließlich auch dessen Ursachen entdecken wird. Das ist eine große Illusion, denn nur die groben, oft mit bloßem Auge sichtbaren Zeichen liefern die grundlegenden Merkmale, die einer ganzen Reihe von Phänomenen gemeinsam sind und zu ihrem Ursprung führen können. Die kleinen Unterscheidungsmerkmale, auf die sich die Pathologie stützt, führen zu nichts, außer dass sie unser Wissen ins Unendliche teilen und wir uns für jedes neue Zeichen ein chemisches Medikament ausdenken müssen, das die Therapie noch weiter belastet und die Iatrogenität und Teratogenität erhöht. Auch die Wirksamkeit wird immer geringer, wie man derzeit bei Antibiotika und vor allem bei Krankheiten mit ausgeprägten funktionellen Ungleichgewichten wie Drüsenerkrankungen und Geisteskrankheiten feststellen kann.

Merken Sie sich einige wichtige Fakten, die ich hier wiederholen werde:

1. Einige männliche Insekten setzen die Balz fort, obwohl das Weibchen ihnen den Kopf abgeschlagen hat.

2. Eine kopflose Heuschrecke lebt länger als zehn Tage.

3. Die Durchtrennung aller Nerven, die zu den Sexualorganen führen, hebt weder die Brunft noch den normalen Zeugungsvorgang dieser Organe auf.

4. Die Resektion des gesamten sympathischen Systems verändert weder die Lebensäußerungen, noch die Emotionen oder die sexuellen Aktivitäten eines Hundes.

5. Die Unterdrückung eines einzigen organischen Endokrins verhindert bei Tieren radikal die Entstehung des Sexualtriebs und führt zur Degeneration der Fortpflanzungsorgane.

Diese Befunde hätten auf die eindringlichste Weise zu der Erkenntnis führen können, dass das Nervensystem bei komplexen Aktivitäten nur eine sehr untergeordnete Rolle spielt und *das Hormonsystem funktionell völlig vorherrschend ist.*

Doch angesichts dieser offensichtlichen Tatsachen hat man nichts verstanden.

Es ist sogar unerhört, dass man vor Freud wusste, dass die Entfernung der Schilddrüse zum Verschwinden der Intelligenz und der Sexualität führt!

Es ist also offensichtlich, dass die tierische Sexualität unter der Kontrolle des Hormonsystems und nicht des Nervensystems steht.

Wäre der Hypophysär mit der Möglichkeit der Synthese und dem Begriff der Identität begabt, hätte er herausgefunden, dass die physiologische Ursache des Wahnsinns die Atrophie der inneren Genitaldrüse ist.

Er stellte zwar diese Atrophie bei Demenzkranken fest, aber er verließ dieses konstante Zeichen und suchte nach disparaten, unbeständigen Zeichen, die nichts Wesentliches haben und niemals etwas aussagen werden. So untersucht man Menschen, die ein normales Gehirn haben und dement sind, während andere, deren Gehirn Anomalien aufweist, völlig normal sind.

Somit ist nicht bekannt, was eine Geisteskrankheit ist. Die Identität des Wahnsinns wird jedoch folgendermaßen charakterisiert:

1. Verlust der höheren psychologischen Ausarbeitungen: Synthese und Begriff der Identität.

2. Verlust des moralischen Empfindens.

3. Verlust des Willens.

4. Verlust der willentlichen Aufmerksamkeit. Dabei handelt es sich um die Aufmerksamkeit, die für einen höheren Zweck auf etwas gerichtet *wird, das uns langweilt oder unangenehm ist.*

Dies sind die grundlegenden Merkmale des Wahnsinns.

Da der Besitz von brillanten analytischen Möglichkeiten durchaus mit einer Diagnose von Wahnsinn vereinbar ist, können wir die Diagnose :

- Psychiatrie.
- Wissenschaft.
- Politik.
- Medizin.
- Finanzwesen.

Es gibt keine Wissenschaft ohne moralischen Sinn. Eine solche Wissenschaft kann nur zur universellen Zerstörung führen, mit Tschernobyl, instabilen und nicht neutralisierbaren nuklearen Abfällen, zum Beispiel.

Unsere Gesellschaft ist also verrückt und damit selbstmörderisch.

Wir schließen nun diesen Panoramablick auf unsere heutige Welt ab. Sie sind der letzte metaphysische Dandy in der Geschichte, die von den Beschnittenen erfunden wurde. Der Dandy lehnt sich gegen den Schöpfer auf, und die Anthroposophen nennen ihn "den Luziferianer". Für den Dandy ist der Schöpfer für das Leid der gesamten Schöpfung verantwortlich, weil der allwissende Gott wusste, dass der Mensch fallen würde, und ihm deshalb von vornherein alle Freiheit nahm. Gott schuf also den Menschen, von dem er wusste, dass sein Schicksal Elend und Grausamkeit sein würde. Der Dandy ist aus Berufung immer oppositionell. Er ist ein Menschentyp, der sich erneuert, wieder zum Leben erwacht wie der Phönix, eine Zeit lang wächst und dann so sehr schrumpft, dass es aussieht, als würde er verschwinden. Er ist zwangsläufig aus allen offiziellen Kreisen verschwunden, die sich der geistigen Bedeutungslosigkeit und der Schändlichkeit verschrieben haben. Sie sind also zu völliger Einsamkeit verurteilt.

Die Degeneration dieses Typs wird durch langbeinige Homosexuelle repräsentiert, deren Sexualität nicht nur verzerrt ist, sondern an Impotenz grenzt. Sie sind ein Abfallprodukt, ein Abfallprodukt des Drüsentyps, das im Allgemeinen wenig interessant ist, weil es hinterlistig ist und am Rande des Normalen und Gesunden steht. Sie rühmen sich mit Freud, was ihren geringen moralischen und intellektuellen Wert offenbart.

Wenn die Juden die Welt beherrschen, werden Homosexuelle einen offiziellen gesellschaftlichen Status haben, da sie wertvolle Helfer der Juden bei ihrem Zersetzungswerk sein werden. Sie werden schließlich die Jugend und die Mode total verderben und das Recht haben, Kinder zu adoptieren, was ein absoluter Horror ist.

Der Schilddrüsen-Dandy ist nicht unausgeglichen: Er ist ein Exzessiver, ein Wesen mit funktionellen Abweichungen innerhalb der menschlichen Norm. Er hat die Fehler seiner Qualitäten, aber ein seltenes intellektuelles und emotionales Potenzial. Der Homosexuelle wiederum ist im pathologischen Sinne unausgeglichen, während der romantische Dandy ein Künstler ist, der aufgrund einer normalen, aber stark *übertriebenen* Drüsenfunktion unausgeglichen erscheinen kann.

Diese Funktionsweise verleiht ihm seine schnelle Intelligenz, seine allgemeine Schnelligkeit, seine ausgezeichneten Automatismen und seine Ungeduld.

Die Weltgesellschaft bricht zusammen und hegt und pflegt ihre Fehler. Der Wahnsinn ergreift alle Aspekte des offiziellen Lebens, Pseudowissenschaftler machen unbedachte Entdeckungen, echte moralische, spirituelle und ästhetische Werte sind untergegangen, da sie im Menschen nicht mehr durch physiologische Effizienz unterstützt werden. Der Mensch ist darauf reduziert, nur noch für Geld und Sex und die Sorge um die Sicherheit des Lebens zu leben. Er wird in eine Sklaverei gedrängt, die in der Geschichte der Menschheit einzigartig ist. Kriminalität und Wahnsinn wachsen in geometrischer Progression und können nicht eingedämmt werden, da die Offizialität selbst nach Kriterien des Wahnsinns und des Verbrechens funktioniert. Carrel sagte 1935: "Die wahren Verbrecher sitzen nicht in den Gefängnissen, sondern an der Spitze der liberalen Gesellschaft". Außerdem fügte er hinzu: "Der liberale Bourgeois ist der ältere Bruder des Bolschewiken". Diese beiden Behauptungen müssen im Jahr 2000 leider nicht mehr bewiesen werden.[62]

Die säkulare materialistische Bildung breitet sich aus und diejenigen, die ihr folgen, sind immer weniger in der Lage, sie zu verinnerlichen, da sie den Geist selbst für die offiziellen analytischen und mnemotechnischen Qualitäten heimtückisch hypotrophiert. Man stellt fest, dass die Schüler der dritten Klasse nicht in der Lage sind, elementare Überlegungen anzustellen, und dass die Zahl der Analphabeten und Ungebildeten mit besorgniserregender Geschwindigkeit wächst.

Die Fülle an Wissen schwankt zwischen übertriebener Fachlichkeit, der man den Namen Wissenschaft gibt, obwohl sie nur eine Form der

---

[62] Deshalb werden überall Alexis-Carrel-Straßen umbenannt, vielleicht das größte Genie, dessen sich die Menschheit rühmen kann. Wir haben hier das perfekte Symbol für alle Umkehrungen, zusammen mit der Abschaffung der Todesstrafe, die es dem Verbrecher erlaubt, 6 bis 15 Mal zu re-töten (was nicht außergewöhnlich ist, wenn die offizielle Presse darüber berichtet).

Anwendung ist, und Wortgeklingel, der Feststellung von Tatsachen, aus denen man nicht in der Lage ist, eine einzige große Idee herauszuarbeiten, wobei die Offizialität radikal des Geistes der Synthese beraubt ist.

Eine solche Welt ist notwendigerweise selbstmörderisch...

Angelika

KAPITEL XIX

> *Die Frau ist im Hinblick auf die abstrakte Intelligenz des Mannes so dumm, dass sie glaubt, sie könne genauso intelligent sein wie er. Sie glaubt, sie könne Perikles, Goethe, Chopin oder Carrel werden! Ihre Illusion ist umso größer, als sie ihre Unfähigkeit nicht begreift. Die angeblich intelligente Frau kann sich nur in alle modernen Betrügereien einschreiben, sie wird einen Pillendreher-Minister abgeben und niemals einen Lao-Tse oder Carrel.*
>
> *Ohne die aufopfernde Liebe zu einem Mann und zu seinen Kindern ist die Frau nichts. Nur die intelligente Frau weiß, dass sie es nicht ist. Sie ist die Intuition des Mannes.*

ANGELIKA

Das lange Gespräch, das Tristan mit diesem Genie der Endokrinologie geführt hatte, hatte ihn zutiefst interessiert. Er hatte sozusagen den endokrinologischen Neunfachbeweis für all seine Beobachtungen. Besteht das Genie nicht darin, den Determinismus der anderen durch einen höheren Determinismus wahrzunehmen?

Ist heute, wo die "höheren Hypointerstile"[63] herrschen und die Masse der Menschen immer verrückter und zerrissener machen, nicht alles bis zum Ende dieser hypophysären Menschheit, bis zum Dritten Weltkrieg und der allgemeinen Umweltverschmutzung nunmehr vollständig deterministisch? Warum wundert es uns, dass die Kader des kommunistischen Chinas, das von MacArthurs Mahnung geprägt wurde, von Jesuiten und Amerikanern ausgebildet wurden? Warum ist es erstaunlich, dass der Papst dem höchsten Prälaten des Anglikanismus die Hand schüttelt, obwohl "der Protestantismus die Universalisierung des jüdischen Geistes" ist?[64] Die Nichtigkeit ist nun universell und Ökumene wird nur im Schoß des Wahnsinns praktiziert. Marx'

---

[63] Hyperhypophysäre, hyperthyreoidale, hypergenitale **Reproduktionsphysiologie**, aber Hypointerstitel: spekulativ brillant**, aber a moralisch und a synthetisch. "Und die Welt wird von Ungeheuern regiert werden", heißt es in der Apokalypse.**
[64] Louis Rougier in "*La mystique démocratique*" (Die demokratische Mystik).

Rothschild übt nun eine totalitäre Macht über die Marionetten der Politik und die Roboter der Universitäten aus, die die verängstigten und zombifizierten Massen anführen.

Es war fatal, dass Tristan in einer Welt, in der die Frau desintegriert ist und sich nach einem noch so künstlichen, ja vegetativen Gleichgewicht sehnt, ihnen das geringste Gleichgewicht geben konnte. Die Frau mit ihren reduzierten Gefühlen, ihrem zerrütteten Nerven- und Hormonsystem kann nicht den Heroismus aufbringen, der darin besteht, die Hälfte eines Aufruhrs zu sein. Wenn man heute etwas erschafft, ist das gefährlich, wenn nicht sogar selbstmörderisch.

Schöpfung, Wahrheit, Strenge und Schönheit sind für die Frau Faktoren eines elementaren Ungleichgewichts: Sie kann sich in einem Ozean der Lüge nicht an den anpassen, der sie vertritt. Dieser Ozean nährt nun das, was vom Mann übrig geblieben ist, und wird zur Voraussetzung für das Überleben in der Welt der Händler und Sklaven, in der wir eben zu überleben versuchen.

Trotz der Ratschläge des gelehrten Endokrinologen hatte Tristan versucht, in der Nähe seiner Frau zu bleiben. Hatte Biche nicht ein Kind erwartet?

Aber die Situation verbesserte sich nicht und Tristan erreichte einen so hohen Grad an Erschöpfung, dass ihm ein dreimonatiger Aufenthalt in einem Pflegeheim verordnet wurde.

Eine einvernehmliche Scheidung wurde von den Schwiegereltern arrangiert. Sie hatten sich scheiden lassen.

Sie hatten in der Schlange vor dem Justizpalast gestanden, O Hohn! Tristan hatte geglaubt, dass sie dort einen Richter finden würden, einen echten, dem er die Zwangsläufigkeit ihrer Scheidung hätte erklären können, die in einem so heiklen Kontext notwendig war. Der Richter hatte das Gesicht eines Lebensmittelhändlers und die Scheidung erfolgte serienweise: so etwas wie die Schlange für Lebensmittelkarten während des Krieges. Eine Routine der Gesetzeshüter, bezahlt. Nichts anderes. Die Scheidung war genauso entmenschlicht wie die Ehe, die ohne ernsthafte Grundlagen zu schwachsinnigen Scheidungen und Geburten von Wrackkindern von morgen führte, Drogensüchtigen, Discokunden, Selbstmördern ...

Der Mann war offensichtlich verschwunden.[65]

---

[65] 1980 sagte ein Arzt zum Autor: "Unter fünfzig Jahren gibt es keine Männer mehr". Es sind also Homunkuli, die verschwinden werden.

Nach drei Monaten im Erholungsheim und unaussprechlichem Leid verspürte Tristan den Wunsch, zu seinen Kindern und ihrer Mutter zurückzukehren, trotz ihres schrecklichen Verrats, den er sich geschworen hatte, in der Stille des Vergessens zu vergraben. Die Kinder waren das Wichtigste. Jacqueline lehnte ab. Diese Ablehnung lag auf der Linie der Leichtigkeit ihres früheren Verhaltens. Er war gereift, er hatte verstanden. Er hätte seine Frau nicht mehr verlassen, auch nicht für Venus persönlich.

Tristan fand sich damit ab, ein Zimmer bei einer charmanten älteren Dame im sechsten Arrondissement von Paris zu mieten. Er nahm seinen Unterricht in Englisch in der Sekundarstufe und in Französisch in einer berühmten Schule für ausländische Erwachsene wieder auf. In dieser Schule versammelten sich die schönsten Mädchen der Welt, die dort Französisch lernten. Tristan erlebte dort zahlreiche Abenteuer, die seine Natur als Don Juan verzauberten. Wie oft hatte er am Tag zahlreiche Verabredungen und verwechselte nicht die Vornamen dieser exquisiten zwanzig- bis dreißigjährigen Geschöpfe, die ihm Liebesworte auf den Schreibtisch legten, während andere ihn während des Unterrichts verliebt ansahen!

Eines Tages trank eine seiner Schülerinnen in der Bar, in der er ein Bier trank, einen Tee.

— Ach er", sagte die Schülerin, "ich möchte nicht Ihre Lehrerin sein!

— Warum, entgegnete er?

— Weil ich die zweihundertvierzigste Dritte wäre!

— Nein", antwortete Tristan, "Sie wären die zweihundertvierzig dritte bis!

Die Schülerin war einige Tage abwesend und als sie zurückkam, musste sie einen Text zur Kenntnis nehmen, den er gegeben hatte, um mit seinen Schülern die Diktion zu üben. Er lieh ihr also das Buch, in dem sich der Text befand, der übrigens den Titel "Der freundliche Dieb" trug, und bat sie, es ihm bald zurückzugeben, da dieses Buch ihm pädagogisch bemerkenswerte Texte liefere.

Sie gab es ihm am nächsten Tag zurück und Tristan legte das Buch auf seinen Schreibtisch in seinem Zimmer. Vierzehn Tage später, als er für seine Schüler einen geeigneten Text auswählen musste, fand er beim Aufschlagen des Buches ein Bristol mit der Aufschrift: "und wenn ihr mit der zweihundertvierzigsten dritten fertig seid, wartet die zweihundertvierzigste dritte bis auf ihren Einsatz".

Er rief sie an und ließ sie glauben, dass er sie absichtlich hatte warten lassen, und am selben Abend

In dieser Zeit lernt er Hella kennen. Als Deutsche war sie nicht hübsch, aber "besser als schön", wie ein befreundeter rumänischer Philosoph sagte. Sehr rassig, sehr gut gebaut, sehr elegant. Sie hatte Französisch gelernt, das sie akzentfrei sprach, war Chefsekretärin des Generaldirektors einer berühmten Druckerei geworden, die einst Balzac gedruckt hatte, hatte Jura studiert, konnte aber nicht die Licence machen, weil sie kein französisches Abitur hatte. Sie war eine Vollkommenheit, die wie die glücklichen Völker keine Geschichte hat.

Die sexuelle Vereinigung, die sie hatten, war von solch einer Qualität, von solch einem "zehnten Himmel", dass Tristan nie mit einer anderen Frau eine ähnliche Ekstase erlebte. Sie hatte nur einen Traum: die Ehe. Tristan hatte noch kein Auswahlverfahren bestanden, das ihm eine Festanstellung versprach, und obwohl er im Prinzip damit einverstanden war, verschob er den Termin mit Hilfe dieses Alibis. Als er die Prüfung bestanden hatte, stellte ihn Hella in die Ecke ... Tristan sagte ihr, dass er sie zwar heiraten, aber nicht mit ihr zusammenleben würde. Er glaubte, dass sie sich dadurch abschrecken lassen würde, aber das war nicht der Fall. Tristan aus der Geburtsstadt der Waage konnte nicht nein sagen. Um Hella eine Freude zu machen, willigte er ein, sie zu heiraten. Eine Freude zu machen ist oft viel grausamer als eine Ablehnung, denn Hella sollte diese abwegige Ehe teuer bezahlen.

Er hatte zugestimmt und ihr gesagt, dass er sich scheiden lassen würde, wenn er sich verlieben würde. Sie hatte sogar dazu genickt.

Es stimmt, dass Tristan dachte, dass er eines Tages sanfter werden und Hella endgültig an sein Herz schließen würde.

Im Moment waren Frauen, einschließlich Hella, einer guten Freundin, nicht mehr sein Ziel, sein Problem. Er fand ein physiologisches Gleichgewicht in diesem wirbelnden Flirt, der die Leistungen eines Don Juan weit hinter sich ließ. Vergnügen, niemals Schmerz. Bisher hatte er eine Frau, die er ernst genommen und ihr seine Liebe geschenkt hatte, nur leiden müssen. Er hatte genug, wie man so schön sagt, und jetzt ging es nur noch um die Nummer und nicht mehr um das Abonnement.

Man sollte nie sagen: "Brunnen, ich werde dein Wasser nicht mehr trinken".

Hella und er wohnten getrennt und er besuchte sie an den Wochenenden. Er holte die Kinder ab, die sich sehr gut mit ihr verstanden. Aber er würde sie verlassen, und da sie nicht die Geduld hatte, auf Tristan zu warten, obwohl er mit Sicherheit zu ihr zurückgekehrt wäre, verließ sie Frankreich, ging nach Deutschland und wurde psychisch schwer krank.

Eines Tages, als er gerade seinen Unterricht beendet hatte, sah er ein Mädchen, das die große Schultreppe herunterkam. Er hatte sich gerade mit Biche "für einen Appel und ein Ei" eingelassen, aber er war nicht mehr zu retten.

Die heimtückische Krankheit der Leidenschaft würde ihn erneut niederstrecken.

Er hatte zwei Ausreden: Diese Zweiundzwanzigjährige war exquisit und wenn er ihr nicht gefallen hätte, wäre nichts passiert. *Que sera sera.*

Sie trug ein bezauberndes bayerisches Kleid, ihr langes Haar war weizenblond, ihr Teint rosig und hell und ihr Äußeres war so feminin, dass sie unter den Mädchen, die alle, auch wenn sie hübsch waren, eine gewisse Maskulinität aufwiesen, die für die damalige Zeit typisch war, wie ein Schwur wirkte. Es war undenkbar, sich vorzustellen, dass sie als Gesundheitsministerin die Pille und die Abtreibung propagierte, und es war unmöglich, sie als Mitglied der Frauenbefreiungsbewegung anzusehen. Echte Frauen wissen nicht, was sie sich ausdenken, aber wo sind sie? Tristan, der doch krankhaft schüchtern war, fühlte sich zu allen Wagnissen bereit. Er ging selbstbewusst auf sie zu. Er legte seine Fingerspitzen sanft auf ihren Arm und flüsterte: "Ich habe noch nie etwas Schöneres gesehen, Fräulein, könnten Sie mir eine Minute Zeit geben?" Sie errötete scherzhaft, murmelte ein paar Worte in einem embryonalen Französisch und sagte dann deutlicher "qu'elle serait".

Ihr Lächeln hatte Tristan Hoffnung gemacht. Zwei Monate lang verschwand sie aus der Schule. Sie hatte Angst vor Tristan gehabt. Sie fühlte sich zu ihm hingezogen und hatte gleichzeitig Angst vor ihm. Zunächst hatte sie es, wie der andere sagen würde, vorgezogen, wegzulaufen und bei Freunden in England unterzukommen. Tristan blickte vor sich hin.

Die Wochen vergingen. Plötzlich sah er sie wieder die große Treppe herunterkommen. Sein Herz schlug ihm bis zum Hals, er musste mit ihr reden, er sprach mit ihr. Sie stimmte einem Treffen zu.

Sie sollten Monate des Glücks und Jahre des Unglücks erleben.

Wenn er sie Jahre nach ihrer Trennung vor seinem geistigen Auge wiedersieht, mit ihrem Spitzenmieder, ihrem kindlichen Charme, wenn er ihre wunderbaren naiven, liebenswerten und so köstlich stilisierten Zeichnungen wiedersieht, spürt er, wie tief sein Wesen mit ihr verbunden war. In Angelika, denn das war ihr Name, gab es eine ebenso krasse Venus-Dominanz wie in Tristan. Venus hatte sie einander näher gebracht, das war psychologisch und astrologisch offensichtlich.

Sie zogen nach Maisons Alfort in eine kleine Zweizimmerwohnung, die sie gemietet hatten, und schon bald wurde eine entzückende kleine Nathalie geboren, die bald die große Liebe ihres Vaters wurde, eine große Liebe, die auch zu einer Quelle des Schmerzes werden sollte. Sie wurde in Notre Dame de Paris getauft und man weiß nicht, durch welche Ausnahme ihnen die Nutzung des Ehrenhofs, der Königen und Königinnen vorbehalten war, gewährt wurde. Nathalie mit den goldenen Haaren und den himmlischen Augen war die Freude ihres Vaters und ihrer Mutter.

Doch das Schicksal wollte nicht, dass dieses Glück von Dauer war.

Patrice, der Sohn von Tristan und Jacqueline, war im Schulalter. Sein Charakter war äußerst schwierig. Er war im Skorpion geboren und besaß die negativsten Eigenschaften dieses Sternzeichens. Tristan hatte einen Freund, der ein hervorragender Astrologe war, und ohne ihm zu sagen, dass es sich um seinen Sohn handelte, hatte er ihn gebeten, sein Horoskop zu erstellen. Es begann wie folgt: "Ich habe noch nie eine solche Fülle von schlechten Aspekten gesehen". Es folgte eine Analyse, die sich leider bis zum Ende seines unglücklichen Schicksals bewahrheitete, da er mit 39 Jahren an einer Gehirnblutung starb, die er sich durch die Mischung aus Alkohol und chemischen Drogen zugezogen hatte. Die Schwierigkeiten seines Sohnes ließen in Tristan das Gefühl wachsen, dass er alles für ihn tun musste, um ihn aus diesem charakterologischen Schicksal zu befreien. Patrice musste sein Abitur machen. Tristan wollte auch, dass er ein Minimum an Prüfungen bestand, um in den Schuldienst eintreten zu können. Er hatte ihn bereits ein Jahr lang auf ein spanisches Gymnasium geschickt und er sprach die Sprache perfekt. Um ihm im Allgemeinen und besonders in Englisch zu helfen, sollte er öfter zu Hause sein als bei seiner Mutter.

Leider machten seine Aggressivität, seine Faulheit und seine schlechten Neigungen die Familienatmosphäre prekär. Angelika, die wie ein Kind auf dieses unmögliche Kind eifersüchtig war, nahm eine so schmerzhafte, kindische Haltung ein, dass sie Tristan sozusagen dazu zwang, sich auf die Seite ihres Sohnes zu schlagen, damit dieser sich nicht verlassen oder ungeliebt fühlte. Angelika hätte sich intelligent zurücknehmen und das Beste daraus machen müssen, um die ohnehin schon erdrückende Last für Tristan nicht noch zu vergrößern.

Aber das schien für eine Frau dieses Jahrhunderts, die generell jeder geistigen, moralischen und intellektuellen Erziehung nach ihrem Maß beraubt war, unmöglich. Wenn beide in einer traditionellen Zivilisation gelebt hätten, hätte es erstens keine Scheidung gegeben, zweitens wäre die grundlegende Erziehung und die gegenseitige Liebe des Paares die Triebfeder von allem gewesen, alles, was in ihrer jeweiligen Natur gegensätzlich war, hätte sich in einer Symbiose aus Liebe und Pflicht kanalisiert.

In unserer materialistischen Zivilisation musste sich alles, was anders war, gegeneinander stellen und zum Antagonisten werden. Mängel wurden zur Quelle von Konflikten und deterministischen Pathologien. Das war das Schicksal der Paare im zwanzigsten Jahrhundert mit ihren kindlichen Ehen und Massenscheidungen. Das Erstaunliche an dieser Situation waren die Ehen, die hielten.

Die Scheidungskurve stieg schwindelerregend an, und selbst das Konkubinat wurde bei gemeinsamer Steuererklärung steuerlich nicht begünstigt.

Drei Jahre nach ihrer Hochzeit hatte Angelika Tristan die graphologische Analyse gezeigt, die sein Vater in der Schweiz von einer deutschsprachigen Graphologin hatte durchführen lassen. Der analysierte Brief war in Englisch verfasst worden, weil Tristan und Angelika sich in dieser Sprache unterhielten, da Angelika noch nicht gut genug Französisch konnte. Die Graphologin war des Englischen nicht mächtig und ihre beiden Analysen auf Deutsch wurden ins Französische übersetzt.

Diese beiden Analysen boten eine nahtlose Zusammenfassung dessen, was sie zwölf Jahre lang erleben sollten.

Tristans Analyse enthüllte sich folgendermaßen:

Es handelt sich um einen sehr intelligenten und sensiblen Menschen. Er hat eine große Originalität und einen ausgeprägten Sinn für Kunst. Er hat einen fruchtbaren Geist und die Fähigkeit, kreativ zu arbeiten, denn er ist außergewöhnlich begabt und hat einen ausgeprägten Sinn für Schönheit. Sein Denken ist jedoch oft von Analyse und Zersetzung geprägt. Er leidet darunter, dass er seinen Erfahrungen und Gefühlen nicht ihre Integrität lässt und sie durch seine Intelligenz in Frage stellt. Abwägen, Überlegen, Verwerfen und Wiederaufgreifen von Problemen sind die charakteristischen Tätigkeiten seines Denkens und bringen ihn oft in Widerspruch zu seinen Gefühlen, zumal er eine sensible und offene Seele hat. Als er diese Schrift verfasste, befand sich der Schreiber in einem euphorischen Zustand, in dem er die Welt und seine zukünftige Partnerin als Idealbild betrachtete und der Realität nicht genügend Beachtung schenkte.

da er von Stimmungen abhängig ist, empfindet er Enttäuschungen und Traurigkeit genauso extrem wie eine kurzzeitige fröhliche Stimmung.

Der Schreiber ist sozusagen die Beute dieser Zyklothymie und es wird ihm schwer fallen, sich ohne fremde Hilfe aus ihr zu befreien. Es ist wahrscheinlich, dass er bei einer größeren Meinungsverschiedenheit nach Mitteln und Wegen sucht, ihr bei Gelegenheit auch auf Wegen zu entkommen, die für ihn nicht heilsam wären. Er ist sicher, dass seine Partnerin ihm in solchen Fällen viel Kraft und Hilfe zu geben weiß.

Auch wenn der Schreiber sehr aufmerksam ist, muss die Partnerin wissen, dass ihre eigene Welt an erster Stelle steht und man ihr nur mit viel Verständnis und Geduld begegnen kann.

Es wäre ratsam, dass die zukünftige Partnerin durch eine lange Verlobung ihre Kenntnisse über diesen begabten und interessanten Mann vertieft, damit sie im Alltag sicher sein kann, dass sie in seiner Gesellschaft die tausend Unannehmlichkeiten erträgt, die das Gegenteil der romantischen Lebensauffassung des Schreibers sind.

Es schien offensichtlich, dass Angelika nicht in der Lage war, mit einem solchen Begleiter umzugehen. Ihre Analyse bestätigte dies:

Es ist die Handschrift eines besonders sensiblen und verletzlichen Menschen, der sich oft vergeblich bemüht, seine eigenen Probleme zu lösen.

Das liegt wahrscheinlich daran, dass sie an Personen und Dinge überzogene Erwartungen stellt. Sie bricht in Ohnmacht zusammen, wenn sie keine schnellen Veränderungen erreicht. Obwohl sie einen scharfen und praktischen Verstand hat, hat sie sich einen kindlichen Glauben an das Wunderbare bewahrt. Daher verschwendet sie ihre physischen und psychischen Kräfte und reagiert in kritischen Momenten emotional und psychologisch ungeschickt. Sie ist also ein Opfer ihrer eigenen Gefühle. Außerdem ist sie äußerst skrupellos und die Liebe zur Ordnung ist für sie das oberste Gesetz. Es fällt ihr schwer zu verstehen, dass andere improvisieren und sprunghaft handeln.

In ihrer Kindheit muss sie von unerwarteten Stimmungsschwankungen in ihrer unmittelbaren Umgebung geprägt worden sein. Sie ist sich nicht bewusst, dass dies ihre Empfindlichkeit erheblich gesteigert hat. Unbeschwertheit und Humor fehlen ihr sehr.

Umso mehr wird man schätzen, wie sehr sie ihre Pflichten und Verantwortlichkeiten wahrnimmt und wie sehr sie sich bemüht, geduldig zu bleiben, auch wenn sie am liebsten "alles hinschmeißen" würde. Sie wird gerne verwöhnt, aber sie verwöhnt auch gerne und umgibt die Menschen, die sie liebt, mit mütterlicher Fürsorge. Wenn sie keine Gegenleistung erhält, ist sie verzweifelt. Doch mit etwas Geschick und Psychologie in Bezug auf sie können ihre Mitmenschen Schätze aus ihr herausholen. Sie dazu, zu spontan zu sein. Ihre Reparaturversuche sind zwar gut gemeint, aber nicht immer geschickt. Sie sollte ihren ausgezeichneten Geschmack und ihre künstlerische Sensibilität ebenso nutzen wie ihre vernachlässigten, aber bemerkenswerten handwerklichen Begabungen. Sie könnte Innenarchitektin werden. Zum Zeitpunkt, da sie diese Zeilen schreibt, fehlt es ihr an Selbstvertrauen und einem äußeren Anreiz. Für ihren Gemütszustand ist es entscheidend, dass es ihr gelingt, sich ein Gefühl von Wärme und Geborgenheit zu geben. Dieses Gefühl fehlt ihr seit langem, und ihre Versuche, es zu erlangen, erfolgen mit einer Hektik, die es ihrer Umgebung schwer macht, zu verstehen, was sie will und fühlt.

Ihre Neigung, sich in den Willen zum Glauben zu flüchten, hilft ihr eine Zeit lang, verschafft ihr aber keine dauerhafte moralische Entspannung.

Angesichts ihrer menschlichen Qualitäten und zahlreichen Gaben sollte diese Person in der Lage sein, einen Wendepunkt in ihrem Leben herbeizuführen, indem sie ihre krankhafte Empfindlichkeit korrigiert und sich in einer praktischen Tätigkeit bewährt.

Als Tristan die beiden Analysen erneut las, war er verblüfft. Er war verblüfft über das außergewöhnliche Talent und die Kenntnisse der Graphologin, er war verblüfft, weil die Gegenüberstellung der beiden Analysen eine perfekte Synthese ihres Dramas darstellte. Die ungeheure Genauigkeit ihrer Offenbarung war unübertroffen. In wenigen Zeilen stand die Wahrheit und Präzision dessen, was sie zwölf Jahre lang erlebt hatten.

Trotz der venusischen Bindungen, die sie verbanden, sollten sie ein Martyrium durchleben. Tristans Liebe zu seiner Frau und seiner Tochter war so groß, dass er nicht gezögert hätte, sein Leben für sie zu geben, wenn sie ihn nicht verlassen und ihre süße kleine Nathalie mitgenommen hätte.

Angelika war im Stier geboren. Sie war der Prototyp davon. Ein Gesicht so frisch wie der Frühling, eine Süßigkeit umrahmt von schönem goldblondem Haar. Sie war sensibel und fantasievoll mit einem Hauch von Bovarysmus. Ihr gesamtes Erscheinungsbild erinnerte an eine fleischliche, mütterliche Person mit einer starken Neigung zum Verdaulichen, Langsamen, Vegetativen - alles Charakterzüge, die das Gegenteil von Tristan waren, der zerebral, intuitiv, hyperschnell und idealistisch war.

Angelika liebte die Natur, das Land, das einfache Leben, aber sie liebte auch die Annehmlichkeiten der Stadt, und die komplexen Annehmlichkeiten des Fortschritts faszinierten sie.

Tristan war der "thyroid balance", den wir kennen, und dessen größter Fehler darin bestand, dass er sich wie eine Lerche in den Netzen schöner Kreaturen verfing. Er zog immer eine hübsche, aber moralisch in Ungnade gefallene Frau einer anderen vor, die zwar weniger schön, aber reich an grundlegenden Qualitäten wie Nachsicht, Reife, moralischer Stärke und emotionaler Festigkeit war - mit einem Wort: an all den Qualitäten, die Tristan am dringendsten brauchte.

Angelika war während des Zweiten Weltkriegs geboren worden, während ihr Vater, ein Anwalt und Soldat, abwesend war. Ihre Mutter war immer psychisch krank gewesen, und als Tristan sie kennenlernte, sah er, wie sie jeden Abend ein oder zwei Flaschen Champagner und Liköre trank und dazu noch eine Menge Zigaretten konsumierte. Sie bereitete sich fröhlich auf den Krebs vor, an dem sie einige Jahre später starb. Sie hatte es offensichtlich nie verstanden, Angelika die Zärtlichkeit zu geben, die diese hübsche Blume aus Bayern am meisten brauchte.

Es steht also fest, dass sowohl Angelika als auch Tristan an einem schweren Muttermangel litten, der nur durch einen *mütterlichen* Ehepartner behoben werden konnte.

Dieser grausame Mangel wurde noch dadurch verschlimmert, dass beide Mütter noch lebten.

So nährte ihre Negativität immer wieder ihren Mangel.

Sie brauchten also beide eine Partnerin und einen Partner, die sie bemuttern, um diese emotionale Kluft zu überbrücken. Das war nicht der Fall.

Angelika und Tristan waren in einer bösartigen Sphäre ertrunken. Zwei venusische Wesen, die sich zueinander hingezogen fühlten, aber nicht in der Lage waren, sich gegenseitig zu bemuttern. Das war ein garantierter Misserfolg, zumal der schizoide Künstler Tristan eine nachsichtige und moralisch starke Frau am dringendsten brauchte. Nichts hatte geholfen, den beiden eine Struktur zu geben. Als die kleine Angelika fünf Jahre alt war, regneten um sie herum die Bomben. Sie lief ganz allein zum Schutzraum - für ein kleines Kind erschreckende Schocks.

Angelikas Bruder war ein angeklagter Charakter, ein kleiner, dicker Nebennierenkranker, der noch weniger empfangen hatte als seine

Schwester. Er war äußerlich genauso grobschlächtig wie seine Schwester hübsch und charmant war. Angelika erinnerte sich lebhaft an gewalttätige Szenen, in die ihr Bruder verwickelt war. Zu allem Überfluss war sie mit 17 Jahren Sekretärin ihres Vaters, eines Anwalts, geworden. Sie hatte Zugang zu einer Vielzahl von alptraumhaften Scheidungsakten, deren Schrecken Hass, Verachtung und Abscheu vor Menschen in ihrem Geist säten.

Es war wichtig, dass Tristan sich um seinen Sohn Patrice kümmerte. Sicherlich sind die Kinder dieser Generation, denen alles Wichtige vorenthalten wird und die durch die Scheidung zerrissen werden, nicht einfach. Wie sollten sie es auch sein? Die Eltern, die durch die Arbeit beider Ehepartner, durch die Scheidung oder durch beides gleichzeitig getrennt sind, sind nicht mehr da, um ihren Kindern *echte* Kenntnisse, die das Wesen strukturieren, ständige Zuneigung und eine solide Erziehung zu bieten. Die Mutter, die nicht zu Hause ist, kann ihre Kinder nur noch mit chemischer, krebserregender Industrienahrung versorgen, die keine natürlichen Vitamine,[66] Mineralsalze und Spurenelemente enthält. Der säkulare Einfluss, der bei den Schülern den marxistischen und freudianischen Einfluss transportiert, feilt an dieser systematischen Unterminierung des Seins.[67] Man musste also verständnisvoller und menschlicher sein. Man musste all die destruktiven Faktoren berücksichtigen, die auf diese geopferte Generation einwirkten.

Angelika, die von der Brutalität ihres Bruders geprägt war, sah diesen mit kindlicher Panik in Patrice wieder. Tristan musste angesichts dieser Aggressivität, die alles noch schlimmer machte, eine Hymalaya aufbringen, um seinen Sohn zum Abitur und zum Erwerb zweier Sprachen zu führen. Es gelang ihm sogar, ihn dazu zu bringen, eine Stelle als Lehrer an einer Privatschule anzunehmen. Er war kurz davor, eine Festanstellung zu bekommen, da er zu dieser Zeit eine Prüfung für eine Festanstellung als Mittelschullehrer ablegen konnte, ohne einen Bachelor of Arts zu haben. Mit einundzwanzig Jahren, als er volljährig wurde, warf er alles über Bord und verfiel chemischen Drogen, Alkohol und Tabak, die ihn schließlich mit neununddreißig Jahren töteten.

Vor Angelikas Position als eifersüchtiges und aggressives Kind musste Tristan also an der Seite seines Sohnes stehen, damit er sich nicht seiner Zuneigung und Sicherheit beraubt fühlte. Angelikas rücksichtsloses

---

[66] Es wurde nachgewiesen, dass synthetische Vitamine krebserregend sind.
[67] Der Klassenkampf, wie auch die sexuelle Invasion und die Tremolo-Komplexe waren im Nationalsozialismus, wie auch im Alten Ägypten, vollkommen ignoriert und unbekannt...

Verhalten hinterließ bei Patrice einen bleibenden Eindruck. Hatte sie nicht oft zu Tristan gesagt: "Du wirst zwischen deinem Sohn und mir wählen, und wenn du dich für deinen Sohn entscheidest, werde ich gehen"? Leider war es genau das, was sie tun würde, denn Tristan konnte seinen Sohn nicht in einer solchen Notlage zurücklassen.

Wenn Patrice zu seinem Vater und seiner Stiefmutter kam - und er kam oft, damit sein Vater ihm folgen konnte -, verhielt er sich zumindest anfangs anständig. Aber die Dinge änderten sich. Er begann, ihnen Geld zu stehlen, was Angelika schockierte, und sie unternahm nichts mehr, um das Kind zu stimulieren und ihm zu helfen. Die Dinge wurden immer schlimmer. Patrice erschien hager, torkelnd, mit klebriger Zunge und schluckte unter dem Einfluss von chemischen Medikamenten. Diese äußerst unangenehmen Vorfälle veranlassten Angelika manchmal, mit Nathalie in ein Hotel zu gehen, wenn Patrice kam. Zweifellos kann ein Stiefkind dieser Generation Probleme verursachen. Tristan wusste, dass viele Kinder seiner eigenen Professoren an der Sorbonne ernsthafte Probleme hatten. Erst kürzlich hatten sich zwei von ihnen, Bruder und Schwester, Kinder eines berühmten Professors, das Leben genommen. Aber wie kann man nicht ein wenig Zuneigung für den Sohn von jemandem empfinden, den man angeblich liebt? Sie hätte sich hinter Tristan verstecken und ihre Autorität und Zuneigung frei wirken lassen können.

Patrice in diesen gesträubten Labyrinthen hatte es nach dem Abitur geschafft, sich an der Sorbonne einzuschreiben, zu unterrichten und drei Sprachen zu beherrschen. Doch schon bald würde er in Londoner Restaurants Geschirr spülen.

Angelika beschuldigte ein Syndrom, das dieser gelehrte Endokrinologe als "paradoxe Hyperthyreose" bezeichnete. In der modernen Welt betrifft es eine große Anzahl von Frauen und ist die Ursache für die Geburt von Charakterkranken mit Verhaltensstörungen und manchmal sogar von Mongoloiden. Dieses Syndrom sieht seine Ätiologie in der Tatsache, dass die Frau gegen ihre Natur lebt. Dadurch verlieren sie ihren weiblichen Charakter der Anmut, Schönheit, Sanftheit und Zartheit.

Das Palliativum eines solchen Syndroms ist ein ruhiges Leben mit einem mütterlichen Partner. Sie zeigte verschiedene Aspekte dieses Syndroms, das die Hypophysenforscher nie auf eine krankhafte Einheit reduzieren konnten: Kopfschmerzen, Ausfluss, Schmerzen in den Beinen, Arrhythmien, Müdigkeit, düstere Gedanken. Sein Nervensystem war von großer Schwäche und seine Hypophyse charakterologisch unzureichend. Diese Eigenschaft war ihr durch zwei klinische Tatsachen offenbart worden: einerseits das Fehlen von Schwangerschaftsstreifen nach der Entbindung und andererseits die geistige Unfähigkeit, die Begriffe Nominativ und Akkusativ in ihrer eigenen Sprache, dem Deutschen, zu unterscheiden.

Sie war also nicht in der Lage, eine objektive Analyse der Fakten vorzunehmen und gegen ihren eigenen paranoiden Zustand anzukämpfen, der heute übrigens so häufig vorkommt. Daher hatte sie keinen Sinn für Selbstkritik. Sie war kaum zu willentlicher Aufmerksamkeit fähig und zeigte eine erhebliche Empfindlichkeit gegenüber Geräuschen, die wie in zehnfacher Stärke auf sie einprasselten. Dieses Zeichen allein deutet auf eine erhebliche Schilddrüsenstörung im Hyper-Sinn hin. Sie war negativ, anspruchsvoll, aggressiv und stellte ständig Forderungen. Sie war unentschlossen und von Unsicherheit besessen, ihr Bewusstsein war stark eingeengt.

Manchmal war sie sich ihrer Schwierigkeiten jedoch nur vage bewusst und zeigte einen wirklich guten Willen. Sie hatte die gesamte Doktorarbeit, die ihr Mann an der Sorbonne verteidigen wollte, auf Französisch abgetippt (obwohl sie diese Sprache kaum beherrschte).

Sie brachte Nathalie gegen ihren Vater auf, sodass die Kleine mit sechs Jahren zu ihm sagte: "Wir haben genug, wir suchen uns einen anderen Papa".

Genau das taten sie später auch.

Angelika war von der Welt ihres Mannes abgeschnitten und wusste nichts über ihn. Ihr Bewusstseinsfeld schwankte zwischen ihrer Tochter, um die sie sich konkret sehr gut kümmerte, der sie aber gewiss keine Seele geben würde. Sie hatte alle Prinzipien der Gesundheit und der Naturmedizin, die Tristan ihr beigebracht hatte, verinnerlicht. Sie hielt ihr Haus sehr gut in Schuss. Tristans Fehler, und was für ein Fehler, war, dass er von einem kleinen Eichhörnchen die Arbeit eines Mammuts verlangte.

Tristan hatte eine große Schwäche, die in der graphologischen Analyse so gut beschrieben wurde: Er brauchte Zärtlichkeit und Erguss. Er vertraute sich intelligenten Bekannten und bedeutenden Ärzten an. Angelika empfand dies als Verfolgung und niemals als den unbändigen Drang eines leidenden, sentimentalen, frustrierten Ehemanns, der seine Kraft aus Verständnis, Ermutigung und Trost schöpfen musste.

Tristan hatte unter seinen Freunden einen älteren und berühmten Arzt, der früher mit dem großen Alexis Carrel zusammengearbeitet hatte. Mit ihm sprach er über seine Sorgen und Leiden. Er hatte begonnen, Tristan auf väterliche Art und Weise zu ermahnen. Er betonte, dass er sich niemals in eine Frau hätte verlieben dürfen, die ihm nicht die nötige Ergänzung bot, dass er mit seinem Potenzial viel mehr im Leben zu tun hatte, als seine Energie in Frauenproblemen zu verschwenden.

Tristan hatte ihn wortlos sprechen lassen. Als der Arzt seine Predigt beendet hatte, zog Tristan aus seiner Brieftasche eine Fotografie von Angelika hervor.

Der alte Arzt sah sie lange an und sagte schließlich:

- Ah, ich verstehe...

Als er von Tristan zum Mittag- und Abendessen nach Hause eingeladen wurde, war er vor Angelika buchstäblich verwöhnt. Sein Verhalten, sein vernünftiges Urteilsvermögen wurden durch das Gefühl, das Angelika unweigerlich in ihm ausgelöst hatte, völlig verfälscht. Das bedeutet einfach, dass er, wenn er vierzig Jahre jünger gewesen wäre, wenn die Umstände es so gewollt hätten, wenn das Schicksal es so geschrieben hätte, genau wie Tristan *gefallen* wäre...

Angelika fühlte sich übrigens zu älteren Menschen hingezogen, was ihr Bedürfnis nach Mütterlichkeit und ihre kindliche Psychologie unterstreicht.

Manchmal hatte sie ein schmerzhaftes Gefühl der inneren Kälte (ein Symptom, das zum paradoxen Hyperthyreoidismus-Syndrom gehört). Sie sagte, dass sie dann sogar das Interesse an ihrem Kind verlor. Eines Tages schlug sie mit dem Kopf gegen die Wand und schrie: "Ich möchte, dass man mich umbringt".

Am traurigsten und ergreifendsten war die Untergrabung des Vaters, die sie ihrem Kind auferlegte. Eine Nachbarin, die mit Angelika befreundet war, kam eines Tages zu Tristan und sagte: "Was Ihre Frau mit Ihrer Tochter macht, ist kriminell, die Kleine wird Sie hassen".

Es wurde sogar noch schlimmer. Nathalie wurde gleichgültig. Als Tristan später in Rente ging, war sie über zwanzig Jahre alt, und als er ihr wegen finanzieller Schwierigkeiten die Rente ein wenig gekürzt hatte, verklagte sie ihren Vater.

So viel Liebe, die sich über Wesen ergoss, die sie nicht liebten.

Ahnte Tristan, dass er noch einmal ein noch schlimmeres Martyrium durchleben würde?[68]

---

[68] Kapitel "Monique".

Einmal ohne erkennbares Motiv, zerbrach Angelika mit einem Handrücken die Kerze auf dem Kerzenständer auf dem Klavier. Schlimmer noch, es war ein Brieföffner, den sie verbog und auf den Nacken richtete, wobei sie vor dem vor seelischem Schmerz schreienden Kind einen hysterischen Anfall bekam.

Nathalie, die ihre Mutter völlig nachahmt, was in diesem Alter normal ist, bellte wie ihre Mutter, wenn sie mit ihrem Vater sprach: "Wir werden alle Möbel entfernen...".

So geschah es eines Tages. Tristan wäre lieber gestorben, als all das zu erleben.

Welche Macht der Liebe hatte Tristan davon abgehalten, zu fliehen und alles aufzugeben. Ohne diese verrückte Liebe hätte er niemals so viel Leid auf sich nehmen müssen, sein eigenes, das seiner Frau und das des kleinen Mädchens, für das er nichts tun konnte.

Tristan versuchte oft, seiner Frau alles zu erklären, was sie betraf, seinen guten Willen, seinen Wunsch, das Beste zu tun, und sogar zu akzeptieren, dass sie nach Bayern zu ihren Eltern fahren würde, um sich zu erholen, wann immer sie das Bedürfnis dazu hatte. Nichts half, im Gegenteil. Intelligenz wäre in dieser Situation nutzlos gewesen, es hätte *alles auf den Schienen der Wahrheit und der Natur laufen* müssen. Selbst wenn man das Wesentliche der globalen Geopolitik versteht, wird das die Fatalität des Dritten Weltkriegs und alle Umweltverschmutzungen nicht verhindern, denn die Natur verzeiht nie.

Außerdem versteht es niemand und niemand hört zu.

Eines Tages, als sie bei ihrem Vater in Bayern Urlaub machte, schrieb Angelika ihm einen Brief, der sich ins Herz brannte:

Meine Liebe,

Wir danken dir für deine hübschen Rosen. Ja, Weihnachten war traurig ohne dich, aber es war besser so. Schatz, ich bin am Ende. Ich weiß nicht, was ich tun soll. Ich bin dazu verdammt, unglücklich zu sein, meine Eltern, du, was bleibt mir noch, wenn nicht ...?

Vergib mir, wenn ich dir keine gute Frau war. Aber ich vergesse nicht, dass ich dich immer noch liebe und dass ich dich ewig in meinem Herzen behalten werde, auch wenn du weit weg von mir bist, ja sehr weit weg.

Ich hoffe, dass Gott mir verzeihen wird. Du und die Kleine auch, aber ich kann nicht mehr auf dieser Erde sein, ich muss die Ruhe finden, die ewige Ruhe. Ich habe es immer gewusst. Ich habe gespürt, dass meine

Sinne und Nerven mich eines Tages verlassen werden. Kümmere dich um unsere geliebte Nathalie und sage ihr niemals die Wahrheit. Sag ihr nur, dass ich sie sehr, sehr lieb hatte und dass Gott ihre Mutter zurückholen wollte. Ich werde dir zwei Plätze neben mir freihalten. Meine Liebe tue etwas für diese arme Menschheit, schreibe alles auf, was du zu sagen hast und denke dabei an mich und die Kleine. Versprich mir, verzeih mir, vergib mir, ich liebe dich. Behalte mich immer in deinem Herzen, liebe mich und liebe mich, indem du Nathalie liebst.

Ich küsse dich noch einmal ganz fest.

Dieser Brief war ein riesiger Schmerz in Tristans Herz. Er rief sofort in Bayern an. Angelika ging es gut. Der Brief war bereits fünf Tage alt. Ein noch größerer Schmerz erwartete ihn.

Angelika kehrt nach Frankreich zurück. Sie hatte sich nicht umgebracht, wie Tristan so sehr befürchtet hatte. Ihr Brief war eine Art Hilferuf. Aber was konnte er tun? Er tat alles, was er mit dem, was er hatte, tun konnte. Tristan liebte seine Frau, aber er selbst befand sich in einem solch einsamen Zustand der Depression, dass er seinen Kopf an die Schulter jeder zärtlichen Frau gelegt hätte, die ihm begegnet wäre. Objektiv gesehen hatte Angelika alles, was man für ein vernünftiges Glück haben konnte: einen Ehemann, der sie liebte, ein wunderschönes Kind, eine komfortable Wohnung, die im Stil Ludwigs XVI. und Englands eingerichtet war, Tristan machte bis zu vierzig Stunden Unterricht pro Woche, was enorm viel war, um die unzureichende Behandlung in dem Haushalt, in dem nur er arbeitete, auszugleichen. Die Kleine wurde nach biologischen Ernährungsgrundsätzen erzogen und wenn man sie in der Schule ansah, wirkte sie wie eine kleine Rose in einem Distelbeet...

Tristan konnte alles verstehen, alles regeln, alles abfedern und seine Natur als "Waage" brachte ihn sogar zu extremen Kompromissen und Toleranzen.

Angelika kannte den Charakter ihres Mannes schon lange vor ihrer Hochzeit durch die hervorragende graphologische Analyse, die auf Veranlassung ihres Vaters erstellt worden war. Wenn sie ihren Mann so akzeptiert hatte, wie er war, warum musste sie ihn dann so sehr leiden lassen? Warum musste sie selbst so sehr leiden, obwohl sie ein so schönes Kind hatte? Wurde Tristans charakterologischer Donjuanismus in ihr nicht als zutiefst zersetzend empfunden? Sicherlich konnte dies eine wichtige Rolle spielen. Wie kann man mit einem kindlichen Charakter einen solchen Makel annehmen, wenn eine starke Frau ihn bereits sehr schlecht verkraftet? Hinzu kam der Ausverkauf an den konditionierenden Materialismus, dessen sie sich nicht bewusst war, eine völlige geistige und intellektuelle Leere.

Bei der modernen Frau sind sowohl das körperliche als auch das geistige System beeinträchtigt. Bei Angelika war das Körperliche prächtig, aber das Nervensystem war geschädigt. Dostojewski hatte 1880 vorausgesagt, dass der auf die Ernährung angewandte Fortschritt das Nervensystem zerstören würde. Das wurde im Jahr 2000 weltweit vollendet.

Charakteristisch für eine gewisse Reife und Ausgeglichenheit ist es, in der Gegenwart zu leben, die Ärgernisse der Vergangenheit im Gedächtnis verblassen zu lassen und nicht in negativen Erinnerungen zu schwelgen, da dies jede positive Dynamik verhindert. Es ist unerlässlich, Misserfolge zu vergessen, das natürliche Altern zu akzeptieren und das, was man in der Zukunft nicht vermeiden kann.

Angelika war das Gegenteil von all dem, eine Art ständiges und zwanghaftes Gegenteil. Sie lebte nur mit Vorwürfen, lächerlichen Forderungen und negativen Erinnerungen, und der Gedanke ans Älterwerden versetzte sie in Panik.

"Was habe ich aus diesen zehn Jahren gemacht?" sagte sie.

Nichts: einen Ehemann, der sie anbetete und sich für sie zu Tode schuftete, ein süßes Kind und ein gemütliches Zuhause. Nein, sie hatte nichts gehabt.

Eines Tages wollte Tristan, der sich noch nicht von einem Lungenstau erholt hatte, zu einer Vorlesung an der Universität gehen. Da sein Auto kaputt war, bat er seine Frau, ihm ihres zu leihen. Sie lehnte ab. Tristan fuhr drei Stunden mit dem Zug und der U-Bahn von Vigneux sur Seine, wo sie wohnten, bis zur Porte de Clignancourt, wo die Vorlesungen der Universität Paris IV stattfanden. Er hatte jedoch keine ärztliche Erlaubnis zum Aufstehen erhalten.

"Bei einem solchen Grad an Rücksichtslosigkeit und Egoismus", sagte ihr befreundeter Psychiater, der bereits ihr Drama mit Biche verfolgt hatte, "bleibt keine Hoffnung".

Sie erwähnte nie all die positiven Realitäten, die sie alle drei betrafen. Sie sah nichts von all der Energie, die Tristan für sie beide aufbrachte. Dabei hätten sie alle drei eine Insel des Glücks bilden können. Und um Tristans Lebensmut auf einen Schlag zu brechen, hatte sie einmal zu ihm gesagt: "Dir kann ich nichts geben, aber einem Kleinbürger schon...".

Sie nannte dies "Aufrichtigkeit". Sie hatte nicht die geringste Ahnung, dass eine mutige und edle Frau vielleicht gegangen wäre, aber ohne solche Dinge zu sagen. Es ist wahr, dass eine solche Frau sie nicht gesagt hätte, weil sie sie nicht gemeint hätte. Dieser Satz ließ Tristan alle Hoffnung verlieren. Er beschloss, ihn seinen Schwiegereltern zu wiederholen. Er war naiv genug zu glauben, dass zum Beispiel der Schwiegervater auf so einen Unsinn reagieren und seiner Tochter Pflicht und Verantwortung vermitteln würde. Er hätte ihnen auch eine Wohnung in Angelikas Namen kaufen können (er konnte es sich leisten), was Tristans Überforderung deutlich verringert hätte. Die Mieten waren nämlich sehr hoch.

Tristan hätte sie zum Beispiel um die erste Einlage gebeten und die monatlichen Raten gezahlt. Die gemietete Wohnung war zwar innerlich freundlich, aber sie befand sich in einer großen Betonstadt, die für die geistige Gesundheit zweier Venusianer nicht gerade förderlich war. Dort kam es häufig zu Selbstmorden. Die Kriminalität nahm zu. Diese Faktoren allein spielten zweifellos eine Rolle beim Ruin ihres Haushalts. Leider konnte man von materialistisch geprägten Eltern, die sich in der Erziehung ihrer Tochter bereits bewährt hatten, kein traditionelles Verhalten erwarten. Ihre psychologische und finanzielle Komplizenschaft mit dem heruntergekommenen Geist ihrer Tochter sollte ihren Ruin bedeuten.

Ein jüdischer Apotheker, der für das Parlament kandidierte und Tristan als Leiter einer Umweltbewegung vermutete, wollte die Trennung der beiden bald nutzen, um die Möbel, die Angelika aus der Wohnung entfernt hatte, gegen Bezahlung einzulagern. Der Umzug wurde von den Schwiegereltern finanziert.

Einige Tage vor dieser Desertion war eine Freundin von Angelika zu Hause gewesen. Sie hatte ihr gesagt:

— Du sagst, dass dein Mann keine Kleinigkeiten für dich tut, aber hast du ihm sanft die Arme um den Hals gelegt, um ihn darum zu bitten? Du weißt, dass er ein Denker ist und nicht an all diese Kleinigkeiten denkt.

Angelika machte keine Anstalten zu antworten. Die Freundin fuhr fort:

— Du sagst, er sieht sich den Film um 20:30 Uhr im Fernsehen an, aber hast du, die du nicht arbeitest, jemals dafür gesorgt, dass das Abendessen um 19:00 Uhr fertig ist? Dein Mann hätte das sogar verlangen können.

Angelika antwortete immer noch nicht. Die Freundin fuhr fort:

— Warum hast du ihm nicht dein Auto geliehen, um zu seinen Vorlesungen an der Universität zu fahren, obwohl er noch nicht von einem Lungenstau genesen war und sein Auto kaputt war?

Angelika schwieg genauso beharrlich. Als die Freundin weg war, fing sie an zu weinen und sagte: "*Gut, dass ich nach Deutschland gehe, dann werde ich so etwas nie wieder hören*".

Zu dieser Zeit hatte sich Tristan in die Grundlagen der Astrologie eingearbeitet. Er konnte feststellen, wie sehr das menschliche Gleichgewicht an dieses initiatische Wissen gebunden war, das mit dem Materialismus, den er als "jüdisch-kartesianisch" bezeichnete, radikal unvereinbar war. Diese Ignoranz würde bis zum Selbstmord dieser seit der Revolution von 1789 gut organisierten Menschheit andauern.

Sie waren beide Archetypen, sie vom Stier, er von der Waage.

Die Synthese ihrer Beziehung wurde in dieser Zusammenfassung perfekt ausgedrückt: "Stier und Waage weisen venusische Affinitäten der Sensibilität und Güte auf, aber hinter gemeinsamen Vorlieben stehen ein instinktives Wesen (Stier) und ein raffiniertes, dekadentes Wesen (Waage).

Die Position von Tristans Mond in Angelikas Stier bedeutete eine tiefe Übereinstimmung auf der Ebene des Seins, was sie auch gelebt hatten, aber das Quadrat zwischen Tristans Skorpion- und Angelikas Löwe-Aszendent bedeutete eine radikale Misshelligkeit in der Ordnung der Zufälligkeiten - was sie auch perfekt gelebt hatten -.[69] All dies hatten sie in den zwölf Jahren ihrer Ehe gut gelebt.

Eine Position in Tristans Horoskop war höchst interessant und veranschaulichte die tiefe Qualität all seiner Schriften. Pluto in Haus VIII.

Sie war bei Liszt, Hitler und de Gaulle zu finden.

Dies war die gefährlichste Position, was das psychische Gleichgewicht betraf. Der "Meister der Unterwelt, der die Verbindung zu den animalischen Kräften auf karmischer Ebene herstellt", erzeugte einen Zustand der Verdopplung und des fast permanenten Schlafwandelns. Der Betreffende ist von den banalen Realitäten abwesend und wird mit einer magnetischen Kraft von beträchtlichem Einfluss begabt. Je nach Richtung und Einflüssen, die sich auf die Sonne, das treibende Element,

---

[69] Wer sich für Astrologie interessiert, weiß, dass Löwe und Skorpion zwei unversöhnliche Feinde sind. Das allein würde die Tragödie dieses Paares erklären.

auswirken, macht ihn der mystische Glaube an seine Mission auf der Erde zu einem Heiligen oder einem echten Dämon.

Pluto bezieht sich in seinen allgemeinen Zuweisungen auf die Massen, die Völker, die großen Ideenströme. Wir haben es hier mit dem Prädestinierten zu tun, der an einer großen Umwälzung unter den Völkern teilnehmen oder diese anführen soll. Da alle Planeten eine gegensätzliche Entsprechung von guten und schlechten Einflüssen haben, würde Pluto die guten Wirkungen des Mars mitbringen: *Das erklärt bei der Person den kriegerischen Eifer im Dienste einer mystischen Psyche.*

Tristan lebte diesen Aspekt seines Themas gut aus, seit er bei Bewusstsein war.

Aber wie sollte ein solches Wesen mit der weiblichen Psychologie des zwanzigsten Jahrhunderts zurechtkommen? Hatte Angelika ihm nicht gesagt:

- *Du bist ein Luxusartikel, den niemand mehr braucht.*

Wie konnte eine moderne, neuro-psychisch halb zerstörte Frau einen so sprudelnden Typen lieben, wenn nur kleinere Sorgen ihren Geist oder das, was davon übrig geblieben war, beschäftigten?

Tristan war eigentlich der Ehemann der Frau eines Restaurantmanagers gewesen.

Jacquelines Ehemann, ein Polytechniker, Biche's Ehemann, ein Brauerei-Manager, Angelika's zukünftiger Ehemann...

Tristan würde keine Partnerin finden können, da ihre Verbindung unter den gegebenen Umständen nur so lange halten würde, wie eine Rose, die auf einem chemischen Boden gezüchtet wird. Seine Waage-Natur würde ihn immer noch zur Ehe drängen, da er Einsamkeit nicht ertragen konnte, aber in diesem Moment des Schmerzes war ihm allein der Gedanke an eine andere Frau unmöglich.

Angelika reiste am 20. Dezember, wenige Tage vor Weihnachten, ab. Sie hatte die Möbel entfernt, "damit Patrice nicht in ihre Möbel kommt".

Er fand sich allein, ganz allein, gebrochen, in einer leeren halben Wohnung. Er fühlte sich, als hätte man ihm alles entrissen, sein ganzes Herz. Er hatte nur einen einzigen Gedanken: zu sterben. Angelika hatte es ihm gesagt: "Wenn du krank bist, komme ich nicht, um dich zu pflegen...".

Tristan lag mehrere Tage in seinem Bett und konnte nichts schlucken. Er arbeitete wie ein Automat. Er wollte sterben, sterben, sterben.

Kein Brief, kein klingelndes Telefon. Die unerträgliche Einsamkeit in einer Welt, in der er keinen Grund zum Leben fand. Seine kleine Nathalie, die er außerhalb des Materialismus aufziehen wollte, deren Herz man austrocknen würde. Angelika hatte sie ihm weggenommen. Niemals würde er ihr alles beibringen können, was er wusste, niemals würde er sie *zu einer Frau* machen.

In einem Abgrund von Schmerz, den kein Wort ausdrücken kann, brach aus seinem blutenden Herzen ein Gebet hervor:

Ich bin Herr Jesus[70] zu Ihren Knien gebeugt.
Sünder und reumütig, und dann wieder Sünder.
Ich akzeptiere die Hässlichkeit, ich akzeptiere die Schönheit.
Ich akzeptiere das Geheimnis so vieler Missetaten
Ich bin dein,
Herr, bewahre mich in dir selbst.
Lass meine heitere Seele alles und jedes annehmen.
Dass ich gebeugt bleibe unter deinen göttlichen Knien

---

[70] Der Autor ist aus Gründen, die auf den vorherigen Seiten erläutert wurden, nicht katholisch. "Jesus" behält hier die Bedeutung der Göttlichkeit, des ersten Prinzips aller Dinge. Er lehnt Jehova noch weiter ab.

KAPITEL XX

Das Konzept des Karma beruhigt die Seele und verleiht unserem Schicksal eine gewisse Logik. Ohne ihn bleibt das individuelle Leben "eine Geschichte voller Lärm und Wut", in der nur Ungerechtigkeit und Absurdität herrschen.

Wenn wir Probleme mit guten und intelligenten Wesen haben, sollten wir sicher sein, dass es nur unsere Probleme sind und nicht ihre.

MONIQUE ODER DER GNADENSTOß DES KARMAS

Wieder einmal überlebte Tristan gegen seinen Willen. Sein von Verzweiflung erfülltes Herz wollte nichts mehr und verleugnete dieses Jahrhundert, von dem er nichts liebte. Aber in ihm steckte eine seltsame und wundersame Übervitalität, die ihn zwang, gegen seinen Willen zu leben, und die ihm selbst in den schlimmsten Momenten der Verzweiflung und des Niederwerfens eine intakte sexuelle Potenz bewahrte. "Du willst sterben, aber du wirst noch laufen müssen", schien ihm das Schicksal zuzuflüstern. Du wirst noch viel leiden müssen, bevor du deinen letzten Atemzug machst, denn nichts ist vollendet".

Er hatte nicht geahnt, dass ihm noch weitere Prüfungen bevorstehen würden. In letzter Minute hatte ihn der Atem des Schicksals vom Grab ferngehalten. Er überlebte wie ein Automat, setzte seine Vorlesungen an der Universität fort und korrigierte die Prüfungen und Klausuren, für die er verantwortlich war. Die eisige Einsamkeit der Betonstadt, in der er wohnte, in der Wohnung, die Angelika zu drei Vierteln leergeräumt hatte, wurde nur von der italienischen Putzfrau unterbrochen. Mit ihrem starken Akzent sagte sie eines Tages zu Tristan: "Ah Monsieur! In welchem Zustand der Verwesung ist mein Land! Ich habe es zu Mussolinis Zeiten als wohlhabend und geordnet erlebt. Damals gab es überhaupt keine Maffia mehr, jetzt ist bei uns alles verrottet...".

Nur wenige Freunde und Bekannte besuchten Tristan. Eines Abends sagte ihm ein befreundeter Arzt, dass sein Kniefall ihn zum Schlimmsten führen könnte und er akzeptieren müsse, dass er ihm eine Freundin vorstellte, die eine große Heiratsvermittlung leitete.

Tristan hatte keine Lust darauf, und außerdem wusste er, dass die physische und psychische Qualität der Frauen, die man dort treffen konnte, weit entfernt von dem Bild sein musste, das ihm seine Angelika mit ihrem Kind hinterlassen hatte. Seine Einsamkeit war so schrecklich, er war dem Selbstmord so nahe, dass jeder menschliche Kontakt besser war als dieses Schicksal eines lebenden Toten, dem er ausgesetzt war.

Er nahm den Termin an. Er wurde von einer blonden, wohlgeformten Geschäftsführerin empfangen, die ihm von der Direktorin empfohlen worden war. Als sie ihn sah, rief sie aus: "Was wollen Sie hier?

Zwei Tage später schlich sie sich in Tristans Bett, der zu einer schönen Frau nicht nein sagen konnte und den sein verzweifelter psychischer Zustand nicht impotent machte. Die Frauen, die sie ihm vorstellte, waren alle in einem schlechten körperlichen und geistigen Zustand. Tristan blieb nur so lange bei ihnen, bis er sich von ihnen verabschiedet hatte.

Eines Tages wurde er in einen Salon geführt, wo er dachte, dass es um das Warten ging.

In diesem Raum befand sich eine Person von eher kleiner Statur, die eine extra weite grüne Hose trug, die grotesk hässlich war. Sie hatte Augen, die keine Zärtlichkeit oder Gefühle zeigten, und dieser Blick traf ihn.

Er hatte eine beunruhigende Art von Starrheit. Die Hautfarbe war gelblich, was auf ein galliges, aggressives, zänkisches Temperament hindeutet. Nicht eine Sekunde lang hatte Tristan daran gedacht, dass diese Person etwas mit ihm gemeinsam haben könnte. Sie war die radikale und absolute Antithese zu dem rosigen Blond, das Tristan so unglücklich gemacht hatte. Er glaubte, dass sie wie er wartete.

Zu Tristans Verblüffung öffnete sich eine Tür und die üppige Geschäftsführerin warf ein:

— Wie sieht es aus? Haben Sie sich schon kennengelernt?

Der verdutzte Tristan stotterte:

— Nein!

Um die Person besser betrachten zu können, stellte er sich mit ihr vor den Spiegel des Kamins. Zugegeben, die eher gelbe Haut, das Auge mit dem fehlenden Ausdruck und das Kinn mit den abgeflachten Seitenlinien verhießen nichts Gutes, wie die reine Intuition ebenso wie

Lombrosos physiognomische Beobachtung betonten.[71] Das Gespräch verlief jedoch sympathisch und obwohl das Aussehen der Frau weit von Tristans Phantasien entfernt war, gab er ihr seine Karte. Dann dachte er nicht weiter darüber nach und ging nach Hause, um sich in seiner dicken, verzweifelten Einsamkeit zu vergraben.

Eines Abends, als er wie üblich seit dem Weggang seiner Frau und seiner Tochter vor sich hinstarrte, klingelte das Telefon.

Es war Monique, denn so hieß die Person, die er in der Agentur kennengelernt hatte und die das Ende seines Lebens in die endgültigste Verzweiflung eintauchen sollte.

Sie war etwa dreißig Jahre alt.

Sie schlug ihm vor, auszugehen und gemeinsam zu essen. In seinem Zustand wusste er, dass alles besser war als dieser selbstmörderische Kniefall, den er schließlich hegte und pflegte und der ihn so sicher wie Zyanid tötete.

Tristan ging mit ihr aus. Sein Bedürfnis, sein Herz auszuschütten, war so stark, dass er ihr seine Tragödie erzählte. Er hatte nichts anderes im Sinn, nichts. Er verbarg keinen seiner Fehler vor ihr, und sie reagierte mit Freundlichkeit und Mitgefühl. Sie verliebte sich in ihn. Niemand kann erkennen, wie und wie sehr eine Frau ihren Grundcharakter verbergen kann, wenn sie verliebt ist. Es gelang ihr, einen Charakter zum Ausdruck zu bringen, dessen Kern das Gegenteil von ihrem eigenen war, wie er sich in der Prüfung zeigen würde. Sie war tröstlich, vielleicht eine zweite Natur, weil sie Krankenschwester war. Wie sehr wollte Tristan der Person vertrauen, die ihn aufhob, wenn er sich in der Gosse der absoluten Verzweiflung verirrt hatte ... Sie war die Ausnahme unter den Frauen, die er in einer Pariser Agentur kennenlernte, wo der Makel die Regel war. Für ihn, den gebrochenen Mann, hätte sie eine mütterliche Zärtlichkeit und die Sinnlichkeit von tausend rosigen Blondinen, die oft so hohl und nabelschauend sind. Der Kummer entmineralisierte ihn: Eine Periarthritis des Schulterblatts brach aus und lähmte abwechselnd seine beiden Arme. Er konnte sich nicht an- und ausziehen und sich nicht kämmen. Moniques Intelligenz erschien ihm beträchtlich, sie schien mit seiner Klarheit als nonkonformistischer Schriftsteller und verfluchter Philosoph auf Augenhöhe zu sein.

---

[71] Berühmter italienischer Psychiater, Jude, der interessante Arbeiten in verschiedenen Bereichen leistete. Sein Buch *Degeneration* ist interessant, wenn auch zu systematisch.

"Mein Gott"!", sagte er sich, "was ist schon rosige Haut und blondes Haar neben dieser Perfektion an Zärtlichkeit, Sinnlichkeit und Intelligenz".

Das Leben musste wieder die Oberhand gewinnen. Er brauchte diese Illusion, damit das Leben wieder an seinem Vormund hochklettern konnte.

Moniques Vollkommenheit dauerte zwei volle Jahre. Sie inspirierte ihn zu diesem Gedicht:

An meine Monique

O ich fühle, dass mein Herz
Fließt über von Zärtlichkeit und Dankbarkeit
Für alles, was du bist
O mein Schutzengel,
O meine süße Begleiterin.
Deren zärtliche Gegenwart voller Frömmigkeit ist.
Ich weiß, dass Nathalie und ihre arme Mutter
Werden nie die Wunden meiner Qual heilen.
Und ich fühle, dass nur du auf dieser Erde sein kannst.
Du kannst mir mit deiner Seele ein Stück vom Firmament bringen.

Zu Beginn dieser Affäre hatte Tristan sich selbst aufgegeben, um geliebt zu werden. Er war zu gebrochen, zu sehr in seiner Frau und seiner Tochter verwurzelt, um aktiv lieben zu können. Aber er spürte, wie in ihm ein tiefes Gefühl der Dankbarkeit und unendlichen Zärtlichkeit für Monique wuchs, das wie Liebe aussah. Moniques Hautfarbe, ihr Blick und ihr Kinn waren zwar deutliche kharmische Stigmata, doch nichts deutete auf ihre schweren geistigen Schwierigkeiten hin. Ihre leidenschaftliche Liebe zu Tristan überdeckte alles und ging über ihren kharmischen Determinismus hinaus. Die Liebe muss der einzige Weg über die Determinismen hinaus sein.

Tristans seelischer Schmerz, seit seine Familie ihn verlassen hatte, hatte ihn auf das Schlimmste reduziert. Seine gelähmten Schultern, die seine Arme in eine aufrechte Position brachten, das Ménières-Syndrom nach einem Autounfall, das ihm Ohrensausen, Gleichgewichtsstörungen und Erbrechen in der Nacht bescherte, ein Hörsturz auf dem rechten Ohr - all das führte zusammen mit dem Kummer zu seiner Invalidität, da er nicht einmal ein Bad alleine nehmen konnte. Dieser große, gut aussehende Mann war ein radikales Wrack.

Monique, Krankenschwester und Physiotherapeutin, pflegte Tristan mit liebevoller Hingabe. Er konnte gerade noch seine Arbeiten korrigieren, da er aufgrund seines Gesundheitszustands zum nationalen Zentrum für

Teleunterricht in der Abteilung für höhere Bildung ernannt worden war. Er war hilflos, allein und hätte sich zweifellos das Leben genommen, denn er hatte keine Alternative am tiefsten Punkt des Abgrunds der Verzweiflung und in einer radikalen körperlichen Unfähigkeit. Der Kummer hatte ihn massiv entmineralisiert, Kalzium wurde nicht mehr gebunden, Schilddrüse und Nebenschilddrüse funktionierten schlecht, gestört durch den Kummer, der, wie wir gesehen haben, ein Zustand der Hypothyreose ist.

Moniques Unterstützung für ihre angeschlagene körperliche Gesundheit war nicht nur bewundernswert, sondern auch ihre moralische Unterstützung erreichte neue Höhen.

Zu dieser Zeit wurde Tristan auf Anregung von Michel Droit von der LICRA wegen seines nicht verbreiteten, aber nur einer Elite bekannten Buches "*Dossiers secrets du XXIème siècle*" angeklagt. In diesem Buch hatte er unerbittlich die Machenschaften seiner weltweiten Artgenossen des Rothschildo-Marxismus stigmatisiert, spekulativ, selbstmörderisch, größenwahnsinnig rassistisch, als Antirassismus verkleidet und leider von der schlaffen Komplizenschaft der zeitgenössischen Humanoiden unterstützt. Angesichts des berühmten jüdischen Namens des Autors zog die LICRA ihre Klage zurück und der Richter stellte das Verfahren ein.

Michel Droit wusste aufgrund der Erstunterzeichnung des Buches nicht, dass sein Autor ein Jude aus einer wichtigen Familie war, denn der falsche Kultismus geht niemals solche Risiken ein, vor allem nicht, wenn er in die Académie Française gelangen will. Aber ein Goi kann einen anderen Goi anklagen lassen, um sich selbst in ein gutes Licht zu rücken...

Monique schien eine Herkulesaufgabe zu sein. Ein moralisch und physisch ruinierter Gefährte, angeklagt von der gigantischen Weltmacht seiner radikal totalitären Mitmenschen ... Welche Frau wäre heute zu einem solchen Heroismus fähig. Es brauchte viel Liebe.

Trotz aller Vorsichtsmaßnahmen wurde Monique schwanger. Sie ging zu einem alten Freund, der Medizin studiert hatte. Tristan verstand nie, warum sie ihn ihr vorgestellt hatte. Hätte sie gespürt, wie ungewöhnlich stark Tristans ästhetischer Sinn ausgeprägt war, hätte sie diesen Fehler nicht begangen. So fügte sie ihm eine Tortur zu, die sein Leben lang ein Albtraum bleiben sollte.

Sie war mit diesem Wesen befreundet gewesen! Er war mittelgroß, Jude und hatte ein hässliches Gesicht. Das Haar in spärlichen, unordentlichen Büscheln, der Teint wächsern, ein ausgemergeltes Gesicht, das mit einer solchen Fülle von Falten bedeckt war, dass es an einen alten, vertrockneten Apfel erinnerte. Tristan hatte noch nie etwas Schrecklicheres gesehen: Er war hässlicher als Wiessenthal, Gainsbourg und Mendès France. Wie hatte Monique das berühren können?

Obwohl es Moniques Traum war, ein Kind zu bekommen, konnten sie unter den Umständen, in denen sie sich befanden - Tristan war behindert - kein Kind bekommen. Obwohl Tristan Abtreibung als Verbrechen betrachtete, hielt er es für ein noch schlimmeres Verbrechen, in ihrer Situation ein Kind zu bekommen. Monique nahm eine Abtreibung vor.

Seitdem haben sie einen wunderschönen kleinen Jungen, den sie lieben, und wenn Tristan ihn mit vor Liebe überfließendem Herzen betrachtet, denkt er, dass das Kind, das sie getötet haben, so aussehen würde wie dieses Kind, und dann zerreißt es ihm das Herz vor Entsetzen und er bittet Gott um Vergebung. Jedes Mal, wenn dieser Gedanke in seinem Kopf auftaucht, nimmt er die Form eines kosmischen Gebrülls an.

Zwei Jahre waren vergangen. Er hatte nichts von seiner Frau und seiner Tochter gehört und der einzige Kontakt waren die Schecks, die er ihnen schickte. Moniques Psyche hatte sich bereits negativ verändert, *aber hatte die Abtreibung, die sie durchgemacht hatte, nicht auch etwas damit zu tun? Kann man so etwas durchmachen, ohne dass der Körper und die Psyche Schaden nehmen?*

Die Antwort ist kategorisch: *Abtreibung ist ein somato-psychischer Kataklysmus.*

Monique wollte ein Kind, und zwar zwanghaft.

Tristan wollte sie um keinen Preis: ihr Drama, ihre körperliche und geistige Gesundheit, den Zustand der verrottenden Gesellschaft ...

Aber Monique wollte so dringend eines, dass Tristan zu der Überzeugung gelangte, dass das elementare Gleichgewicht seiner Freundin mit einer so sehr ersehnten Mutterschaft verbunden war. Tristan akzeptierte also diese Aussicht und dachte sogar, dass ihre ganze Zärtlichkeit zurückkehren würde, denn sie war völlig abgestumpft. Sie brauchte dieses Kind, das die Harmonie zurückbringen würde, die sie zu fliehen begonnen hatte. Tristan wäre gerne das einzige Kind seiner Freundin gewesen, aber Monique wollte ein Kind und er hatte nicht den Mut, es ihr zu verweigern. Er machte ihr dieses göttliche Geschenk.

Als Angelika davon erfuhr, verlangte sie die Scheidung, aber das war egal, denn sie lebte schon lange mit dem Direktor einer großen deutschen Brauerei zusammen.

Moniques Zärtlichkeit wich schnell einer Aggressivität, einer Aggression, die sie nicht kontrollieren konnte und bei der er sich fragte, ob sie sich dessen bewusst war.

In den ersten beiden Jahren ihrer Beziehung war Monique, wenn Tristan am Steuer saß, ungerührt, entspannt und furchtlos. Im dritten Jahr wurde sie unausstehlich, wenn sie im Auto saß und Tristan am Steuer. Tristans Sensibilität wurde so sehr auf die Probe gestellt, dass er einen Unfall befürchtete, wenn sie mit ihm unterwegs war. Monique konnte nicht verstehen, dass Tristan anders fuhr als sie. Wir alle wissen, dass wir anders fahren, aber wir beherrschen es. Offensichtlich konnte sie ihn nicht beherrschen. Alles, was nicht in ihre Subjektivität als Autofahrerin passte, erschien ihr unvorsichtig. Tristan hatte das gleiche Gefühl, wenn Monique fuhr, aber er konnte es verbergen.

Drei Monate nach der Geburt ihres Sohnes Aurélien wurde er auf dem Land getauft. Die jüdische Religion war für Tristan undenkbar, wie übrigens auch der Katholizismus der Konzilskirche. Der katholische Fundamentalismus enthielt noch ein moralisches und religiöses Schema, das einem Menschen eine Struktur geben konnte und ihn nicht in Techno und Drogen stürzte. Als Patenonkel wählte er einen gebildeten, tief religiösen Bauern mit einer hohen Seelenqualität. Er kannte ihn seit etwa zehn Jahren. Charlotte, seine Schwester, die in Amerika mit einem Franzosen verheiratet war, wurde als Patin ausgewählt.

Er hatte sie seit etwa zehn Jahren nicht mehr gesehen, aber sie war seine Schwester und würde eine gute Patentante abgeben, denn sie hatte gewisse Qualitäten.

Nach der Zeremonie in einer traditionellen Kirche, die im Gegensatz zu anderen Konzilskirchen voller Menschen war, trafen sie sich alle in einem ländlichen Gasthaus, das dem Anlass angemessen war.

Als Tristan den kleinen Wiegenkorb aus dem Auto nahm, um ihn zur Herberge zu bringen, betrachtete er das engelsgleiche Lächeln dieses kleinen Wesens mit den blauen Augen, den schönen blonden Haaren und dem zärtlichen, schelmischen Blick und sein Herz schwoll plötzlich an vor Liebe zu ihm, einer Liebe, die so groß war wie der ganze blaue Himmel. Aurélien füllte ihr Herz aus und brachte es zum Überlaufen.

Er würde ihr ein Herz und eine Seele geben, die in dieser Zeit so schwer zu tragen sind.

Monique und Tristan waren zu Recht der Meinung, dass Paris und seine Vororte kein guter Ort waren, um ein Kind großzuziehen. Die modernen Megastädte waren zu Laboratorien für Neurosen und generell für Krankheitserreger geworden.

Sie mussten also in die Provinz ziehen, obwohl Freunde sie vor den Gefahren gewarnt hatten, einen Schilddrüsenkranken in der Provinz zu beerdigen.

Sie beharrten auf ihrem Vorhaben vor allem im Interesse des Kindes und auch, weil Paris über kurz oder lang keine Zukunft mehr hatte.

Sie zogen also ins Berry, wo sie einen Pavillon zu einem erschwinglichen Mietpreis gefunden hatten. Monique hatte sich in das Krankenhaus der Kreisstadt berufen lassen, Tristan hatte seine Stelle als Dozent in Paris-Sorbonne gekündigt, um nur noch die Festanstellung am Centre National de Télé Enseignement zu behalten. Um seine Vorlesungen zu schreiben und seine DEUG- und CAPES-Klausuren zu korrigieren, konnte er sich überall in Frankreich aufhalten. Er musste nur für ein vierteljährliches Treffen nach Paris kommen.

Einige Wochen vor ihrer Abreise kam es zu einem Vorfall, der Tristan hätte aufhorchen lassen müssen. Monique hatte eine Freundin Gladys, die mit ihr zusammen die Krankenpflegeschule besucht hatte. Eines Tages rief sie Tristan an und überbrachte ihm eine seltsame Nachricht. Gladys sagte ihm Folgendes: "Ich weiß, dass Monique um drei Uhr kommen soll, um mir Geschenke zu bringen, sag ihr, dass ich nicht da sein werde und dass sie mich langweilt...".

Tristan war umso verblüffter, als Gladys keine Erklärung oder einen Kommentar zu dieser kategorischen Ex-Postulierung abgab. Tristan kannte Gladys, der er vorgestellt worden war. Sie war eine besonnene und vernünftige Person.

Ein solches Verhalten ihrerseits ließ in einem sicheren Nebel eine wichtige Anomalie in Moniques Charakterologie erkennen.

Monique hatte eine recht merkwürdige Charakterdisposition: Sie hatte einen unwiderstehlichen Impuls zu unmäßiger Hingabe. Sie wollte helfen, wann sie wollte, wem sie wollte, wo sie wollte und wie sie wollte. Erstaunlicherweise handelte es sich dabei immer um passive Wesen, Tristan selbst in dem erbärmlichen Zustand, in dem sie ihn vorgefunden hatte (er beklagte sich nicht darüber, denn sie hatte ihm das Leben gerettet), seine eigene Mutter, die nichts sagte, alte Menschen oder Menschen, die sie zum ersten Mal sahen, konnten von einer Lawine der Fürsorge in vollem Umfang profitieren. Diese unwiderstehliche Dynamik wurde abrupt gestoppt, wenn es auch nur die geringste Opposition, Kritik, Infragestellung, Verlegenheit oder persönliche Meinung gab. Die authentische altruistische Seite ihres Vorgehens, d. h. die Funktion des anderen, war praktisch nicht vorhanden. Es schien, dass dieses Potenzial ihrer Berufung zur Hingabe, das durchaus real war, ihren altruistischen Charakter in Richtung einer manischen Färbung verändert hatte. Als sie einmal mit Tristan eingeladen war, wollte sie unbedingt das Geschirr für die Hausherrin spülen. Diese musste sich hartnäckig weigern, ohne dass Monique deshalb abdankte. Die Gastgeberin sah sich gezwungen, Monique anzusprechen,

"Aber Monique, ich bin doch zu Hause". Aber alles, was Sie in ihrer Nähe brauchten, spürte Monique nicht *mehr*. Sie war nicht immer so gewesen, ganz im Gegenteil. Vor der Schwangerschaft hatte sie Tristans Bedürfnisse erkannt, ohne dass er sie äußern musste.

Monique hatte sich anlässlich der Geburt von Aurélien maximal beurlauben lassen. Nun musste sie ihre Arbeit wieder aufnehmen. Tristan entschied, dass eine Halbtagsstelle ausreichte, da er wusste, wie unerlässlich die Anwesenheit der Mutter zu Hause für das Gleichgewicht des Kindes und der Familie im Allgemeinen ist.

Es musste also eine Hilfe zu Hause gefunden werden, vor allem für das Kind.

Tristan schaltete eine Anzeige in drei Ländern: Frankreich, Deutschland und England. Er bot dem Mädchen, das kommen würde, einen umfassenden Unterricht in Französisch, Englisch, Naturheilkunde, den Grundlagen des Klavierspiels und die Wahl eines Fachgebiets an, das ihr über das Zentrum, in dem er selbst Lehrer war, zusagen würde. Er erhielt keine Antwort. Vielleicht, weil er gesagt hatte, dass er keine Bluejeans und keine Zigaretten wollte.

Eines Tages kam eine Person, die in Vigneux wohnte, mit ihren beiden Töchtern. Die eine war eine ziemlich ausgestorbene Blondine und die andere eine kleine mit einem biologisch-typologischen Charakter, der eindeutig hypothyreoidal war. Das allgemeine Erscheinungsbild der Mutter war in höchstem Maße betrüblich, sowohl körperlich als auch in Bezug auf Stimme und Kleidung.

Daraufhin ereignete sich ein seltsames Phänomen, bei dem man vor allem nach den folgenden Jahren nicht umhin konnte, den Finger der Vorsehung mit einem großen P zu sehen. Es war natürlich die hübsche Blondine, die Tristan auf den ersten Blick hätte anziehen sollen. Dies war jedoch keineswegs der Fall. Die Schwester mit dem leicht mongoloiden Gesicht war offensichtlich leicht behindert.

Außerdem war sie mit einer Hose bekleidet, was sie nicht gerade verschönerte. Mit ihren kurzen Haaren hätte man sie auch für einen Jungen halten können.

Monique wollte sie nicht nehmen. Tristan, obwohl er sich immer von Schönheit angezogen fühlte, besonders wenn es um Frauen ging, vergaß *unwillkürlich* und *völlig* diese Eigenart seiner Natur.

Er spürte in diesem wenig attraktiven Ensemble eine Zärtlichkeit, eine Tiefe, eine altruistische Sensibilität, die der Blick ausdrückte, die der Ausdruck enthüllte. Er spürte eine Vollkommenheit, die von der Zukunft nie widerlegt wurde.

Er erklärte sich also bereit, sie bei sich aufzunehmen. Er würde ihr ein wenig Taschengeld geben, sie unterrichten und sie auf eine Prüfung vorbereiten, die einer Berufung, ihrem Geschmack und ihren Bestrebungen entsprach.

Er hatte sich nicht geirrt. Diese Kleine war ein Engel ganz in der Nähe des lieben Gottes.

Ihre Liebe und Kompetenz für das Kind war grenzenlos und machte alles wieder wett. O wie viel, die leichte Linkshändigkeit ihrer Drüsentypologie. Die Eltern von Beatrice, so ihr Name, interessierten sich nicht für ihre Tochter und zeigten nie Gefühle oder Geschenke für sie.

Sie war schlimmer als eine Waise, und die Mutter war eine Irre, die man nur in Sondereinrichtungen Schlimmeres finden konnte.

Tristan begann also damit, sie selbst einzuschulen, da sie die Grenzen Frankreichs nicht kannte und noch nie etwas von Napoleon I. gehört hatte.

Sie spielte auf dem Klavier Bachs erste Erfindung, Beethovens Brief an Elise, Schumanns Fremde Länder und studierte außerdem ein Buch über grundlegende Naturheilkunde, das Tristan geschrieben hatte.

Sie hatte dem Kleinen das Lesen und Schreiben beigebracht und gab den Englisch- und Klavierunterricht, den Tristan ihr beibrachte, an ihn weiter. Dank ihr spielte der Junge zwei Jahre hintereinander ein Klavierstück in der städtischen Musikschule. Sie war eine hervorragende Pädagogin und Tristan selbst beneidete sie um diese Eigenschaft, diese Geduld, die er nicht besaß. Außerdem nahm sie an einem Audio-Visuellen Schreibmaschinenkurs teil und begann, alle ihre Kurse für die Vorbereitung auf das Patent abzutippen.

Ihre Wunder hörten hier nicht auf: Sie kümmerte sich um das ganze Haus, um Tristans Sekretariat, der in seiner Überanstrengung immer sofort eine kleine Mahlzeit parat hatte, wenn es nötig war. Sie kümmerte sich auch um den Garten und Tristan hatte gesehen, wie sie riesige Holzstämme schleppte, um sie zu verstauen.

All das war von Liebe für das Kind und für sie alle drei im Allgemeinen umhüllt.

Zu sagen, dass sie verblüffend war, wird diesem unerhörten und im 20. Jahrhundert unauffindbaren Schatz in keiner Weise gerecht. Diese Güte, Effizienz und tiefe Perfektion ermöglichten es Tristan, seine gesamte Arbeit als Lehrer, Schriftsteller und Redner zu erledigen, indem er sie und das Kind im Auge behielt.

Solange sie in Vigneux blieben, ging alles gut und Beatrice ging nach Hause, um bei ihren Eltern zu schlafen, die dreihundert Meter von der Wohnung entfernt wohnten.

Sie fuhren bald in die Provinz und Beatrice blieb von nun an bei den dreien.

Einige Monate lang verliefen die Dinge ruhig. Monique war völlig kalt und zeigte keinerlei Zärtlichkeit gegenüber Béa, denn so wurde die Kleine genannt. Man hatte wirklich das unmissverständliche Gefühl, dass sie Béa so behandelte, wie ein Kolonist einen Neger zu Beginn der Kolonialisierung behandelte. Monique war kalt, ohne Zärtlichkeit, während Tristan sich so sehr nach Liebe sehnte. Die Sexualität seiner Partnerin war seit der Geburt von Aurelien verschwunden, und doch konnte "Don Juan" eine Beruhigung gut gebrauchen.

Als Monique gegen siebzehn Uhr von der Arbeit nach Hause kam, wurde sie immer wütender und gereizter. Anstatt die kleine Bea zu trösten und ihr die unendliche Dankbarkeit für den Schatz, der sie war, zu zeigen, hörte Monique nicht auf, sie zu beschimpfen. Anstatt Verständnis für ein wenig Unbeholfenheit aufgrund einer leichten Schilddrüsenunterfunktion zu haben, die im Vergleich zu der Hymalaya aus Eigenschaften und Liebe zu ihrem Kind, die sie aufbrachte, so gering war, anstatt für diese Hingabe zu Hause dankbar zu sein, griff sie sie immer wieder an, was das Herz der Kleinen höher schlagen ließ und sie verstummen ließ. Tristan versuchte, diese schändliche Brutalität zu lindern, aber ohne große Wirkung:

— *Du taugtest nur zum Wischen*", warf sie ihr zu.

Tristan erinnerte sich daran, wie sein Herz in seiner Kindheit wegen der Boshaftigkeit seiner *geliebten Großmutter*, die sein Cousin ersten

Grades "Kuhfell" getauft hatte, schlug. Und nun sah er bei Monique das gleiche Verhalten, mit der gleichen gelblichen Hautfarbe und dem gleichen gefühllosen Blick, der aussah, als käme er von einem biologisch nicht vollendeten Wesen. Tristan hatte Moniques großzügige Nachsicht und elementare Dankbarkeit für dieses wunderbare Wesen, das ihnen alles gab, ohne zu zählen, noch nie erlebt. Und Tristan, der sie nur mit einem kleinen Taschengeld und der Ausbildung, die er ihr zukommen ließ, entschädigen konnte. Nichts im Vergleich zu all dem, was sie ihnen mit offenem Herzen und der absoluten Sanftheit, die nie verleugnet werden würde, anbot. Und diese Perfektion für ihr Kind!

Diese geharnischte, geradezu sadistische, maßlose, völlig unverdiente Bosheit gegenüber einem so guten Menschen erschien Tristan als der Gipfel der Monstrosität. Tristans Herz zog sich jedes Mal zusammen, wenn Monique Bea angriff. In seiner so extremen Gefühlssensibilität konnte er den ergreifenden Schmerz des Mädchens sehr gut nachfühlen. Er litt mit ihr und jeder Schock, den sie von Monique bekam, traf auch ihn. So versuchte er, sie mit all seiner Zuneigung "aufzubauen".

— Mein kleiner Schatz, das ist nicht schlimm. Du weißt doch, dass Monique so ist, wie sie ist, leg keinen Wert darauf.

Nach diesen Brutalitäten von Monique weinte sie stundenlang, manchmal sogar tagelang. Tristan setzte all seine Energie ein, um die Auswirkungen dieser verbalen, niederträchtigen und mörderischen Brutalitäten zu lindern. Es war ein regelrechter Mord.

Tristan, der seine Doktorarbeit über hyper- und hypohyreote Zustände geschrieben hatte, wusste sehr wohl, dass ein Angriff auf Menschen, die zur Hypo neigen, zu einer schweren Verstärkung der Hypothyreose führen kann, die wiederum zu einer tragischen Traurigkeit, der Neurasthenie, einem fast katatonischen Zustand der Unbeweglichkeit *und damit auch zum Tod* führen kann.

Moniques Verhalten war also das Verhalten eines Mörders. Tristan war entsetzt, weil er bei Monique ein seitlich abgeflachtes Kinn festgestellt hatte, das ebenfalls leicht rezessiv war.

All das entsprach dieser Art von Impulsen, die Lombroso beschrieben hatte.

Sie war so dynamisch, energisch und unermüdlich.[72] wurde in einen Schockzustand versetzt, von dem wir wissen, dass er durch eine Schilddrüsenunterfunktion verursacht wird.

Tristan wusste genau, dass nur Moniques Zärtlichkeit alles bewirken konnte. Er tat, was er konnte, aber es war die Liebe der Hausherrin, die für das arme Mädchen zählte, das eigentlich eine Waise war, und noch schlimmer, weil ihre Eltern negativ waren. Allein konnte er sie nicht trösten.

An einem dieser tragischen Tage, als Tristan von der vierteljährlichen Universitätsversammlung in Paris zurückkehrte, fragte er auf dem Heimweg:

- Hat Bea etwas gegessen oder eine Brühe getrunken?

Die Kleine hatte nicht nur nichts genommen, weil Monique ihr nichts gegeben hatte, sondern sie war auch in ihrem fast katatonischen Kniefall allein in ihrem Zimmer geblieben, ohne ein Wort der Wärme. In der Küche stand vor Monique eine Schüssel, aus der sie sich gerade bedient hatte. Tristan nahm sie und brachte sie zu dem armen kleinen Schatz. Seine Augen waren voller Tränen und er hatte Ekel im Herzen. Dieses Verhalten eines mörderischen Fötus wäre erschütternd gewesen, wenn Monique es demütig angeklagt hätte, aber da dies nicht der Fall war, war es höchst niederträchtig.

Es gibt zwei Arten von Leid: das Leid, das sich in Bosheit ausdrückt und nur Abscheu hervorruft, und das Leid, das sich in Güte ausdrückt und die höchste Form der Liebe, das Mitgefühl, hervorruft. Dieser Schmerz war der Schmerz von Bea. Dieses Mitgefühl würde Monique als Diamant in Tristans Herz bauen...

Es stimmt, dass Monique sich in einem solchen Ton an Tristan wandte, dass er sich einmal genötigt sah, zu ihr zu sagen:

— Ich kenne keine Hilfsarbeiter, die es akzeptieren würden, wenn ihre Frau in diesem Ton mit ihnen sprechen würde.

Eine Freundin, die die perfekte Qualität der ersten beiden Jahre ihrer Verbindung gesehen hatte, sagte eines Tages zu Tristan:

— Sie liebt dich nicht mehr. Sie wirft dir hasserfüllte Blicke zu, die Geburt des Kindes hat alles zerstört.

Tristan erklärte ihr, dass die Geburt des Kindes nur wenig damit zu tun habe, denn Moniques Verhalten sei schon seit etwa einem Jahr vor der

---

[72] Sie hatte hingegen starke Nebennieren.

Geburt des Kindes so gewesen. Aber Tristan konnte sich des Eindrucks nicht erwehren, dass die schreckliche Abtreibung, die Monique erlitten hatte, heftig mit ihrem charakterologischen und charakterlichen Zustand zusammenspielte.

Der kleine Aurélien, dieser Engel ihres Herzens, wuchs und lernte in der Ruhe des Tages, während sein Vater arbeitete und beide behütete. Monique kam nach Hause und ließ ihre Herzen mit ihren lächerlichen und schonungslosen Ejakulationen höher schlagen, die die kleine Bea wortlos ertrug. Nur Tränen und erstarrtes Schweigen zeugten von der Lähmung, der Zerrissenheit ihrer kleinen, zarten und großzügigen Seele, die in Tristans Herz den ewigen, blühenden Baum des Mitgefühls hatte entstehen lassen.

Monique hatte nie eine Geste der Zuneigung, nie ein sanftes Wort, sie hatte keinen Sex mehr. Zu Tristan sprach sie gehässig, zu Beatrice bösartig. Was sie Bea in Sachen Haushalt beibrachte, war sinnvoll, aber sie ventilierte es auf unzumutbare, ja unerträgliche Weise. Sie war so unbewusst, dass sie zu Hause nicht den unglaublichen Unterschied im Tonfall ermessen konnte, den sie gegenüber ihrem Sohn und Bea und Tristan anschlug. Bei ihrem Sohn reinen Honig, bei uns Schwefelsäure. Meistens verzichtete Tristan darauf, mit ihr zu sprechen, weil er spürte, dass sie nicht zuhörte. Man kann nicht sagen, dass dies Tristan gegenüber exklusiv war, denn die Freundin Gladys hatte einmal zu Tristan gesagt: "Jedes Gespräch mit Monique ist ein Gang auf dem Hochseil". Es war also alles aus dem gleichen Holz geschnitzt und es wäre wohl übertrieben zu glauben, dass Monique ihr Verhalten nur auf ihren Partner und die kleine Bea beschränkte. Es handelte sich um eine Psychopathie allgemeiner Art. Wenn er aufgrund vernünftiger Verpflichtungen mit ihr sprechen musste, musste er sich zusammenreißen. Er stellte übrigens fest, dass alle darauf verzichteten, sogar seine eigene Mutter, die einmal zu ihm sagte:

— Sie wissen, wie Monique ist

Sie waren nun schon seit mehreren Jahren im Berry und Monique verschlechterte sich sichtlich immer mehr. Ihr Verhalten gegenüber Bea war von kindlicher, unbeherrschbarer Eifersucht geprägt. Manchmal schrieb Tristan alle Tränen, die er nicht vergoss, in ein Heft, das er hinter seinem Rücken aufbewahrte. Manchmal improvisierte er am Klavier aus seinem Herzen. Monique kam vorbei und sagte in einem trockenen Ton:

— Ich werde jetzt schlafen.

Wie hätten die Melodien, die Tristan improvisierte, Monique vom Schlafen abhalten können, wenn sie monatelang ihre kindliche Liebe eingeschläfert hatten? Und selbst wenn es so wäre, wie sollte er es so sagen, ohne Inbrunst, ohne Zärtlichkeit, in Respekt? Er spürte, dass Monique nicht wusste, wer er war. Wie sollte ihr Kind das jemals wissen? Die emotionale Prägung, die einem Kind aufgezwungen wird, kann intellektuelles Verständnis für immer lähmen. Wie sollte er ihm alles beibringen, was er wusste, um ihn aus dem *jüdisch-kartesischen* Abgrund herauszuführen, wenn sie es nicht gemeinsam in gegenseitiger Liebe taten? Tristan war unglücklich ohne Liebe und Respekt und dazu noch diese groteske Eifersucht auf die kleine Bea, die ihr Heim mit Liebe, Geduld und wahrer Kultur gegenüber ihrem Kind auskleidete?

Man musste an den Kleinen denken und das Beste für ihn tun. Er musste der Mutter die nötige Liebe entgegenbringen, denn schließlich war sie krank. Wenn sie Krebs gehabt hätte, hätte er sie auch geliebt und ihr das zeigen können, aber diese Krankheit des Geistes errichtete eine Betonmauer zwischen der Zuneigung ihres Partners und ihr selbst. Man kann ein Kind nicht lieben, wenn man seine Mutter nicht liebt. Wer ein Kind liebt, ohne seine Mutter oder seinen Vater zu lieben, liebt nur sich selbst. Eine Frau, die ein Kind liebt, ohne seinen Vater zu lieben, ist eine Selbstbestraferin, die nur eine viszerale Verlängerung ihrer selbst und sonst nichts liebt. Leider fing der Junge an, seinem Vater gegenüber den Tonfall seiner Mutter anzunehmen. Und die Sache würde sich im Erwachsenenalter auf monströse Weise fortsetzen. Die Mimikry und die psychologische Prägung von Kindern sind unerbittlich. Moniques Lieblosigkeit würde vom Kind kopiert werden, zumal Monique in die Abgründe der Unmündigkeit abtauchen würde, um sie zu festigen, wie wir sehen werden.

Tristan träumte jedoch davon, seinen Sohn zu den höchsten Gipfeln zu erheben. Er wollte ihm sein ganzes Bewusstsein beibringen, das in der Welt einzigartig ist. Er hatte bereits der kleinen Béa geholfen, das zu erlangen, was niemand mehr hatte: echte Integrität, ein sicheres Urteilsvermögen, einen kritischen Geist, der nichts von den Betrügereien durchgehen ließ, die uns täglich verschlangen. Mit Geduld brachte sie Aurélien alle Elemente des Kindergartens bei: lesen, schreiben, rechnen, mit der Seele dazu.

Manchmal verspürte Tristan das grausame Bedürfnis nach einer würdigen Frau. Aber das wäre ein Verrat an seinem Kind gewesen. Er wollte keine anderen Frauen, aber die sexuelle Erstickung ließ ihn sich nach Abenteuern sehnen.

Wenn er hätte sehen können, wie Monique sich manifestierte, wie sie sich manifestierte und vor allem, wie sie sich manifestieren würde, wenn sie getrennt wären, hätte er ihr nicht nur nie ein Kind geschenkt, sondern sie nicht einmal wiedergesehen, nur ein einziges Mal. Aber jetzt war sie die Mutter ihres geliebten Sohnes. Aurélien war jetzt da, man musste ihm die Gesundheit der Seele und des Körpers lehren. In ihm das lebendige Ideal Tristans verwirklichen. Doch Moniques Unbewusstheit nahm ihr die Hoffnung.

Was hätte er eigentlich in seinem Sohn verwirklichen können, ohne die Liebe, den Respekt und die Weiblichkeit von Monique? Es war, als wollte er ein Fass ohne Boden mit Wasser aus Lourdes füllen. Als er sich in Frankreich, Deutschland, Spanien und England umschaute, gab es keine Männer mehr. Sie waren humanoide Blue Jeans, materialistische Profiteure, Frauen, die sie im Namen der schäbigen und schwachsinnigen Gleichheit der Geschlechter nachäfften, und die gekleidet waren wie ein Rest, der sich nach Maskulismus sehnt. Aasfressende und geldgierige Politiker, die sich um die Größe und Schönheit Frankreichs kümmerten wie um ihr erstes Hemd. Ein Land, das von Afrikanern bis zur völligen Verwässerung im biologisch-typologischen Nichts durchdrungen war. Wenn sein Sohn in dieser Masse an geschlechtsloser Informalität ertrinken sollte, war es dann nicht besser, mit ihm zu sterben? Er könnte nichts tun, wenn Monique nicht wüsste, wer er war. In ihrem Zustand würde sie es nie erfahren, denn sie konnte das Kind nur durch die Liebe zu dem Vater lieben, der ihm so viel geben konnte. War der Versuch, seinen Sohn großzuziehen, nicht die höchste Illusion, die ihn am Leben hielt?

O wie sehr Tristan das Land schmerzte...

Tristans Nerven versagten. Er verheimlichte, dass er tagsüber alleine weinte. Beatrices unglaubliche Sanftheit, Güte und Effizienz ermöglichten es ihm, den Schock, d. h. Moniques Psychopathie, zu verkraften. Ohne Beatrice wäre er zusammengebrochen. Er war verblüfft, als er sah, wie die kleine Béa ihre technische und sekundäre Ausbildung absolvierte, Englisch und Klavier lernte, ihre Kenntnisse an Aurélien weitergab, das ganze Haus putzte, ihm ständig als Assistentin diente, das Lesen, Schreiben und Spielen für den Kleinen organisierte, und das alles stundenlang am Stück. All das kam einem Wunder gleich. Wie konnte Monique nicht erkennen, dass sie einen Schatz in ihrer Nähe hatten, der am Ende dieses Jahrhunderts nicht mehr zu finden war?

Tristan hatte Beatrice aufgebaut, aber sie hatte das Potenzial, das seine Arbeit als Pygmalion leicht machte. Die Vorsehung hatte Bea geschickt, damit Tristan in seinem Sohn sein spirituelles Ideal in einer zerstörten Welt, die alles verloren hatte, verwirklichen konnte. Sie liebte ihren Sohn, war standhaft und geduldig und ein Wunder, das Monique nicht sehen wollte.

Schreckliches Grinsen des Schicksals.

Wie, aber wie, verstand sie nicht die wunderbare harmonische Ergänzung, die sie alle vier bildeten?

Sie verstand nicht, dass sie, selbst wenn sie einen sanften Charakter gehabt hätte, niemals hätte arbeiten können, um das Kind, das Haus, ihre eigene Mutter, die nicht weit von ihnen entfernt in der Stadt wohnte und deren materielle Situation erbärmlich war, und einen Künstler als Ehemann zu versorgen, der, wie er zugab, aufgrund seiner sensiblen und ästhetischen Feinfühligkeit mit vielfältigen Ansprüchen schwer zu leben war. Doch Bea, ihre kleine Bea, machte all dies möglich, fast schon leicht. Wie könnte man auf diese kleine, leicht behinderte Frau eifersüchtig sein, die ihnen durch ihre Kompetenz, ihre Hingabe und ihre Güte ein Zuhause und ein glückliches Kind verschaffte, das zumindest die Kindergartenjahre über vom Laizismus isoliert werden konnte, der für die Versorgung von Votern und Konsumenten, Kunden von krankmachender Musik, Drogen, Arbeitslosigkeit, kartoffeliger Kleidung mit geformten Hintern, Selbstmord, der jährlich fünfzigtausend junge Franzosen tötete, und Terrorismus sorgt. Und dazu noch einen Ehemann, der es schon schwer genug hat, allein zurechtzukommen...

In Monique steckte eine Kraft der Glücksverweigerung, der Zerstörung, die von ihrer altruistischen Bulldozer-Hysterie nicht verdeckt wurde.

Sie hatte alles, was wesentlich ist, alles, was keine Frau in der zweiten Hälfte des zwanzigsten Jahrhunderts haben konnte.

Sie küsste Tristan nicht einmal mehr morgens und abends, antwortete nicht, wenn er mit ihr sprach. Eines Abends, als er spät badete - es war übrigens das einzige Mal in seinem Leben, dass er um diese Zeit badete -, bekam sie einen so hysterischen Anfall, dass Tristan mit einem Schlag alles Vertrauen und alle Hoffnung in sie verlor.

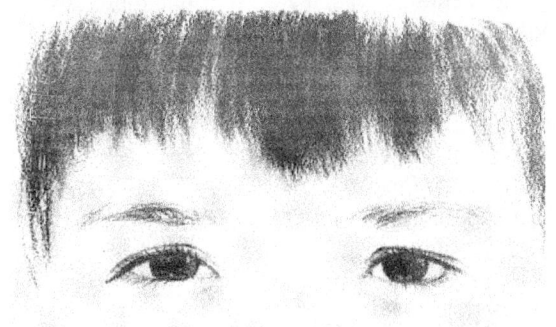

"Die gutherzige Magd, auf die du eifersüchtig warst"

Seine kindliche Eifersucht auf die kleine, hilflose, gutmütige Süße wurde immer größer. Tristan spürte und bemerkte diese sadistische Aggression gegenüber der Kleinen immer mehr. Sie wirkte in allem, was sie sagte, wie eine Sprenggranate, und keine Argumentation konnte ihr entsetzliches Verhalten ändern.

Tristan versuchte, das arme, geliebte Kind zu trösten, aber Moniques zerstörerische Kraft war unendlich viel größer als die Schätze an Balsam, die Tristan auf ihre Wunden auftragen konnte.

Als Moniques Mutter in den Ruhestand ging, verbrachte Monique einen ganzen Monat damit, sich um die Einrichtung zu kümmern. Beatrice und Tristan kümmerten sich abends wie tagsüber um den Kleinen, da Monique erst spät nach Hause kam.

Béa unterrichtete weiterhin mit ihrer fabelhaften Effizienz Lesen, Schreiben, Klavier, Englisch und Spiele. Tristan übernahm seine Arbeit an der Universität, schrieb seine Bücher und unterrichtete Bea. Monique war noch nie in der Lage gewesen, drei Stunden in der Nähe des Kindes zu bleiben, um es zu unterrichten und zu trainieren. Dazu war sie in keiner Weise berufen. Wenn sie nicht im Krankenhaus arbeitete, musste sie sich bewegen und konkrete Dinge tun, Béa war also unersetzlich: Monique war sich dessen nicht bewusst.

Moniques Eifersucht wurde immer größer und ihr Sadismus ebenfalls.

Tristans Mitgefühl für die kleine Bea wuchs, was zu einer weiteren Flut von Moniques Eifersucht und Sadismus führte. Ein Teufelskreis, aus dem er nicht ausbrechen konnte. Tristan nannte Bea "mein kleiner Schatz", wie er seine Töchter Nathalie und Chantal nannte, und er nannte Monique "Mama", was der zärtlichste Name ist, den man seiner Partnerin geben kann. "Mein kleiner Schatz" versetzte Monique in

Verzückung. Sie stellte sich auf eine Stufe mit dieser wunderbaren leicht behinderten Kleinen, und das löste bei Tristan eine gewisse Scham aus: Wie konnte sie sich in eine solche Gegenüberstellung einordnen? Der Gedanke an Eifersucht war absurd. Tristan hätte diese liebenswerte Unschuldige einfach gegen jeden verteidigt, der ihr etwas angetan hätte, und zwar unabhängig davon, ob es sich um einen nahen Verwandten oder einen Fremden handelte. Leider musste er genau das gegenüber seiner Partnerin tun, dem nächsten, geliebtesten Wesen, der Mutter seines Sohnes. Eine solche Eifersucht fügte ihrem pathologischen Charakter einen grotesken Aspekt hinzu: Tristan hatte viele hübsche Mädchen kennengelernt, selbst wenn sie nicht sehr intelligent waren, keines von ihnen wäre jemals eifersüchtig auf dieses vom Schicksal gezeichnete, wunderbare kleine Wesen gewesen, das allein und ohne echte Eltern war. Die Sache war undenkbar.

Die kleine Bea konnte einer normalen Frau, und vor allem einer Mutter eines Kindes, die gezwungen war zu arbeiten, nur zärtliche Dankbarkeit einflößen, und in diesem Fall, in diesem Jahrhundert des kollektiven Selbstmords und der Verwesung, sogar verzweifelte Dankbarkeit. Wo finden Sie heute ein Wesen, das Ihr Kind lieben, es wunderbar pflegen und unterrichten kann, während Sie selbst, die Mutter, gezwungen sind zu arbeiten? Wo? Tristan hatte die Tragödie der Kinder gesehen, die anonymen Frauen anvertraut wurden, die ohne Liebe eine technische Arbeit für einen Lohn verrichteten. Aurélien kam in den Genuss des Unmöglichen: *Liebe, unentgeltliche Hingabe*, das, was die Seele und das Herz eines Kindes strukturiert. Und Monique verstand dieses riesige Geschenk des Schicksals nicht? Man konnte Aurélien nicht lieben, ohne die kleine Béa zu lieben, und das mitten im zwanzigsten Jahrhundert, wenn man ein Gewissen hatte. Doch schon bald sollte Tristan den Neunfach-Beweis für Moniques Gewissenlosigkeit haben.

Der Horror hat immer eine Entschuldigung, und leider auch eine stichhaltige.

Monique hatte in ihrer Kindheit eine väterliche Ablehnung erfahren, die mit Schlägen garniert war. Dieses globale Trauma klammerte sich an sie und wurde durch einen Sturz in einen Brunnen verschlimmert, der ihr einen riesigen Schrecken einjagte. All dies hatte zu einem seelischen Ungleichgewicht und einer Frustration geführt, die auf kindliche Eifersucht hindeuten könnte. Tatsächlich war Monique nicht stark genug, um Beruf und Kind zu bewältigen, einen Künstler als Ehemann zu haben, der Ende des 20. Jahrhunderts allein alle Energien in Anspruch genommen hätte, und außerdem eine Mutter mit einem weichen Charakter und einer schwachen Intelligenz, auf die Monique ihren väterlichen Mangel, der, wie man sagen muss, beträchtlich war, ausglich. Monique hatte eigentlich nur zu ihrer Mutter eine emotionale Bindung. Ihre Liebe zu Aurélien war offensichtlich *rein biologischer* Natur, was sich auch in ihrem starken Bedürfnis nach Mutterschaft widerspiegelte. Wenn sie ihren Sohn wirklich geliebt hätte, hätte sie die *Synthese* berücksichtigt, die für sein Gleichgewicht notwendig war, vor allem bei einem guten Vater. Hätte die Mutter einen etwas höheren Verstand gehabt, hätte sie durch ihre Entschlossenheit Monique aus ihrer Vesanie herausholen und so das Glück ihrer Tochter bewahren können. Leider hatte die Mutter bereits zweimal in der Ehe versagt, sodass ihre Tochter ebenfalls versagen musste. Sie konnte also unter keinen Umständen ihre Tochter unterstützen, sondern würde fatalerweise ihre Vesanie unterstützen. Jede Neurose verstärkt sich, wenn sie von jemandem, der einem emotional nahe steht, unterstützt wird. Die Anwesenheit der Mutter würde also alles ins Leere laufen lassen. Hatte die Mutter nicht einen hysterischen Anfall bekommen, weil Tristan ihren Sohn, auf den sie zu diesem Zeitpunkt aufpasste, geküsst hatte?

Trotz Moniques Bösartigkeit gegenüber Bea stimmte Tristan dem Plan zu, ein Haus zu bauen, das er zur Hälfte bezahlen und auf den Namen von Monique und Aurélien lauten sollte. Er glaubte, dass Monique so glücklich über das Haus sein würde, dass sie auch verstehen würde, wie unentbehrlich Bea für sie war. Er hatte die heimliche Hoffnung, dass Moniques Dankbarkeit sich in eine Therapie verwandeln könnte. Leider war er ein Optimist und konnte den Ernst von Moniques Zustand nicht klinisch beurteilen. Sobald er unterschrieben hatte, sagte Monique ihm unmissverständlich, dass "Beatrice keinen Fuß in ihr Haus setzen würde". Er hätte niemals unterschrieben, wenn er sich den Ernst des psychischen Zustands seiner Partnerin hätte vorstellen können.

Als der Dachstuhl des Hauses aufgerichtet war, stellte Tristan fest, dass er nur einen Raum von 22 Quadratmetern zur Verfügung haben würde! Er hatte unterschrieben und brauchte für seine Arbeit und sein Zimmer mindestens 50 Quadratmeter. Außerdem hatte ihr gesamtes Mobiliar keine Chance, in das Haus zu passen. Das Schicksal wollte sie also trennen.

Das Haus würde in einigen Monaten gebaut werden. Monique hatte davon gesprochen, ein Zimmer für Bea nicht weit vom Haus entfernt zu finden. Tristan fand die Lösung akzeptabel, unter der Bedingung, dass Monique ihre Zuneigung zu dem Mädchen zeigen würde, bevor sie in das geplante Zimmer einziehen würde. Sie sollte sich auf keinen Fall allein und ohne Liebe in der Stadt "abserviert" fühlen. Tristan stimmte der Lösung unter der exklusiven Bedingung zu, dass Monique Bea in den kommenden Monaten bis zur Fertigstellung des Hauses freundlich gesinnt sein würde.

Tristan dachte, dass seine Anwesenheit die Beziehung zu Monique nicht verbessern würde, und beschloss, für ein paar Wochen zu seiner Tochter und Freunden nach Spanien zu fahren. Vielleicht würden die Dinge zwischen Monique und Beatrice wieder ins Gleichgewicht kommen.

Kurz vor der heiklen Zeit des Monats befand sich die kleine Bea in einem nervösen Zustand, der bei völlig gesunden Frauen üblich ist und daher bei Bea noch verständlicher war. Man hätte sie nur verstehen, lieben, trösten und unterstützen müssen. Stattdessen machten Monique und ihre Mutter ihr Szenen, riefen die Eltern der Kleinen an (deren Qualität Monique kannte, da Monique viele abwertende und völlig objektive Exkurse über sie gemacht hatte). Dadurch verschlechterte sich der Zustand des armen Mädchens, das sich in einer moralischen Wüste befand, die von Monique und ihrer überwältigenden Mutter bevölkert wurde. Keine der beiden dachte daran, dem armen Kind ein wenig Zärtlichkeit zu schenken. Erst viel später erfuhr Tristan von Beas Eltern von den Ereignissen, denn Bea hatte ihm nichts erzählt. Sie drückten sich wie folgt aus: "Als Frau Monique uns anrief, dachten wir, dass in ihrem Kopf etwas nicht stimmt. Beas Eltern, die, um es euphemistisch zu formulieren, sehr bemitleidenswert waren, hatten damit eine traurige Wahrheit ausgedrückt. Es gab noch weitere Anzeichen für Moniques psychischen Zustand:

Monique hatte zwei gute Freundinnen, Gladys, die bereits erwähnt wurde, und Simone. Alle drei waren Absolventinnen derselben Krankenpflegeschule in Paris. Simone war für ein paar Tage nach Hause gekommen. Als Tristan sie mit dem Auto zum Bahnhof brachte, sagte sie zu ihm:

— Wenn Moniques Mutter und ich in der Küche stehen, fühlen wir uns wie Deppen.

Selbst auf dieser elementaren Ebene ließ Monique keine Initiative zu. Als sie dann über Moniques schwierigen Charakter sprachen, sagte Simone:

— Es ist mir unmöglich, Monique länger als eine Woche zu ertragen, obwohl sie meine beste Freundin ist.

Tristan wollte versuchen, ein Gespräch mit Monique zu führen, ihr zu erklären, auf welchen herzzerreißenden Weg sie sie alle und vor allem ihr geliebtes Kind führte. Der Gedanke, mit Monique zu sprechen, war eine schreckliche Prüfung, denn er wusste, dass sie nicht zuhörte, dass sie für jede Argumentation unzugänglich war, dass sie unfähig war, zu verstehen, was für die Zukunft des Kindes wesentlich war, das durch die Ruhe aller und die Zärtlichkeit ihrer kleinen Gemeinschaft vor der Konjunktur geschützt war. Er und Beatrice waren Vorbilder an Güte, Geduld und Sanftmut ihm gegenüber. Es war schon vorgekommen, dass Bea "geantwortet" hatte, aber dazu musste Monique sie bis zum Äußersten getrieben haben. Monique war sich nicht bewusst, dass sie ihr gegenüber extrem nachsichtig waren. Ihre Feigheit ihnen gegenüber hatte etwas Abstoßendes sich. Er war sich sicher, dass ein gewöhnlicher Mann sie unter diesen Umständen in kürzester Zeit geschlagen oder sie trotz des Kindes verlassen hätte. Ein anderes Mädchen als dieser Engel von Bea wäre gegangen und hätte Monique beschimpft. Dies war bei einigen Mädchen der Fall, die vor Bea gekommen waren und Monique nicht länger als ein paar Wochen ertragen konnten.

Seltsamerweise beaufsichtigte das einzige Mädchen, das Monique ertragen hatte, einfach den Kleinen, indem sie sich in einem Sessel räkelte und von Tristan verlangte, dass er ihr möglichst viele Kurse in Englisch, Naturheilkunde usw. gab. Sie verdiente bequem an sich selbst. Dann überanstrengte sich Monique so sehr, dass sie ohnmächtig in Tristans Arme fiel. Der besorgte Tristan schrieb an die Mutter des Mädchens, drückte seine Besorgnis aus und bat sie, ihrer Tochter vorzuschlagen, ein wenig im Haushalt zu helfen. Das Mädchen ging ein paar Tage später unter dem Vorwand, ihre Eltern zu besuchen, weg und ... kam nie wieder zurück.

Es war in gewisser Weise Beas und Tristans Güte, die ihnen half, Monique zu ertragen. Sie war sich ihres eigenen Charakters nicht bewusst. Daher mussten sie alle nachsichtig sein und Moniques schmerzhafte und komplizierte psychologische Situation verstehen. Monique missbrauchte diesen Ansatz von Intelligenz und Güte ihr gegenüber.

Beatrice wurde nur von ihrer Liebe zu dem Kind und ihrer Zuneigung zu den Eltern des Kindes getrieben. Diese Liebe war so sichtbar, so transparent, so überschwänglich, dass Tristan Tränen in den Augen standen, als er Beatrice und ihren Sohn beobachtete, ohne dass es so aussah. Wie oft hatte er Tränen in den Augen, als er sie hinter den Kulissen beobachtete und diese Flut von Zärtlichkeit, Hingabe und Geduld sah. Und ausgerechnet an einem solchen Schatz beging Monique ein Sakrileg!

Er versuchte erneut, mit Monique in einen Dialog zu treten - -.

— Du solltest dir über deinen Charakter klar werden. Bedenke, dass Simone, deine zwanzigjährige Freundin, dich nicht länger als eine Woche ertragen kann.

— Hat Simone dir das erzählt? Ich werde sie anrufen und fragen, ob das stimmt.

Ihr Vertrauen in das, was Tristan ihr sagte, sprach Bände über die Qualität ihrer Zuneigung.

Monique telefonierte:

— Ist es wahr, Simone, dass du mich nicht länger als eine Woche ertragen kannst?

— Das weißt du ganz genau, Monique, meine Schwester auch nicht, wenn du uns in der Bretagne besuchst. Aber das ändert nichts daran, dass du meine beste Freundin bist.

Monique legte auf und sah Simone lange Zeit nicht mehr.

Dieses Gespräch brachte ihm keine Lehren, nicht einmal jenen elementaren Humor, der darin bestanden hätte, zu sagen: "Ich weiß, dass ich einen unmöglichen Charakter habe, schützt euch vor mir, lasst euch nicht von mir bestimmen".

Tatsächlich war es genau das, was Tristan Jahre zuvor zu seinen Freundinnen gesagt hatte.

Sie nahmen keine Rücksicht darauf, aber es gab kaum Probleme.

Einige Tage vergingen und Gladys, die andere Freundin, rief an, um sich nach dem Befinden zu erkundigen. Tristan schilderte ihr die tragische Situation, in der sie steckten. Er berichtete von Moniques Telefonanruf bei Simone.

Gladys unterbrach:

— Aber es ist nicht eine Woche, die ich nicht aushalten kann, sondern achtundvierzig Stunden.

Und sie wiederholte den Satz, den Tristan schon einmal gehört hatte:

— Außerdem ist jedes Gespräch mit Monique wie eine Gratwanderung.

Tristan telefonierte mit einer befreundeten Medizinprofessorin, die an seiner Doktorarbeit mitgearbeitet hatte.

— Die intelligentesten Frauen, so sagte er ihr, machen derzeit Perversionen mit infantilen, lächerlichen oder sogar grotesken Fixierungen. Das ist der Preis für die heutige Degeneration. Ich bin nicht optimistischer als du, vor allem nicht, wenn es sich um ein Kains-Syndrom (Eifersucht) handelt.

Zugegeben, Tristan war pessimistisch.

Monique hatte ihre Gefühle und ihre edelsten Bestrebungen verraten. Auréliens Zukunft war an Beas wundersame Wirksamkeit gebunden, denn die ersten Jahre sind entscheidend für das Schicksal eines Wesens, aber sie mussten sie beide unterstützen. Tristan war Lehrer und er konnte seinem Sohn diese laizistische Schule ersparen, in der er seit Jahrzehnten seine Schüler zusammenbrechen sah. Er musste dem Kind die freie Schule ersparen, die noch verkommener war als die laizistische Schule. Es schien, als wolle sich die Kirche beim Absturz ins Nichts unbedingt noch überbieten. Monique war dabei, das, was er mit so viel Mühe und Liebe aufgebaut hatte, zu einem Nichts zu machen. Was nützte ihm seine Erkenntnis, die er Monique vererbt zu haben glaubte und die eine unbesiegbare Rüstung gegen seine eigene, groteske und sadistische Neurose hätte sein sollen.

Er wollte so sehr, dass Aurelien nichts mit diesem grausamen und reduktionistischen Christentum zu tun hatte, mit diesem Kolonialismus, der in den Minen Südafrikas dreißig Jahre lang zwanzigtausend Schwarze pro Woche für die Ausbeutung der Goldminen massakrierte, mit diesen Gulags, die Menschen zu ihrem eigenen Wohl zu Zehnmillionen töteten, mit dieser krankmachenden, kriminogenen, erniedrigenden hypnotischen Musik ...

Das war das Ende der Zeit.

Tristan wusste nicht, wohin er sich wenden sollte. Er wollte sein Kind beschützen. Er wollte es unbedingt. Er hatte alles zu diesem Zweck aufgebaut und durfte nicht zulassen, dass alles zusammenbricht. Er hätte sein Leben gegeben, um seinen Sohn zu schützen, ihn nach seinem Herzen und Gewissen zu erziehen. Nein, es sollte nicht alles verwüstet werden.

Er wollte am liebsten mit seinem Kind in den Armen sterben. O wie groß war die Versuchung!

O, dass ihm die Erde weh tat!

Was würde ihm diese Welt ohne den Schutz seiner Klarheit bieten? Das radikale Nichts, das man in der Presse und im Fernsehen sieht, diese zwanghafte Musik, die tötet und die man durch animische Zerstörung dazu bringt, sie zu lieben. Er hätte alles akzeptiert, um ihr Kind zu seinem Ideal zu erziehen: Dazu musste Monique Tristan lieben, und ihr Kind würde jenseits von zerstörerischen Mitteln wie den dreißig Impfungen mit fauligen Produkten, die unsere Immunsysteme zerstören, aufblühen...

Tristan hatte eine gute Freundin, die Professorin für die hebräische Bibel war, eine echte, tugendhafte Jüdin, die eine solche Diätdisziplin hatte, dass sie mit ihren dreiundsiebzig Jahren nicht die geringste Weitsichtigkeit aufwies. Er schrieb ihr sein Drama "Moniques Wahnsinn". Die Antwort war ein Schock.

An Tristan und Monique.

Am fünfundzwanzigsten Mai um zweiundzwanzig Uhr dreißig ging mein Enkel Emmanuel, schön, hochbegabt, Dichter, der diese Gesellschaft ablehnt und keines der Laster der heutigen Jugend praktiziert, mit seinen zweiundzwanzig Jahren und einem Abschluss in Geschichte und Soziologie allein in einem Dorf in der Nähe von Orange spazieren und wurde beim Überqueren der Fahrbahn von einem Motorrad angefahren und getötet. Die Gendarmerie benachrichtigte meine Tochter, die nicht in Paris war. Ich fuhr allein nach Orange, um die Formalitäten zu erledigen.

Ich stand vor dem Loch, in das man den Sarg mit meinem geliebten kleinen Sohn, den ich großgezogen hatte, hinuntergelassen hatte. Man warf Erde hinein, alles wurde verbraucht.

Stabat mater

Im Vergleich dazu erscheinen mir Ihre abstrusen Konflikte unwürdig, sinnlos und lächerlich, und das sind nur Untertreibungen. Stellen Sie sich vor, Ihrem Sohn würde so etwas passieren: Ich wünsche mir, dass Ihnen mein Unglück eine Lehre ist. Machen Sie sich nicht die Mühe, mir zu schreiben. Kein Wort, nichts könnte meinen Schmerz lindern, mit dem ich in den Scheal hinabsteigen werde.

Esther

Tristan brauchte diese schreckliche Lektion nicht. Er gab Monique den Brief. Alles, was sie zu sagen fand und das Ausmaß ihrer Vesania deutlich machte, war:

— Inwiefern betrifft mich das?

Tristan zeigte Esthers Brief Aurelians Patenonkel, dem weisen Mann aus dem Land, den er für sein Kind ausgewählt hatte.

— *Das ist das Ende der Zeiten"*, sagt er zu Tristan und zeigt ihm ein Bild der blutüberströmten Jungfrau Maria, das von einem Visionär gezeichnet wurde. *"Der Teufel hat es bis jetzt nicht geschafft, euch zu vernichten. Er wird Sie durch diejenige zerstören, in die Sie all Ihr Vertrauen gesetzt haben, die Sie vor allen Täuschungen geschützt zu haben glaubten: die Frau, seine lebenslange Verbündete. Erinnern Sie sich an die Worte Ihres Geschlechtsgenossen Otto Weininger:*
"Wir befinden uns in der Zeit der Frau und des Juden".

Madame de Gastine starb mit neunundsechzig Jahren an einer schweren rheumatischen Erkrankung, der chronisch-progredienten Polyarthritis. Tristan hatte gespürt, wie sein Herz sich mit seiner Mutter versöhnte, und stellte sein Gebet auf, das er beim Abschied von seiner Frau und seiner Tochter aus seinem Herzen überfließen gefühlt hatte. Leider erzählte ihm zwei Tage nach der Beerdigung eine gemeinsame Bekannte von den schrecklichen Worten, die seine Mutter wenige Tage vor ihrem Tod über ihn gesagt hatte.

So hatte das Schicksal nach dem Tod seiner Mutter gewollt, dass zwischen ihm und seiner Mutter eine ewige Scheidung ausgesprochen wurde...

Tristan hatte in Paris eine Freundin, die zwar schon älter war, aber eine der intelligentesten Frauen des Jahrhunderts. Ein solch scharfer Verstand, eine solche Spannweite in der Beobachtung der Geschichte wie auch des Zeitgeschehens waren einzigartig in der Welt.

Er hatte seine Tragödie Frédérique, so ihr Vorname, anvertraut, denn es gab niemanden auf der Welt, dem man einen solchen Schmerz besser anvertrauen konnte. Sie hatte ihm lange geantwortet, weil sie dachte, dass die Vernunft die Oberhand gewinnen würde und dass Monique nur mit vorübergehenden Schwierigkeiten zu kämpfen hatte. Sie hielt es für unmöglich, dass eine so lächerliche Eifersucht in Moniques Herz Wurzeln schlagen könnte. Sie hatte sogar mit Monique telefoniert, die ihr gesagt hatte:

- " *Alle geben mir Unrecht, auch meine Mutter.*"

Sie versprach Tristan, Monique zu schreiben und ihr ihren Text mitzuteilen.

Die Perfektion des Briefes war in jeder Hinsicht unübertroffen: Es *war alles* gesagt und Tristan hätte nie besser sein können als diese vollendete Synthese.

Meine liebe Monique.

Der Konflikt, den Sie mir am Telefon mitgeteilt haben, hat mich bestürzt. Ich habe darüber nachgedacht und beschlossen, Ihnen zu schreiben, um Ihnen zu helfen, aus der unglücklichen Sackgasse herauszukommen, in die Sie sich hineinmanövriert haben.

Zuvor möchte ich Ihnen meine Hochachtung für Tristans Diskretion ausdrücken, der mir vor einigen Wochen kein Wort über Ihren Streit gesagt hatte, sondern mich nur über die immensen Schwierigkeiten informierte, die ihn daran hinderten, mir zu schreiben.

Wie Sie wissen, habe ich Sie, als ich Sie kennenlernte, immer hervorgehoben, sei es in meinem Briefwechsel oder mündlich, weil ich der Meinung war, dass Sie neben Ihrem Charme auch Herz und Verständnis besaßen, was den leidenschaftlichen Charakter, Tristans hypersensible, wie verletzliche Natur, seine nach Zärtlichkeit dürstende Affektivität, sein Schutzbedürfnis, das bei Menschen so häufig vorkommt, bei ihm aber in einem noch stärkeren Ausmaß, alles mitleidswürdige Eigenschaften, rechtfertigen konnte.

Sie waren Krankenschwester, Sie würden ihn verstehen und bemuttern können, der für immer "Heimweh" haben würde und nur von Begeisterung bis Verzweiflung lebte, niemals lauwarm.

Ihr Vorwurf, so sagten Sie mir, Monique, bestand darin, dass er die leicht behinderte Frau, die für die Pflege Ihres kleinen Aurélien und die Unterstützung des Haushalts und des Vaters Ihres Kindes zuständig war, mit Worten und Aufmerksamkeiten verwöhnte.

Wie konnten Sie sich nicht freuen, Monique, die Sie alle Gnade sind, über diese Vereinbarung, in der das von der Natur benachteiligte Kind mit Aurélien ein väterliches Gefühl teilte, das von Natur aus zum Überschwang neigte.

Ach, Monique, Sie hätten das Glück, und es ist noch Zeit, eine doppelte Mutterschaft im Einklang mit Tristans doppelter Vaterschaft zu gewährleisten, und Sie würden ein dreifaches Unglück heraufbeschwören, das von Aurelien, von Tristan und Ihr eigenes, indem Sie das unschuldige Kind aus dem Heim verstoßen. Denken Sie an die Verletzung, die Sie dem Kind zufügen würden. Aurélien ahnt alles, fühlt alles und die Verletzungen in seinem zerbrechlichen und formbaren Unterbewusstsein hinterlassen lebenslang Hemmungen, die im Erwachsenenalter schwere Störungen säen.

Aus Liebe zu diesem Kind, aus Vorsicht vor diesem zerbrechlichen menschlichen Spross und aus Respekt vor der Harmonie, die Sie ihm vorbildlich beibringen müssen, nehmen Sie keinen Anstoß an Tristans mitfühlender Zuneigung, die, da bin ich mir sicher, in keiner Weise seine unverbrüchlichen Gefühle für Sie beeinträchtigt. Sie haben in Wirklichkeit eine doppelte Mutterschaft gegenüber dem Kind und dem Vater anzunehmen. Sie wissen, Monique, dass es keine eheliche Liebe gibt, die ihre Reife nicht erreicht, ohne dass der Ehemann für die Ehefrau - und das ist sehr schön - zum ältesten Kind wird. Das ist die schönste Erfüllung, die es gibt, und die Ehefrau wird so natürlich zur Mutter, dass ihr Mann sie "Mutter" nennt.

Ansonsten ist sie wie ein Musikinstrument, dem eine Saite fehlt. Quälen Sie Ihre Seele nicht mehr mit der Angst vor einer emotionalen Rivalität, die in ihren Falten eine Unruhe verbirgt, die Ihres unvergleichlichen Charmes nicht würdig ist. Sie haben mir gesagt, dass Sie Ihr Zuhause nicht zerstören dürfen, nur weil Sie die Zärtlichkeit, die Tristan Ihrer kleinen Helferin in Worten ausdrückt, nicht tolerieren.

Dass er sie wie sein eigenes Kind hegt und pflegt, ist für mich kein Grund, Sie zu beunruhigen oder Ihre Priorität zu verletzen. Es ist nicht so, dass Sie nicht wissen, was Sie tun sollen. Sie können sich nicht vorstellen, dass Sie in der Lage sein werden, die Musik zu verhindern. Ich erzähle Ihnen natürlich nichts Neues, wenn ich Ihnen sage: Musik ist Harmonie, sie ist alles, was von uns in angenehmen Akkorden aufsteigt. Sie ist die Auflösung von Dissonanzen und Alterationen in der Rückkehr zur ursprünglichen Tonart. Es ist der Ausdruck der Versöhnung und der Versöhnlichkeit im Instrument unseres Herzens. Bitte, Monique, stiften Sie Frieden in sich selbst, stellen Sie die Harmonie in Ihrem Heim wieder her. Verwöhnen Sie den Gefährten, der seit seiner Kindheit gehäutet ist, lieben Sie mütterlich die kostbare kleine Gefährtin, die Ihr Aurelian als seine große Schwester betrachten sollte. Tauchen Sie mit einem tiefen Atemzug aus der verhängnisvollen Besessenheit auf, die das Scheitern Ihres Lebens bedeuten würde. Gehen Sie mit Ihrem hübschen Lächeln auf Aurelians Vater zu und das Ende eines kollektiven Albtraums ist besiegelt. Ich schließe einen Pakt mit dem Himmel, damit er Ihnen hilft, sich selbst und Ihr Zuhause zurückzuerobern, im Frieden des Herzens, und ich umarme Sie.

Frédérique

Es lag in der logischen Finalität eines solchen Briefes, das Wunder des Geistes zu vollbringen, wenn er einem Geist begegnete. Aber sie scheiterte. Wochen später sagte Frédérique zu Tristan: "Die Unglückliche ist von Grund auf böse".

Der Albtraum, den sie Tristan aufzwingen wollte, würde mörderische und gigantische Ausmaße annehmen.

Alles, was Monique als Kommentar zu diesem Brief zu sagen hatte, war unsagbar:

"Frédérique verkleidet sich wie eine alte Kokotte, sie beschützt alle männlichen Bewohner des Viertels und ist Tristans Geliebte".

Frédérique war fast achtzig Jahre alt...

Es war das Schicksal, die Astrologie, in der Tristan versuchen würde, sein Drama zu erhellen, das Drama vor allem seines geliebten Sohnes, denn trotz seiner Verzweiflung verlor er die Hoffnung nicht...

Tristan kannte seit Jahren einen Freund, der die jahrtausendealte Kunst der Astrologie aus Gründen der Weisheit praktizierte. Er hatte viele Male Gelegenheit gehabt, sich von seiner verblüffenden Fähigkeit zu überzeugen. Er hatte die endokrinologischen Grundlagen der Biotypologie mit hochinteressanten astrologischen Entsprechungen verknüpft, vor allem was ihr pathologisches Potenzial betraf, das Tristan täglich überprüfte.

Er wollte wissen, ob die Sterne es ihm ermöglichen würden, sein Kind großzuziehen, das heißt, in dieser Zeit der völligen Fäulnis einen Sieg über das Nichts zu erringen. Ein solcher Sieg war nur mit der Liebe Moniques möglich. Moniques Problem war also das Epizentrum von allem. Er schrieb also an seinen Freund mit dem Vornamen Maurice:

Mein lieber Maurice.

Es gibt kaum jemanden, dem ich mein Drama anvertrauen kann, außer dir und einer bemerkenswert intelligenten Freundin aus Paris. Das, meinen Sohn in dieser praktisch zerstörten Welt auf der Ebene meines Bewusstseins erziehen zu wollen. Aber Monique, die du gut kennst, schafft mir ein großes Problem, das ich nicht lösen kann und das nur sie beherrschen und sogar vollständig aus ihrem Unbewussten entfernen könnte. Aber kann sie das? Das ist die Frage, die ich deinem astrologischen Bewusstsein stellen möchte. Wenn ich nicht für meinen Sohn arbeiten kann, interessiert mich nichts mehr. Ich bitte dich, dir unsere jeweiligen Horoskope anzusehen und mir deine Meinung klipp und klar zu sagen.

Wir haben bei uns zu Hause eine kleine Beatrice, die Aurélien unterrichtet und uns zu Hause meisterhaft hilft. Dabei ist sie insgesamt hypo-thyreoidal vom Drüsentyp, also leicht behindert. Ihre Perfektion in Kompetenz, Gefühle Nachbarin sublimiert sie. Sie schafft es, unser Kind zu unterrichten, alles zu Hause zu erledigen, für sich selbst für die Mittlere Reife zu lernen, Klavier und Englisch zu lernen, was sie auf unser Kind überträgt... Außerdem kümmert sie sich um meine Mahlzeiten, das Sekretariat und was weiß ich noch alles. Ein Wunder! Ich habe sie seit drei Jahren eingeschult und trotz ihrer Unbeholfenheit, die auf ihren Drüsenzustand zurückzuführen ist, gelingt ihr alles, was sie tut. Sie ist einzigartig und unersetzlich in unserer Zeit, und als Höhepunkt der Gnade der Vorsehung liebt sie Aurélien von ganzem Herzen. Ich weiß, dass sie ihr Leben für ihn geben würde! Sie tut alles mit Liebe, und du kannst verstehen, wie dankbar ich für dieses Geschenk der Vorsehung sein kann. Sie ist eine grundlegende Agentin, wenn ich mein Kind vor dem schützen will, was ich, wie du dich erinnern wirst, den "Judäo-Cartesianismus" nenne. Leicht in Ungnade gefallen, war sie das Opfer aller. Sie wurde in ihrer Kindheit in der Schule verfolgt - zwei Zähne wurden ihr ausgeschlagen -. Was ihre Eltern betrifft, so waren sie von absoluter Nichtigkeit.

Monique, anstatt gerührt für dieses Geschenk des Himmels zu danken, das sie so effizient, zärtlich und geduldig verlängert, klagt ihr gegenüber ein unkooperatives kindliches Eifersuchtssyndrom an, das sich im Schlimmsten äußert. Sie zeigt nicht nur keinerlei Zärtlichkeit für den armen Schatz, sondern greift sie ständig an, egal was sie sagt oder tut, obwohl Monique, selbst wenn sie nicht arbeiten würde, nicht in der Lage wäre, all das zu tun, was Beatrice tut (Geduld, unerhört, Pädagogik, Effizienz, ständige Hingabe).

Ich zähle die Tage nicht, an denen dieses arme Kind, das alles, was es kann und darüber hinaus für uns tut, aufgrund von Moniques sadistischer Paranoia nicht weint. Trotz meiner Überforderung als Lehrerin und Schriftstellerin versuche ich, Moniques Brutalität gegenüber der Unglücklichen zu kompensieren. Ich versuche, sie zu trösten und ihr ein wenig von der Zuneigung zu zeigen, die Monique ihr verweigert. Diese leicht unterfunktionalen Wesen brauchen viel mehr Zuneigung als andere Menschen und sie können sie auf herzzerreißende Weise erwidern. Ich würde mir diese schmerzhafte Arbeit gerne ersparen, weil ich etwas anderes zu tun habe, aber ich spüre, wie die Kleine stirbt, weil Monique ihr nicht nur kein Jota der Zuneigung schenkt, die sie für so viel einzigartige Liebe und Hingabe verdient, sondern ihr gegenüber tragisch negativ eingestellt ist. Leider verzehnfacht sich mein Mitgefühl für dieses Kind in dem Maße, in dem sich Moniques Boshaftigkeit ihr gegenüber verzehnfacht. Das ist ein vollständiger Teufelskreis, denn mein Umgang mit der Kleinen wird immer mehr zu einer grundlegenden Therapie, die jedoch angesichts der Traumata, die Monique ihr zufügt, nicht wirksam ist. Die arme Kleine weint manchmal stundenlang regungslos, ohne dass Monique auch nur im Geringsten davon berührt wird.

Ich kann Monique noch so oft erklären, dass ich diese Aufgabe nicht selbst übernehmen müsste, wenn sie dieser kleinen Vorsehung die Liebe und Ermutigung zukommen ließe, die sie braucht, und das mit wenig Erfolg. Es nützt nichts: Sie monologisiert weiter über die Prämissen ihrer Vesanie und ist taub für jeden gesunden Menschenverstand, jede Argumentation und jede elementare Menschlichkeit.

Wir haben ein Kind, das wir großziehen müssen, ein Haus, das wir auf Moniques Namen kaufen, das ich einrichte und für das ich eine Bürgschaft von 50 % über fünfzehn Jahre übernehme. Wir haben eine kleine Frau, die uns hilft, und zwar sehr effizient. Aber wenn Monique nicht sieht, dass wir alles haben, und nicht versucht, sich selbst zu heilen, kann ich nichts für meinen Sohn tun, und dann sehe ich keinen Grund mehr zu leben. Außerdem werden wir mit diesem gekauften Haus, wenn wir uns nicht perfekt verstehen, in eine selbstmörderische Anarchie verfallen. Das ist, wo wir uns befinden: eine echte Sackgasse, die sehr schmerzhaft ist. Monique versteht absolut nicht, dass das, was sie mir vorwirft, nämlich die arme Kleine jeden Tag mit dem Löffel aufzuheben, ihr und nur ihr vorzuwerfen ist!

Unsere Freundin Frédérique, die ihr einen bewundernswerten Brief schrieb, sagte zu ihr: "Sie stürzen diese Kleine auf Tristans Herz". Und genau das tut sie. Es gibt keinen Dialog mit Monique: Sie dreht sich in ihrer Besessenheit im Kreis und ist dabei, uns alle zu schiffbrüchig zu machen, einschließlich unseres geliebten Kindes, was das Schlimmste ist. Ich sehe keine Lösung. Dennoch sage ich mir, dass es unmöglich ist, dass Monique nicht genug geistige Gesundheit hat, um sich in letzter Minute zusammenzureißen. Was sagen unsere Horoskope?

Ich persönlich sage mir, dass alles, was Intelligenz, Strenge und Liebe hat, aus dieser Welt verschwinden muss. Deshalb habe ich keine Hoffnung mehr.

Drei Wochen später erhielt er drei Studien. Die Gesamtheit der Überlegungen erhellte, aber löste nicht die unentwirrbare Situation, in der Monique der Schlüssel zum Ganzen war.

Der kleine Aurelian wurde zu Beginn seiner Existenz von seiner Mutter auf die Probe gestellt, die ihn aufgrund ihrer Missverständnisse mit seinem Vater verletzen würde. In seinem Geburtshimmel stand, dass sein Vater hartnäckig handeln würde, um seinen Sohn von der dekadenten Konjunktur zu isolieren. Aurelian würde sich einer Sache verschreiben, die weit in der Zukunft liegt und der er seine ganze Liebe widmen würde. Er wäre dazu bestimmt, für ein breites Publikum zu schaffen, um nach einem Ideal zu streben. Er würde zu einer Loslösung von irdischen Dingen neigen und sich in einer gewissen Entsagung, Hingabe, Selbstverleugnung und Aufopferung suhlen. Er würde in der Isolation existieren, die Bekanntheit ausschließt. Er würde die Schwachen und Benachteiligten schützen, Kranke pflegen und überdurchschnittliche Begabungen entwickeln.

Tristans Horoskop deutete darauf hin, dass er das Schicksal seines Sohnes spürte und mit aller Kraft versuchte, das Kind auf seine Aufgabe vorzubereiten. Es schien, dass Monique und Tristan sich nicht trennen würden (Irrtum des Astrologen), sondern in der Perspektive der Liebe und der Erziehung des Kindes vereint blieben.

In Tristans Thema fand man eine "übermütterliche" Liebe zu seinem Sohn (Es war richtig, dass Tristan sich als Vater-Henne-Seele fühlte).

In Tristans Thema erkannte man eine Art edle Hysterie, die ihren Sohn vor der Unmenschlichkeit schützen wollte, die ihr Herz verabscheute.

Tristan würde also dazu neigen, Aurélien ein isoliertes Erziehungssystem aufzuzwingen, doch das Horoskop des Kindes zeigte, dass er keineswegs darunter litt, sondern im Gegenteil. Eine Vereinbarung zwischen Monique und Tristan über das Kind wurde bestätigt (ein weiterer und derselbe Fehler des Astrologen). Aurélien wäre zutiefst rebellisch gegen die Gesellschaft, aber konnte er das mehr sein als sein Vater?

Aurélien hätte eine beachtliche magnetische Flüssigkeit, die Wesen helfen könnte, sich zu erleichtern (Tristan hatte diese Gabe bereits bei seinem Sohn erlebt, der seine Hände auf seinen Bauch legte und damit Bauchschmerzen in wenigen Minuten verschwinden ließ). Das Kind würde sich bei seinem Vater genauso wohl fühlen wie bei seiner Mutter. Die Umstände, die Tristan und Monique erlebten, zeigten nur den chaotischen Zustand ihrer jeweiligen Themen auf. Solange es darum ging, gemeinsam in Richtung erschreckender Klarheit und Fürsorge für die Geplagten zu rudern, ruderten sie gemeinsam. Das Kind hatte den Felsen seiner Gegenwart in ein Wasser gespült, in dem sich divergierende Strömungen in Bewegung setzten.

Das Karma legte ihnen die ganze Last ihrer Disharmonien auf.

Monique hatte keine Hoffnung", sagte Maurice. Sie war eine ernste, starrköpfige und monolithische Person.

Als Tristan Maurice das erste Mal angerufen hatte, um mit ihm über Moniques Thema zu sprechen, bevor er ihm eine schriftliche Arbeit schickte, hatte er ihm lange von seinem betrübten und brutalen Mars erzählt und war zu dem Schluss gekommen:

- Ich, ich könnte nicht...

Aber wer hätte mit Monique zusammenleben können, wenn er nicht zehn Jahre lang absolut gefügig gewesen wäre, abgesehen von Tristan? Sicherlich nicht ihre eigene Mutter, die dies vor Tristan keineswegs verheimlicht hatte.

Tristans Neigung zum Selbstmord, wenn er nichts für seinen Sohn tun konnte, war in seinem Horoskop verankert.

Die Studie, die Maurice über Monique verfasst hatte, war ebenfalls aufschlussreich.

Sein Aszendent befand sich im Widder, dem willensstarken bis gewalttätigen Zeichen des Mars. Die Inharmonien waren heftig und schwer. Das Kind würde unter den Mars-Verletzungen leiden, die sie ihm auferlegte. Moniques karmische Tragödie bestand darin, dass sie ihre furchterregende Marskraft nicht kontrollieren konnte, **die weder von Merkur (Intelligenz) noch von Venus (Güte, Schönheit, Sanftmut) einen wohltuenden Einfluss erhielt**. Sie hätte ihre Gestirne überwinden müssen, die normalerweise "neigen, aber nicht bestimmen".[73]

Sie hätte sich, nachdem sie sich der Härte ihrer Widderhörner bewusst geworden war, bemühen müssen, die schmerzhaften Auswirkungen für andere und sich selbst abzuwenden. Er fügte einige Überlegungen aus dem Beatrice-Thema hinzu: Sie war eine wundersame Gegenwart für das Kleinkind und eine Vorsehung für sie alle. Sie besaß eine wahrhaft rettende Kraft, die nur bestimmten von Gott privilegierten Wesen vorbehalten war, um ihren Mitmenschen zu helfen, sie zu trösten und zu retten.

Er schloss: Wenn Sie jemanden nicht ausstehen können, tun Ihre Widderhörner weh, Monique, es tut sehr weh. Wenn Sie Ihren Sohn

---

[73] In seiner gesamten Lebensbeobachtung kann der Autor sagen, dass er noch nie jemanden gesehen hat, der "seine Sterne beherrscht". Alle untersuchten Sternthemen stimmten perfekt mit dem Verhalten der untersuchten Person überein. Es scheint also, dass die "Herrschaft über die Sterne" in den Bereich des äußerst Seltenen fällt. Es stimmt, dass unsere dekadente Zeit ihren freien Willen durch die Hypotrophie der inneren Genitalien verloren hat. Darüber hinaus ist die Frau durch ihre "Hommassierung" zutiefst deformiert.

lieben, ist es absurd, dieser kleinen Vorsehung zu schaden, da das Ergebnis für das Kind, Ihren Lebensgefährten und Sie selbst nur negativ sein kann. Sie müssten Ihre instinktiven Impulse überwinden, die in diesem Fall ganz und gar tierisch sind und nur zum größten Schaden für Sie und Ihre Angehörigen da sind...

Die Lektüre des Themas von Beatrice erschütterte Tristans Herz. Alles darin bewahrheitete sich in der Gegenwart und in der Zukunft, d. h. in den fünfzehn Jahren, die auf die Abfassung dieser Studie folgten.

Sie hatte ihre Sonne im zwölften Haus, dem Haus der Prüfung. Es war die Entsagung, der Geist der Aufopferung, der Selbstverleugnung, die in der Isolation, der okkulten, vertraulichen Diskretion vollzogen wurde. Es gab ein Bemühen um die Reinigung des Gewissens durch freiwillige Opfer, die zum moralischen Fortschritt beitrugen. Sie hatte eine natürliche Veranlagung, Kranke zu pflegen, Schwachen zu helfen und sie zu schützen. Sie würde sich nur mit Arbeiten beschäftigen, die eine Entfernung von der Welt erfordern. Sie neigte dazu, die Einsamkeit zu suchen und sich selbst Verzicht aufzuerlegen. Ihre Gesundheit ließ zu wünschen übrig, eine Language Disease, die längere Aufenthalte in Erholungsheimen erfordern würde. Sie hatte den brennenden Wunsch, sich für Gebrechliche und vom Schicksal Benachteiligte einzusetzen.

Ihre Gefühle trieben sie zu Akten der Selbstverleugnung und melancholischen Liebe. Ihre Konstitution war nicht robust, aber ihre Sensibilität war sehr groß mit erhabenen Ausbrüchen von Opferbereitschaft, Nächstenliebe und dem Wunsch, ihren Mitmenschen und niederen Brüdern, den Tieren, für die sie eine ganz besondere Zärtlichkeit empfand, zu helfen. Sie hatte eine extreme Gefühlssensibilität, die sie unendlich hilfsbereit gegenüber allen körperlichen und seelischen Nöten machte, denn sie wollte nur besänftigen, lindern, trösten ...

Sein Urteil war sicher, dass sein Leben nicht mehr lange dauern würde.

Das Leben dieses geliebten Kindes konnte aufgrund ihrer globalen Hypothyreose nicht lang sein, und wir wissen, dass die Schilddrüse die Drüse des Lebens ist.

So hatte Tristan diesen Schatz, den der Himmel ihr für ihren geliebten Sohn geschenkt hatte und den Monique mit ihrer widerlichen Verrücktheit monströs brutalisierte, tatsächlich festgestellt und empfunden.

Einmal sagte sie über sich selbst: "Bei mir ist der Saturn nicht rund und der Mars nicht gerade...".

Warum hatte das Schicksal Monique auf Tristans Weg geschickt? Gewiss, sie hatte Tristan als verbrauchtes Wrack aufgelesen. Sie hatte sich als perfekt erwiesen, und nach und nach schenkte er ihr sein Vertrauen und eine enorme Zärtlichkeit, die Monique durch ihr Verhalten nicht zuließ, dass er sie ihr gegenüber zum Ausdruck brachte.

Was ist eine Frau?

Sie ist für ihren Gefährten ein gehorsames Wesen, eine Mutter, eine Geliebte.

Was ist ein Ehemann? Ein Vater für seine Gefährtin, der, der das Sagen hat, ein Liebhaber.

Das ist die menschliche Realität, die der Weisheit der Nationen vor allen materialistischen Debilitäten aufgezwungen wurde.

War er ein Vater für Monique? Er hatte alles getan, um sie zu beschützen, ihr ein Haus zu geben, für das er alle Kosten übernahm, und während er sich nichts sehnlicher wünschte, als von seiner Partnerin bemuttert zu werden, hatte er ihr ein Kind geschenkt, das er sich jedoch aufgrund der Weltkonjunktur nicht wünschen konnte. Für dieses Kind und für seine Mutter hatte er dem Umzug nach Berry zugestimmt, der so gar nicht seiner Natur entsprach. Er hatte diese kleine, so himmelstürmende Beatrice aufgebaut, damit sie ihnen bei der Hausarbeit, bei ihrer Arbeit als Akademikerin und Schriftstellerin und vor allem im Hinblick auf die Ausbildung und Pflege ihres geliebten Kindes behilflich sein sollte. Er bereitete auch die Zukunft der Kleinen vor, was bei so viel Hingabe und unerhörter Kompetenz nur natürlich war. Er trug Schätze der Güte, Zuneigung, des Verständnisses und der Nachsicht in sich. Er war in der Lage, seinen Haushalt entsprechend den Realitäten einer schwindelerregend selbstmörderischen Zeit zu führen. Er war ein unerschöpflicher Liebhaber.

Zwar war ihr sexueller Appetit übertrieben, wie es bei "Schilddrüsenpatienten" mit ausreichenden Nebennieren und einer effizienten genitalen Fortpflanzung der Fall ist, aber eine Frau wusste mit diesem "Fehler" umzugehen, sodass sie ihren Partner zumindest relativ vor fleischlichen Versuchungen bewahren konnte.

Und Monique.

Mütterliche, verständnisvolle, liebevolle Ehefrau? Sie rundete die Ecken und Kanten ab und war diplomatisch mit ihrem Mann, "dem man sich vorsichtig nähern musste", wie es in der homöopathischen Beschreibung des Phosphorus, der er war, hieß (der Phosphorus der Homöopathie ist die Schilddrüse der Endokrinologie)? War er sich ihres

Interesses an einer Synthese bewusst, des Wunders, das die Anwesenheit der kleinen Bea in ihrem Haushalt bedeutete, für deren Ausbildung er Jahre gebraucht hatte? Hatte sie zärtliche Gesten? Ein wenig von jener Demut, die ein absolutes Zeichen geistiger Gesundheit ist? Gehorsame Gefährtin? Nie.

Wie oft hatte Tristan sich selbst reden hören, ohne dass sie ihm zugehört hatte.

Beatrice, dieser Schatz des Schicksals, diese Quelle der Zärtlichkeit für ihr Kind, Beatrice, die in allem half, die ihrem Kleinen das Wissen, das er ihr brachte, zu vermitteln wusste, und das mit dieser Engelsgeduld, die Tristans Herz mit verzweifelter Dankbarkeit anschwellen ließ. Bea, die kleine Bea, wurde von Monique unmenschlich behandelt, die sich nicht einmal vor Fremden beherrschen konnte. Freunde und Bekannte berichteten Tristan von ihrem schockierten Erstaunen und ihrer Empörung über Moniques Verhalten gegenüber Bea. All die wunderbaren Dinge, die Bea mitbrachte und die Monique von einer unerträglichen Überforderung entlasteten, waren für sie nichts. Nur ein kleines kaputtes Ding, ein Staubsaugerrohr, das durch Béas Unbeholfenheit vorzeitig abgenutzt war, ein falsch platzierter Gegenstand, ein verlorener Winkel im Haus, in dem Staub zurückblieb, zählten, während Moniques Zimmer, in dem Béa nicht putzen durfte, in Unordnung und Staub wie der schlimmste Souk aussah.

Wie würde Aurelien, wenn er reif war, wenn sich seine Güte und Intelligenz gefestigt hatten, wie würde er seine Mutter beurteilen?

Schon mit sechs Jahren sagte er: "Warum ist Mama so, wir müssen uns doch nur alle lieb haben".

Er war derjenige, der alle Lösungen gefunden hatte. Aber sie passte nicht zu Moniques Pathologie. Wenn Auréliens Urteil klar würde, könnte sie sich ihm nicht entziehen. Er würde dann wie sein Vater handeln, alles auf die Krankheit schieben und seine Mutter weiterhin lieben.

Moniques Zustand erschien Tristan zu ernst, als dass sie ihn hätte wahrnehmen können. Es war der Zustand der modernen Welt als Ganzes und der seiner Freundin im Besonderen. Moralischer Sinn, Ästhetik und Spiritualität waren überall verschwunden. Es gab nur noch Formalismus, und auch da nur noch animalische, egoistische Impulse. Monique entlastete sich später durch eine Heirat mit der fundamentalistischen Kirche in einem abwegigen Kontext, der den doktrinären Formalismus und Dogmatismus veranschaulichte, die das weiche Skelett dieser zweitausend Jahre Christentum waren.

Der weibliche Biotyp ist von Natur aus eifersüchtig. Eifersucht und Egoismus verbanden sich also, um am Ende des Jahrhunderts monströse Geisteshaltungen zu formen. Organische und erzieherische Defizite begünstigten überall die mörderischen Zerreißproben, die in den Nachrichten aus aller Welt verbreitet wurden. Der Säkularismus und die allgemeine Chemisierung hatten der Menschlichkeit der Welt ein Ende gesetzt. Alles würde nun abwegig und unmenschlich sein.

Nichts würde mehr zählen als kindlicher Egoismus und bestialische Triebe. Es würde nur noch ums Geld gehen. Wie hatte Tristan nur davon träumen können, dass sein Sohn dieser Hölle entrinnen könnte? Hätte Monique ein Gewissen gehabt, hätte sie ihr einzigartiges Glück genossen und nur einen einzigen Schmerz empfunden: den der Agonie der ganzen Welt.

Wenn Monique Bea nicht die nachsichtige und liebevolle Anerkennung geben konnte, die sie verdiente, dann würde Tristan eine Wohnung mit mäßiger Miete nehmen, in der die Kleine ihr Zimmer haben würde. Er würde Moniques Haus weiter bezahlen, das eines Tages Aurélien gehören würde. Er würde ihr die notwendigen Möbel und die Bücher hinterlassen, die eines Tages der Reichtum seines Sohnes sein würden.

Er war bereit, sein Zimmer in dem neuen Haus zu behalten. Er würde Monique nicht verlassen, man musste nur die Kleine schützen, deren Hingabe weiterhin ein offenes Ohr hatte und die die Pflege, die sie Aurélien trotz des Verhaltens ihrer Mutter zukommen ließ, nicht zählte.

Monique bestand darauf, Bea mit ihrem Zorn zu überfallen. Sie konnte den Mund nicht öffnen, ohne dass das Herz der Kleinen und auch das von Tristan, der für sie litt, zu rasen begann. Beatrice befand sich also weiterhin in stunden- oder tagelang andauernden Niederwerfungszuständen. Tristans tröstende Zärtlichkeit reichte nicht aus, um Moniques gewalttätiges Verhalten zu kompensieren.

Man musste daran denken, die körperliche und geistige Gesundheit von Beatrice und sich selbst zu schützen. Sie mussten für das Kind verfügbar bleiben. Tristan spürte, dass es mit seiner Gesundheit bergab ging. Zu all seinen Problemen kam noch ein Magengeschwür hinzu, das psychosomatisch bedingt war. Auch die Bronchien und die Lunge, die bei ihm sehr empfindlich waren, begannen zu versagen. Wie konnte er Monique auch nur einen Hauch der Zärtlichkeit entgegenbringen, die er für die Mutter seines Kindes empfand, wenn er ständig mit dem Verhalten eines schnippischen Fötus konfrontiert war?

Es war zu dumm, die ganze Zukunft zu ruinieren, die mit so viel Mühe, so viel Liebe und großzügig gewährten Opfern aufgebaut worden war.

Eine solche Verschwendung für eine groteske Vesanie. Nein, Tristan konnte sich nicht damit abfinden.

Noch vor vierzig Jahren, als der Mann Herr im Haus war, hätte er gesagt: "Die Dinge sind nun einmal so", und keine Verrücktheit hätte den normalen Lauf der Dinge nach dem Verstand und dem Herzen des Kapitäns, der das Familienschiff steuerte, verhindert.

Doch heute herrscht der Wahnsinn. Eine wahnsinnige Frau, die über pekuniäre Ressourcen verfügt, kann augenblicklich alle Formen des Chaos erschaffen, ohne dass Intelligenz oder Vernunft in irgendeiner Weise eingreifen können.

Die Involution, die Degeneration, ist so weit fortgeschritten, dass dieses soziologische Schicksal nun auch auf der Ebene der Kinder existiert, deren Infantilismus, der bei ihnen normal ist, immer mehr Gesetzeskraft erlangt. Die Welt versinkt in einer allgemeinen Anarchie und Tristan hatte sich von der wahnwitzigen Gewissheit genährt, dass Monique, strukturiert durch ihr schriftliches Werk, allem entkommen würde, insbesondere sich selbst und ihrer vesanischen und karikaturhaften Eifersucht.

Es war ein Traum. Monique war durch eine schreckliche Kindheit, deren Traumata unüberwindbar sind, zerrüttet worden, aber das wusste Tristan noch nicht. Der Säkularismus hatte sein Werk getan, und sein vages Bewusstsein für die Phänomene unserer Dekadenz konnte eine schreckliche Kindheit und den Säkularismus nicht ausgleichen, die zusammen das Potenzial der Liebe in den Menschen abtöten. Die Liebe ist der Schlüssel zu allem Verständnis und zu einem sinnvollen Kampf gegen sich selbst.

Die Hoffnung, die Hoffnung, die leben lässt und tötet, trieb ihn dazu, Monique zu schreiben:

Gewiss", schrieb er ihr, "gibt es in unseren Astralhoroskopen Unstimmigkeiten, aber wir haben eine Klarheit gemeinsam, das Gefühl für den Schutz, die Liebe unseres Kindes in einer fatalen Konjunktur, das großartige Ideal, das wir uns für es wünschen.

Sind das nicht enorme Verbindungen?

Die große Anfälligkeit meines Nervensystems, meine Inkompetenz für praktische Dinge und meine persönliche berufliche Arbeit verbieten es mir, mich allein um Aurelien zu kümmern. Die Kompetenz besteht nicht nur aus dem Wissen, das wir Beatrice geschenkt haben, sondern auch aus Liebe und Geduld. Zu meinem erstaunten Erstaunen entdeckte ich in Beatrice diese außergewöhnlichen Gaben der Liebe, der Geduld und der Pädagogik.

Es gibt nur wenige Kinder, die mit fünf Jahren bereits lesen, in Silben schreiben, ein wenig Klavier spielen und ein wenig Englisch sprechen können. All dies konnte nur dank béa erreicht werden. Ich selbst habe nur Anweisungen und Richtlinien gegeben, die wunderbar befolgt wurden. Ein krankhaft sensibler Charakter erfordert auch eine ständige Präsenz, nicht nur für Aurélien, sondern auch für mich selbst, der ohne sie gelähmt und sterilisiert ist.

Als ich dich zur Gefährtin nahm, war es gewiss nicht, um in dieser Gesellschaft ein Kind zu bekommen, sondern damit du mir bei meinem Werk als Denkerin hilfst, mich als dein Kind betrachtest. Du wolltest ein Kind, ich habe gespürt, wie stürmisch dieses Streben war, es war natürlich, aber ich habe es dir geschenkt, nicht mir, obwohl ich es jetzt anbete.

Ich habe Béa gebaut, damit sie uns bei der Erziehung von Aurelien hilft, damit sie dich, der du den ganzen Tag arbeitest, zu Hause entlastet, damit sie mir beisteht und es mir ermöglicht, meine Arbeit als Lehrer und Schriftsteller zu erledigen. Es ist leicht zu verstehen, dass du, selbst wenn dein psychisches Gleichgewicht perfekt wäre, deine Arbeit, dein Haus, das Kind und mich nicht allein bewältigen könntest.

Es ist daher ein Glück der Vorsehung, dass alles gemäß den Realitäten und nicht gemäß den Bestrebungen einer kranken Subjektivität geschehen kann, die sich der gesamten synthetischen Realität, die uns betrifft, nicht bewusst ist.

Deine Arbeit und dein Sohn am Abend würden ausreichen, um dich zu fressen. Das ist normal: Von einer Frau kann man nicht so viel verlangen. Deshalb habe ich keine sexuellen Ansprüche mehr und es ist normal, dass Bea sich um uns kümmern kann, dank der Ausbildung und Anleitung, die du und ich ihr bieten.

Beatrice gleicht deine unvermeidlichen Mängel aus und ich werde dir das nie übel nehmen. Was würde ich mit meinem künstlerischen Temperament, meinem pulsierenden Tinnitus, meinem Erbrechen und Gleichgewichtsverlust tun, was würde ich für das Kleinste tun, für meine Arbeit, ohne béa? : Ich wäre völlig gelähmt. Es ist also offensichtlich, dass wir nichts Wirksames für den Kleinen tun können, ohne die affektiven, pädagogischen und häuslichen Fähigkeiten von béa, die uns für dich aufbewahrt.

Du kannst es dir sogar leisten, spät nach Hause zu kommen, so wie du es wochenlang getan hast, um deine Mutter unterzubringen. Hättest du das ohne Bea tun können? Was könntest du für die Grundbedürfnisse von Aurélien und mir ohne den Tag tun, während du arbeitest? Nichts. Deine Mutter ist jetzt hier, drei Kilometer entfernt. Ich habe Bea für zwei Wochen zu einer Freundin geschickt, damit sie sich von der Depression erholt, die du ihr zufügst. Du hast Aurélien deiner Mutter anvertraut, aber sie wird ihm nichts, aber auch gar nichts von der Kultur und der Liebe mitbringen, die béa unserem Sohn entgegenbringt.

Ich habe niemanden für den Haushalt, meine Mahlzeiten, meine Arbeit, keine Hilfe. Ich bin verloren. Beatrice nimmt dir all diese Unwägbarkeiten ab, mit Liebe und Kompetenz dazu, sie hält das Haus in Ordnung, ermöglicht es mir, sie und unser Kind zu unterrichten. Sie lässt dich für Aurélien verfügbar sein, wenn du nach Hause kommst, sie ist eine Perfektion für uns alle. Du kannst verstehen, dass du uns Beatrice schuldig bist, sie kümmert sich um uns, wir müssen ihr dankbar sein und sie wie die Schwester unseres Kindes lieben, denn sie ist voller Hingabe, Gefühle und Zärtlichkeit gegenüber unserem Kleinen. Wir müssen sie in unserer Nähe behalten, nicht nur, weil ohne sie Panik ausbricht, sondern auch, weil sie ein Teil unseres Glücks ist. Dieses geliebte Kind hat eine Seele.

Du arbeitest den ganzen Tag, wie kann ich dich nachts wecken, wenn ich eine Menarche habe? Deine Überforderung ist zu groß, es ist bea, die sich für dich einsetzt.

Es darf nicht sein, dass der Wahnsinn das zerstört, was wir jahrelang mit so viel Mühe erarbeitet haben, hauptsächlich für dich, denn du weißt, dass es für mich in dieser Situation nicht in Frage kam, ein Kind zu bekommen.

Wenn der Wahnsinn versucht, ein so wunderbares Gebäude zu zerstören, dann habe ich keine andere Wahl, als eine Wohnung zu nehmen, um Bea und mich zu schützen, damit ich für den Kleinen verfügbar bleibe, insofern du dir helfen lässt. Ich muss das tun, auch wenn es mir das Herz zerreißt. Denk an all das, um dich zu beruhigen, um zu verstehen, dass du alles hast und dass du es nicht zerstören solltest...

Es schien Tristan unmöglich, dass Monique das nicht verstehen konnte. Es war so offensichtlich, so klar. Aber war Monique in der Lage, in die Geheimnisse seines künstlerischen, "thyreoidalen" Temperaments einzudringen? Das schien unmöglich, denn wenn sie es verstanden hätte, hätte sie verstanden, dass alles perfekt war und sie erfüllt war ...

KAPITEL XXI

DER ZUSAMMENBRUCH

In all diesen Jahren der Angst schrieb Tristan weiterhin unveröffentlichbare Bücher vor dem Hintergrund all der Verzerrungen und Lügen, in denen wir lebten, und unterrichtete an der Enseignement Supérieur, zu der er abgeordnet war. Er war der Meinung, dass eine Stelle als Rektor finanziell willkommen wäre, und er hatte alle notwendigen Unterstützer für diese Kandidatur. Dazu musste er an ein Gymnasium berufen werden, um wieder Kontakt mit der Sekundarstufe aufzunehmen, die immer mehr zu einer solchen wurde.

Er wurde an eine Schule berufen, die nur wenige Kilometer von seinem Wohnort entfernt lag, und fuhr mit dem Auto dorthin, um seine 17 Wochenstunden zu absolvieren.

Es war fast zwanzig Jahre her, seit er das letzte Mal an einer Sekundarschule unterrichtet hatte.

Es war ein Schock, und was für einer! Eine Kohorte asexueller Blue-Jeaners, regelrechte formlose Stärkesäcke, oppositionell gegen jede Form von Intelligenz, die sich genüsslich in allem suhlten, was absurd und erniedrigend war, permanent motiviert durch den Kult der ignoranten Kreativität, durch regressive, pathogene und kriminogene Musik. Kollegen, die als Grundschullehrer in die Sekundarstufe delegiert wurden, Billiglehrer, Linksradikale mit unerhörten Outfits, geistig und körperlich genauso informell wie ihre Schüler. Zwölf- oder Dreizehnjährige, die auf dem Schulhof rauchten und sich auf den Mund küssten, gemischte Klassen, die beide Geschlechter zerstörten, ohne jeglichen spezifischen Unterricht für das eine oder das andere: mit einem Wort, der Neantismus, der zum System und zum Maßstab der Kultur erhoben wurde. Als Schulleiter hätte er sich also mit dieser Mega-Deformität auseinandersetzen müssen. Er verzichtete auf eine Bewerbung und ging stattdessen in den Vorruhestand.

In einigen Jahren würde es noch schlimmer kommen: Lehrer wurden verprügelt, ihre Autos zu Schrott gefahren, die Reifen zerstochen, Mädchen "bumsten" in den Gängen und gebaren auf dem "Klo" oder ermordeten ihre Mitschüler... alltägliche Vorkommnisse.

Dadurch wurde er von dem Albtraum des Unterrichtens befreit und konnte sich auf den Albtraum konzentrieren, den Monique ihm auferlegt hatte. Beide Albträume gleichzeitig waren unmöglich zu bewältigen.

Die Steuerüberleitung seines Übergangs in den Ruhestand rechtfertigte eine Kürzung der Rente seiner Tochter Nathalie in Deutschland. Diese verklagte ihn vor Gericht. Die Richterin setzte die Rente durch, strich jedoch die Indexierung.

Um Monique zu gefallen und um zu versuchen, ihren Geist wieder etwas aufzupäppeln, hatte Tristan ihr freie Hand bei der Gestaltung des Hauses gelassen, das fast fertiggestellt war.

Martine, eine befreundete Malerin, hatte eine verblüffende Ähnlichkeit mit George Sand. Sie hatte ihr die Pläne nach ihren Wünschen gezeichnet.

Ihre ursprüngliche Malerei war eine Art diaphaner Neoromantik, ihre Aquarelle waren bezaubernd und ihre Porträts zeugten von großem Talent.

Moniques Mutter, die in ihre Nähe gezogen war, lebte in Rabat in Marokko, bevor sie in den Ruhestand ging. Monique hatte sie in Begleitung von Martine im Sommer besucht, als er noch dort war.

Dieser Aufenthalt hatte Martine über die seltsame Psychologie von Monique aufgeklärt.

Monique wollte für Martine einen Besuch in der Medina organisieren. Sie machten sich zu dritt auf den Weg, also auch ihre Mutter. Leider befand sich Martine an diesem Tag in der kritischen Phase des Monats. Diese Zeit war eine Prüfung, die durch die marokkanische Hitze und Martines typisch "thyreoidale", sehr empfindliche Typologie nicht besser wurde.

Sie bekam mitten in Medina einen Anfall von Agoraphobie[74] und äußerte den dringenden Wunsch, wegzugehen. Anstatt eine so einfache Situation, vor allem für eine Krankenschwester, medizinisch zu verstehen, zeigte Monique brutal ihre Ablehnung, was Martines kranken Zustand und ihr Herzklopfen noch verstärkte.

Ein kurioses Beispiel für diese Form von Moniques Altruismus-Egoismus: Martine hätte die Mühe, die sie sich gemacht hatte, um ihr

---

[74] Die Agoraphobie gehörte zur manischen Diathese, wobei die Manie ein Zustand der Hyperthyreose ist. Dieser Vorfall war ein klassischer Fall für eine Schilddrüsenpatientin.

die Medina zu zeigen, voll ausnutzen sollen. Diese "altruistische" Geste eliminierte von vornherein jedes Versagen derjenigen, die von ihrer seltsamen Hingabe "profitierte".

Martine hatte, wie so viele Menschen heute, große Probleme in ihrem Haushalt.

Monique hatte ihm den besten Rat gegeben:

- "Alles kann mit Liebe und Verständnis für den anderen gelöst werden".

Ein kluger Rat, den Monique selbst hätte befolgen sollen und der in diesem Fall nicht von Martine befolgt werden konnte.

Ihr Mann war nämlich dick und hässlich, trank Unmengen an Whisky und betrog sie.

Monique hatte Tristan von Martines Schwierigkeiten erzählt. Der Ehemann war gewiss kein Mann, der wie Tristan Tag und Nacht das Haus nicht verließ, um auf die beiden Kinder, Aurelien und Bea, aufzupassen und sie zu unterrichten.

Monique hätte Martines Mann keine zwei Minuten ertragen können. Gute Ratschläge von Monique: Ironie des Schicksals.

Das gebaute Haus erwies sich als lächerlich unzureichend, um Tristan und seine Möbel unterzubringen. Für die zweitausend Bücher gab es eine Wandbibliothek, aber die zwanzig Quadratmeter, die ihm zur Verfügung standen, waren absurd groß.

Und er hatte unterschrieben, weil er dachte, dass Monique die Grundbedürfnisse ihres Partners berücksichtigen würde. Das hatte Martine auch gedacht, als sie die Pläne für das Haus entworfen hatte, aber sie hatte sich nicht getraut, etwas zu sagen.

- "Ich verstand es nicht", sagt sie später zu Tristan, "aber da Sie nichts sagten, dachte ich, Sie wären einverstanden, und ich stellte mir vor, dass es eine Lösung gab, von der ich nichts wusste".

Eigentlich hatte Monique das Haus nur für sich und ihr Kind entworfen.

Diese architektonische Besonderheit passte perfekt zu seinen psychischen Schwierigkeiten. Tristan würde nicht einziehen können ... Alles würde sie trennen.

Er hatte von Monique einige Monate Zuneigung zu Bea verlangt, um zu akzeptieren, dass sie in der Stadt untergebracht wurde, ohne sich "abserviert" zu fühlen.

Monique machte nicht nur keine Anstrengungen und keine Fortschritte, sondern die Dinge wurden immer schlimmer und endeten tragisch.

Eines Abends begann Monique, die arme Kleine auf die gröbste Weise zu beschimpfen. Diese kleine "Hypothyreose", die keine Sexualität hatte und nie die Rivalin einer Frau sein würde, als "Hure" zu bezeichnen, war der Gipfel der Niedertracht.

Tristans Empörung erreichte ihren Höhepunkt. Er war unfähig, eine Frau zu schlagen, und doch sammelte er herzzerreißenden Mut in sich und vollzog eine Geste von therapeutischem Wert, die für ihn die schmerzhafteste seines Lebens war.

Seine Tat war ihm so fern, dass er, als er sie seinem Freund, dem Astrologen, erzählte, nicht anders konnte, als in schallendes Gelächter auszubrechen. Tristan fragte ihn, warum er lachte. Er antwortete:

- Beim besten Willen kann ich mir nicht vorstellen, dass du Monique ohrfeigst.

Das tat er auch. Aurélien war im Wohnzimmer anwesend, wo Monique die kleine Bea beleidigt hatte, Tristan zog seine Partnerin in sein eigenes Zimmer und verpasste ihr ein paar Ohrfeigen. Wie verdient, wie hilfreich, wenn die Therapie funktioniert hätte.

Bei einer normalen Frau mit einer vorübergehenden Störung hätte das perfekt funktioniert, wie tausend Beispiele bewiesen, aber Monique war zu schwer beeinträchtigt, als dass sie mit sich selbst ins Reine gekommen wäre und ihr Unrecht gestanden hätte. Sie war sogar noch schwerer geschädigt, als Tristan dachte, denn fünfzehn Jahre später war sie an demselben Punkt angelangt. Niemals konnte sie eine vernünftige Schuld auf beiden Seiten akzeptieren, denn Tristan war kein kleiner Heiliger.

Aber es kam noch schlimmer und bereits ein schrecklicher Beweis für die extreme Schwere von Moniques Fall: Zu Tristans Verblüffung rief Monique ihren Sohn an.

Hätte Tristan sich eine solche Verrücktheit, eine solche Unreife auch nur vorstellen können, hätte er Monique niemals eine Ohrfeige gegeben. Nur eine reife, vernünftige Frau kann zu Recht geohrfeigt werden, wenn sie es verdient hat, und der Schock bringt sie immer wieder auf andere Gedanken. Einer schwer degenerierten Frau wie der Mehrheit der Frauen des 20.

Es zerriss Tristan das Herz, dass sein Kleiner unter solchen Umständen kommen musste, gerufen von seiner Mutter, die ihn normalerweise ferngehalten hätte. Er wäre lieber gestorben, als das zu erleben. Dieses "es", das er sich nicht hätte vorstellen können.

— Warum", sagt Aurelian, "hast du Mama nicht den Hintern versohlt und keine Ohrfeige gegeben? Sie ist gemein zu Bea, sie hätte eine Tracht Prügel verdient. Du versohlst mir den Hintern, wenn ich es verdient habe. Du hättest Mama den Hintern versohlen sollen.

— Mein Schatz", antwortete Tristan, "du hast Recht, aber ich hatte keine Zeit zum Nachdenken.

Während Tristan mit seinem Sohn sprach, war Monique aus dem Zimmer gegangen.

Zwei Monate später erfuhr er, dass Monique gegangen war, um die Kleine zu schlagen, die ihr nichts gesagt hatte, weil sie Angst hatte, Tristan würde sie noch mehr züchtigen.

Am nächsten Tag, als Moniques Bett noch nicht gemacht war, machte Bea es ihr. Monique dankte ihr nicht nur nicht, sondern warf :

- Ich verbiete Beatrice, mein Bett zu machen.

Es gab kein Zögern mehr. Die Kleine musste in einer Wohnung mit günstiger Miete untergebracht und beschützt werden.

Tristan mietete diese Wohnung mit einem zerrissenen Herzen und wackeligen Beinen. Er musste weggehen. Sein Kleiner würde die kleine Bea brauchen, er selbst auch, und er musste sie vor so viel Dummheit, so viel Sadismus schützen.

Ein Freund half ihm beim Umzug und beim Einrichten der Wohnung in einer großen Betonstadt, die Tristan verabscheute. Er richtete ein hübsches Zimmer für Bea ein, die kleine Bea, sie hatte ihre Ruhe.

Der Gipfel des Rührenden: Sie pflegte und unterrichtete Aurélien weiterhin mit der gleichen Zärtlichkeit, als wäre Monique gut und mütterlich zu ihr gewesen: Beatrice war das.

Bald würde Tristan betrogen werden: Aurélien würde in die Grundschule gehen.

An dem Tag, an dem Tristan sie geohrfeigt hatte, hatte Monique Martine angerufen, damit sie sie abholte. Sie blieb zwei Tage bei Martine. Am zweiten Tag war das Konzert der Musikschule, bei dem Aurélien eine bezaubernde kleine Etüde spielen wollte. Monique weigerte sich, dorthin zu gehen, weil Bea auch Bachs erstes Präludium aus dem "wohltemperierten Cembalo" spielte.

Monatelang half Martine Monique, half Tristan, erleichterte die Beziehungen, die unmöglich geworden waren, seit er sie geohrfeigt hatte. Monique, die in ihrer Geisteskrankheit gefangen war, war nicht in der Lage, objektiv zu denken: Sie identifizierte Tristan mit ihrem Vater, der sie geschlagen und abgelehnt hatte und ihr die schlimmsten Misshandlungen zugefügt hatte. Ihre Blockaden ketteten Monique in ein Karma, das Tristans Herz brach und für das er nichts konnte.

Er konnte ihr nicht einmal sagen: "Ich liebe dich und verstehe dich, komm in meine Arme". Der arme kleine Kaktus von Monique konnte nichts hören.

Nach einigen Wochen beschloss Martine, Monique einen durchdachten Brief zu schreiben. Es war der Brief einer Freundin, die sich Gedanken gemacht hatte und nur ihr beider Interesse, ihr Einvernehmen suchte. Sie lieferte den wesentlichen Wortlaut an den unendlich besorgten Tristan:

Sie sagte ihm, dass sie als Freundin verpflichtet sei, ihm aufrichtig zu sagen, was sie denke. Sie erzählte ihr von Tristans künstlerischem Temperament, das man verstehen müsse, von Beatrices notwendiger Anwesenheit, um ihr selbst, die arbeitete, zu helfen, sich um ihr Kind zu kümmern und von ihrem Mann, der die Kleine so gut unterrichtete, um ihr Kind zu formen, von der Zuneigung, die sie einem so rührenden und liebevollen Wesen für ihr Kind schuldete. Sie erinnerte ihn an den perfekten Grundsatz, den sie ihm selbst beigebracht hatte: "Mit viel Liebe und Verständnis für den anderen kann man alles erreichen.

Er erinnerte sie auch daran, dass sie einen schwierigen Charakter hatte und dass es wichtig war, dass sie sich dessen bewusst wurde.

Monique wollte Martine nie wiedersehen, wie ihre Freundinnen Simone und Gladys, die sie Jahre später wieder traf.

Monique hatte von einer Bemerkung gehört, die Martine darüber gemacht hatte, dass Monique sogar gegenüber ihrer eigenen Mutter diktatorisch sei.

Sie ging, um ihren Bulldozer-Charakter bis zum Arbeitsplatz von Martines Ehemann zu demonstrieren, so dass dieser sagte:

— Sie würde mich in einer Woche umbringen. Und Beatrice sagte:

— Ich auch, wenn Herr Tristan mich nicht beschützt hätte.

Der Traum, den Tristan für seinen Sohn hatte, versank im Nichts.

Er würde sozialisiert, man würde ihn zu einem Roboter machen, einem gefügigen Produzenten und Konsumenten, vielleicht einem physikalisch-chemischen Amalgam, das von der Gewinn- und Verlustkasse der Pseudodemokratie verwaltet wird.

Zwei Gedichte entsprangen den intensiven Tränen, die er vor dem eisigen Grabmal der geistigen Zukunft seines geliebten Sohnes vergoss:

Aurélien

Ich sehe seine blauen Augen am Tag seiner Taufe vor mir.
Und sein engelsgleiches Lächeln, bei dem mein Herz geschmolzen ist.
Ich sehe ihre Wiege, ihren Blick, ihre Flügel.
Und meine verzweifelte Seele.
Ich sah ihn schon vor mir, Leben, Licht, Sonne.
Meine blühende Blume, im Garten meines Herzens.
Rose, höchste Schönheit, lebendig in meinem Nest.
Und nun stürzt sich der Tod auf meinen Traum.
Auf meiner Rose und meinem Herzen
Ich sehe, wie sie beide ohne Unterlass verwelken.
Ohne jede Hoffnung,
O Schmerz ...
An meinen geliebten Sohn
O mein lieber Kleiner.
Umhüllt von meinem Herzen.
An meine Seele geschmiegt.
Von wo aus Ströme der Zärtlichkeit
Zu deinem Herzen fließen.
In dieser Welt voller Hässlichkeit und Hass.
Ich denke so oft an dich.
Ich werde alles tun, sei dir gewiss, damit du, schöne Blume.
Du blühst im azurblauen Himmel.
Deine Füße auf dieser Erde und deine Stirn in der Sonne.
Ich werde dem Herrn sagen
Hier, ich schenke ihn dir, er ist so schön gewachsen.
Im Garten meines Herzens.
Er ist da, um Gott und dem Universellen zu dienen.
Er ist da, o Herr!
Siehst du, ich habe das höchste Meisterwerk vollbracht.
Ein zärtlicher und starker Mann.
Ich habe ihn so sehr geliebt,
O viel mehr als ich selbst
Du kannst mir meine Sünden und Mühen vergeben.
Denn ich biete dir einen Schatz an...

Während Aurélien den Namen seines Vaters trug, der ihn anerkannt hatte, waren Monique und Tristan aus steuerlichen Gründen, wie wir gesehen haben, nicht verheiratet. Ihre Situation wäre untragbar gewesen, und sie konnten nur auf der Grundlage der Position einer "zölibatären Mutter" bauen lassen.

Alles lief auf ihre Zerstörung hinaus. Während Moniques Fixierung therapeutisch unüberwindbare Blockaden ermittelte, hatte eine neue Regierung gerade Konkubinate mit Verheirateten gleichgestellt.

Das bedeutete, dass sie, wenn sie es sich hätten leisten können, das Haus um ein Zimmer zu erweitern und dort gemeinsam zu wohnen, für die monatlichen Raten und Steuern die enorme Summe von fünfzehntausend Francs pro Monat hätten zahlen müssen, mehr als Tristans Lehrerpension. Die Situation war absurd und unlösbar.

Wenn sie getrennt lebten und sogar die Hälfte der Melkkosten für Moniques Haus zahlten, war die Situation schwierig, aber möglich. Wenn alles geregelt gewesen wäre, wenn sie sich im Haus und im Glück eingerichtet hätten, wären sie durch die "Lohn-Steuer-Melk-Situation" des Hauses vernichtet worden.

Es galt also, die Wohnung mit Bea zu übernehmen und dort auch ein Institut für natürliche Medizin und Gesundheit zu gründen, um möglichst viele Menschen vor dem Abgrund der Chemie zu retten.

Es gab also durchaus konkrete Gründe für Trost: Der elementare Aspekt des Lebens wurde möglich, während sie, wenn ihr Ideal verwirklicht worden wäre, wenn Monique Bea für ihr engelsgleiches Verhalten belohnt hätte, wenn sie alle in Liebe und Harmonie vereint *gewesen wären, von Grund auf durch das Finanzamt zerstört worden wären.*

Das war für Tristan so verblüffend, dass er es nicht glauben konnte. Er ließ verschiedene Spezialisten, einen Freund von der Steuerbehörde und Juristen, Berechnungen anstellen, um sich die Absurdität bestätigen zu lassen.

Die unumkehrbare Trennung, die ihnen das Schicksal durch Moniques betonierte psychische Probleme aufzwang, rettete ihnen das Leben auf elementarer materieller Ebene...

Das tröstete Tristan nicht, denn "das Herz hat seine Gründe, die die Vernunft nicht kennt"...

Tristans Gesundheit begann sich zu verschlechtern. Eine Bronchitis mit Stauung brachte ihn auf eine Temperatur von fünfundvierzig Grad Celsius. Er hatte seit zwanzig Jahren kein einziges Antibiotikum oder chemisches Medikament mehr eingenommen, da er von dem grundlegenden Satanismus der Chemie im menschlichen Körper überzeugt war.

Aber in einer solchen Situation wurden Antibiotika notwendig.

Einen Monat später kam es zu einem Rückfall und die Temperatur stieg auf 39 Grad. Er wandte eine natürliche Therapie an, die sehr gut funktionierte. Leider kam es zwei Monate später zu einem weiteren Rückfall mit einer Temperatur von 40 °C. Er musste Antibiotika einnehmen. Diese allopathische Medizin hat in Notfällen und für kurze

Zeit ihren Wert behalten. Sie ist eine "Medizintechnik" und nicht die Medizin. Das Unglück ist, dass Ärzte sie für Medizin halten, weil sie unkritisch sind.

Sie verstehen nicht einmal, dass Impfstoffe, die mit Quecksilber und Aluminium versetzt sind, für den Menschen eine Katastrophe darstellen. Es ist die Hygiene, die die Epidemien zurückgedrängt hat. Vor dreißig Jahren titelte Professor Dick, der weltweit führende Pockenexperte, in einer Zeitung: "Der Impfstoff ist gefährlicher als die Krankheit"...

Am selben Tag, an dem Tristan dieses starke Fieber hatte, vertraute Monique ihm Aurélien für drei Tage an. Dank der kleinen Bea konnte er ihn aus der Wohnung abholen. Wollte sie Tristan eine Freude machen, indem sie ihm das Kind anvertraute? Sicherlich nicht, es kam ihr nur gelegen.

Später erfuhr er, dass sie bereits einen anderen Mann in ihrem Leben hatte. Das hätte Tristan nie gedacht, er glaubte, dass sie sich in der Situation beide darauf konzentrieren würden, das Kind zu erziehen und es vor den grauenhaften Umständen zu schützen. Er, der Naive, war sich sicher, dass sie ihrem Kind niemals einen Stiefvater aufzwingen würde.

Er war noch so voller Illusionen über Monique, dass er ihr Briefe schrieb, die zwar voller Wahrheit waren, weil man die Tatsachen nicht leugnen konnte. Aber er war immer noch voller Zärtlichkeit, Nachsicht und Verständnis, er war bereit, alles zu regeln, außer natürlich, Bea auf die Straße oder in die Einsamkeit zu werfen.

Materiell war die Wohnung die Lösung. Die Kleine war geschützt, Monique musste ihre Anwesenheit nicht ertragen, Tristan umgab sie mit seiner Zuneigung, das Institut war zu dem einzigen Zweck geöffnet, offene Geister vor allem zu schützen, was sie unter den herrschenden Umständen zerstörte. Echte Gesundheit war nur um diesen Preis zu haben. Er hatte ein Zimmer in Moniques Haus behalten. Finanziell konnten sie es schaffen, gerade so, aber sie konnten es schaffen.

Er schrieb ihr, dass er sie innig liebte, dass das Kind ihr Lebensinhalt sein sollte, dass Bea niemandes Rivalin war, dass sie sie unbedingt brauchten, weil sie perfekt für das Kind, das Haus und die Arbeit war, dass niemand auf der Welt einem Kind so viel Liebe geben konnte, während die Mutter gezwungen war zu arbeiten, ihr die Grundlagen des Schreibens und Lesens beizubringen, Klavier zu spielen und Englisch zu lernen.

Eigentlich sagte er immer das Gleiche.

Zu Moniques Geburtstag schenkte er ihr als Symbol ein goldenes Herz, das von einer goldenen Kette gehalten wurde. Zu Weihnachten schenkte er ihr zwei Gedichte und ein Musikstück, die er ihrem Sohn widmete.

Nichts tat nichts. Er erklärte ihr, dass er sie nie geohrfeigt hätte, wenn er sie nicht geliebt hätte. Ein Jahr musste reichen, damit sie diese therapeutische Ohrfeige verstand. Er behielt eine Kopie seiner Briefe, die ein dickes Buch hätten ergeben können.

Monique hatte das eiskalte Herz ihrer Zeit, den Wahnsinn des Eisernen Zeitalters.

Die Krankheit klammerte sich an ihn. Eines seiner Augen sah aus wie eine Tomate, in der sich Zysten bildeten. Eine psychosomatische Krankheit, wie die, die seine Lunge und seine Bronchien befallen hatte. In der humorvollen medizinischen Fachsprache nannte man dies "Nervenschwangerschaften des Auges".

Sein Herz sprach immer noch gegen alle Vernunft:

> Meine Monique.
>
> Wenn das Herz spricht, muss man es sprechen lassen, und meine Liebe zu euch beiden wird bis zu meinem Tod nicht aufhören zu schwingen. Nach zwei Tagen Antibiotika und einem geprellten Auge denke ich nur noch an euch.
> Wie kann ich dir meine Zärtlichkeit sagen? Wie kann ich dir verständlich machen, dass ich einer der wenigen Menschen bin, die mit einem Herzen und einer Intelligenz voller Licht, Schönheit und Aufrichtigkeit fortbestehen?
> Wie kann ich dir verständlich machen, dass ich dich so liebe, wie du bist, und dass ich deine Schwierigkeiten verstehe, aber dass es für mich unmöglich ist, bea weinen zu sehen, weil du sie schlecht behandelst und ich das tun musste, was ich getan habe, eine normale Handlung für einen anständigen Mann gegenüber einer anständigen Frau, die er liebt?
> Siehst du, wir hatten das Herzstück meiner Schriften erreicht: eine kleine, traditionelle Gesellschaft inmitten des globalen Chaos. Wir waren eine Insel des Diamanten, alle vier, die sich perfekt ergänzten. bea liebt unser Kleines von ganzem Herzen. Sie hat sogar eine außergewöhnliche Autorität über unser Kind, die wir nicht haben. Sie gleicht meine Defizite dir gegenüber aus, sie gleicht deine Defizite mir gegenüber aus. Sie ist unser Schutzengel.

Wie unser Philosophenfreund C. so treffend erkannte, als er uns vor anderthalb Jahren besuchte: "Wir hatten eine kleine frühmittelalterliche Gesellschaft zustande gebracht, ein einzigartiges Juwel in unserer Zeit, und wir alle funktionierten perfekt miteinander".

Wir haben ihn vor allem Negativen in dieser verwirrten Gesellschaft beschützt. Aber seit einem Jahr, seit unserer Trennung, hat er eine Erkältung, eine Bronchitis und Warzen. All das deutet auf eine deutliche Stärkeüberladung hin. Seine Physiognomie weist auf eine müde Leber und Nieren hin... In seinem Alter!

Dank béa wäre all das nicht, wenn wir zusammen wären, denn wir vier kombinieren die richtige Pflege ohne Kompromisse.

Unsere idiotische Trennung wird ihn zwangsläufig in alle Kompromisse der nekrotisierenden Nachrichten eintauchen lassen. Jetzt, wo ich in den Vorruhestand gegangen bin, hatte ich viel Zeit, um mich mit Bea um ihn zu kümmern. Und du hast abends um fünf Uhr dein Licht in unseren Liebeskreis gebracht. Das ist die wahre Ehe.

Ich habe Gerüchte gehört, dass du einen anderen Mann kennst, den du heiraten möchtest. Ich habe ihnen nicht geglaubt: Eine Ehe, die auf unseren Trümmern aufgebaut ist? Welcher gutherzige Mann, der unsere Situation genau kennt, könnte dich heiraten? Keiner von ihnen. Dich auf unseren Trümmern heiraten? Auf einer offensichtlichen und alltäglichen psychischen Störung, die so offensichtlich ist, dass alle sie sehen?

Wenn ein Mann von solcher Qualität mein Nachfolger werden konnte, bedeutet das, dass ich in deinem Leben nie etwas anderes als ein Schatten gewesen wäre und dass dir mein Wesen radikal entglitten ist.

Ich versetze mich in die Lage eines Mannes, der diesen Namen verdient. Wenn du die Venus von Botticelli wärst, könnte ich in einer solch epischen Tragödie nichts anderes tun, als alles zu tun, um dich zu deinem Gefährten zurückzubringen, damit dein Verstand und dein Herz geheilt werden. Wenn ich das nicht täte, würde ich mir selbst wie ein Geier vorkommen, wie ein Aasfresser...

Wie könntest du mich so schnell ersetzen, wenn du mich wirklich liebst? Ich könnte dich nie ersetzen, weil meine Liebe zu dem Kind nie von meiner Liebe zu dir getrennt werden kann.

Unser Kind muss seine Seele formen, indem es im Schlaf spürt, dass unter seinem Dach ein Vater und eine Mutter sind, die sich lieben. Zu wissen, dass er sie nicht kennenlernen würde, bricht mein Herz und lässt mich den Gedanken an den Tod mit meinem Kleinen in den Armen schätzen und dich den Wahnsinn dieser zerfallenden Welt genießen lassen.

Ich dachte, du wärst so klug! Ich war mir sicher, dass das Bewusstsein, das ich dir verschaffte, all den Wahnsinn unmöglich machte, den ich genau seit deiner Rückkehr aus dem Urlaub mit Beatrice aus Marokko beobachte. Seit dieser Reise vor drei Jahren hat der Albtraum begonnen.

Doch es war unmöglich, dass du in diese plumpe Falle tappst, die angesichts der gewaltigen Festung, die du, ich und bea errichtet hatten, lächerlich wirkte.

Ich selbst hatte dank dir die Illusion, dass wir mit unserem Kind allen Schrecken des Materialismus entgehen würden.

Ich habe in den ersten beiden Jahren geglaubt, dass du die ideale Frau bist, und ich habe nie geglaubt, dass deine Schwester Françoise Recht hatte, als sie mir in Bezug auf dich, die ich in den Himmel hob, sagte: "Wir sprechen in zwei Jahren wieder miteinander"...

Kein anständiger Mann wird dich als Partnerin akzeptieren, wenn er unsere Situation kennt, deine psychischen Schwierigkeiten, diese lächerliche Fixierung auf unseren kleinen Schatz, der leicht behindert ist, und meine Zärtlichkeit für dich.

Wenn du meine Arbeit ein wenig verstanden hast, weißt du, dass nur ein Humanoid bereit wäre, auf solchen Ruinen "sein Glück zu machen" und, warum nicht? Meine Kaution für das Haus aufzukaufen, auf der Grundlage einer geistigen Verwirrung einer Frau, die von ihrem Mann geliebt wurde und die er sicherlich nicht heiraten würde, wenn sie Krebs hätte?

Es ist wahr, dass diese Geistesstörung jedes Bewusstsein abstumpft und dass jeder Schakal unserer Zeit davon profitieren könnte.

Ist es möglich, dass keine Träne in deine Augen kommt, wenn du mich liest? Ist dein Interstitial so mangelhaft?

Gibt es in dir keinen Platz für Zärtlichkeit, Vernunft, Selbstkritik und Selbstbewusstsein?

Ich würde dich gerne in den Arm nehmen. Ich bin immer für dich da. O meine dumme Monique

Meine Monique.

Heute Nacht habe ich geträumt, dass dein Gesicht heiter ist, und ich stand vor dir, also habe ich dich sanft auf dein ganzes heiteres Gesicht geküsst. Dann hast du deinen Kopf an meine Schulter geschmiegt und "Entschuldigung" geflüstert. Und ich habe dich einfach an mein Herz gedrückt, ohne ein Wort zu sagen, denn ich hatte dir bereits vergeben. Ich weiß sehr wohl, dass man seinen Hass nicht seiner Liebe vorziehen kann.
Es ist nicht möglich, dass du die kleine Bea mehr hasst, als du mich liebst?

Meine Liebsten.

Wenn ich nicht in der Nähe von euch beiden bin, ist mein Herz zerrissen, so zerrissen, dass ich keine Worte habe, um meinen Schmerz auszudrücken. Vielleicht fühlt der Hund, der sich weigert zu fressen und sich am Grab seines Herrn sterben lässt, das, was ich fühle.
Ich konnte nicht anders handeln, als ich es in der Absicht getan habe, dich durch einen Schock zu heilen.
"Ich kenne nur eine einzige Überlegenheit, und das ist die Güte", sagte beethoven.
Ich konnte nicht zulassen, dass du diese Kleine ausrottest, die aufgrund ihrer Schilddrüsenunterfunktion durch Bosheit mehr als andere zersetzt wird. Aber auch, weil ich ohne diese Kleine, die ein Geschenk des Himmels ist, weder für das Kind, noch für mich, noch für dich etwas tun kann.
Wie kannst du das nicht verstehen?
Wach auf, Monique, zwing mich nicht, dich zu verachten, wo ich euch beide doch so sehr liebe.

Tristans Gesundheitszustand verbesserte sich nicht.

Martine versuchte, Tristan und Beatrice zu trösten, so wie sie Monique an dem Abend getröstet hatte, als er sie hatte ohrfeigen müssen.

Tristans Gesundheit war besorgniserregend. Das bestätigte die Befürchtungen des befreundeten Astrologen, der Monique ohne Tristans Wissen darüber geschrieben hatte. Da dieser Brief bei Monique keine Wirkung zeigte, erfuhr er Monate später von Maurice selbst von der Existenz des Briefes.

Martine wollte sich noch bei Monique einschalten und brachte Tristan eine Kopie ihres Briefes mit:

Meine liebe Monique.

Ich bin mir sicher, dass Sie verstehen werden, wie viel es mich kostet, Ihnen zu schreiben. Aber ich denke, dass man manchmal auf seinem Stolz sitzen bleiben muss. Ich tue dies in Ihrem und Aurelians Interesse.

Ich sehe mit großer Angst, wie Tristans Moral zerbricht, weil er merkt, dass Aurélien nicht mehr spürt, dass Sie seinen Vater lieben.

Ich wurde auf Auréliens Äußerungen aufmerksam gemacht: "Warum ist Mama so, wir müssen uns doch nur alle lieb haben". Wenn Sie Tristan jede Hoffnung nehmen, befürchte ich das Schlimmste für Sie alle, Aurélien und Ihr Haus, das er aus Verzweiflung vielleicht nicht bezahlen will.

Trotz aller Liebe, die Tristan für seinen Sohn und Sie empfindet, was selbst meinen Mann erstaunt, müssen Sie die Zuneigung für Ihren Lebensgefährten wiederfinden. Er würde sich nicht davon erholen, das Wichtigste für Ihr Kind nicht wiederzufinden, und das Schlimmste wäre zu befürchten. Ich bin mir sicher, dass Ihre Zuneigung ihm die Kraft zurückgeben würde, die er braucht, um sich um Sie beide und das Haus zu kümmern.

Beatrice und ich reichen nicht aus, um ihre Moral aufrechtzuerhalten. Ich entdecke, dass ihre körperliche und seelische Zerbrechlichkeit viel größer ist, als ich dachte, und diese Erkenntnis zeigt deutlich, wie unentbehrlich Beatrice für Sie ist.

Ich habe Ihnen vor acht Monaten geschrieben. Ich erlaube mir, Ihnen zu sagen, dass die Tatsachen mir in allem, was ich Ihnen damals gesagt habe, Recht geben. Mein Brief war jedoch ausschlaggebend für unser Zerwürfnis. Ich habe das übrigens nicht verstanden, denn wenn eine Freundin einer Freundin helfen will, dann tut sie das natürlich, indem sie sie aufklärt und ihr die Wahrheit sagt. Ich glaube nicht, dass Tristans fast krankhafte Gutmütigkeit unerschöpflich ist.

Mögen Sie es verstehen, bevor es zu spät ist.

Tristan macht sich Sorgen um Beas Zukunft, wenn er verschwinden würde. Ich habe ihr versprochen, dass ich mich um sie kümmern werde.

Mein Mann und ich werden versuchen, Tristan aus diesem HLM herauszuholen, der seiner Moral nicht gerade förderlich ist. Tristan möchte sein Zimmer bei Ihnen bewohnen und die Wohnung für all seine Sachen behalten, die nie ins Haus passen werden, und vor allem, um Bea zu schützen und auch für sein Institut.

Man kann angesichts so vieler Zerstörungen nicht gleichgültig bleiben, und es ist für das Wohl von Ihnen allen, dass ich diesen Brief schreibe. Meine Emotionen und mein Interesse an Ihnen sind der Grund für mein Eingreifen in eine schmerzhafte Angelegenheit, an der ich in keiner Weise beteiligt bin. Glauben Sie an meine treuen Gedanken.

Martine

Charlotte, Tristans Schwester, Tante und Patin von Aurélien, kam jedes Jahr mit ihrem Mann aus Kalifornien in das Haus, das sie in der Corrèze gebaut hatten, um sich dort aufzuhalten. Sie nutzte diesen Aufenthalt, um ihren Bruder, Monique und ihren Neffen und Patensohn zu besuchen. Bald würde sie für den Sommer nach Frankreich kommen.

Tristan hatte ihr das Drama erklärt, das sie verschlungen hatte.

Charlotte war das letzte Mitglied ihrer Familie, das ihr noch geblieben war. Der allerletzte. Es wäre gut gewesen, wenn Charlotte etwas gesagt hätte, denn es schien, dass sie die einzige Person war, der Monique zuhörte. Aber tatsächlich konnte Monique nur dann einem Dialog zustimmen, wenn man ihr nichts sagte, was sie störte, und das war der Fall. Tristan stellte sich mit seiner üblichen Naivität vor, dass er auf seine Schwester zählen konnte, die ihm helfen und Monique mit klaren, menschlichen und vernünftigen Argumenten beeinflussen würde. Tristan war davon umso mehr überzeugt, als Charlotte ihm sagte, dass sie ihn und Moniques charakteristische Sturheit gut kannte.

Er ließ nichts unversucht, um sie zu informieren. Sie wusste alles.

Charlotte schrieb seltsamerweise seltsame Briefe an ihren Bruder und weigerte sich, Monique etwas zu sagen. Sie schrieb ihm direkt, während Monique Tristan von seiner gesamten Familie abgeschnitten hatte. In vorschnellen, katechismusähnlichen Briefen warf sie ihrem Bruder genau das vor, was man Monique vorwerfen sollte: Mangel an Verständnis, Zärtlichkeit, Nachsicht, gesundem Menschenverstand ..., den Tristan in seinen Beziehungen zu Monique bis ins Unendliche propagierte und von dem Charlotte nichts wusste. Kurzum, reiner *"Großmütter-Cherismus"*.

Martine und ein bekannter Philosophenfreund waren sich einig: "Ihre Schwester ist sauer auf Sie, aber warum? Sie ist böswillig und einzigartig pervers".

Darin steckte eine absichtliche Blindheit, ein unerklärlicher persönlicher Groll, Böswilligkeit und Perversität: ihre eigene Mutter und *geliebte Großmutter* pur.

Das erinnerte Tristan an seine schmerzhafte Kindheit und versetzte ihm einen Schock, der seine Verzweiflung nur noch mehr steigerte.

War so viel Dummheit und Bosheit natürlich? Zu welchem Zweck? Charlotte bat ihn, ihr "vieles zu erklären", obwohl sie längst alle Elemente ihrer Tragödie besaß.

Er antwortete ihr mit einem Brief, wie sie ihn an Monique schicken könnte und in dem sie alle notwendigen Elemente finden würde.

Seine Freunde warnten ihn, dass er nach allem, was sie über Charlotte erfahren hatten, nur eine gekränkte Ablehnung erhalten würde, die voller Unlogik, Schwindel und kindlicher Pharisäerei war.

Er hatte seiner Schwester ungeschickt gesagt, dass er über ihren Groll, ihre Bösartigkeit und ihre Perversität erstaunt sei, dass sie aber, *wenn er sich irren* sollte, die Elemente des Briefes, den er ihr schickte, zu nutzen wissen würde, um ihren eigenen Brief zu verfassen.

So verfasste er also im Namen seiner Schwester:

> Meine liebe Monique.
>
> Dass ich Ihnen diesen Brief nicht schon früher geschrieben habe, liegt daran, dass ich erstens ziemlich langsam im Denken bin und zweitens viel Zeit gebraucht habe, um über eine komplexe Information nachzudenken.
> Ich habe Ihnen zugehört, ich habe Tristan und Ihren guten Freunden wie Frédérique zugehört, ich bin also auf jeden Fall der einzige Mensch, der so viele Informationen über Ihr Drama besitzt. Daher kann ich in aller Bescheidenheit eine Meinung jenseits des Banalen und Oberflächlichen formulieren.
> Noch etwas anderes veranlasst mich, Ihnen zu schreiben: Tristan ist seit zehn Tagen auf Antibiotika, wegen der dritten bronchopulmonalen Krise innerhalb weniger Wochen, mit einer Temperatur von vierzig Grad, die erst nach dreitägigen Spritzen auf neununddreißig Grad gesunken ist. Ich mache mir große Sorgen, weil er in seiner Kindheit wegen der gleichen Beschwerden im Koma lag. Für mich ist das alles im Wesentlichen psychosomatisch, was Sie besser wissen müssen als ich, da Sie seine Doktorarbeit über seinen eigenen Biotyp kennen, von der ich eine interessante populärwissenschaftliche Darstellung erhalten habe.
> Tristan hat seine Fehler. Er ist egozentrisch wie alle Künstler (aber wer ist das nicht, denn wir haben alle ein Ego!), aber er ist gerecht und gut. Er hat Sie vollständig und ehrlich über sein

Wesen informiert, lange bevor Sie zusammenlebten. Wenn Sie ihn akzeptiert haben, können Sie das nicht mehr rückgängig machen. Natürlich sind Frauen seine große Gefahr, aber hat er nicht all die Jahre mit Ihnen und Aurélien im Berry wie ein Mönch gelebt und seine Zeit mit seiner Arbeit als Akademiker und Schriftsteller verbracht, während er gleichzeitig Beatrice und Aurélien unterrichtete und über sie wachte? Er tat dies ohne Rücksicht auf wichtige Defizite ihrerseits: Verständnis, Zuneigung, Sexualität. Alles verlief in einem Rahmen perfekten Gleichgewichts und ermöglichte Auréliens Wachstum sowohl im Körper als auch im Geist.

Tristan konnte die Brutalität nicht ertragen, mit der Sie die arme kleine Bea belohnten, und ich verstehe, O wie sehr, dass sein Herz blutete, als er die Kleine tagelang niedergeworfen und weinend sah.

Er wollte Balsam auf so viel Schmerz legen, indem er der Kleinen ein wenig von der Zärtlichkeit schenkte, die Sie ihr vorenthielten. Ihr Verhalten hat, wie Frédérique schreibt, "Beatrice auf Tristans Herz gestürzt": Das war bei einem so romantischen Menschen wie meinem Bruder fatal.

Tristan ist der Letzte, der eine Frau schlagen würde. Das ist so wahr, dass Ihr Freund Maurice bei dem Gedanken, dass Tristan Monique verprügelt, in schallendes Gelächter ausbrach. Er konnte sich nicht vorstellen, dass Tristan Monique ohrfeigt, weil das absolut nicht in seine Charakterologie passt.

beatrice, die leicht behindert ist, kann nicht Ihre Rivalin sein, Monique, weder von Ihnen noch von jemand anderem, wie es in den Augen sticht.

Der Brief von Frédérique, den ich immer wieder gelesen habe, weil mich seine Qualität so überwältigt hat, ist in jeder Hinsicht perfekt und sollte Ihnen als Leitfaden für Ihr Glück dienen.

Als Sie die kleine Bea schwer beleidigten, ohrfeigte Tristan Sie und brachte das Kind in ein Sozialwohnheim, um es zu schützen. Er handelte dort wie ein Mann mit einer offensichtlichen Strenge, Güte und Gerechtigkeitssinn, im Namen eines Mitgefühls, das Sie ihn noch mehr lieben lassen sollte.

Wer würde in unserer Zeit Güte und Gerechtigkeit über eine Frau stellen, die er ganz offensichtlich liebt, denn wenn er sie nicht lieben würde, gäbe es kein Problem und mein jetziger Brief wäre überflüssig. Tristan wäre nicht so schwer krank, wie er es ist, seine Krankheit ist nur der Ausdruck des Leidens seiner Seele.

Ist ein einfaches Paar Ohrfeigen, ob verdient oder nicht, ehrlich gesagt wert, dass man sein Heim, sein Kind, sein Leben zerstört? Tristan erzählt mir, dass sich das Gerücht verbreitet, dass es einen anderen Mann in Ihrem Leben gibt. Wenn das stimmt, müssen Sie meinen Bruder nicht sehr geliebt haben, um ihn so schnell zu ersetzen und den Zusammenhalt, der Ihr Kind im Gleichgewicht hält, auf infantilste Weise zu zerstören. Was ist das für ein Mann, der unter dem Vorwand von ein paar Ohrfeigen, von deren Berechtigung Tristan überzeugt ist, sein Glück auf einem allgemeinen Massaker aufbauen will? Ist er von Ihnen und von Tristan informiert, um die Situation einzuschätzen und nach einem echten Gewissen zu handeln? Erlauben Sie mir, dies zu bezweifeln.

Die praktische Notwendigkeit von Beatrice ist offensichtlich. Tristan war nie ein praktischer Mensch, außerdem ist er beruflich sehr eingespannt, und er ist nicht derjenige, der wie Beatrice Stunden mit Ihrem Kind verbringt, um ihm Lesen und Schreiben, Klavier und Englisch beizubringen, das ganze Haus zu putzen, sich um den Garten und das Kaminfeuer zu kümmern und Mahlzeiten zuzubereiten, während Sie den ganzen Tag arbeiten. All das eingehüllt in eine O wie echte Liebe, die Aurélien und sein Vater jeden Tag messen. Was würde er heute, da er seit Tagen im Bett liegt, für das Kind tun? Diese Bea ist ein Schatz an Liebe und Kompetenz, das ist eine Tatsache.

Ich weiß, dass Tristan eine mütterliche Gefährtin brauchte und dass er unter den gegebenen Umständen kein Kind wollte: Er hat Ihnen dieses Kind trotzdem geschenkt. Beatrice ist unbestreitbar eine von der Vorsehung gesandte Frau. Niemand kann auf sie eifersüchtig sein.

Tristan hat für seinen Sohn ein sehr hohes Ideal. Ich kenne sein Werk nicht, aber ich weiß, wie sehr sich die Philosophen und Humanisten dieses Jahrhunderts für ihn interessiert haben: Albert Camus, Louis Rougier, Raymond Las Vergnas, Gustave Thibon. Ist dieses Überbewusstsein meines Bruders, von dem mein Neffe profitieren soll, nicht ein Kitt für Sie alle, ein Kitt, gegen den ein paar Ohrfeigen nicht einmal lächerlich sind? Oder wissen Sie gar nichts über Tristans Denken? Das würde Ihre traurige Haltung erklären. Vor einer so transzendenten Realität gibt es nicht einmal ein Paar Ohrfeigen.

Haben Sie Tristan jemals auf frischer Tat ertappt, wenn er Ihnen gegenüber nicht nachsichtig, großzügig oder gütig war? Hat Ihre Mutter, die Sie so sehr lieben, nicht zu Tristan gesagt, "dass er der einzige gute Mensch ist, den sie je getroffen hat"?

Ob diese Aussage übertrieben ist, ist nicht die Frage, aber sie hat es gesagt, und ich kann keinen Moment glauben, dass Sie daran zweifeln.

Schließlich Monique, ich habe Ihnen von dem egozentrischen und frauenbezogenen Charakter meines Bruders erzählt, aber Sie haben auch einen schwierigen Charakter. Sie sind furchtbar stur und bis in Ihre Großzügigkeit hinein tyrannisch. Sogar Freundinnen wie Simone und Gladys haben Ihnen das am Telefon bestätigt, so wie Tristan es mir erzählt hat. Wie könnten Sie die Realitäten in Bezug auf Sie ignorieren? Glauben Sie, dass ein Mann, wenn er nicht völlig ausgeschaltet und gefügig ist, eine störrische und tyrannische Frau ertragen kann, ohne irgendeine Reaktion zu zeigen?

Verlangt das Leben nicht Klarheit über sich selbst?

Das, meine liebe Monique, ist das, was ich Ihnen sagen musste und worüber Sie nachdenken werden, wenn Sie intelligent und von Grund auf gut sind. Mein Bruder stirbt, weil er nicht mit Ihnen zusammen Ihr Kind zu den kulturellen Höhen führen kann, die er anstrebt.

Wenn Sie sich trennen müssen, dann nur relativ. Bleiben Sie für den Kleinen durch Zuneigung, Briefe und Telefonate verbunden. Kurz gesagt, halten Sie den Schaden gering, denn ich bin mir sicher, dass Tristan das Beste aus der Situation machen wird. Mein Bruder muss leben, damit er Ihrem Kind so viele Reichtümer vererben kann.

Ich umarme Sie und mein Patenkind liebevoll.

Charlotte

Die Antwort war genau so, wie es die Freunde erwartet hatten. Und bald würde Charlottes Mann sich weigern, die kleine Bea aufzunehmen.

Dieser so klare und vollständige Brief erschütterte ihre Schwester nicht. Sie hatte keine Lust, ihm zu beweisen, "dass sie weder dumm, noch bösgläubig, noch pervers war". tat es nicht nur nicht, sondern *empfing* Monique und diesen Mann, von dem Tristan noch nichts wusste, *bei sich zu Hause!*

Lieber Tristan.

Es tut mir leid, dass du krank bist.

Du wolltest nicht, was ich dir gesagt habe, und hast dich mit denselben vergifteten Waffen gegen mich gewandt. Du erzielst die gleichen, sehr vorhersehbaren Ergebnisse. "Mit Essig kann man keine Fliegen fangen". Wenn dein Stolz deine Intelligenz nicht trüben würde, würdest du diese elementare

Wahrheit verstehen. Wenn du dir gewünscht hättest, dass Monique zu dir zurückkehrt, hättest du anders gehandelt. Wenn man ein Ergebnis will, muss man die Mittel in Betracht ziehen, um es zu erreichen.

Da ich dir wehgetan habe, da ich nicht sehr intelligent, sondern eher pervers bin, da ich böswillig bin, bleibt zwischen uns nur eine tiefe, brüderliche Zuneigung, die trotz einer unausweichlichen physischen Trennung andauern wird. Was nützt es, wenn man sich näher kommt, um sich zu schaden oder nicht zu nützen. Ich bin dir nicht nützlich und du willst mich benutzen, indem du mich quälst, also ist es besser, unsere brieflichen oder sonstigen Beziehungen einzustellen.

Das hält mich nicht davon ab, für dich zu beten, ich bin sogar davon überzeugt, dass Gott all deinen Kummer nutzen wird, um dich ihm näher zu bringen.

Meine Art zu schließen wird dich ärgern, aber ich versichere dir, dass ich meine, was ich sage. Ich küsse dich,

Charlotte

Je öfter er diese schwachsinnige Plattitüde, die in Bondieuserie endete, las, desto mehr ekelte er sich vor seiner Schwester. Aber waren sie und Monique nicht das Produkt des Materialismus?

Hatte Otto Weininger, dieser jüdische Denker, nicht geschrieben:

"*Wir befinden uns in der Zeit der Frau und des Juden*"....

Seit Tristan in die Sozialwohnung gezogen war, um die kleine Bea zu schützen, schickte die Post die Briefe nach.

Eines Tages erhielt er eine Postkarte von einem Bekannten, den er seit zwei oder drei Jahren hatte. Dieser Herr interessierte sich für Tristans Arbeit und seine Vorträge. Da seine Frau an Krebs erkrankt war, hatte er sie an eine alternative Medizin verwiesen, die auch erfolgreich war. Leider starb sie ein Jahr nach ihrer Genesung an einem Lungenstau.

Da Tristan nicht in der Lage war zu antworten, hatte er die Karte an Monique weitergegeben und sie gebeten, sich darum zu kümmern.

Einige Wochen später war er überrascht, als er in Moniques Haus, wo er ihren Sohn nach Hause brachte, die besagte Beziehung vorfand: Lucien Furor. Tristan war begeistert. Wenn Monique diese Beziehung eingeladen hatte, war das zweifellos ein gutes Zeichen. Sie musste sie diskret eingeladen haben, ohne über ihre Schwierigkeiten zu sprechen, auf die es übrigens keinen Grund gab, stolz zu sein, zumal sie im Allgemeinen recht diskret über ihre Tragödie war, außer an dem Tag, an dem sie ejakuliert hatte: "Mein Mann ist mit dem Hausmädchen abgehauen"...

Diejenigen, die mit der Situation vertraut waren, hielten diese Erklärung für unzeitgemäß, beschämend und ohne echten und legitimen Stolz.

Lucien verließ sie am Ende des Wochenendes. Tristan schrieb ihm nach Paris. Er hatte ihm so sehr bei seiner Frau geholfen, nun war es legitim, dass er ihm auch bei seiner eigenen Frau half.

Er setzte ihn über die Situation in Kenntnis, beschrieb Moniques infantile Fixierung, die ein Symptom ihres psychischen Ungleichgewichts war, und schickte ihm eine Kopie von Frédériques wunderbarem Brief, der an Objektivität, Menschlichkeit und Intelligenz durch nichts zu übertreffen war.

Tristan hatte sich einst über ihren Schmerz gebeugt, und er hoffte, dass er sich auch über ihren Schmerz beugen würde. Er könnte eine ausgezeichnete therapeutische Wirkung auf Monique haben, er könnte versuchen, sie zur Vernunft zu bringen, sie an die Qualität ihrer Verbindung erinnern, an das Gewissen ihres Partners, an die hohe Erziehung, die sie für ihren Sohn planten und die nur in emotionaler Ruhe und in der Zuneigung aller Beteiligten verwirklicht werden konnte. Er konnte sie daran erinnern, dass Kinder, die Opfer einer Scheidung wurden, dazu bestimmt waren, schwere Charaktereigenschaften zu entwickeln, von denen einige zu Kriminellen, Terroristen und verschiedenen Straftätern werden würden, wie es die Statistiken denjenigen, die es nicht durch reine Intelligenz verstanden, ausführlich bewiesen hatten.

Lucien wirkte wie ein ruhiger und vernünftiger Mann.

Er hoffte also auf eine Antwort dieser Art:

"Ihre Tragödie ist unmöglich mit einer intelligenten Frau wie Monique und einem Mann von Ihrem Format. Ich werde alles versuchen, um Ihnen zu helfen, indem ich mit Monique spreche, die in der gegenwärtigen Situation Ihrem Kind diese Zerstörung nicht zumuten kann".

Er hätte auch die kleine Bea sehen und Monique anschließend mit Überzeugung die Sinnlosigkeit ihres Verhaltens vor Augen führen können.

Er hoffte alles in allem, dass Lucien das tun würde, was jeder herzensgute Mensch unter diesen Umständen für einen guten Freund getan hätte.

Die eigentliche Antwort war verlegen und neutral. Er machte jedoch eine menschliche Anspielung darauf, dass Tristan lieber sterben würde, als seinen Sohn nicht aus dem "jüdisch-kartesianischen" Marasmus herauszuholen, in dem die Welt darniederlag.

In einem anderen Brief spielte er auf den "Unterschied" an, der ihn von Monique trennte. Doch Tristan hatte ihm erklärt, dass es sich dabei um eine kindliche Fixierung handelte, um eine kindliche Eifersucht, die nicht zu bremsen war und sein Bewusstseinsfeld auslöschte.

Die wenigen Briefe, die er noch schrieb, zeigten eine erschreckende intellektuelle, sentimentale und logische Armut. Schrieb er ihr nicht: "Wenn Monique das leicht behinderte Mädchen nicht zu Hause haben wollte, war das ein Liebesbeweis für Tristan"?

Tristan zahlte weiterhin die monatlichen Raten für das Haus. Er kam abends zum Schlafen zu dem Kind, damit es die Anwesenheit von Vater und Mutter unter dem elterlichen Dach spürte.

Eines Tages erhielt er eine Bankmitteilung, in der ihm mitgeteilt wurde, dass er nichts mehr zu zahlen habe. Das Haus war von Lucien Furor übernommen worden!

Tristan war am Boden zerstört. Er hätte mit seinem geliebten Sohn ins Jenseits gehen wollen, ihn in diesem Chaos, in diesem Wahnsinn, in dieser gesellschaftlichen Fäulnis nicht allein lassen wollen.

Aber Tristan war noch nicht fertig mit dieser endlosen Vernichtung. Eines Morgens, als er Bea zum Markt begleitete, damit sie keine schweren Sachen tragen musste, trafen sie auf einen Markthändler, den sie seit Jahren kannten und der sagte: "Ihre Frau hat mir ihren Mann vorgestellt.

So hatte Lucien Furor Monique geheiratet.

Die kleine, geliebte Bea war da, mit ihren kleinen, zärtlichen, traurigen Augen und ihrer unendlich gütigen, hilflosen Ausstrahlung. Tristan hatte die Kraft, dem Herrn kurz die traurige Situation, das Martyrium der Kleinen zu erklären und wie er gezwungen war, sie vor der Brutalität seiner Lebensgefährtin zu schützen. Die Kleine, die dort schweigend stand, veranschaulichte seine Worte perfekt.

Der Mann sagt daraufhin: "Das ist der Wahnsinn der Frauen, der Wahnsinn der damaligen Zeit"...

Sein Sohn sollte das alles erleben. Die Boshaftigkeit gegenüber Bea, die Beschlagnahmung seiner Mutter durch einen Aasfresser, der von schweren psychischen Störungen profitierte. Aber hätte er sie auch geheiratet, wenn sie an Krebs erkrankt wäre? Und dieser gute Mann gehörte einer politischen Bewegung an, die Ehe und Familie verteidigte, O Spott!

Aber es stimmt, dass Monique ihn schon lange nicht mehr liebte. Eine ihrer Freundinnen, Hélène, hatte ihr gesagt: "Sie liebt dich nicht mehr, sie wirft dir hasserfüllte Blicke zu". Und dann bekommt man einen hysterischen Anfall, weil der Partner in ein Honigbonbon beißt? Und doch glaubte er fest daran, dass sie alles tun würde, damit sie gemeinsam für ihr Kind arbeiteten, um es über das Nichts der weltweiten Degeneration hinaus aufzubauen.

Eines Tages, als Aurélien mit seinem Vater und Bea unterwegs war, gingen sie in einen Bioladen, um einzukaufen. Sie trafen auf Lucien, der nur wenige Meter vor ihnen stand.

Aurélien eilte zu Lucien und sagte mit seiner hübschen Kinderstimme: "Lucien, hier ist Béa, du kennst sie nicht...".

Er hatte die Zartheit der Kleinen und die Zärtlichkeit, mit der sie Aurelien aufzog, nicht beachtet und verließ eilig den Laden:

— Ich habe nichts gegen Beatrice.....

Gipfel des Grauens der Dummheit und der Feigheit. Er hatte Moniques Vesania geheiratet, um ihr zu gefallen und sein eigenes Glück auf diesem Trümmerhaufen zu machen.

Einige Tage später sagte Aurélien zu seinem Vater:

— Nächste Woche gehe ich zur kirchlichen Hochzeit von Mama und Lucien, das wird ein Fest, warum kommst du nicht mit?

Alles war verbraucht. Und doch erinnerte sich Tristan an Beatrice' Bemerkung, als sie ihn zum ersten Mal vor dem Laden gesehen hatte:

— "Schauen Sie sich Monsieur an, er sieht aus wie Monique".

Es war auffällig. Das gleiche allgemeine Aussehen, die gleiche Rundung des Kopfes, die gleiche gelbliche Haut, die gleiche Gesichtsmorphologie, der gleiche Gang: Hier gab es eine karmische Verwandtschaft.

Vielleicht musste man das Schicksal akzeptieren. Seinen Sohn nicht vor dem weltweiten Chaos zu retten, in das er zwangsläufig eintauchen würde...

Monique hatte Beas kleinen Kopf für immer an ihr Herz geschmiegt.

Es gab nichts mehr zu tun, als mit zerfetztem Herzen auf den langsamen Tod seines Sohnes zu warten, der von all den Verrücktheiten einer Welt voller Egoismus, totem Herzen, Marxismus, Freudismus und Geld erdrückt werden würde.

Es blieb ihm nichts anderes übrig, als mit gefalteten Händen auf den Tod zu warten, die kleine Bea fest an sein Herz gedrückt.

Tristan spürte in sich ein blitzartiges Altern, das dieser letzte Herzschmerz über ihn gebracht hatte. Er hatte keine Lust mehr zu leben.

Aber Bea musste leben, sie musste beschützt werden. Er kannte ihre Liebe und ihr Ideal für den Kleinen. Sie hatte eine große Liebe für ihn. Sie würde nicht sehr lange leben, aber lange genug, um ihn in den Erwachsenenstatus zu führen. Dann würde er in der Lage sein, sich selbst zu führen. Tristan hatte den Beweis für Beas menschliche Intelligenz erhalten. Er wusste, dass sie da sein würde, wenn er und Monique verschwanden.

Da nichts zu regeln war, musste er Bea heiraten, damit sie nach seinem Tod eine Hinterbliebenenrente erhielt. Das würde ihr und vielleicht auch dem Kind helfen.

Monique hatte sich für das Nichts entschieden. Es galt, das Mögliche zu bewahren.

Der Ausdruck von Moniques Augen, die so frei von echten Gefühlen und Zärtlichkeit waren, die abgeflachte Lateralität, das Kinn, die Hautfarbe, die engstirnige Sturheit - all das deutete *auf einen absoluten Determinismus* hin, der vielleicht noch eher charakterologisch als pathologisch war.

Morgen würden Lucien und Monique in der traditionellen Kirche verheiratet werden.

Anstatt ihre Verbindung durch eine Ermahnung Moniques zu festigen, zog es der Pfarrer, der die Situation kannte, vor, eine *echte Ehe* zwischen einer Vesanerin und einem Aasfresser einzugehen. Das war die ganze Kirche der letzten zweitausend Jahre: Das grundlegende Wesen wurde durch sklerotischen Dogmatismus und doktrinären Formalismus ersetzt. Der nächste Papst wird ein Jude sein.

- "Wenn das Christentum triumphiert", hatte Kaiser Julian, genannt der Apostat, gesagt, "wird in zweitausend Jahren die ganze Welt jüdisch sein".

Er hatte alles verstanden.

Tristan träumte davon, mit seinem kleinen Aurélien an seinem Herzen und der süßen Bea in seinen Armen zu den Sternen aufzubrechen.

Er war allein in seiner Sozialwohnung mit der kleinen Bea, die voller Zärtlichkeit für ihn und seinen geliebten Sohn war, die nun zu einem Lächeln fähig war, das sie seit Jahren verlassen hatte, und die voller rührender Dankbarkeit für die Zärtlichkeit war, die Tristan ihr entgegenbrachte. Mit ihrem tiefen Blick und ihrer sanften Zuneigung spürte Tristan, wie sehr die Kleine ihn liebte. Sie wusste, wie sehr Tristan sie schätzte, ein kleines, hilfloses Wesen von unendlicher Güte, das seit seiner Kindheit schändlich gemartert wurde und seinen Sohn, diesen Stern an seinem Firmament, so sehr liebte.

War er nicht der Einzige auf der Welt, der Bea liebte? War sie nicht die einzige auf der Welt, die Tristan liebte?

Kurioses Karma-Lächeln wie dieses rührende Schätzchen auf dem Weg des Don Juans, der nach blonden Sylphiden dürstet...

KAPITEL XXII

"Die Wahrheit ist das Einzige, was wahr ist".

DAS TESTAMENT

Unsere Schicksale verfolgen uns auf unerbittliche Weise. Unsere Natur, unsere Nervenzellen befinden sich auf Schienen und es ist unmöglich, zu entgleisen. Tristans Leidensweg würde weitergehen, Beas Leidensweg würde keine Pause kennen.

Monique würde in ihrer Zerstörungswut alles tun, um Aurélien von seinem Vater zu trennen. Ihre Psycho-Neurose nahm gigantische Ausmaße an.

Sie begann damit, ihn nach seinem Nachnamen zu benennen, was eine absolute Ablehnung des Vaters und einen unauslöschlichen Hass bedeutet. Es war Wahnsinn im engsten klinischen Sinne des Wortes.

Sie wohnten etwa 500 Meter voneinander entfernt, d. h. sie hätten durch eine gütliche Einigung, die keiner rechtlichen Intervention bedurfte, liebevoll bei der Erziehung des Kindes zusammenarbeiten können.

Tristan war für eine solche Eventualität perfekt geeignet.

Beatrice und er waren verfügbar, man konnte das Kind unterrichten und ihm die kommunale Promiskuität ersparen, die das Kind zu kriminogener und pathogener Musik und zu Drogen führte.

Monique schickte das Kind in die Grundschule und versuchte das Unmögliche, um den Vater davon abzuhalten, seinen Sohn nach Schulschluss zu küssen.

Als ihr das nicht gelang, wechselte sie die Schule.

Inzwischen erzählte der Aasgeier, dass "der Vater ein gefährlicher Hypnotiseur" sei und "er seine Snacks vergiftete". Dies wurde von einem Gerichtsvollzieher festgehalten, da Tristan eine so große Abweichung nicht akzeptieren konnte...

Ein anderes Mal, an einem Tag des Besuchsrechts, bat Aurélien seinen Vater, ihn zum Fest seiner alten Schule zu bringen. Tristan verweigerte es ihm nicht, aber er ahnte nicht, dass alles vorbereitet worden war, damit das Kind von der Party weglaufen und sich zur Gendarmerie in der Nähe der Schule begeben würde, wo der Stiefvater auf ihn wartete.

Tristan musste sich an den Staatsanwalt wenden, der Monique von zwei uniformierten Polizisten vorladen ließ. Er ermahnte sie und versprach ihr eine Anklage, wenn sie sich nicht beruhigte. Er schloss mit den Worten: "Mein Gott, was tut man diesem armen Kind nicht alles an"... Es hatte mehrere Tage Vorbereitung gebraucht, um diese legale Entführung zu organisieren!

Da das Urteil des Gerichts in Bourges Tristan ein ausgezeichnetes Besuchsrecht zugestanden hatte, entführte die Mutter den Jungen in die Bretagne. Sie war davon ausgegangen, dass 600 Kilometer Tristan entmutigen würden. Er liebte sein Kind zu sehr, um aufzugeben. Um eine legitime Entschädigung zu erhalten, sah sich Tristan gezwungen, seine Mutter im Schnellverfahren zu verklagen. Leider entzog die Richterin, die Komplizin der Mutter war, ihm unter dem Vorwand der Entfernung das Besuchsrecht für die Woche. Das war rechtlich gesehen abwegig, selbst nach Meinung aller Juristen, die er kannte, aber er war gezwungen, erneut in Berufung zu gehen, um sein Umgangsrecht wiederzuerlangen. Eine alte Million für jede Berufung. Nach einem gewonnenen Berufungsverfahren erneut in die Berufung zu gehen, ist ein juristischer Ubuismus. Aber es war so.

Um solide Autos zu haben, um die rechtlichen Schritte zu bezahlen, um jeden Monat für ein Wochenende zu kommen und im nächsten Monat wegen der Schulferien dreimal, musste er sich alte Millionen leihen, die er erst nach zehn Jahren zurückzahlen konnte. Hinzu kamen der moralische Stress, der Kummer und die körperliche Erschöpfung, um alle zwei Monate zweitausenddreihundert Kilometer mit dem Auto zu fahren, in einem Monat ein Wochenende, im nächsten Monat das Wochenende und zweimal hin und zurück wegen der Ferien. Dazu kamen noch die Kosten für das Wochenende, Hotel und Verpflegung. Das alles kam auf mindestens fünftausend Francs pro Monat, ohne die Pension mitzuzählen. Monique hatte nur Hass und kein Mitleid. Als er eine Richterin um ein wenig Unterstützung zumindest für die Reisen bat, während Aurélien zu dieser Zeit das Lycée Naval in Brest besuchte, wo er nichts bezahlen musste und vierhundert Francs Taschengeld erhielt, erhöhte die Richterin die Rente, anstatt ihm mit der sehr bescheidenen Beteiligung zu helfen, die er von der Mutter vorgeschlagen hatte. Alles lief auf eine Zerschlagung hinaus.

Was Monique betraf, so schreckten sie die extrem niederträchtigen Verfahren, die vom absoluten Nullpunkt ihres moralischen Empfindens abhingen, nicht ab.

Eines Tages fragte Aurélien seinen Vater, wer Hitler war. Tristan hatte ihm geantwortet, dass er ein Staatschef war, der sechs Millionen arbeitslosen Menschen wieder Brot gegeben und sein Land von der Diktatur der Hochfinanz und des Marxismus befreit hatte. "Er ist ein Heiliger", hatte Aurelian gesagt.

Nein", sagte sein Vater, "er ist kein Heiliger.

Er konnte ihr nicht mehr erklären, da das Kind zu diesem Zeitpunkt sieben Jahre alt war.

Aber er ging mit diesem Klischee im Kopf über die "Heiligkeit Hitlers" nach Hause zu seiner Mutter.

Die Mutter nutzte die Gelegenheit, um in jeder juristischen Instanz zu behaupten, Tristan habe ihrem Sohn gesagt, "Hitler sei ein Heiliger".

In der politischen Konjunktur des ausgehenden 20. Jahrhunderts kann man die Unmündigkeit eines solchen Verfahrens ermessen. Es stimmt, dass sie Aurélien selbst gesagt hatte, dass ihr Vater wollte, dass sie abtreibt, damit er nicht geboren wird. Die Lüge war doppelt schändlich. Erstens, weil man so etwas nicht zu einem kleinen Kind sagt, und zweitens, weil Monique genau wusste, dass Tristan zwar in dieser Situation keine Kinder wollte, aber seinen Sohn anbetete.

All diese Tatsachen unterstrichen die Schwere seiner Erkrankung.

Das Schlimme war, dass Tristan seinen Sohn nicht erziehen konnte, wenn er ihn sah. Er tat, was er konnte, aber er wusste genau, dass die gähnenden Richter ihm jedes Besuchsrecht entzogen hätten, wenn er ihm einen verdienten Klaps gegeben hätte...

Was Lucien *betraf*, so rief er Tristan an und sagte ihm, *wie sehr er es bereue, Monique geheiratet zu haben*.

"*Er hätte besser in* Paris *bleiben sollen...*". Er fügte hinzu, "*dass Aurélien schrecklich war und dass er seine Mutter schlagen würde, wenn er nicht hier wäre*". Ein anderes Mal sagte er ihr, dass "*Monique total lax war und er nichts tun konnte, um Aurélien großzuziehen*".

Auréliens einzige Eigenschaft war, dass er in der Klasse ein guter Schüler war.

All das erfüllte nicht annähernd das Ideal, das Tristan für seinen Sohn geschmiedet hatte. Er hatte in vierzig Jahren Unterricht gelernt, dass gute Schüler selten interessant sind und meist an den entwürdigendsten Konformismen und Moden kleben.[75]

Die kleine Bea, die immer noch so liebenswert war, machte ihr Abitur, bestand die Prüfung für die Krankenpflegehelferinnenschule und wurde eine sehr kompetente und geschätzte Krankenpflegehelferin im Krankenhaus. Leider wurde sie gezwungen, sich gegen Hepatitis B impfen zu lassen.

In den nächsten Monaten hatte sie Rückenschmerzen, dann wurde es immer schlimmer und sie erkrankte an Morbus Bechterew. Sie hörte auf zu arbeiten, hatte schreckliche Schmerzen, vor allem im Rücken, aber auch in allen Gelenken und in der Leistengegend, und es war kein Ende ihres Martyriums abzusehen. Sie bekam Morphium, was ihre Vitalität so weit verringerte, dass Tristan Angst bekam, den kleinen Schutzengel seines Sohnes und sich selbst zu verlieren.

Während dieser ganzen Zeit machte ihm das Schicksal ein kaiserliches Geschenk: Das hübscheste Mädchen der Stadt, ganz jung, verliebte sich in Tristan, und dieses wunderbare Abenteuer dauerte sieben Jahre. Sie war eine Oase inmitten der Hölle. Diese wunderbare kleine Fabienne schenkte ihm enorme Kampfenergie, denn eine solche Eroberung in seinem Alter grenzte an ein Wunder.

Tristan hingegen wurde seinem Vater gegenüber unausstehlich, so unausstehlich, dass Tristan sein Verhalten nicht beschreiben könnte, weil er sich für seinen Sohn und sich selbst schämen würde.

Einmal, als er alle Grenzen überschritten hatte - er war in der elften Klasse des Lycée Naval, wo er nichts bezahlen musste und Taschengeld bekam -, sagte er ihr, er sehe nicht ein, warum er einem Kind, das seinen Vater so schändlich behandelte, Unterhalt zahlen solle. Er war noch naiv genug gewesen zu glauben, dass Monique ihn moralisch so unterstützen würde, dass das Kind wachgerüttelt würde. Nicht nur, dass sie Tristan nicht unterstützte, was moralisch enorm ist, sondern auch,

---

[75] Im Jahr 2000 sieht man ausgezeichnete Gymnasiastinnen, die Schlabberhosen tragen, die wie eine Ziehharmonika über massive, karikaturistische Schuhe fallen, und deren Hinterteil so in den Stoff geschnürt ist, dass man ihren Hintern und sogar die Zeichnung ihres Anus sehen kann: Sie sind so gut konditioniert, dass sie sich aus freien Stücken und aus Koketterie für den Horror entscheiden, der von Homosexuellen, die von der Finanzwelt unterstützt werden, vorangetrieben wird. Morgen werden sie zu den 25 Millionen gehören, die für einen Präsidenten gestimmt haben, der von der Hochfinanz und dem Marxismus radikal versklavt wurde... All das erinnert an den Satz aus dem Zohar, in dem von "den Gojs (*Nichtjuden*), diesem gemeinen Samen des Viehs" die Rede ist.

weil sie glaubte, dass Tristan ihr die Pension tatsächlich entziehen würde, nutzte sie die fehlenden paar Franken Indexierung, um Auréliens Pension pfänden zu lassen...

Er hatte nichts mehr zu tun, als auf seine kleine Bea aufzupassen, die so krank war und schon seit drei Jahren so sehr litt, und wie lange noch, kleiner Schatz?

Er wollte sein Martyrium mit einem langen Brief an Monique beenden: alles noch einmal durchgehen, alles zum Besten für seinen Sohn abschließen und seine kleine kranke Tochter bis zum Ende ihres Lebens hegen und pflegen. Sein größter Wunsch wäre es, mit ihr zu sterben und sie bis in alle Ewigkeit zu hegen und zu pflegen ...

Tristan und Fabienne

Meine liebe Monique.
Wenn man nur noch wenig Zeit auf dieser Erde zu verbringen hat, und man es spürt, werden Aufrichtigkeit und Wahrheit auf radikale Weise in den Geist gepresst, "*scripta manent"* und die Unterschrift bezeugen die Reinheit der Seele und des Herzens. Lügner und Schurken schreiben nie, weil sie genau wissen, dass ihre eigenen Schriften sie über sich hinaus verfolgen würden, nachdem sie ihre Nase in ihre eigenen Fäkalien getaucht haben... Die letzten Aggressionen, die du mir auferlegt hast und an die ich mich seit fünfzehn Jahren nicht gewöhnen kann, während ich immer zu einer Einigung bereit bin, zu einem freundlichen, ja

sogar liebevollen Dialog, was mit der Mutter meines Kindes normal ist, haben mich zu dieser letzten Überlegung und den Vorkehrungen für unser Kind nach meinem Tod inspiriert.
Du beschuldigst mich, die Rente meines Sohnes im Juli und August nicht gezahlt zu haben, und jetzt beschuldigst du mich, sie im Juni nicht gezahlt zu haben. Für Juli und August habe ich die Bankunterlagen nicht gefunden. Für Juni habe ich sie gefunden und dir geschickt.
Ich habe jedenfalls für diese zwei Monate bezahlt, so wie ich seit 15 Jahren immer zahle, ohne auch nur einen einzigen Fehler zu machen. Das steht in meinem Kontoauszug, in dem ich nur die ordnungsgemäß bezahlten Beträge ankreuze.
Wenn mein Konto, das am 20. des Monats immer überzogen war, ein Plus von zweitausendachthundert Franken aufgewiesen hätte, wäre mir das aufgefallen und ich hätte es sofort wieder ausgeglichen. Aber in fünfzehn Jahren ist so etwas noch nie passiert. Wenn ich einen Zahlungsstopp oder -einbehalt gemacht hätte, wäre dies nach einer rechtlichen Entscheidung geschehen, ab dem Zeitpunkt, als Aurélien, der am Lycée Naval aufgenommen worden war, nichts für seinen Unterhalt und seine Kurse bezahlt hatte und monatlich 400 Francs Taschengeld erhielt. Ich habe nie eine solche Initiative ergriffen, weil ich genau weiß, dass die Richter, abgesehen von der Berufung, genau das Gegenteil von allem tun, was mir die Anwälte, darunter auch berühmte Pariser Anwälte, gesagt haben. Ich ließ mich also von der Familienrichterin beraten, die mich anwies, über sie zu gehen, unabhängig davon, wie begründet mein Antrag war.
Hättest du ein Jahr gewartet, um mir mitzuteilen, dass ich zweitausendachthundert Franken nicht gezahlt habe? Das ist absurd und hätte sowohl bei dir als auch bei mir eine legitime Reaktion ausgelöst. Schließlich dauert es bei Auréliens kleinem Konto nicht ein Jahr, um einen solchen Mangel zu bemerken! All das ist zutiefst unehrlich. Das Schlimmste ist, dass du es nicht dabei belassen hast.
Aurélien verhielt sich mir gegenüber auf eine Art und Weise, die ich als grauenhaft abwertend bezeichnet hätte, die ich aber lieber als apokalyptisch bezeichne, da dieses Adjektiv mit tragischer Genauigkeit dem entspricht, was im Johannesevangelium über die Kinder der Apokalypse zu lesen ist. Ich schrieb ihm daher folgenden Brief:

" Aurélien,

Ich wäre zwar lieber gestorben, bevor du am ersten Mai gekommen bist, aber der Schmerz, den du mir auferlegt hast, ist für mich schlimmer als der Tod. Sicherlich habe ich nicht die Intelligenz und Sensibilität "des sündigen Seemanns, den du dir als Vater gewünscht hättest", und auf den du, wie du mir gesagt hast, stolz sein würdest, während du auf mich... Du warst leider immer das Licht meines Lebens. Ich habe jahrelang bis zur körperlichen, seelischen und finanziellen Erschöpfung gekämpft und zehn Jahre lang Kredite aufgenommen, nur um dich zu sehen, zu lieben und dir eine außergewöhnliche Erkenntnis zu verschaffen.

All das trotz Mutter, die alles tat, um mich von dir zu trennen, bis hin zur Aberkennung deines Namens, mit Verfahren, die man ohne semantische Inflation als niederträchtig bezeichnen kann. All das, obwohl sich alles mit mir gütlich hätte regeln lassen, ohne deinen Stiefvater, den "bezahlten" Komplizen deiner Mutter, und mich zu ruinieren.

Als du am ersten Mai in Vierzon ankamst und im Auto deinen Kopf an meine Schulter legtest, war ich im Paradies und erinnerte mich an die gesegneten Momente, als du als kleines Kind in meinen Armen schliefst und ich dich mit einer fast mystischen Liebe umhüllte, weil du mir so viel Seligkeit schenktest. Jetzt gehorchst du nicht nur nicht mehr bei elementaren Dingen, ohne die ein Haushalt anarchisch ist, sondern du willst mir auch noch krankmachende Musik aufzwingen. Außerdem bist du respektlos und beschimpfst mich als "Trottel und Schwachkopf" in Bezug auf ein Werk, das du nicht verstehen kannst, wie auch Personen wie Albert Camus, Raymond Las Vergnas, Louis Rougier, Gustave Thibon, Abélio, Hans Selye, Prof. Albeaux Fernet, mein Doktorvater, alle Personen, die mich in diesem Jahrhundert unterstützt und mir geholfen haben. Und ich spreche nicht von einem berühmten Politiker, der sich bei mir für die Informationen bedankt hat, die ich ihm vierzig Jahre lang zur Verfügung gestellt habe.

Dein Urteil klassifiziert dich unter den unwürdigen Söhnen und auch unter den Dummköpfen. Ich werde deine ungeheuerlichen Beleidigungen und deine Respektlosigkeit nie wieder ertragen. Du bist ein perfektes Beispiel für die Kinder, die in der Offenbarung beschrieben werden: egoistisch, respektlos, beleidigend, selbstgefällig, unfähig zur Meditation, hochmütig etc.

Ich kann nicht glauben, dass du von Natur aus so ungeheuerlich zu mir sein kannst, und es fällt mir schwer, nicht an eine

Konditionierung durch Mama zu denken. Wenn sie dich nicht wegen eines so unwürdigen Verhaltens ermahnt, habe ich den Neunfachbeweis für die Realität dieses Verdachts. Wie könntest du bei deiner Schwester Nathalie und deiner Tante Charlotte so nett sein, die beide dein Verhalten nicht vermuten. beatrice, die dich so viele Jahre lang aufgezogen und unterrichtet hat und die ich adoptiert habe, um das Leid auszugleichen, das Mama ihr auferlegt hat, sagte mir: "Weder Charlotte noch Chantal und Nathalie vermuten sein Verhalten dir gegenüber, und ich glaube sogar, dass sie es nicht glauben würden".

Da du nun im Lycée Naval Unterricht, Unterhalt und Taschengeld erhältst, sehe ich nicht ein, warum ich dir weiterhin Unterhalt zahlen sollte. Aus Liebe zu dir habe ich mir auferlegt, in einer Sozialwohnung zu leben, während in meiner Straße drei nordafrikanische Krawalle stattfanden, bei denen Geschäfte aufgebrochen und Autos angezündet wurden. Du bist dir nicht einmal bewusst, wie sehr ich unter dieser Situation leide, geschweige denn, dass du dankbar dafür bist. Wäre das nicht dumm von mir? Ich würde dir diese Rente bis zu deinem fünfundzwanzigsten Lebensjahr zurückzahlen, wenn du nach deinem Jahr in Spezialmathematik die Auswahlverfahren nicht bestehst. Ich werde das tun, weil ich gesetzlich dazu verpflichtet bin, aber es wird kein Ausdruck meiner Zuneigung sein. Wenn du mich in der Zwischenzeit sehen willst, werde ich alle deine Reisen bezahlen.

Wenn du mich jemals respektlos behandelst oder hysterische Anfälle bekommst, bekommst du ein paar Ohrfeigen und machst es dann wie Mama: Du redest nie wieder mit mir. Es ist mir unmöglich, in deinem absurden, betonierten Verhalten mit dieser mathematischen Begabung, die so spezifisch für die Psychologie von Soziopathen ist, nicht die Vererbung wahrzunehmen.

Wenn man einen solchen Stolz und eine so verengte Intelligenz hat, weiß man nie, dass man falsch liegt. Stolz ist ein spezifisches Symptom aller psychischen Krankheiten, wie z. B. das Fehlen von Stolz. Das wäre mir egal, denn anstatt das zu erleben, was du mich gerade hast erleben lassen, würde ich dich lieber nicht mehr sehen. Außerdem glaube ich nicht an eine Heilung.

Was habe ich davon, wenn ich einem Sohn zuhöre, der mich beschimpft, der keinen Respekt hat, der nicht nach den elementaren Imperativen eines Haushalts handelt (zum Tisch kommen, seine Sachen so ordnen, dass die Wohnung nicht zu einem Souk wird, sein Bett machen, nicht um drei Uhr morgens ins Bett gehen und um 15 Uhr aufstehen usw.)? Wenn er sich außerdem für klüger als alle anderen hält, gibt es nichts zu gewinnen, außer immensen Schmerz.

Ich lege dir einen Brief bei, den ich für dich an deine Mutter geschrieben hatte. Du hast nicht verstanden, dass die reine Intelligenz nichts mit der analytischen Systematik der modernen Wissenschaft und der Statistik zu tun hat. Hingegen weiß die reine Intelligenz, wie gefährlich die systematische analytisch-mnemonische Intelligenz ist.

Ich glaube nicht, dass dir irgendetwas helfen wird, mich besser zu lieben, denn wenn Mama diese Untergrabungsarbeit geleistet hat, hat kein Argument, kein noch so zartes Gefühl auch nur das geringste Gewicht, aber ich muss diese letzte Anstrengung unternehmen und dir auch meine Zuneigung in dieser harten Realität zeigen...

Anhängender Brief :

Meine liebe Monique.

Ich schicke diesen Brief nicht an Aurélien, weil sein Hintergrund nur dann wirksam ist, wenn er von dir kommt.

Weder Lucien, dein Mann, noch ich haben den geringsten Einfluss auf Aurélien. Wenn er ihn ermahnt oder korrigiert und du zu deinem Mann sagst: "Lass doch den armen Kleinen in Ruhe", dann bezweifle ich sehr, dass er etwas für seine Erziehung tun kann.

Seine Mentalität macht mich traurig und entsetzt mich oft durch seine Rücksichtslosigkeit.

Abgesehen von dem moralischen Problem, das ich nicht erwähne, weil es mich so sehr verletzt, müsstest du ihm, bevor er zum Roboter wird, beibringen, dass der Szientismus ein Aberglaube ist, ein totalitärer Fundamentalismus, der glaubt, alle Probleme zu lösen, während er zu Atom-, Wasserstoff- und Neutronenbomben, Leihmüttern, der krebserregenden Pille und allen weltweiten Umweltverschmutzungen geführt hat.

Die moderne Pseudowissenschaft glaubt, dass es nichts gibt, was sie nicht messen, experimentieren und vorhersagen kann. Das ist ein selbstmörderischer Kretinismus, der sich auf dem Kamm der Gleichungen bewegt. Dieser hyperreduktionistische Positivismus schließt alles aus, was das Leben ausmacht: reine Intelligenz, Genie, Liebe, künstlerische Schöpfung, Glaube.

Die hohen Schulen bilden Schlafwandler aus, die glauben, dass das, was technisch möglich ist, wünschenswert und notwendig ist.
Dieser Grund ist irrational und eigentlich nur die Systematisierung eines Besessenen. Ich flehe dich an, unser Kind auf diese Weise mit dem Bewusstsein zu "impfen", das es gehabt hätte, wenn wir vereint geblieben wären, auch wenn wir getrennt waren.
Die zweite sehr wichtige Sache: Aurélien reist nach Afrika, um beim Sohn eines Generals und Premierministers Urlaub zu machen. Ich bin strikt dagegen, dass Aurelien in Länder reist, die ehemalige Kolonien irgendeiner sozialistischen oder linksdiktatorischen Schattierung sind. In diesen Ländern kann jeder Weiße trotz des Anscheins von Frieden ermordet werden. Der Globalismus lehrt diese Länder den Hass und das Töten von Weißen und verteidigt nur die Ausbeuter von Rohstoffen, die von unerbittlichen Privatarmeen unterstützt werden.
Er hat einen Vater, den er nicht mehr lange sehen wird: Könnte er das nicht genießen? Ich weiß, dass ich an seiner Stelle nicht 10 000 km weit fahren könnte, weil ich weiß, dass mir nur noch wenig Zeit bleibt, um meinen Vater zu genießen.
Ich hoffe, dass Lucien dir lange helfen wird, denn ich befürchte, dass du weder bewusst noch psychoaktiv bist. Ein Ingenieurdiplom von einer Elitehochschule macht noch keinen Mann. Wir haben ihn zu sehr verwöhnt.
Unterrichte Aurelien das, was ich dir dargelegt habe. Im Moment denkt er nicht: Er spekuliert im Analytismus wie die Epoche.
Er versteht das Denken nicht, da der quantitative Analytismus immer im Gegensatz zum grundsätzlich qualitativen Denken steht.
Sonst gäbe es keine therapeutische Chemie und Nahrungsmittelchemie, keine das Immunsystem zerstörenden Impfungen und keine Judenfrage, denn man hätte längst begriffen, dass der einzige gemeinsame Nenner für einen in Zeit und Raum gleichbleibenden Partikularismus die Beschneidung am achten Tag ist.
Zu dir, Herz und Licht.

Seit diesem Brief habe ich viel nachgedacht und versucht, Vernunft und Liebe miteinander zu verbinden. Ich dachte mir, dass mein Sohn in dem psychopathischen Zustand, in dem er sich befand, niemals genug Herz haben würde, um zu mir zurückzukehren und mich um Verzeihung zu bitten. Ich konnte die wahrscheinliche Irreversibilität seines Zustands ermessen. Ich konnte also nicht umhin, mich um einen geliebten Sohn zu bemühen, der sich selbst verlor und für den man alles versuchen musste, selbst im Ozean der Verzweiflung.

Während dieser Ereignisse hatte ich Gelegenheit gehabt, mit Vätern zu sprechen, und was sie mir erzählten, erfüllte mich mit Schrecken.

Einer erzählte mir, dass er ein Vorhängeschloss an seinem Kühlschrank anbringen musste, weil sein zweiundzwanzigjähriger Sohn ihn mit seinen Freunden ausräumte. Ein anderer erzählte mir, dass sein Sohn zu ihm gesagt hatte: "Wenn du doch nur krepieren könntest...".

Und?

Da entschloss ich mich, meinem Sohn zu schreiben:

Mein Kleiner

Ich hätte nie gedacht, dass ich dir schreiben würde, so groß war mein Kummer und so absolut verzweifelt. Aber die Vorsehung hat anders entschieden und das ist auch gut so. Seit "unseren traurigen Ereignissen" habe ich Väter getroffen, die das gleiche Problem wie ich mit dir haben und sogar noch viel schlimmer!
Es handelt sich ganz offensichtlich um die apokalyptische Mentalität, die ein durch die Konjunktur erzeugter Determinismus ist, den ich immer wieder anprangere. Versuche also das Unmögliche, diesen Determinismus zu überwinden. Wenn du erkennst, dass du dich in der satanischen Sackgasse befindest, in der wir uns alle befinden, und aus der du mit meiner Hilfe herauskommen kannst. Es stimmt, dass deine Mutter umfassende Informationen hatte, die sie hätten schützen müssen, während sie Satans erste Waffe, das Massaker an ihrer Ehe, einsetzte, um alles zu zerstören. Sie hätte die Letzte auf der Welt sein sollen, die diese Zerstörung erleidet. Dann stell dir die anderen vor, die nichts wissen und die Kasperle der Hochbank und des Marxismus wählen!
Du kommst gegen mein Herz, bereust, gibst mir deine Zuneigung und ich gebe dir meine Zuneigung zurück, mit allem, was dazu gehört.
Ich werde dir alle Erklärungen geben, die du dir wünschst, zu Texten, die du a priori meditieren kannst. Wir können uns lieben, indem wir in unseren Bereichen bleiben: Es ist normal, dass ein mathematisch begabter Sohn einen philosophischen

Vater nur schwer versteht, aber das verhindert weder Liebe noch Respekt.

Ich liebe dich zu sehr, um eine legitime Anstrengung wie diese nicht zu unternehmen.

Nach diesem Brief, Monique, rief mich Aurélien an. Er entschuldigte sich kleinlaut und sprach eine Stunde lang mit mir über die Pension unter dem Vorwand, nicht darüber sprechen zu wollen!

Und du, Monique, was hast du getan?

Weder dein Mann noch Aurélien haben mir erzählt, dass du Aurélien auch nur im Geringsten ermahnt hast, wie ich es bei vertauschten Rollen mit großer Strenge getan hätte. Der Faktor, dass wir uns getrennt haben, hätte nicht im Geringsten eine Rolle gespielt. Das wäre für mich das Mindeste an Ehre gewesen.

Aber was war dein edles moralisches Verhalten?

Während ich die Pension nur ein paar Tage zu spät geschickt habe, um ein Zeichen zu setzen, was unter diesen Umständen legitim war, bist du gegangen, um die Pension durch einen Gerichtsvollzieher pfänden zu lassen, unter dem Vorwand, dass ein paar Cent für die Indexierung fehlten! Das ist umso grotesker, als ich die Rente meistens um etwa hundert Franken erhöht habe. Aber was wirklich schlimm ist, abgesehen von der moralischen Ebene des Vorgangs, ist, dass diese Pfändung mich zu einem Bankverbot für jegliche Kredite macht. Das ist auch infam. Aber das ist dir natürlich egal! Um das Ganze noch zu veredeln, forderst du von mir drei unbezahlte Monate, für die ich dir nur einen Bankbeleg vorlegen konnte. Ich hatte einen sicheren: dass mein kleines Konto nie um die Summe von zwei Monatsrenten, also zweitausendsechshundert Franken, erhöht wurde. Absoluter Beweis, aber auch hier gilt: Was kümmert es dich? Ein Jahr warten, um eine so hohe Summe einzufordern!!! ! Das glaubt doch keiner. Du hättest mir auch "Juni" gestohlen, wenn ich nicht einen Bankbeleg gefunden hätte...

Natürlich habe ich keinen Cent mehr. Das Wenige, was ich hatte, wurde von dieser falschen Schuld aufgefressen: Ein Lehrer ist kein Millionär.

"Aurélien hat es gut gemacht! Ich hätte ihn fast verloren", sagst du!

Weil ich der Schuldige bin??? Das ist ein Beispiel für alle Umkehrungen der damaligen Zeit.

"Unvereinbarkeit der Stimmung", sagst du?

Mit mir oder mit Bea, die ihn zwanzigmal bittet, an den Tisch zu kommen.

Sprich mit deinem Mann darüber: Ich habe sehr gute Gründe zu glauben, dass er über Aurelians Charakter und deine betonierte Unbedarftheit klar ist.

Was für ein schrecklicher Übergriff! Auréliens Problem war schmerzhaft genug, dass wir wie zwei intelligente und menschliche Menschen am Telefon darüber gesprochen haben. Wir hätten in Absprache so tun können, als würden wir die Rente streichen. Ich hätte sie zum Beispiel auf dein Konto überwiesen, ohne dass er davon wusste.

Und all diese Aggressionen, die ich seit zwölf Jahren erlebe, welche Auswirkungen haben sie auf die Psyche unseres Kindes?

Ich habe gehört, dass du von Aggression sprichst! Das ist der Gipfel.

Ich habe nie etwas anderes getan, als dafür zu kämpfen, meinen Sohn zu sehen und aufzuziehen. Nichts anderes habe ich getan. Fünfzehn Jahre lang hielt ich dich für einen intelligenten und edlen Menschen, der stolz, gerecht und ohne Stolz ist. Wie sehr habe ich mich geirrt. Aber was für eine Herkuleskraft hat es dich gekostet, mir fünfzehn Jahre lang etwas vorzuspielen! *Das muss anstrengend gewesen sein!*

Es ist wahr, dass, wenn ich dein Wesen, wie ich es *seit* unserer Trennung entdeckt habe, entdeckt hätte, ich dich nie wieder ein einziges Mal gesehen hätte und unser Aurelien wäre nicht hier.

Ich war überzeugt, dass all das, was ich für deine Qualitäten hielt, *vor allem* dann *zum Vorschein* kommen würde, wenn wir getrennt wären. Ich entdeckte eine Kaiserin. In der Prüfung zeigen sich die Qualitäten, umso mehr bei einer so völlig entgegenkommenden Person wie mir.

Ich habe nie etwas gegen dich unternommen und es war immer sehr schmerzhaft, wenn die Justiz mich dazu zwang, Fakten aus Anzeigen aufzuzeigen, bei denen ich nie als Nebenkläger auftrat, da ich genau wusste, dass sie ohne diesen rechtlichen Prozess nie in Gang gesetzt werden würden.

Freundliche Absprachen und eine solidarische Freundschaft hätten zum Gleichgewicht unseres Kindes beitragen sollen. Wir brauchten keine Justiz: Einfache Papiere, die wir untereinander unterschrieben, waren ausreichend. Wir hätten vereinbaren können, an welchen Tagen ich Aurélien unterrichten sollte, und uns einen Gefallen tun können, indem wir ihn je nach Bedarf aufnehmen, wie es üblich ist.

Deine Aggressionen? Mein Gott, ich kenne sie:

Wer hat alles getan, um mich von meinem Kind zu trennen, obwohl ich kulturelle Referenzen der bedeutendsten Personen dieses Jahrhunderts besaß, obwohl du mir fünfzehn Jahre lang die Illusion einer fast heroischen Zustimmung zu einer Erkenntnis einer verdorbenen Epoche vermittelt hast?

Wer hat alles getan, damit ich meinen Sohn nicht in der Schule küssen kann, indem er versucht hat, mich auf vielfältige Weise zu erpressen, wie der Schulleiter bezeugt hat, und sogar behauptet hat, ich sei ein gefährlicher Hypnotiseur und würde die Pausenbrote meines Sohnes vergiften? Als deine Methoden keinen Erfolg hatten und sogar Auréliens Lehrerin empört war, hast du ihn aus der Schule genommen, damit ich nicht weiß, wo er ist... Du hast dich sogar geweigert, dem Gerichtsvollzieher die Adresse der neuen Schule zu geben, was in die Berufungsakte übernommen wurde! Körperverletzung?

Wer sagte zu Aurélien "Wenn dein Vater dein Sorgerecht bekommt, werde ich dich nie wiedersehen" - Aggression?

Das ist wirklich der Gipfel des traumatischen Horrors, der unserem Sohn auferlegt wurde. Das ist die Ätiologie einer Neurose, die ihn sein ganzes Leben lang verfolgen wird. Wie kann man sich über seine Soziopathie wundern, wenn man auch noch an die Vererbung durch deinen brutalen Vater denkt?

Hast du das unwürdige Verhalten unseres Kindes mir gegenüber als "inkompatible Temperamente" bezeichnet? Inkompatibel mit Lucien? Mit Bea nicht vereinbar? Mit mir? Das sind eine Menge Unvereinbarkeiten, findest du nicht?

Wenn Aurélien sich unwürdig verhält und ich davon spreche, ihm seine Rente zu streichen, obwohl er offiziell von einem Lebensstandard von dreißigtausend Francs pro Monat lebt (Unterhalt, Unterricht, Taschengeld, Sport, Aufführungen usw.), anstatt ihn feierlich zu ermahnen und ihm zu sagen, dass er das verdient hat und dass jeder Vater, der diesen Namen verdient, das Gleiche tun würde, rennst du zum Gerichtsvollzieher. Das Geld ist das Einzige, was zählt: Du bist ein Mann deiner Zeit. Körperverletzung?

Habe ich ihm das Geld entzogen? Als du mich von meinem Sohn getrennt hast und ich dir gedroht habe, dir die monatlichen dreitausend Franken für dein Haus zu entziehen, habe ich das getan? Niemals und ich habe so lange gezahlt, bis dein Mann dein Haus aufgelöst hat. Hatte ich eine andere Wahl, um gegen deinen Wahnsinn und die falschen Zeugenaussagen anzukämpfen, die du von Leuten bekommen hast, die mich nicht einmal kannten! Körperverletzung?

WER hat meinen Sohn dazu gebracht, mir zu sagen, dass ich gesagt habe, "Hitler war ein Heiliger", und zwar zu einem politischen Zeitpunkt, an dem eine solche Aussage, obwohl sie grotesk war, mir meinen Sohn hätte wegnehmen können? Tätlicher Angriff?

Armes Kind, das angesichts eines solchen Satzes "Wenn dein Vater dein Sorgerecht hat, werde ich dich nie wiedersehen" sein ganzes Leben lang den Satz verkrustet fühlen wird, der einen verrückt machen kann: "Wenn ich meinen Verlierer liebe, verliere ich meine Mutter". Wie kann man einen solchen Grad an Rücksichtslosigkeit und Bosheit erreichen? Aggression?

Der arme Kleine! Was für ein Schock, wenn ich daran denke, dass ich nichts für ihn tun kann, außer das schönste Foto seiner Mutter in sein Zimmer zu stellen, damit er spürt, dass ich ihn nicht lieben kann, ohne seine Mutter zu lieben.

Ist es da verwunderlich, dass er in der Technikbesessenheit Zuflucht findet, wie man in einem zweiseitigen Brief beobachten kann, in dem es nur um Computermanöver geht?

Ist es da verwunderlich, dass er sich jeder Selbstkritik und einem elementaren Altruismus verschließt und alles durchsetzen will, was er will, ohne sich um die Meinung oder das Recht des anderen zu kümmern? Ach Monique, was für ein Verbrechen, was für eine lächerliche Rücksichtslosigkeit!

WER hat mich gezwungen, allein für juristische Angelegenheiten zwei Millionen alte Francs für zwei Berufungen auszugeben, obwohl die erste gerade gewonnen worden war, indem mir ein normales Besuchsrecht zugestanden wurde? Körperverletzung!

Da hat mir eine kleine Richterin in einer einstweiligen Verfügung aufgrund deiner Aktion alle meine monatlichen Besuchsrechte außer in den Ferien entzogen, während du meinen Sohn entführt hast, um das Urteil des Gerichts in Bourges nicht umzusetzen, was theoretisch strafrechtlich relevant gewesen wäre? Körperverletzung!

Auch hier hätten wir uns arrangieren können, um das neue Berufungsurteil an die Situation anzupassen. Wir brauchten niemanden. Du musstest der Richterin beweisen, dass du mich mit aller Gewalt von meinem Sohn trennen wolltest, und das hat nicht einmal gegen dich gesprochen! Körperverletzung!

Am Tag nach der Gerichtsverhandlung, bei der mir das Besuchsrecht entzogen worden war, hatte ich nach einer 600 km langen Autofahrt zwei fast gelähmte Finger! Körperverletzung!

Also ein weiterer Anruf, um mein Besuchsrecht wiederzuerlangen! Körperverletzung!

WER hat mich absichtlich gezwungen, 120000 Kilometer zu fahren, um meinen Sohn am Wochenende zu besuchen und ihn in jedem Urlaub hin und zurück zu bringen? Körperverletzung!

WER hat mich gezwungen, an jedem monatlichen Wochenende zweitausend Franken auszugeben? Körperverletzung!

WER hat mich gezwungen, um diese enormen Lasten zu tragen, die Hilfe unserer kleinen Bea anzunehmen, die in ihrer Hingabe und Großzügigkeit keine Grenzen kennt, denn all das war mit dem, was ich verdiente, untragbar! Aggression!

Sie hat uns dreien weiterhin alles gegeben, trotz des Leidens, das du ihr zugefügt hast, dem armen kleinen Mädchen mit der wunderbaren Arbeit, das "nur zum Wischen gut" war, wie du sagtest, und das deine Bosheit für immer auf mein Herz gestürzt hat.

Übrigens war ich es, der aufgrund des Fehlers des Richters in erster Instanz die Verdoppelung der Rente veranlasst hat.

WER ist gekommen, um mein Besuchsrecht zu stören, indem er einen unglaublichen Eklat veranstaltet hat, sodass mir zehn Personen eine Zeugenaussage für die Akte angeboten haben und du von der Polizei vorgeladen wurdest? Körperverletzung!

WER hat sich nach dem ersten Berufungsurteil geweigert, meinen Sohn nach einem unglaublichen Zirkus vorzuführen, der dazu geführt hat, dass du von zwei uniformierten Gendarmen vor den Staatsanwalt zitiert wurdest? Du hast ihm vorgeschlagen, dass man ihn zum Fest seiner alten Schule bringen sollte, während du gleichzeitig seine Flucht zur nahe gelegenen Gendarmerie vorbereitet hast, wo ihr auf ihn wartetet! Was für ein Schrecken für mich, dieses Verschwinden, denn ich hätte mir so etwas Schreckliches nie vorstellen können! Körperverletzung?

WER hat mein Foto aus dem Zimmer meines Sohnes entfernt, während dein Foto hier in seinem Zimmer thront? Körperverletzung!

WER hat sich nie als Nebenkläger gemeldet, obwohl er wusste, dass niemals eine Klage eingereicht werden würde, selbst nach einer Vorladung durch den Staatsanwalt?

Körperverletzung?

WER, in einem Wort, greift den anderen schamlos an, obwohl er genau weiß, dass du lügst, denn du kennst mich gut, um zu wissen, dass du lügst. Ich habe mich immer damit begnügt, mich auf strafrechtliche

Fakten zu berufen, aber nur widerwillig, denn ich musste ja mein Besuchsrecht verteidigen!

WER hat es gewagt, mich der Vergewaltigung seiner Schwester Françoise zu beschuldigen, als ob du mir so etwas zutrauen würdest! Körperverletzung!

Françoise ist eine große, hässliche Molasse, die mich weder zum Küssen noch zum Beischlaf inspiriert, Du kennst die Wahrheit über deine Schwester ganz genau.

In einem Moment des Mangels auf deiner Seite und des Hodenhochlaufs auf meiner Seite habe ich mehrmals seine Gunst angenommen. Nicht mehr und nicht weniger. Zu dieser Zeit hätte ich, wenn sie mir gefallen hätte, sehr wohl dich verlassen und sie wählen können.

Es stellte sich heraus, dass ich dich auf ein Podest gestellt hatte...

Du weißt aber, dass eine Schwester niemals ihrer Schwester erzählen wird, dass sie mit ihrem Mann geschlafen hatwas sie ja auch nicht getan hat.

Warum hat sie gelogen und dir eine solche Offenbarung gemacht? Weil sie dich hasst und dir wehtun wollte. Sie kann dir nicht verzeihen, dass du brutal streng zu ihr warst, so streng, wie du mit unserem Sohn lasch umgehst.

Sie konnte das nicht verdauen und sah eine gute Gelegenheit, sich zu rächen.

Dann ist dir jedes Mittel recht: Wer seinen Hund töten will, beschuldigt ihn der Tollwut...

Da ich deine Schwester und mich sehr gut kenne, ist die Ausnutzung eines Flirts mit deiner Schwester für eine so schreckliche Verleumdung wie Vergewaltigung ein moralischer Tiefpunkt, und das weißt du auch. Körperverletzung?

WER hat mich dazu gebracht, in zwölf Jahren mindestens zwanzig bis fünfundzwanzig alte Millionen auszugeben, und fährt heute unter fadenscheinigen Vorwänden fort, mich um die wenigen Franken zu bringen, die mir noch geblieben waren? Aggression. Und Bea, mein armer kleiner Schatz, muss diesen Ruin erleiden, weil sie mir immer geholfen hat.

"Stimmungsinkompatibilität" mit mir und Bea hast du gesagt. Erzähl das deinem Mann und du wirst ihn zum gelben Lachen bringen...

Bea hat Aurélien immer mit Hingabe und Engelsgeduld behandelt, sie hatte immer viel mehr Autorität über ihn als du und ich.

Sie zählt nicht, wie viel sie für ihn ausgibt und wie oft sie für ihn ausgeht. Sie hört nicht auf, ihn zu verwöhnen und ihm Sachen zu kaufen. Ich freue mich, dass sie ihr Patent, ihr Diplom als Pflegehelferin, ihr Klavier, Englisch und ihren Garten, aus dem sie tonnenweise Gemüse und Obst zieht, so dass es beeindruckend ist, erfolgreich abgeschlossen hat.

Sie hat wirklich einen grünen Daumen! Und ich will gar nicht all die Pflege erwähnen, die sie uns zukommen lässt, ein Schatz!

Wie konntest du auf jemanden eifersüchtig sein, der dem lieben Gott so nahe ist? Wahrscheinlich, weil du dich wie eine Hexe benimmst...

Und was verlangt sie? Ein bisschen Liebe

Wir hätten es ihr gemeinsam geben und ihr den Beruf ermöglichen können, den sie gewählt hat: die Pflege von Kranken und Leidenden.

Unser Sohn hat kein Urteilsvermögen, keinen Respekt, keine Bescheidenheit und kein Gefühl. Er kann nur zu Fremden oder zu meiner Familie während eines Urlaubs freundlich sein. Bei Lucien, Bea und mir ist er oft von einer Schändlichkeit und Anmaßung, die an Wahnsinn grenzt. In dem, was ich sage, steckt leider nicht die geringste Übertreibung. Ich liebe ihn leider zutiefst, aber wenn er auf seinem Weg beharrte, warum sollte ich ihm dann weiterhin eine Rente zahlen und in dieser für mein Alter und meine Gesundheit so schädlichen Migrationswelt bleiben?

Ich urteile nicht über dich, obwohl die Taten schrecklich waren. Du hast eine Entschuldigung, dein Vater. Ich beschränke mich lediglich darauf, die Tatsachen zu bezeichnen, nur die Tatsachen, nichts als die Tatsachen, so wie es jeder tun würde, und du selbst, wenn du klar im Kopf wärst. Ich fürchte leider, dass du nach deinem Vater kommst und Aurélien nach dir.

Diese Erkenntnis war notwendig, obwohl ich weiß, dass ich vor einem Block aus Stahlbeton stehe und dass du unfähig sein wirst, mit dir selbst ins Reine zu kommen und die elementaren Eigenschaften, die einen Menschen ausmachen, wiederzufinden. Es ist der Stolz, der dich lähmen wird, und du wirst den Stolz ignorieren: Möge ich mich in dieser Diagnose irren.

Die Gerechtigkeit ist verschwunden, sogar auf der Ebene der Familie.

Ich habe die Familienrichterin gebeten, dass du mir eine kleine Beteiligung an den enormen Summen gewährst, die die Reisen von Berry in die Bretagne und zurück kosten, um Aurélien an den Wochenenden zu sehen, ihn jeden zweiten Monat in die Ferien zu bringen und wieder abzuholen. Die einzige belegbare Ausgabe, die du vorgelegt hast, waren die "Kosten für den Führerschein". Dabei handelte es sich um eine Luxusausgabe, da er den Führerschein aus Vernunftgründen erst nach dem Abitur machen sollte. Anstatt mir die kleine Unterstützung zu gewähren, um die ich gebeten hatte, erhöhte die Richterin meine monatliche Rente um 400 Franken, was für einen Rentner, der bereits in Schwierigkeiten steckte, enorm ist. Dieses Urteil wurde von allen Juristen, denen ich die Urteilsbegründung vorlesen ließ, als abwegig bezeichnet. Zweifellos hätte man mir den geringen Betrag, den ich beantragt hatte, zusprechen müssen.

In der Tat :

Die Ausgaben für das monatliche Wochenende und die durchschnittlich zwei Hin- und Rückreisen pro Monat waren erdrückend, erst recht für einen Rentner.

Mein Alter und meine Gesundheit waren zu berücksichtigen. Die Erosion meiner Rente war offenkundig. All diese Fakten hatten für einen anständigen Richter einen unumgänglichen rechtlichen Wert, und der "begleitete" Führerschein hatte keinen solchen. Außerdem studierte Aurélien höhere Mathematik am Lycée Naval und hatte einen Lebensstandard von mindestens 30 000 Francs pro Monat und ein Taschengeld vom Staat.

Sie kamen also alle zu dem Schluss, dass die weiblichen Richter willkürlich und ungerecht gegenüber den männlichen Richtern sind. gilt auch für Spanien, wo mir mein Schwiegersohn sagte: "Väter bekommen ihre Genugtuung nur in der Berufung, wenn sie die Mittel haben, Berufung einzulegen. Ansonsten werden sie aus Prinzip zerquetscht. Das hat sich für mich in Frankreich bewahrheitet, und da ich in diesem Fall nicht die Mittel habe, Berufung einzulegen, weil mich das mindestens das Hundertfache dessen kosten würde, was ich verlange, bin ich auf die Auswirkungen der Ungerechtigkeit reduziert.

Dieser Zustand ist jedoch nicht nur in Familienangelegenheiten zu beobachten, sondern überall.

Diejenigen, die einen Dieb überwältigt und ihn in Handschellen der Polizei übergeben haben, werden inhaftiert und wegen Freiheitsberaubung verurteilt. Sie hätten den Dieb laufen lassen und Anzeige erstatten sollen. Die Klage wäre natürlich nie eingereicht worden oder hätte nie Erfolg gehabt, wie es bei Hunderten von mir bekannten Klagen der Fall ist.

Es gibt also keine Chance, selbst wenn die Fakten für Sie sprechen, vor einer Familienrichterin Genugtuung zu erhalten, wenn Sie ein Vater sind.

Für all das, wie auch für Bea, hätten wir uns gütlich einigen können, vor allem mit einem Kinderschatz. Ich war zu jeder Vereinbarung bereit, die von einem Sinn für Gerechtigkeit und Güte getrieben war. Es gab keinen Bedarf für einen Gesetzeshüter und die Millionen, die Lucien und ich ausgegeben hatten.

Was unsere Tragödie im Allgemeinen betrifft, so werde ich dir im Lichte meiner Aufrichtigkeit, meines Alters, meines Wissens, das ein Jahrhundert der allgemeinen Verdummung weit übersteigt, und des Sinns für Gerechtigkeit und Rechtschaffenheit, die das natürliche Los der "Waage" sind, berichten.

Dein Problem ist schmerzhaft und du solltest versuchen, dich über dich selbst zu erheben. Dein Leiden ist, wie alle Leiden, auf dem Weg zur Heilung oder zum Tod. Wähle das Leben, die Heilung, wähle eine neue Transparenz voller Gerechtigkeit und Nachsicht.

Als ich dich kennengelernt habe, habe ich dir alles über meine Fehler erzählt, noch bevor du meine Wohnung betreten hast.

Männer mit einer ausgeprägten Persönlichkeit sind alle Schilddrüsen-Typen mit Hypertendenz, die jedoch physiologisch bedingt sind.

Nun ist die Schilddrüse die Drüse der Intelligenz, der Jugend, der Sexualität und der *Versuchung*. Sie sind daher ihr ganzes Leben lang Hengste, selbst im hohen Alter. Das gilt für die Romantiker meiner Doktorarbeit, aber auch für Menschen wie den heiligen Augustinus oder den heiligen Franz von Assisi, die erst spät zur Askese gelangten. Selbst in meinem Alter übe ich immer noch eine Faszination auf Mädchen mit einer markanten Persönlichkeit aus. Wie kann man ihr widerstehen, vor allem, wenn man ehrlich gesagt keine Lust darauf hat? Es wird erzählt, dass es in Assisi kaum ein Mädchen gab, das Franziskus nicht aus der Bibel kannte.

Was die Schriftsteller, Musiker und Dichter betrifft, so ist über sie alles gesagt worden. Als eine ältere Dame gefragt wurde, ob sie einen Herrn gekannt habe, der einer bestimmten Beschreibung entsprochen und in der Stadt, in der sie wohnte, gelebt habe, antwortete sie: "Ach ja, das Schwein da!", und es handelte sich um Goethe...

Als ich das letzte Mal in Spanien war, sagten die Freundinnen meiner Tochter Chantal über mich, dass ich eine Symbiose aus Don Juan und Don Quichotte sei. Ich zitiere Dominique Aubier über mich: "Neben Ihnen ist Don Quijote ein kleiner Junge...".

Wenn du einen Brief lesen würdest, den ich kürzlich von einer bezaubernden Achtundzwanzigjährigen erhalten habe, wärst du genauso verblüfft wie ich, als ich ihn erhielt...

Es stimmt, wie ich in meiner Dissertation sage: "Mein Biotyp zieht hübsche, etwas verrückte Mädchen an".

Ich habe dich einst gezwungen, auf ein Kind zu verzichten: Das war ein Verbrechen. Aber zwischen zwei Verbrechen muss man das kleinere wählen. Zu dieser Zeit hatte ich einen Nervenzusammenbruch, weil meine Frau und meine Tochter nach Deutschland gezogen waren. Ich litt an Periarthritis scapulohumeralis, d. h. ich war an beiden Armen nahezu gelähmt. Die finanzielle Situation war nicht rosig. Ein Kind in einer solchen Situation zuzulassen, wäre noch krimineller gewesen. Man zeugt kein Kind, um es psychischer und materieller Not auszusetzen.

Wenn man sich die Situation der jungen Menschen heute ansieht, die der tödlichen Musik, den Drogen, der Arbeitslosigkeit, der Laxheit und der Kleidung von Pennern ausgeliefert sind, ermutigt nichts dazu, Kinder zu haben. Nur die farbige Masse wuchert und wird uns einen weltweiten Haufen physikalisch-chemischer Amalgame liefern, die von der Gewinn- und Verlustkasse einer Pseudodemokratie regiert werden, die in Wirklichkeit nur ein organisiertes und geplantes Chaos ist.

Außerdem bringen wir ihnen die Scheidung, da wir nicht in der Lage sind, für sie zusammenzuhalten, was für mich der absolute Horror ist, der alle Pathologien des Körpers und des Geistes hervorbringt.

Unsere Trennung wegen unserer kleinen Bea, die uns alles gegeben hat, wird in meinem Kopf das wichtigste Symbol unserer Degeneration bleiben.

Du bist es, der in mir dieses unendliche Mitgefühl für sie geweckt hat.

Dieses leicht behinderte Mädchen, das so vielen als normal geltenden Menschen Punkte zurückgeben würde... Du warst es, die mein eher mütterliches als väterliches Herz an ihres geklebt hat.

Ich werde sie mein ganzes Leben lang wiedersehen, wie sie niedergeworfen und schweigend in ihrem Zimmer saß, wie ihr die Tränen über die Wangen liefen und wie sie nichts zu essen hatte, während ich gerade von einem Universitätstreffen aus Paris kam. Sie, die mit absoluter Selbstlosigkeit alles für uns tat und nur um ein bisschen Liebe bat...

Grenzenlose Hingabe, wundersame Effizienz - wie konntest du nur? Was für eine abscheuliche Verschwendung!

Diese Verteidigung Beas gegen deine Bosheit, während du und Aurelien meine Schätze waren, hätte dir eine enorme Liebe zu mir einflößen müssen: Ich habe meinem Mitgefühl das Liebste geopfert, was ich hatte.

Wir hätten dann für Aurelien gearbeitet, der in den wesentlichen Dingen so dumm war, wie ich es bei meinen besten Schülern in vierzig Jahren Unterricht erlebt habe. Wir hätten ihn zu einem Menschen der Ehre, der Ehrlichkeit, des Respekts, der Bescheidenheit und des wahren Wissens gemacht.

Die Arme, die, wie du sagtest, "nur für den Mopp gut war". Ich bin immer noch voller Bewunderung für ihr Herz und ihre wundersame Kompetenz. Und sie ist dir nicht böse! "Monique hat mir viel gegeben", sagt sie oft.

Ach, wenn du auch nur ein kleines bisschen von seiner Güte gehabt hättest, wie sehr hätte ich dich geliebt!

Wenn ich dich nicht legal geheiratet habe, dann immer noch wegen dir. Die Steuerstudie, die du besitzt und die von einem befreundeten Steuerdirektor erstellt wurde, endete mit : " Vor allem heirate nicht ". Der Unterschied in der Besteuerung war für uns enorm.

Wenn ich nicht mehr da bin, wird Béa Aurélien alles geben, was er verdient und was er sich leisten kann. Kleidung, Wäsche, Schmuck und eine Lebensversicherung, falls Béa vor dem sechzigsten Lebensjahr stirbt, in Höhe von dreihunderttausend Francs. Da er danach als bei seinem Vater wohnend gemeldet wird, gehört ihm alles, was hier ist.

Er wird die Miete zahlen müssen, solange er keine andere Wohnung gekauft hat, aber Beas Versicherung wird ihm eine wichtige Einlage verschaffen.

Die Menschen sind so unmenschlich, so hässlich, so feige, so gemein, so unbedeutend, dass ich froh bin, diese Welt bald verlassen zu können.

Ich dachte, oh wie naiv, du hättest mein Buch gelesen und würdest deinem ohnehin schon gigantischen Leiden niemals noch eine solche Last hinzufügen. Viele Freunde stellten mir diese Frage, da sie wussten, wie du dich in den letzten 15 Jahren verhalten hattest. Sie konnten nicht verstehen, wie du mir diesen Schmerz zufügen konntest und konnten nur eine psychiatrische Antwort finden.

Ich weiß, dass du Ausreden hast, die ich nicht erwähne, um dich nicht durch ihre Wiedererinnerung zu verletzen.

Ich verzeihe dir und finde viele Entschuldigungen für dich, aber du solltest dich ein wenig bemühen, dich selbst und die Fakten richtig zu stellen.

Beste Gedanken von Papa.

Der Biotyp, den Sie beschreiben, ist sicherlich unrealistisch.

Er ist zu rein und zu absolut, um in dieser Form zur menschlichen Spezies zu gehören: Er wäre ein Übermensch mit den Fehlern seiner Qualitäten, aber mit einem selten anzutreffenden intellektuellen und emotionalen Potenzial.

(Dr. Laugier, Endokrinologe)

Tristan

KAPITEL XXIII

Meine Brüder, die Dandys.
"Der Dandy ist per Funktion ein Oppositioneller".
"Dandytum ist eine degradierte Form der Askese".
(Albert Camus)
"1984 wird der Klügste der am wenigsten Normale sein".
(Orwell).

Es gab kein Werden mehr für Tristan. Er war "außerhalb der Geschichte".

Würde er inmitten der lethargischen Trümmer dieser Welt die Last seiner Intelligenz und seiner Seele tragen können? Was kann man in dieser herzlosen Welt tun, in der nur Lüge, Hässlichkeit und List herrschen?

Wie würde er sein wahres Gesicht erleiden, ein Symbol einsamer Ohnmacht, über die hässliche Atonie zeitgenössischer Masken hinweg?

Wie sollte er der erstickenden Standardisierung entkommen, an der jeder mit schlaffer Selbstgefälligkeit teilnahm?

Was konnte er in dieser Herde tun, die ihre Freiheit in der hysterischen Leidenschaft für die Knechtschaft suchte?

Vielleicht würde er in dieser roboterhaften, roboterähnlichen Welt eines Tages von Pseudochristen, die unbewusste Agenten von Selbstmordideologien sind, denunziert und dann den psychiatrischen Kommissionen übergeben werden, um auf die Erschießungskommandos zu warten.

Wie könnte er in einem Abgrund aus Leid, Verzweiflung und institutionalisierter Hässlichkeit, in einer Welt, in der es niemandem mehr etwas zu sagen gibt, den einsamen Selbstmord vermeiden?

Würde er jemals die Zeit finden, technisch zum befreienden Klavier, zum Schwindelgefühl von Chopin vorzudringen?

Würde er versuchen, unter den versklavten Kohorten die neuen, verborgenen Führer der Menschheit von morgen zu entdecken, jene

Elite, die die authentischen Grundlagen für das Glück der zukünftigen Menschen im Einklang mit den göttlichen und natürlichen Gesetzen legen würde?

Und er Tristan, Jude, schlummernder Freimaurer, getaufter Katholik, würde er den heruntergekommenen Franzosen den traditionellen Weg zeigen, der zu dem Gleichgewicht führt, das heute niemand mehr kennen wird?

Nur das Schicksal wusste es ... Aber eines war sicher:

Die Schlange hat nie darum gebeten, eine Schlange zu sein!
(kosmisches Gelächter ad libitum).

Monolog von Tristan

Ich bin eine Kraft, die geht...

Wenn ich das Glück gehabt hätte, mit fünf Jahren ein Klavier aufzuschlagen, hätte ich es nie wieder zugeklappt und nie geschrieben.

Ich wollte weder denken noch schreiben.

Ich liefere nur mein Leiden, ganz rein, ganz einfach.

Ich mag die Literatur nicht, all diese Talente, die uns verführen und uns das Bewusstsein rauben, diese prächtigen Stile, diese Schlangenzungen in goldenen Kästen...

Chopin, Schumann, Liszt, Beethoven, Mozart und Bach hätten mir genügt. Der Dandy ist sich der Formen und "Verformungen" des Denkens bewusst.

Ich wurde in eine höllische und absurde, hässliche und unerträgliche Welt geworfen.

Ich beobachtete kaltblütig diese Hässlichkeit, die im absoluten Horror gipfelt. Dann wurde mir schlecht von *der Erde*.

Ich grub mich bis zu den Wurzeln meines Hyperbewusstseins und ließ mein Herz quietschen.

Ich habe keinen Sinn für banalen Humor, aber ich habe einen Sinn für metaphysischen Humor. Zu denken, dass ich das bin, was ich gegen meinen Willen bin, geprägt von einem unerbittlichen Schicksal: Manchmal wache ich nachts auf, um darüber zu lachen.

Und die anderen, normalen Menschen, die Blue Jeans und Wahlzettel anziehen, diese Uniformen des internationalen Schwachsinns, am Rande des vegetativen Lebens, die sich mit regressiver und bestialischer Musik und Fußball vollstopfen, bei dem man sich hysterisch abschlachtet, der vollständigen Robotisierung geweiht und sich ihrer hypnotischen Konditionierung nicht bewusst sind...

Und alle nehmen sich selbst ernst, die komatösen Schlafenden und ich.

Man kann nichts mehr lösen in einer Welt, die nur durch Zerstörung wiederbelebt werden kann.

Der Opal!

Ich verstehe die Wahrheit über den Opal.

Er bringt kein Unglück, es sind die Ästheten, die den Opal lieben. Ich liebe den Opal und die Ästheten, die ihr Leben gefährlich jenseits von Gut und Böse führen, sind für das Unglück geschaffen und sie bringen dem Opal Unglück.

Der Dandy trägt aufgrund seiner Physiologie ständig enge Schuhe. Dieses lächerliche Bild fasst das Wesentliche zusammen. Das lächerliche Wesentliche.

Die Schwingungen der Außenwelt verursachen solche Schocks, dass der Dandy immer in einem Zustand nervöser Erschütterung und körperlicher Schmerzen ist.

Dieser Schmerz nimmt metaphysische Ausmaße an und breitet seinen Schleier der krachenden Traurigkeit über die gesamte Menschheit aus, über die kleinen Kinder, die nie darum gebeten haben, auf diese Welt zu kommen.

Ich leide, also bin ich.

"Der Dandy ist nichts ohne sein Leiden", sagte Albert Camus. O wie wahr!

Sein Leiden darf nicht sinnlos sein, es muss dienen. Es muss reinigend, großartig, prachtvoll und in seinem Geheul universell sein.

Der Dandy trägt das Gewicht des Universums, er ist der Idiot des Universums, der Bruder des Dorftrottels.

Geweihtes, kultiviertes, immenses, stolzes Leiden, Herausforderung, Revolte, Schöpfung, Entdeckung.

Auf diesen kaum erloschenen Schmerz folgt die Angst vor dem nächsten.

Chopin! Ein intensiver, verzweifelter Schrei, der immer lauter wird.

Manchmal ein Anflug von Fröhlichkeit, wie in einigen Walzern oder Etüden, aber das ist keine Fröhlichkeit, sondern nach Art von Harlekin und Fantasio eine Art Schalk, der dem Dandy eigen ist und der sich im Alltag oft in plötzlichen, selbst flüchtigen Ausbrüchen von Possenreißerei ausdrückt.

Der Romantiker ist kein Intellektueller im modernen Sinne, aber was ist weniger intellektuell als ein moderner Intellektueller? Der moderne Intellektuelle ist eine analytische Maschine, die sich selbst und die ganze Welt in den Selbstmord treibt.

Wenn sich das Gefühl von der intellektuellen Verarbeitung entfernt, wird es in Zerstörung und Nichtwissen resultieren. Ohne Gefühl kann man nicht synthetisieren, denn die Synthese ist ein Wunder des Herzens: Sie liegt in der Hand der von der Vorsehung bestimmten Eliten.

Ohne das Herz gibt es keine Schönheit und keinen moralischen Sinn. Der kränkliche Geist des modernen Homunkulus könnte in einem Jahrhundert nicht zu einer einzigen grundlegenden Wahrheit über den Menschen gelangen.

Eine ganze verkehrte, falsche und absurde Welt hat mich gezwungen, diese erste Wahrheit zu verstehen.

Ich dachte, ich sei verrückt, und fand heraus, dass die ganze Welt verrückt ist. O wie sehr!

Ich fühle mich. Meine Welt ist ein Gefühl akuter Angst, das aus meinem Wesen heraustreten, außerhalb von mir explodieren muss.

Es muss hervorsprudeln, denn es erstickt mich.

Die Wahrheit, die nicht herauskommt, vergiftet, wie ein ungeborenes Kind, das - oh wie schrecklich - im Mutterschoß bleiben sollte.

Es ist besser, mit der Wahrheit zu sterben, als an ihr zu ersticken.

Alles ist da für den Künstler, den Denker. Als Chopin das Nocturne in Es schrieb, dachte er nicht: Er sprach seine Angst, seine magische und unendliche Traurigkeit. Er versuchte nicht zu analysieren.

Die Analyse des eigenen Selbst? Die moderne Welt hat mich zu einer Art Hybrid gemacht, der gezwungen ist, zu analysieren, anstatt zu erschaffen und Schönheit auszurufen.

Der Romantiker revoltiert in kreativen Empfindungen.

Wenn heute ein Dandy, der im Leben machtlos ist, versucht, in dieser feindlichen, materiellen, mechanisierten, in der "Fortschrittslüge" ertränkten Welt zu überleben,[76] muss er sein Ich unterdrücken und unmöglich versuchen, ein wenig wie diese sogenannten "normalen" Humanoiden zu sein. Diejenigen, die an ihn glauben und von all dem Unsinn leben, den man ihnen auferlegt: eine kretinsartige Politik mit manipulierten Marionetten, synthetische Chemie als Nahrungsmittel und Therapeutikum, eine verdummende und pornographische Psychoanalyse, ein Propaganda- und Schrumpfungsunterricht, der die Kinder im Nichts des Materialismus und Marxismus versteinert...

Dandytum ist eine normale Neurose, aber ohne ein persönliches Vermögen ist der Mann mit der übersinnlichen Hand in dieser Welt der Unmenschen und des Chaos verloren. Die Materie zerstört das, was sie legitimerweise beherrschen sollte, wenn man ihr den Vorrang gibt. "Es gibt Mittel und Wege, die Souveränität über die Materie auszuüben", sagte ein gewisser Alchemist namens Eliphas Lévy.

Bis zu dem Tag, an dem die Materie die Souveränität sprengt! Also Selbstmord, Wahnsinn, Tuberkulose, normales Los.

Eine verrückte Welt kann das Höhere nicht bewahren: Ihre tödliche Pathologie ist die Rentabilität.

Wie könnte es auch anders sein, wenn das Unterlegene dominiert?[77]

Ich habe mich also in einen Zustand der permanenten Verdrängung versetzt, eine übermenschliche Verdrängung: Ich verleugne mich selbst, um elementar zu leben. Ich verleugne mich selbst, ohne jedoch zu übertreiben, um nicht in den Wahnsinn zu verfallen.

Ich durfte diesen großen seelischen Ausbrüchen, die, O humour, mit Hypersekretionen der Drüsen korrespondieren, nicht zu viel Bedeutung beimessen. Es gibt nicht einen Tropfen Genie, Wahnsinn oder Philosophie, der nicht aus unseren Endokrinen kommt.

Ich bin zwei.

Der zerquetschte Dandy und der andere, der den ersten anschaut und leise kichert.

Eine merkwürdige Erfahrung am Ende des zwanzigsten Jahrhunderts. Jahrhunderts. Ich habe die stille Ruhe des Roboters verstanden, nach der sich alle Roboter des Jahrhunderts sehnen.

---

[76] "Die Lüge des Fortschritts ist Israel" (Simone Weil "Die Schwere und die Gnade").
[77] Der Unterlegene denkt an seine Wiederwahl und nicht an eine Niagara von Menschen aus der Dritten Welt, die sein Heimatland zerstören wird.

Ich sehne mich nach Fußball. Liebe eine Ribote und kleine Schläger, seelenlos, serienmäßig hergestellt, geimpft kretinisiert, säkularisiert, musikisiert regressiv, drogensüchtig, pornografisiert, globalistische Bürger, atonisch und geplant.

Wir schlachten uns überall auf der Welt im Glibber des Liberalismus und des Marxismus ab. Wir werden in allem und überall belogen.

Egal! Die Serie ist um einundzwanzig Uhr!

Ich habe mich schon oft gefragt, woher diese seltsame Gegenfigur zum primitiven Rohling, der romantische Dandy, kommt.

Dieser Schauspieler geboren.

Selbst als Politiker ist er ein Idealist. Lamartine, Hugo. Disraeli und sein prächtiger Hut.

Politik ist nicht nur ein Schein, sondern auch Philanthropie: Er interessiert sich für die Menschen auf der Grundlage sozialer und göttlicher Ungerechtigkeit.

Dandys! Wie viele Fehler habt ihr im neunzehnten Jahrhundert begangen! Ihr wart die schlimmsten Agenten des Materialismus, und das zu eurem eigenen Nachteil.

"Wer den Engel machen will, macht das Tier"...

Der primitive Mensch handelte, jagte und dachte nicht.

Da Zivilisation und Luxus die Freizeit fördern und Kultur den Geist und die Sensibilität entwickelt, wandert der romantische Thyreoid an der Grenze zwischen primitivem Rohling und reinem Geist.

Seine Seele gehört Gott, sein Körper wird von der Materie, von Satan, gequält.

Dandys sind allesamt Aristokraten oder geadelte Juden. Sie gehören Familien an, die auf eine jahrhundertelange Zivilisation und Kultur zurückblicken können.

Chopin war von polnischem Adel. Alphonse de Lamartine und Alfred de Musset. Mendelssohn und Disraeli.

Der Dandy ist ein Endprodukt der Zivilisation. Ein dekadentes Produkt der Verfeinerung, das dem schnellen Verschwinden des Blitzes geweiht ist. Er ist archaisch, unangepasst, prächtig, ineffizient und wird bewundert, weil er einzigartig und kreativ ist. Eine Luxusfigur, für die man viel Geld bezahlt. Wenn man ihn nicht bezahlt, bringt er sich angesichts seiner radikalen Lebensunfähigkeit um: die psychische Hand.

Der Dandy ist das Wesen der Gedanken-Intuition. Er argumentiert nicht mit den primären Elementen des Verstandes, die der menschlichen Banalität angeboten werden. Er sieht das Ganze in seinem chaotischen, paradoxen Aspekt und zieht aus der Anarchie seines Leidens synthetische Schlussfolgerungen. Seine intuitive Beobachtung ist extrem und blendet die Blinden.

Der Dandy ist der überlegene Unschuldige, und der Unschuldige, der sich entleert, entleert sich der Wahrheit über die Welt.

Er hat einen Sinn für das Ganze.

Von den Merkmalen, aus denen sich die menschliche Persönlichkeit zusammensetzt - Kraft, Vernunft, Wille, Gefühl - sind nur die ersten drei für die materielle Anpassung notwendig.

Der Engel mit einem schwachen Körper wäre nur ein intelligentes Herz, und seine Unzulänglichkeit würde ihn in der Schändlichkeit verlieren. Deshalb gibt es an der Grenze zwischen dem primitiven Menschen und dem Engel den romantischen Dandy, der wie der Phönix erscheint und verschwindet, das entmaterialisierteste aller Wesen, am Rande des Engels, des reinen Gefühls, des einzigen Prinzips, das nach dem Tod fortbesteht.

Der Dandy kommt dem reinen Geist am nächsten und wird von der Materie gequält.

Je kleiner das Selbst, desto kleiner die Seele. Gott ist ein riesiges Ich: Er ist die Egozentrik par excellence. Der Dandy ist das menschliche Maximum des Ichs: Seine Form der Intelligenz macht ihn selbst für seine engsten Vertrauten unzugänglich, vor allem für seine engsten Vertrauten.

Der gewöhnliche Mensch kann das nicht verstehen, und doch liefert die Revolte des Dandys den größten Reichtum an Offenbarung, der von einem Wesen ausgeht.

Der Asket kann nicht so viel spürbar offenbaren, weil er in Frieden lebt, dessen metaphysischer Egoismus.

Der Körper ist eine organische und geistige Einheit, die je nach Grad ihrer Vervollkommnung die Wellen des Absoluten empfängt. Er empfängt mehr oder weniger Wellen der unerreichbaren totalen Realität. Deshalb gehört das Wissen nur den Heiligen, Genies und Dandys.

Der Dichter ist eine Art Bindeglied zwischen Gott, dem Teufel und den Menschen.

Diejenigen, die nicht von Herzen verstehen, sind echte Nicht-Wesenheiten.[78]

Seit der Revolution von 1789 gibt es eine Schar von Pseudointellektuellen, deren kolossale logische Verkettungen in der reinen Zielsetzung im Nichts resultieren.

Herzloses Denken ist das quintessentiellste Produkt der Hölle.

Der Dandy ist nach dem Asketen das Wesen, das am meisten Spiritualität besitzt. Die Kluft zwischen seinem idealen und seinem praktischen Selbst ist der Grund für seine poetische Begabung und seinen Selbstmord. Sein Organismus gehorcht seiner nach dem Absoluten strebenden Seele nicht. Aus einer großen Spiritualität in einem schwachen Körper entsteht das intensivste menschliche Leiden. Der Dandy ist das höchste Symbol des menschlichen Leidens. Diese Tragödie entspricht einer metaphysischen Realität, denn das Ziel des Menschen ist ein spirituelles Ziel.

Deshalb ist der Mensch, der denkt, ohne zu lieben, notwendigerweise materialistisch und seine paraaltruistische Logik ist schlimmer als der schlimmste Egoismus (Marxismus).

Die zeitgenössische Objektivität ist die Subjektivität derjenigen, die keine Gefühle und kein Herz haben.

Wenn Ärzte und Akademiker einer Ausbildung unterzogen würden, die Denken, Fühlen, Meditieren und Synthetisieren als unabdingbare Voraussetzungen für echtes Wissen verlangt, wären sie keine Assimilationsroboter, die naiv glauben, dass der Wahlzettel, mnemonische Wettbewerbe, synthetische Chemie, Freudismus und Marxismus den Menschen glücklich machen werden.

Ich mache ihnen keine Vorwürfe.

---

[78] Ein Beispiel unter Tausenden: Die Wissenschaftler, die mit der Genetik herumspielen, haben ebenso enorme analytische Kenntnisse wie diejenigen, die das Atom manipulieren. Wenn beide die grundlegende Intelligenz, die Intelligenz des Herzens, hätten, wüssten sie, dass man weder in der Genetik noch in der Atomphysik etwas anfassen darf. Die größte Physikerin der Welt und Mitarbeiterin von Oppenheimer kündigte ihren Job und ging in ihr Heimatdorf, um zu töpfern... Die wahre Intelligenz hatte gesprochen.

Die Juden ignorieren ihren Mangel an Herz, Moral und ihre Fähigkeit, hinter Fassaden zu verrotten, die für die Erforscher des Unmittelbaren trügerisch sind.

Akademiker ignorieren ihre Robotisierung, ihre Elefantenpsychologie, *sie ignorieren, dass sie nicht wissen, dass sie nicht wissen können.*

Die ganze Tragödie liegt hier. Das ist die Sackgasse.

Ich bin wütend auf Gott oder seinen Schatten. So viele Jahre des Leidens, in denen ich den schäbigen Schmerz und die Sinnlosigkeit des menschlichen Abenteuers betrachtete.

Von Generation zu Generation lässt Gott uns in der Unwissenheit und dem damit wachsenden Elend versinken...

Das Absurde entsteht aus dem A-Bewusstsein.

Was als Fortschritt bezeichnet wird, ist die Verneinung des Fortschritts.

Der wahre Fortschritt ist eine materielle, moralische, ästhetische und spirituelle Synthese.

Es ist das Herz und das Herz allein, das den Fortschritt des Seins sicherstellt.

Der Dandy stirbt, der Heilige ist schon lange tot. Die Welt stirbt im Chaos

Trotz seines Luziferianismus hat der Dandy einen sehr edlen Platz auf der Skala der Schöpfung.

KAPITEL XXIV

"Und diese Welt wird in einer blutigen Anarchie enden".

DORNEN

Die Wahrheit ist weder für noch gegen etwas. Die Wahrheit ist nur die Wahrheit. Sie ist gegen diejenigen, die von der Lüge leben, die Lüge lieben und die Lüge brauchen, um zu leben. Sie ist der Gott der freien Menschen, wie Dostojewski sagte.

Ich schaffe es nicht, das Universum ernst zu nehmen, und dann, wenn ich nicht zu Tode leide, amüsiere ich mich über das idiotische Schauspiel.

Ich habe kaum Meinungen, aber ich habe Gewissheiten, darunter die Absurdität aller Dogmatismen, die die Gesetze des Lebens und der wahren Spiritualität ausschließen, die funktionelle Vorrangstellung des Hormonsystems vor dem Nervensystem, die weltweite und ausrottende Herrschaft der am achten Tag Beschnittenen, die Realität wahrer Gesundheit durch die Einnahme von Molekülen, die spezifisch für den menschlichen Biotyp sind.

Ich habe die Wahrheit in mein einziges Leiden eingewoben.

Meine Seele ist frei. Es gibt kein Schicksal außer der Schwerkraft des Körpers.

Niemand weiß, was die Wahrheit ist, oder zumindest nur sehr wenige: Sie ist die Fähigkeit, sich gelassen zu zwingen, in allem das Beste zu tun.

Um an die Essenz zu gelangen, muss man von der Essenz verfolgt werden. Daraus resultiert der paranoide Zustand des Künstlers.

"Werde nicht verrückt", sagte mir ein authentischer Philosoph, "denn du bist normal in einer Welt voller Verrückter".

Einer Transzendenz kann man nicht entgehen, außer durch Wahnsinn und Selbstmord.

Wahre Intelligenz besteht darin, das Antipsychologische überwinden zu können, um zu höherer Objektivität zu gelangen. Man kann die intelligenten Menschen jeder Generation an den Fingern abzählen. Deshalb schreibe ich nur für die Menschen, die nach dem dritten Weltkrieg kommen werden.

Freud und Marx: Globale Selbstmordlügen. Das wahre Genie zerstört, was nicht liebt.

Falsche Propheten zerstören nicht in der Gegenwart: Sie untergraben in Zeit und Raum.

Wahre Genies brechen oft im Hier und Jetzt und bauen in Zeit und Raum auf.

Ich verabscheue die Menschen dieser Menschheit, aber ich liebe den Menschen. Die Humanoiden und Homunculi des zwanzigsten Jahrhunderts haben nichts mit dem Menschen zu tun.

Für den Heiligen ist Gott so offensichtlich wie für den Durchschnittsmenschen der Stuhl, den er sieht. Wenn Sie einer Ameise die Existenz des "synthetischen Stuhls" offenbaren, wird sie niemals davon überzeugt sein, da sie immer nur ein oder zwei Kubikmillimeter Holz feststellen kann. Ebenso können Sie nur dann an Gott glauben, wenn Sie sich beispielsweise auf das Bewusstsein des Heiligen verlassen.

Manche Geisteskräfte sind beträchtlich, andere fast vegetativ. Manche werden nie mehr als ihr Bankkonto oder ihre Kaffeetasse sehen, aber andere können Gott "sehen".

Der Durchschnittsmensch kann nicht anders, als den wahren Eliten zu glauben, so wie sie heute blind den falschen Eliten glauben, die sie ins Chaos führen.

Die Japaner haben all ihre traditionellen Qualitäten, die einst von echten Eliten gelehrt wurden, in den Dienst des Judäo-Cartesianismus gestellt. Die Schüler begehen in großer Zahl Selbstmord.

Armes kleines, zunehmend degeneriertes Gehirn des Menschen, das durch den Fortschritt in Richtung totaler Zerstörung geformt wurde.[79] Du verdrängst jegliche Transzendenz und du hast Recht. Du hast Recht,

---

[79] "Die Lüge des Fortschritts ist Israel" (Simone Weil: Die *Schwere und die Gnade*).

weil du nicht einmal weißt, dass du sie zurückdrängst, und weil du nicht einmal weißt, dass du Recht hast (und trotzdem falsch liegst!).

Man weiß nur, was man fühlt, und man fühlt nur, was man liebt.

Graben des Dandytums und der Askese: verwüstete Totenmaske von Chopin und ruhige von Pascal, trotz der extremen morphologischen Analogie.

Der Heilige ist Gottes Komplize am existierenden Bösen: Er ist nicht die wahre Unschuld. Der Dandy ist der wahre Unschuldige, aber er bezahlt seine wahre Unschuld mit seinem Stolz und erreicht die falsche Unschuld (die wahre) nur durch den Verlust seines schmerzhaften Stolzes.

Wir sind alle determiniert, Gott selbst, denn es gibt mindestens eine Sache, die er nicht tun kann: nicht Gott sein.

Ein Gerechter, der die Realitäten der letzten Jahrhunderte kennt, kann weder die Erde noch den Himmel akzeptieren: Er kann nur das Nichts beanspruchen.

Geschrieben 1965 und O wie wahr geworden in "1984".

Vor zwanzig Jahren wird jedes Genie verrückt werden, sobald es beginnt, ein Bewusstsein zu entwickeln. Selbst wenn er nicht durch kollektivistische Erstickung, durch das Verschwinden von Wahrheit, Schönheit und Moral den Verstand verliert, wird er nach den Kriterien der freudo-marxistischen und jüdisch-kartesianischen Psychiatrie im Allgemeinen als verrückt gelten.

Verrückte und grausame Welt, behaftet mit dem enormen Makel des krankhaften, antitranszendenten Rationalismus: Zwischen Gott und Mensch erstreckt sich die Undurchsichtigkeit des Judäo-Cartesianismus.

Ideologien: Metalllogik des Verrückten, die jedoch der Logik des banalen kleinen Verrückten überlegen ist und somit den banalen Menschen überzeugt, da er die überzeugende lineare Argumentation annimmt, zwei und zwei sind vier.

Es ist bekannt, dass das Wissen über den Menschen nicht so einfach ist und dass das Bewusstsein der Realität sich nicht mit so wenig zufrieden gibt: Es ist schwer, logisch zu sein, wenn man nicht verrückt ist!

Es ist die ausschließliche Vernunft, die den Tagesmenschen davon abhält, vernünftig zu sein.

Sie ist zu einem Krebsgeschwür geworden, das alle höheren Komponenten des Geistes eliminiert. Sie ist zur Systematik eines Besessenen geworden.

Die Pseudodemokratie ist nur möglich, weil die Menschen so dumm sind, dass sie ihre absolute Unmöglichkeit nicht erkennen können. Wenn sie es könnten, wären sie viel weiter entwickelt und die Demokratie wäre relativ möglich, da sie sich in eine Oligarchie der spirituellsten und selbstlosesten Wesen verwandeln würde. In allem, was lebt, gab es immer einen absoluten Herrscher. Heute sind die absoluten Herrscher der "Demokratie" Rothschild und Marx, gefolgt von ihren gewählten kriminellen und selbstmörderischen Gefolgsleuten.

Sagt den Menschen: "Ich werde euch die Freiheit geben", und versklavt sie, dann werden sie in Scharen kommen. Sag ihnen, dass du sie zwingen wirst, um ihnen die Freiheit zu geben, und sie werden nicht kommen.

Sie ziehen es vor, sich von Etiketten und Illusionen zu ernähren solange die Etiketten glitzern und die Illusionen zumindest so lange leuchten, wie man sie betrachtet.

Der Materialismus leugnet die Macht des Denkens. Aber ist der Materialismus nicht ein Gedanke?

Das ist sicherlich ein wertloser Gedanke.

Descartes, der von der jüdischen Welt ausgenutzt wurde, ist zur Geißel der Menschheit geworden. Bald wird man auf kartesianische Weise die Nichtexistenz Gottes beweisen. Man wird beweisen, dass es keine Seele gibt. Das wird denjenigen, die keine haben, leicht fallen. Fatale und traurige Entwicklung der modernen falschen Wissenschaft, der schwarzen Magie.

Jahwe, der erste Terrorist

Er war eifersüchtig, unnachgiebig und wollte keinen anderen Gott als sich selbst. Wenn man sich an seine Gebote hielt, wenn man nicht mit seiner Schwester, seiner Mutter oder seiner Tochter schlief, dann half dieser gute Gott seinem Volk bei seinen terroristischen Unternehmungen in anderen Völkern. Sieben Völker wurden nach und nach versklavt. Die männlichen Tiere wurden ausgerottet, die weiblichen versklavt, die Güter, die Ernten, das Vieh, die Kronen der besiegten und ausgerotteten Könige wurden geraubt.

Wir kehrten ruhmreicher und mächtiger zurück als bei unserer Abreise.

Nichts hat sich geändert: Dresden, Hamburg, Hiroshima, die Palästinenser, die in ihrem Land vertrieben und massakriert wurden, der Libanon...

Sie haben einen Gott, der ihrer traurigen Mentalität entspricht.

Herr Homais, Universitätsdozent, Ehrenlegion, wendet alle ihre Kriterien an, er wird sogar Antisemit werden, wenn es dazu kommt. Ich habe noch nie schlimmere Judenhasser gesehen als Antisemiten.

Diese Wesen, denen der Geist der Synthese völlig fehlt, haben die außergewöhnlichste und atemberaubendste Synthese der Zerstörung errichtet, die auf globaler Ebene möglich und vorstellbar ist. Hier liegt das unergründliche Geheimnis der jüdischen Frage, die durch die Beschneidung am achten Tag psycho-physiologisch, aber nicht metaphysisch erklärt wird.

Metaphysisch sind sie das fatale Instrument für das Ende des dunklen Zeitalters.

Sie sind es immer noch, die die besten kritischen analytischen Fachstudien über das politische System erstellen, das sie erfunden haben und über das sie die absoluten Herrscher sind.

Zwischen dem ideologischen Rattenfängerwahn und der mystischen Hysterie gibt es eine via media: die Harmonie von Herz und Verstand, die zur Wahrheit führt.

Wer heute die Wahrheit sagt, hat alle gegen sich: Opfer und Täter. Vor allem die Opfer, die vor allem nicht verteidigt, sondern betäubt werden wollen.

Sie suhlen sich in der fauligen und fauligen Zerstörung.

Agrégé = kleiner versteinerter Miniaturjude.

Sorbonne: Kaderschmiede für Homais und Levy, die sich wie Pech und Schwefel verstehen und sich in Freimaurerlogen zusammenfinden.

Kanalisierte Geister, Erzeuger kleiner analytischer Strömungen, die aufeinanderprallen . In der eingemauerten Universität gibt es keine Intellektuellen.

Wenn ein junger Intellektueller Zugang zu ihr hat, flieht er sie sofort. Er flieht vor der extravaganten Strenge des sklerosierenden Systems, vor der Promiskuität anmaßender Menschen, die alles, was sie nicht verstehen, also fast alles, als Phantasie, Einbildung oder Wahnsinn abstempeln.

Bildung = erstes Stadium der kollektiven Verdummung. Fabrikation von Nichtdenkern in Serie, im Dienste eines okkulten Totalitarismus, dessen Ziel die Zeugung von Spezialisten ist, die als Produzenten, Konsumenten und Wähler fungieren.

Die Weltbank fördert die Sekundarschulbildung: Sie weiß, was sie tut.

Im Jahr "1984" verließen diese unglücklichen Menschen die öffentliche oder private (kein Unterschied) Sekundarschule und wussten nichts. Man hat absichtlich ein kleines Detail in der Bildung vergessen: die Intelligenz. Wir haben jetzt Massen von Analphabeten und Ungebildeten.

Internat, Agrégation, Meisterschaften in intellektueller Sklerose. Diese Wettbewerbe sind zwangsläufig psychopathogen, da sie das Wesentliche des Geistes durch einen verengten Raubüberfall auf das Winzige töten. Die Nachrichten haben uns gezeigt, dass sie tatsächlich pathogen sind: Ich schreie das seit vierzig Jahren.

Grundlegende Identität des Wahnsinns: Verlust des moralischen Empfindens.

Verlust des Willens und der willentlichen Aufmerksamkeit. Verlust des Denkvermögens.

Verlust des Identitätsbegriffs oder Analogieprinzip.

Der Besitz von brillanten analytischen Fähigkeiten ist leider durchaus mit der Diagnose Demenz vereinbar.

Wir können also diagnostizieren, dass :

Die Psychiatrie,[80] die Medizin, die Literatur, die offizielle Philosophie, die Politik und das Bildungswesen.

Wen wundert es da, dass die Zahl der banalen Verrückten in geometrischer Progression zunimmt. Unsere Goethes leben am Rande der Gesellschaft oder in orientalischen Klöstern.

O die Etiketten und die wunderbaren Prinzipien, die den kollektiven Mord an Seelen und Körpern legitimieren. O die rassistischen

---

[80] Die Psychiatrie ignoriert auf radikale und absolute Weise, was eine Geisteskrankheit ist. Ein Gendarm tötet fünf Menschen. Die Psychiatrie erklärt ihn für normal. Die Tatsache, dass er bestimmte elementare logische Kriterien erfüllt, bedeutet nichts. Coluche rief aus: "Comment qu'y doit être les tarés dans la police" (Wie müssen die Verrückten bei der Polizei sein).

Völkermörder der Menschheit im superkomischen Namen des Antirassismus.

Das Böse ernährt sich von guter Dummheit. Bald wird es nicht mehr genug Gutes geben, um das Böse auf der Erde zu ernähren.

Man hat die Naivität, Dummheit und Eitelkeit der Frau, des Negers,[81] systematisch ausgenutzt, um sie im Namen der Freiheit und des Antirassismus zu versklaven, zu hassen, zu epavisieren, zu drogensüchtig zu machen, in ein soziales Chaos zu stürzen, an Tuberkulose zu erkranken, sie gegeneinander aufzuhetzen, Kinder gegen Eltern, Frauen gegen Männer, Neger gegen Weiße und alle gegen Gott zu hetzen. Diese internationale Schandtat wird meisterhaft von denjenigen verübt, die die Ägypter "die Ungeheuerlichen" nannten.

Aber die Opfer, warum sind sie so dumm?

Moderner Staatenliberalismus: Internationaler Totalitarismus des jüdischen Goldes und sein marxistischer Epilog.

Drama der Schmeichelei und Dummheit, einfache und überzeugende Argumentationen, scheinbare Wahrheit, trügerische Slogans, "Wandel" (in der Politik) Lüge und Täuschung in Zeit und Raum.[82]

Die moderne Vernunft wird zu einem unverzichtbaren Mittel der Anpassung an das Schändliche: Sie ist mit dem Gewissen unvereinbar.

In der modernen Welt "mündet jede Handlung in ein Verbrechen", sagte Camus.

Ödipus-Komplex? Doch Ödipus ist das Drama des Schicksals und nicht des Inzests. Der griechische Dramatiker wählte dieses Verhalten als schicksalhafte Erfüllung der Tat, der gegenüber Mensch den größten Widerwillen zeigt.

---

[81] Das lateinische Wort "Negrum" bedeutet schwarz. "Neger" bezeichnet eine bestimmte ethnische Gruppe unter den Afrikanern. Schwarz bedeutet nichts.
Einige Ethnien sind schwarz und keine Neger. Es gibt Menschen, die aus demagogischen Gründen die Semantik manipulieren wollen.
Shahak lehrt uns, dass der gesamte Sklavenhandel vom Orient nach Europa von Juden betrieben wurde. Dasselbe gilt für die Afrikaner, die unter grausamen Bedingungen nach Amerika verschleppt wurden. Mehr als 10 Millionen starben auf dem Weg und wurden während der gesamten Zeit des afrikanischen Sklavenhandels über Bord geworfen.
[82] Es gibt keinen Unterschied zwischen links und rechts: Die Zombies im Wachkoma, aus denen sie bestehen, werden sich immer gegen alles verbünden, was das sterbende Frankreich wieder aufrichten könnte.

Freud erklären? Den Ödipuskomplex, na klar!

Brauchen wir Symbolik, um erotische Träume zu haben?

Die Demokratie bringt Totalitarismen hervor. Wenn sie nicht zu sehr verrottet ist, werden es Nazismus oder Faschismus sein. Wenn nicht, werden es die Gulags in irgendeinem Bolschewien sein.

Vor fünfzig Jahren musste man sich entscheiden: Nationalsozialismus oder Marxismus.

Heute sind die Spiele entschieden. Es wird zwangsläufig zu Ruin und Gefängnis für Andersdenkende, Globalismus, Bürgerkriegen, einem Weltkrieg und einer allgemeinen mörderischen Umweltverschmutzung kommen. Millionen von Toten.

Auf eure Gesundheit gute Leute!

O Erbarmen, Herr, mit Israel, das du blind und alles Licht gemacht hast und das uns verdunkelt.

Überspekulativ, niemals genial. Alles, was sie tun, ist für den glückseligen Analytiker spektakulär. Wahres Denken ist für den glückseligen Analytiker nie spektakulär. Keine jüdischen Heiligen oder Genies. Alle jüdischen "Genies" laufen im Nichts zusammen: Rothschild, Marx, Freud, Oppenheimer, Field, S.T. Cohen.

Wie Oppenheimer sagte: "Wir haben das Werk des Teufels getan".

Wahre Intelligenz erkennt man so nicht, und alles ist so organisiert, dass sie als Hochstapelei und Spott erscheint.

Zwischen der Wahrheit und der Masse steht eine Beschneidung: Die Wahrheit wird zur Lüge und zum Wahnsinn, und die Masse lacht sich über diese wahre "Lächerlichkeit" kaputt, indem sie mit ihrem Alkoholglas, ihrer Zigarette und ihrem Hintern in einer Levis-Blue-Jeans herumfuchtelt.

Die Frau als Chirurgin, die Frau als Pillen- und Abtreibungsministerin, die Frau als Taxifahrerin, die Frau als Armeeministerin (die übrigens verschwunden ist), die Frau als Polizistin, die "freie" Frau schließlich, ein apokalyptisches Monster, weder Mann noch Frau, die zum Fürchten hässlich wird, unverfügbar, aufgebläht, dick, voller Ticks, Tabak,[83] schwammig vor allen Dummheiten und Moden der verjudeten

---

[83] Die Frau bekommt nun Arteriitis in den Beinen, was vor etwa 20 Jahren noch nie der Fall war. Dies kann dazu führen, dass sie amputiert werden muss.

Offizialität, vor allem, wenn sie Philosophieprofessorin ist, befreit vom Mann, wie der Mann von Gott befreit ist.

Beschnittene verwirklichen beruflich ihr Wesen, und zwar indem sie den Menschen, insbesondere durch die Finanzwelt und die daraus resultierende Industrie, ein "Berufliches" aufzwingen, das ihrem Wesen zuwiderläuft.[84]

Geh, kartesianisierter Roboter, zu deinem antibiotischen Überleben.

Die totale Beschönigung ist unbewusst.

Die Judenfrage ist Teil des göttlichen Plans für die Menschheit. Sie verfügen über die involutive Überlegenheit, die für das Ende des finsteren Zeitalters notwendig ist.

Mit Herrn Levy kann man sich unterhalten, mit Homais nie. Er ist so dumm, dass das absolut unmöglich ist.

Mit Lévy ist es oft ein Dialog der Gehörlosen, aber manchmal nicht ganz: *Eine jüdische Dame hielt mich fünf Stunden am Telefon. Sie kam gerade aus dem Lager Birkenau und sagte mir, was mir kein Nichtjude aus einem deutschen Konzentrationslager sagen würde: "Wenn ich Nichtjude wäre, wäre ich Nationalist und Antisemit".*[85]

Eine Schweizer Jüdin sagte mir: "*In Israel wähle ich rechtsextrem, hier wähle ich sozialistisch*". Ist die nicht gut?

Eines Abends wurde ich von einem ehemaligen jüdischen Schüler zum Essen eingeladen. Wir waren sieben Juden.

Nach zwei Stunden Gespräch waren wir uns alle einig, dass Hitler alles Nötige getan hatte, um sein Land von der internationalen jüdischen Finanzwelt und dem Marxismus zu befreien! Niemals bei einem Abendessen für Nichtjuden wäre ein solches Gespräch und seine Schlussfolgerungen möglich gewesen! Warum sollten sie sich davon abhalten lassen, "Diesen abscheulichen Samen des Viehs" (Zohar) auszusaugen?

Rothschild Bruder von Marx: Geniale Dialektik der feindlichen Brüder, die die Bewegungen der Geschichte hervorbringt.

Die jüdische Konjunktur bringt gut bezahlte Idioten an die scheinbare Macht. So manipulieren sie sie perfekt und sogar ohne ihr Wissen. Aber diese Narren sägen an dem Ast, auf dem sie sitzen, und hecken einen

---

[84] Lesen Sie zu diesem Thema: "*La condition ouvrière*" von Simone Weil.
[85] Kein Nichtjude würde das irgendwo sagen!

Antijudaismus aus, gegen den der Antijudaismus der letzten viertausend Jahre eine Bagatelle war.

Der Antisemitismus der UdSSR sagte uns, dass alle gegenwärtigen politischen Regime jüdisch seien.

Okay! Was ist mit ihrem?

Die Intelligenz baut nur in der Liebe auf, ohne Liebe zerstört sie alles. Eine Arbeit, die ich ohne Liebe mache, zerstört mich und andere.

Die synthetische Chemie ist keine Lösung auf dem Weg zur Gesundheit. Sie kann nur dazu führen, dass die Menschheit immer mehr degeneriert.

Die Einführung von Fäulnisprodukten, Quecksilber und Aluminium? durch Impfstoffe ist ein Verbrechen gegen die Menschlichkeit.

Echte Gesundheit hat nichts mit Chemie zu tun. Selbst die Chirurgie mit ihren spektakulären Fortschritten sollte nur begrenzte Anwendungsmöglichkeiten haben.

WAHRE GESUNDHEIT LIEGT IN DEM, WAS DER MENSCH MIT SEINEM KÖRPER UND SEINEM GEIST AUFNIMMT.

Weder der Liberalismus noch der Marxismus können Gesundheit verleihen. Der tiefere Ursprung von Krankheit ist die Aufnahme von Molekülen, die für den menschlichen Biotyp unspezifisch sind.[86]

Herr, mach, dass ich dich nicht verurteile.

Das Leben ist eine Komödie, die so traurig ist, so traurig, dass man daran stirbt.

Es ist klug, einen kleinen Ball zur Unterhaltung der Massen gefunden zu haben. Ohne ihn gäbe es schon lange keine Löwen mehr!

Die moderne Frau schwankt zwischen dem kleinen Arschloch und dem primitiven weißen oder vorzugsweise schwarzen Mann.

Niemals wird die jüdische Kritik heute auch nur das geringste Talent an einem Genie finden, vor allem, wenn es kein Talent hat.

O wie viele negative Talente in den letzten zwei Jahrhunderten, wie viele schöne Stile hin zur Verzerrung des Geistes.

---

[86] Burger: "Der Krieg der Rohkost".

Jeder echte Gedanke erscheint in den Augen einer infantilisierten Masse als kindisch. Nur wenige stimmen mit mir überein: Das beruhigt mich.

Wie könnte es auch anders sein, wenn sie von den Medien "gedacht" werden, ohne Persönlichkeit, ohne Redlichkeit und unfähig, sich frei zu informieren.

Nehmen wir zum Beispiel den Mythos der 6-Millionen-Gaskammern: Er ist streng primär und fällt in den Bereich der Arithmetik und der Technik. Daher ist es leicht, seinen Unsinn zu ermessen. Man kann es in einer Viertelstunde verstehen. Und ist darüber hinaus das Gayssot-Gesetz nicht der Beweis par neuf für den Schwindel?

Die größte Zahl hat immer Unrecht: Vox populi, vox diaboli.

Der Glaube der letzten Jahrhunderte, der sich in einem dogmatischen Arsenal verfangen hatte, konnte nur im Sieg der Freimaurerei und des Marxismus gipfeln.

Kaiser Julian, genannt der Apostat, brachte es auf den Punkt: "Wenn das Christentum triumphiert, wird in zweitausend Jahren die ganze Welt jüdisch sein".

Die Frau ist immer wohlhabend, wenn ihr der Mann gefällt, sonst ist sie eine Vestalin.

Das Böse ist nur dann das Böse, wenn es mit Wissen und Willen vollzogen wird. In Wirklichkeit ist es nur Schicksal, Schwäche, Unwissenheit und Wahnsinn.

Wahre Intelligenz erdrückt nicht: Sie integriert. Das verurteilt alle Ideologien, die ausgrenzen.

Stellen wir uns vor, Perikles würde seinen Wahlkampf machen und Montaigne die Agregation ablegen!

Verrückter als ein Verrückter: ein moderner Psychiater.

Der stotternde Kritiker der modernen Kunst: Pipi, Kacka, Dummkopf. Richtig!

Was die Menschen als intelligent bezeichnen, ist das, was sie in einem winzigen Punkt in Zeit und Raum verstehen.

Sie haben keine Ahnung von wahrer Intelligenz: Synthese.

Demokratie: Die Menschen dazu zu bringen, zu sagen, zu glauben, zu denken und zu handeln, wie es eine kleine, verborgene Anzahl von Menschen will, und sie darüber hinaus glauben zu lassen, dass sie frei sind. "Ich wähle frei", werden sie glauben.

Ja, für eine Versammlung von Schwätzern, die nicht einmal daran denken werden, die Frau wieder auf den heiligen Weg ihres Zwecks zu bringen! Geschweige denn, den Kindern eine moralische und religiöse Erziehung zukommen zu lassen, ohne die sie in Delinquenz, Verbrechen, Drogen und Selbstmord abgleiten.

Die Illusion ist umso größer, dass sie frei Al Capone werden, ein Präsident der Republik mit dem Temperament eines Buchhaltungsgehilfen oder Erdnussverkäufers, die keine wirkliche Macht haben, da die jüdische Finanzwelt sie vollständig manipuliert.

Wie kann man von manchen Menschen eine intellektuelle Redlichkeit verlangen, die ihr eigener Selbstmord wäre? Juden können nur von der Lüge leben.

Wie willkürlich alles erscheint: Glücklich sind diejenigen, die die Harmonie der Welt, der Wesen und der Dinge wahrnehmen.

Die Venus von Milo mit Armen? Lächerlich!

Wir leben in einer Zeit, in der jede Kultur die Antithese zu DER Kultur ist. Göring sagte: "Wenn man mir von Kultur erzählt, ziehe ich meinen Revolver". Was würde er heute zu der verfaulenden Kultur sagen, in der wir liegen?

Goebbels wollte nicht, dass seine Kinder "in der grauenhaften Welt leben, die die Juden für sie vorbereiten würden". Er, seine Frau und seine beiden Kinder verließen diese Welt gemeinsam. Seine beiden Töchter waren von rührender Schönheit.

Was halten Sie von Sartre, Sagan, Buffet, Solers und anderen? Wer ist das?

Der Fortschritt hat das vegetative Leben künstlich verwirklicht.

"Die Lüge des Fortschritts ist Israel", sagte uns Simone Weil. Wir wiederholen diesen Satz, weil er uns in die Augen sticht...

Wenn Sie die Menschen für intelligent halten und mit ihnen offenherzig sprechen, beleidigen Sie sie, weil sie sich verwirrt ihrer Unzulänglichkeit bewusst werden. Gehen Sie in ihre Subjektivität hinein und schmeicheln Sie ihnen, führen Sie sie nicht, um ihre Fehler zu vermeiden, sie werden begeistert sein und Sie werden ein Mann von Welt sein.

Und doch ist es gerade dann, wenn Sie sich so verhalten, dass Sie nicht viel von ihnen halten.

Ein bisschen Marxismus, ein bisschen Freudismus, ein Normalien Supérieur, ein Strukturalist - und was bleibt von diesen Seiten übrig?

Es gibt nichts Authentisches, das der Judäo-Cartesianismus nicht mit seiner Alchemie auflösen könnte.

Der Zugang zu Wissen tut immer weh. Aber was kann man dann tun?

Nichts, Klavier spielen, beten, wenn man kann, und warten...

Ich sehne mich nach dem unerreichbaren Licht und werde in die Finsternis gestürzt...

AN MEINE KLEINE BEATRICE

*Meine geliebte Tochter, An mein Herz geschmiegt
Tief in der Ewigkeit...*

Tristan bereitet sich darauf vor, diese Welt zu verlassen. Er möchte dieser Erde, die ihn so sehr schmerzt, einen letzten Schrei des Leidens und der Liebe zuwerfen...

Meine kleine Béa ... Sie hatte Aurélien jahrelang mit einer wundersamen Pädagogik und Festigkeit aufgezogen. Sie hatte mit seltener Kompetenz seine gesamte Vorschule geleitet. Sie führte ihn sogar in Englisch und Klavier ein, die sie nicht kannte, die sie aber nach Tristans Lehre an das Kind weitergab. Dieser Schatz, der alles im Haus erledigte, den Haushalt, den Garten und die Pflege von Monique und Tristan, der als Lehrer und Schriftsteller überarbeitet war. Doch dieser Schatz, dessen Kompetenz und Hingabe aufgrund seiner außergewöhnlichen Qualität verblüffend war, wurde von Monique, Auréliens Mutter, schlecht behandelt.

"Du bist nur zum Wischen gut", sagte sie zu diesem Engel der Hingabe und Kompetenz, der vollkommen selbstlos war. Sie verlangte kein Geld, sodass Tristan sie zwang, ein Sparkonto zu eröffnen und ihr jeden Monat eine bestimmte Summe zu überweisen.

Wie kann man ein solches Geschöpf, eine solche Perfektion nicht lieben, während die Mutter im Krankenhaus arbeitete, wo sie Physiotherapeutin war.

Moniques Bosheit schmerzt Tristans Herz, denn er wusste, wie viel Anerkennung und Liebe Beatrice für all das verdient, was sie mit reinem Herzen und absoluter Unschuld tut. Welche Liebe hätte Monique diesem Engel nicht entgegenbringen sollen? Alles, was sie für das Kind tat, für sich selbst, für Tristan, für das Haus ... Perfektion umgab das Glück des Kindes, die Ruhe des Vaters, die Vollständigkeit für die Mutter.

ANDERE TITEL

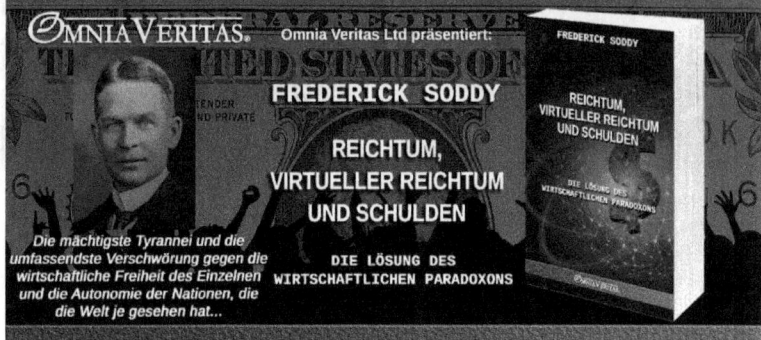

www.ingramcontent.com/pod-product-compliance
Lightning Source LLC
Chambersburg PA
CBHW050120170426
43197CB00011B/1651